Nach Medikamenten greifst du,
gehst aber dem Fasten aus dem Wege. –
Gibt es denn ein besseres Heilmittel als dieses!
Ambrosius, 254 n. Chr.

Informationsstelle für Fasten-Wanderungen:

Fasten-Wander-Zentrale
Pf 2869, D-67616 Kaiserslautern
Tel und Fax 0631–47472
www.fasten-wander-zentrale.de

Fasten-Wanderungen mit Christoph Michl:

Christoph Michl
Im Hagelgrund 2, D-67659 Kaiserslautern
Tel 0631–49163 Fax 0631-49166
www.fastenwandern.org

Orig.-Ausg.: 1. Aufl. 1994
2. Aufl. 2001

ISBN-3-923901-20-8

Christoph Michl

FASTEN-WANDERUNGEN

Eine wunderbare
Reinigungs-,
Gesundungs- und
Erneuerungserfahrung

VERLAG MENSCH – UMWELT – ERDE

Die Deutsche Bibliothek – CIP – Einheitsaufnahme

Michl, Christoph:
Fasten-Wanderungen: eine wunderbare Reinigungs-,
Gesundungs- und Erneuerungserfahrung / Christoph Michl. –
2. Auflage - Kaiserslautern: Verlag Mensch, Umwelt, Erde, 2001
ISBN 3-923901-20-8

Bitte beachten Sie:

Der Verfasser gibt weder direkt noch indirekt für bestimmte Krankheiten medizinische Ratschläge. Er empfiehlt auch keine spezielle Diät als Behandlungsform. Er bemüht sich aber, den Leser auf die natürliche Lebensordnung hinzuweisen und ihn anzuregen, die Selbstheilungskräfte seines Körpers zu aktivieren.

Obwohl die Ideen und Empfehlungen in diesem Buche vom Verfasser und vom Verlag sorgfältig erwogen und geprüft worden sind, kann dennoch bei ihrer Anwendung für den Einzelfall keine Garantie übernommen werden. Bei etwaigen auftretenden gesundheitlichen Beeinträchtigungen oder Schäden haften deshalb weder Verlag noch Verfasser. Sollte ein Kranker diese Ideen und Empfehlungen auf sich anwenden wollen, so ist zu empfehlen, einen Therapeuten zu Rate zu ziehen.

INHALTSVERZEICHNIS

EINFÜHRUNG

Fasten-Wandern, – das bedeutet weder Selbstquälerei noch sportliche Leistung. Fasten-Wandern, – das ist vielmehr ein Zurückfinden zu sich selbst und zu unserer wunderbaren Schöpfung.

Während der Krankheit, der Trauer, der Konfliktbewältigung, aber auch während der Aktivität, der schöpferischen Leistung und der Freude vergeht uns vielfach der Appetit. Wir essen dann nichts. Das wäre bereits Fasten.

Den Menschen aller Klimazonen waren darüberhinaus auch Zeiten des Nahrungsmangels auferlegt, uns z.B. im Winter. Aber trotz der mit dieser Jahreszeit einhergehenden "Lebensfeindlichkeit" dürfte der Mensch sie dennoch als einen Gewinn empfunden und sich zufrieden und glücklich gefühlt haben.

Fasten-Wandern – das ist wohl mehr als das bei uns übliche Entschlakkungsfasten, denn wir verbinden mit dem Fasten die Bewegung, den Aufenthalt an der frischen Luft und das unmittelbare Naturerlebnis, alles verbunden mit einer wunderbaren Gruppenerfahrung. – Wir staunen immer wieder, wieviel Freude und gegenseitige Offenheit in unseren Gruppen herrschen.

Fasten-Wanderungen sind inzwischen zu einem Begriff und zu einer Bewegung im deutschsprachigen Raum und im benachbarten Ausland geworden. Deshalb ist es auch an der Zeit, diese Idee in einem Buche zusammenzufassen, besonders damit die Interessierten sich mit dem, was auf sie zukommt, auseinandersetzen können, damit die Gesundheitseinrichtungen erfahren, was unter Fastenwanderungen zu verstehen ist, und damit die Fasten-Wander-Anbieter Kriterien in die Hand bekommen.

Mir wäre es lieb gewesen, wenn dieses Buch mehr oder weniger eine Gemeinschaftsproduktion der gesamten Bewegung geworden wäre. Ich stellte mir vor, daß möglichst viele Anbieter und Mitwanderer in ihren Qualifikationen und Stärken zur Sprache kommen. Meine Aufgabe sah ich hauptsächlich darin, das zusammenzubauen, was die anderen zu sagen haben, und bei Lücken das Notwendige zu ergänzen. Es war aber recht schwierig, andere zum Sammeln von Materialien, zum Ausarbeiten von Richtlinien und zum Schreiben von Abhandlungen zu motivieren. Ebenso mühsam war es freilich auch, die bereits vorliegenden und eingereichten Materialien so aufeinander abzustimmen, daß dieses Werk Geschlossenheit ausstrahlt.

So sehr dieses Buch durch seinen erzählenden Stil zum Lesen motivieren und zum Mitmachen anregen möchte – es ist durchaus auch als Nachschlagewerk gedacht. Beim Fasten und Fasten-Wandern ist es nämlich immer wieder angebracht, Bereiche, die spontan Interesse wecken, gründlich durchzuarbeiten.

Eine andere mit diesem Buche verbundene Vorstellung war, daß es möglichst objektiv über die gesamte Fasten-Wander-Bewegung berichten und das allzu Persönliche draußen lassen sollte. Herrn Dr. Siegfried Naser, der mit seiner Veröffentlichung "Fastenwandern" (Ebrach 1992, 143 S.) bereits ein ähnliches Buch herausgegeben hat, erklärte ich noch vor fast zwei Jahren, daß seine Schrift zu persönlich gehalten sei und er zu sehr auf seine eigenen Veranstaltungen eingehe.

Rückblickend stelle ich fest, daß mir das gleiche passiert ist. Die anderen z.Zt. fast 50 Anbieter des Fastenwanderns dürften streckenweise ihre Schwierigkeiten haben, sich in meinen Zeilen wiederzuentdecken.

Immerhin bemühte ich mich, möglichst viele der mir von den anderen Anbietern bekannten Varianten vorzustellen oder diese wenigstens zu erwähnen. Sicherlich tat ich dieses aber nicht mit der gleichen Intensität und Begeisterung wie der, der während seiner Fastenveranstaltungen besonderes Gewicht auf den Saunabesuch, die Massage, das Yoga, die komfortablen Hotelzimmer, die kürzeren Wegstrecken oder die Teilnahme speziell von Medizinstudenten, Managern, Politikern oder Behinderten legt. – Hätte ein anderer dieses Buch geschrieben, so wäre der Leser sicherlich in eine etwas andere Erlebniswelt und Atmosphäre mit hineingenommen worden.

Zu stark unterscheiden wir Anbieter uns freilich auch nicht. Fast alle sind nämlich durch meine Gruppen gegangen und haben die dort praktizierten Ideen auf ihre Person und ihre Möglichkeiten umgesetzt. – Insofern ist es vielleicht sogar von Vorteil, daß sich dieses Buch sehr stark an meinen eigenen Veranstaltungen orientiert. So lassen sich wahrscheinlich die ursprünglichen Ideen viel unmittelbarer nacherleben, und der Leser kann sich viel besser auf die vielen unterschiedlichen Varianten, von denen er erfährt, einstellen und einstimmen.

Aus der Fasten-Wander-Arbeit sind, jedenfalls für meine Mitarbeiterinnen und für mich, die Naturkostaktionen in den Katastrophengebieten erwachsen. Ergänzend zu der Industrienahrung der großen Hilfsaktionen bringen wir in diesen Gebieten der leidenden Bevölkerung frische, naturbelassene Kost mit vielen Vitaminen, Vitalstoffen und Spurenelementen, besonders Obst. – Diese Aktivitäten aber haben nur wirklich Wert, wenn es uns gelingt, auch die großen Hilfsorganisationen anzuspornen, mehr Naturkost in ihre Versorgungsprogramme aufzunehmen. In dieser Beziehung werden wir noch viel zu tun haben!

Meine Aktivitäten beschränken sich z. Zt. fast ausschließlich auf die Ausbreitung der Fasten-Wander-Idee und die Naturkosthilfe. Meine Träume aber gehen weiter. Sie kreisen um die gesunden, lebensfrohen Menschen, um die friedliebenden, ihre Heimat pflegenden Völker und um eine den Möglichkeiten der Erde und des Menschen angemessenen Ethik, Wirtschaft und Politik.

Ich hoffe nun, daß dieses Buch die einzelnen in unserer Gesellschaft anspricht und in ihnen eine große Begeisterung für eine natürliche, gesunde und bescheidene Lebensweise weckt. Wie schön wäre es aber, wenn alle Menschen unseres Landes und der Industrienationen von dem Willen zu einer Besinnungspause und einer Neuorientierung beseelt wären!

Wunderbar wäre es ebenfalls, wenn sich möglichst viele gesellschaftliche Einrichtungen den Ordnungen und Kräften der Natur und damit in gewisser Weise auch unseren Ideen und Aktivitäten öffneten, ich denke da besonders an die Volkshochschulen und Kurverwaltungen, an die Wander- und Sportvereine, an die Heilpraktiker und Ärzte, an die Gesundheitsbehörden und Krankenkassen, an die Ernährungseinrichtungen und die Lebensmittelindustrie – ebenso aber auch an die Gewerkschaften und an die Parteien, an die Wirtschaft und an die Politik.

Allen denen nun, die mir beim Zustandekommen diese Buches geholfen haben, möchte ich ganz herzlich danken, besonders für die Bereitstellung von Photos, Briefen, Gedichten und Informationstexten, ebenso aber auch für das Tippen und Korrigieren.

Ich hoffe, daß dieses Buch seinen segensreichen Weg nimmt. Ich vertraue es nun der Gnade dessen an, der allen Mitstreitern und mir diese Ideen und ihre konsequente Umsetzung ins Herz gegeben hat.

Nach zehn Jahren Fasten-Wanderungen mit Gruppen
Pfingsten 1994, Christoph Michl

Fasten-Wander-Erlebnisse in den Tessiner Bergen

Fuß vor Fuß
schmaler Pfad.
Lila –
der Gruß des Alpenveilchens.

Nun Farnwald –
fast wird es finster.
Stille –
unten der See.

Wolkenlicht träufelt herunter.
Dunkel – Licht – Dunkel.

Almfarm Alpe Bolla –
Leben umgrenzt.
Mensch, Tier, Pflanze
beisammen.

Goldgelb
überblüht den weißsteinigen Hang.
»Sieh doch, wie ein Garten«,
sagt Rosita.

Buchen begleiten uns,
zartgrau, gewaltig, beschützend.

Plötzlich eine Straße –
glatt, tot, andere Welt.

Glimmer –
ein Mineral blinzelt uns zu,
Silber verheißend.

Steigen – Schweigen.

Hauschreck spielt sein Lied,
will uns erfreuen
und unsere Kräfte anregen.

Empor!

Endlich daheim.

Wundersam warme Labung – Gemüsebrühe!

Anna, du weißt den Weg,
uns wieder gesund zu machen.
Sei ganz herzlich umarmt.

Eva Kopka, 20.8.93

Erster Teil:

DAS ERLEBNIS DES FASTEN-WANDERNS

FASTEN-WANDER-LIED

Der Christoph, die Anna, die ziehen, tripp trapp,
mit uns in die Berge, – die Täler hinab.
Und ist der Pfad steinig und fürchterlich lang,
wir wandern stets weiter, denn uns wird nicht bang.

Ja, sind wir dann schlapp, und es geht gar nichts mehr,
kommt Christoph mit leckerem Honig daher.
Gleich wirkt er, o Wunder, wir sind wieder fit,
bald haben wir wieder den Bergwander-Schritt.

Wir laufen und laufen und geben nicht auf.
Uns bremsen nicht Steine, nicht Bäche im Lauf.
Wird aber der Pfad dann uns allen zu steil,
so schlafen wir schnell mal für kürzere Weil.

Komm'n wir dann nach oben mit Japsen und Schnaufen,
ruft Christoph: »Was macht ihr, ihr habt euch verlaufen!«
Was nützt alles Meutern, wir gehen zurück
und freun uns am Wandern, denn Wandern bringt Glück.

So manchen, den packte wohl mal eine Krise,
erst brennt ihm der Magen, dann schmerzen die Füße.
Die Gruppe war stark, und sie hat uns getragen, —
so konnten wir immer von neuem es wagen.

Wir sind so begnadet, uns geht's wirklich gut.
Wir tanken hier Kräfte und viel neuen Mut.
Nun kann wieder kommen im Alltag der Trott,
wir meistern ihn spielend, denn jetzt sind wir flott.

Nun, Garmisch – Venedig, das war unsre Tour,
für uns're Gesundheit die heilendste Kur.
Karwendelgebirge, am Brenner der Steg,
und durch Dolomiten, so ging unser Weg.

Wie immer wir liefen, es war oft recht viel.
Wir haben's geschafft und stehn jetzt am Ziel.
Gesund sind wir, fröhlich und voller Elan.
Egal, was uns fordert, wir packen es an.

Wir nehmen jetzt Abschied, das Herz tut uns weh.
Doch heil sind wir gründlich, vom Kopf bis zum Zeh. –
Im Jahr, wenn dann wieder die Berge uns locken,
dann machen von neuem wir uns auf die Socken.

Lore Strempel, 26.9.92

Kapitel I

LANDSCHAFTSERLEBNISSE – UM WIEDER ZU SICH SELBER ZU FINDEN UND SO ZU WERDEN, WIE UNS DER SCHÖPFER GEDACHT HAT

1. Unser Fasten-Wander-Ziel: Der schöne, quicklebendige, geistig wache und lebensfrohe Mensch

Den gesunden, quicklebendigen, unbeschwerten und fröhlichen Menschen zu erleben, das ist es, wonach sich mein Herz sehnt!

Ihn durch die Straßen ziehen zu sehen, das ist ein Vergnügen, denn sein Körper und sein Gang wirken elegant und harmonisch. Ihn bei der Arbeit und im Umgang mit Menschen zu beobachten, das ist eine Bereicherung, denn er strahlt Gelassenheit, Engagement und Güte aus.

In allen Schwierigkeiten, die uns täglich umgeben, und in allen Krisen, durch die wir immer wieder hindurch müssen, bleibt er ruhig und vertrauensvoll. Trotz aller Problemsituationen und Katastrophen weiß er sich aufgehoben und geborgen.

Diese körperliche Eleganz und diese Unbeschwertheit, von der ich hier rede, finden wir häufig bei Kindern, die wir beim Spiel beobachten. Es ist eine Lust, ihnen zuzuschauen, weil alle ihre Bewegungen so natürlich und aufeinander abgestimmt wirken.

Bei meinen Studienreisen durch ferne Länder durfte ich immer wieder stundenlang den Menschen auf den Marktplätzen und vor den Tempeln und Kirchen zuschauen und ihre harmonischen Bewegungen und das Spiel ihrer Mienen auf mich wirken lassen. Sowohl in den Indianerdörfern wie auch unter den thailändischen Fischern faszinierte mich die Schönheit, Gelassenheit und Lebensfreude dieser Menschen. Noch heute erinnere ich mich dankbar an die schlanken, beweglichen Wasserträgerinnen in Indien und an

Zugang zur Vouraikós-Schlucht in Griechenland

die begeisterungsfähigen und anfeuernden Redner in Afrika.

Oft sinniere ich aber auch über die Personen auf Bildern aus der Zeit vor unserer Wohlstandsgesellschaft. Sie scheinen erstaunlicherweise viel mehr Energie und Schwung zu haben als wir und unsere Zeitgenossen.

Ich bin begeistert vom Menschen. Er ist ein wunderbarer Wurf des Schöpfers. Unfaßbar, wieviel Schönheit, Gesundheit, Gefühlstiefe, Ideenreichtum und Schöpferkraft in ihm verborgen sind. Unbegreiflich, wie beweglich, vielseitig, anpassungsfähig und dynamisch er ist.

Freilich: Die Mitgeschöpfe im Tier- und Pflanzenreich stehen in bezug auf Schönheit und Lebenskraft nicht hinter uns Menschen zurück. Es ist deshalb durchaus angebracht, wenn unsere Fastenwanderer bei jedem Pferd und jedem kreisenden Vogel bewundernd stehen bleiben und andachtsvoll die sich öffnende Rosenblüte und das im Herbst fallende Laub betrachten. Überall in der Natur begegnen uns Harmonie, Schönheit, Kraft und Dynamik – auch in den am Himmel dahinziehenden Wolken und in den schroff aufragenden Felsen.

Leider aber nehmen wir die Lebendigkeit in der Natur kaum noch wahr, sondern betrachten sie weitgehend als Selbstverständlichkeit. Die Fähigkeit, die großartige Vollkommenheit der uns umgebenden Schöpfung zu erkennen und zu bewundern, haben wir offenbar verloren. Wir sind scheinbar nicht einmal mehr in der Lage, die eigenen Entfaltungsmöglichkeiten zu erkennen und zu bestaunen.

Ich hüte mich, eine Wunschvorstellung vom Menschen zu entwickeln. Das widerstrebt mir. Mein Vorgehen, um ein möglichst angemessenes und brauchbares Bild vom Menschen zu bekommen, sieht vielmehr so aus: Ich freue mich über die Lebendigkeit und Harmonie in der Schöpfung und frage mich immer wieder ganz zurückhaltend und bescheiden, wie der Mensch in diesen vielschichtigen Lebensprozeß wohl hinein gehört. Dabei kommen mir so meine Mutmaßungen und Ideen, bis ich auf einmal eine Ahnung davon bekomme, wie der Schöpfer den Menschen wohl gedacht haben könnte: Schlank, beweglich, kraftvoll, zufrieden, ideenreich, dynamisch und gütig –

ein ganzes Leben lang, bis hin zum Sterben.

In jedem, dem ich begegne, sehe ich folglich deshalb nicht nur den tatsächlichen Menschen, sondern erschaue auch seine mögliche Schönheit, seine in ihm angelegten schöpferischen Kräfte und sein ihm mitgegebenes hohes sittliches und geistiges Niveau.

Umso trauriger und enttäuschter bin ich natürlich jedesmal, wenn ich erleben muß, wie sich dieses Ebenbild des Schöpfers entwickelt und was es aus sich gemacht hat. Mein Schmerz kennt keine Grenzen, wenn mir bewußt wird, was aus dem Engelwesen Mensch geworden ist. Anstatt sich nach oben und zu einem höheren Bewußtsein zu entwickeln, wird er immer kränker, gestörter und degenerierter. Fast – was das schlimmste wäre – hat man den Eindruck, daß er diesen körperlichen, gemütsmäßigen, geistigen und seelischen Verfall auch noch akzeptiert und ihn als naturgegeben hinnimmt.

Dieser Verwahrlosungsprozeß betrifft ja leider nicht nur einzelne Personen, sondern ganze Gesellschaftsschichten und Völker. Sie rennen in ihr Verderben – und ziehen andere, Ahnungslose, mit herab.

Ob sich in dieser Situation das Fastenwandern als Gesundbrunnen, als Erneuerungsquelle, als Regenerationsmöglichkeit anbietet?

Viele lesen nur das Wort "Fasten-Wandern", und für sie tut sich eine neue Hoffnung auf. Sie spüren instinktiv: Das ist es, was wir unbedingt benötigen: Nahrungsverzicht bei Bewegung in der freien Natur.

Beim Fasten-Wandern machen sie dann nicht nur die wunderbare Erfahrung, daß sie während dieser Zeit keinen Hunger verspüren, nein, auch ihre körperlichen Beschwerden sind auf einmal einfach weg, und die seelischen Probleme werden nach und nach gelöst. Viele beteuern: Eine Woche Fasten-Wandern bringt uns mehr als drei oder vier Wochen üblicher Urlaub.

Fasten-Wandern – das meint nämlich weder Selbstquälerei noch sportliche Leistung. Fasten-Wandern ist vielmehr ein Zurückfinden zu sich selbst und zu unserer wunderbaren Schöpfung.

Während der Krankheit, der Trauer, der Freude, der Aktivität und der schöpferischen Leistung vergeht uns vielfach ganz von selbst der Appetit. Wenn wir in diesen Situationen nichts essen, ist das bereits ein Fasten. Den Menschen aller Klimazonen waren darüberhinaus auch längere Zeiten des Nahrungsmangels auferlegt, bei uns z.B. der Winter. Trotzdem dürften die Menschen diese Zeiten als Gewinn empfunden haben, denn sie fühlten sich ganz sicher – trotz der wenigen Nahrung – zufrieden und glücklich.

Im Fasten-Wandern vereinigen wir: Fasten, Bewegung, Aufenthalt an der frischen Luft und das unmittelbare Naturerlebnis, verbunden mit einer wunderbaren Gruppenerfahrung. Wir staunen immer wieder, wieviel Freude und gegenseitige Offenheit beim Gruppenfasten die Teilnehmer erfüllt.

Fasten-Wanderungen, das sind keine Gewaltmärsche auf trostlosen Asphaltstraßen, sondern beeindrukkende Natur- und Körpererlebnisse in den ansprechendsten Landschaften Europas und aller Welt. Da ziehen wir eine Woche lang über den Kamm des Thüringer Waldes oder durchqueren die Ravenna- oder Wutachschlucht im Schwarzwald. Da bewegen wir uns unterhalb der mächtig aufragenden Felsmassive der Sächsischen Schweiz oder auf den weiten Alpenalmen. Wir erleben das Wattenmeer der Nordsee und die felsigen Gebirgspfade in den Vogesen. Wir genießen den weiten Sandstrand der Insel Rügen und den weichen Moorboden am Steinhuder Meer. Wir staunen über die sich tief einschneidenden Gebirgsbäche in den Alpen und die mächtigen Felsenkuppen im Riesengebirge. Wir bewundern die geheimnisvollen Tropfsteinhöhlen im Sauerland und den mächtigen Rheinfall bei Schaffhausen.

Durch die riesigen Moore am Steinhuder Meer

Aber nicht nur das Inland mit seinen ungeahnten Überraschungen lockt. Mit der Bahn sind die fernen idyllischen Landschaften so leicht zu erreichen: Die einsamen Hochebenen von Norwegen wie die sanften Hügel der zauberhaften Toskana, die Schlösser an der Loire wie der Friede der südschwedischen Seenlandschaft, die magische Welt von Wales wie die Südsonne der Italienischen Riviera, die beeindruckende Bergwelt des Tessins wie der Jakobsweg in Spanien, der wilde Pennine-Way in England wie die großen Anklang findende Alpentour Bozen-Venedig. – Ja, es reizt, wenn das Ziel einer ein- oder zweiwöchigen Wanderung eine Traumstadt ist: Rothenburg o.d.T. oder Stein am Rhein, Bergen in Norwegen oder St. Petersburg in Rußland, Florenz mit seinen Palästen oder Assisi mit seinen Kirchen.

Die Franziskanerkirche auf dem Berg der Verklärung in Israel

Flugangebote widerstreben meiner Seele, weil ich das Fliegen als widernatürlich empfinde und wir auf diese Weise viel zur Erdzerstörung beitragen. Aber auch Kreta mit seinen Ausgrabungsfeldern und Israel mit seinen Wallfahrtsstätten sind für unser Gemüt sehr bereichernd und ein großer Gewinn für die seelische Harmonie. Ebenso sprechen unser Empfinden die kanarische Insel Gomera und der Himalaya, die Appalachen in den USA und der Kilimandscharo in Ostafrika an.

Aber nicht nur Überlandwanderungen, bei denen wir von Ort zu Ort ziehen und jeden Tag neu durch andersartiges Gelände kommen, haben einen starken Reiz. Auch Fasten-Wander-Wochen, bei denen wir die ganze Zeit über im gleichen Hause verweilen und und von dort aus täglich wunderschöne Touren unternehmen, erfreuen sich großer Beliebtheit. Viele erleben nämlich das Fasten-Wandern als ruhiger und harmonischer, wenn ihnen die gesamte Zeit über ein festes und vertrautes Quartier zur Verfügung steht, denn sie haben das Gefühl, sie können sich dorthin immer wieder schnell zurückziehen, wenn sie sich einmal nicht so wohl fühlen. Bezüglich des Erlebniswertes braucht sich eine Standort-Wander-Woche nicht unbedingt von einer Überlandwanderung zu unterscheiden.

Abmarsch vom Holstentor in Lübeck - Richtung Bodensee (Deutschlandmarsch 1991)

2. Der Ablauf einer Tageswanderung

Da stehen sie nun alle am Sonntagmorgen mit ihren leichten Tagesrucksäcken vor dem Berghäusle, das im Schwarzwald oberhalb des Titisees liegt, und warten gespannt auf das, was heute auf sie zukommt. Früh beim Aufstehen hatten noch einige ihre Schwierigkeiten, aber nun öffnen sie alle ihr Gesicht den starken Strahlen der sie liebevoll anlachenden Vormittagssonne. Während die einen dabei tief durchatmen, unterhalten sich andere noch ein wenig, bis Christoph endlich mit etwas Verspätung kurz nach neun Uhr eintrifft.

Er stellt sich so, daß alle ihn sehen können, und möchte die Erwartungsfreudigen noch einmal liebevoll ermuntern: »Euch scheint es ja wunderbar zu gehen, ihr seht so gutgelaunt aus. Keiner fehlt. Großartig. Ich staune, was ihr zu leisten euch zutraut. Unterwegs aussteigen wird sicherlich keiner. Wenn jemand aber meint, er könne nicht weiter, braucht er es nur zu sagen. Wir sind nicht aus der Welt. Möglichkeiten, zum Heim zurückzukehren, gibt es von überall.«

Anna und Christoph

Christoph faltet seine Wanderkarte zusammen, steckt sie in die Hosentasche und geht allen voran los. Schlußlicht bildet Anna, die die Gruppen seit fünf Jahren begleitet und hauptsächlich für die Zubereitung der Getränke zuständig ist. Sie sorgt liebevoll dafür, daß hinten alle mitkommen, versieht die Schwächeren mit Notfalltropfen und ist um Ratschläge nie verlegen.

Christoph freut sich, daß die Sonne scheint und alle angespornt hat, mitzugehen. Er glaubt zwar nicht ganz, daß sich das Wetter hält. Aber wenn die Gruppe erst einmal unterwegs ist, dürften kaum noch Schwierigkeiten auftreten. Gewöhnlich herrscht nämlich ein phantastischer Gruppengeist.

Da sich Christoph für die Gruppe ein optimales Fasten-Wander-Erlebnis wünscht, versucht er möglichst vorweg, alle Schwierigkeiten zu erkennen und zu umgehen. Außerdem überlegt er sich unterwegs ständig, was das beste für das Gelingen der Tagestour ist. Deshalb ändert er gelegentlich auch einmal spontan seine geplanten Wanderrouten. Auf diese Weise gelingt es ihm, gezielt die Zufriedenheit und Dankbarkeit unter den Mitwanderern zu fördern.

Da es der erste Wandertag ist, bemüht er sich ebenfalls, den Teilnehmern nicht allzu viel abzuverlangen, denn er weiß, daß die Umstellung zum Fasten und das stundenlange Gehen manchem zu schaffen machen.

Jeder Schritt und alles, was sie sehen, ist für sie, von denen die meisten zum ersten Mal im Schwarzwald sind, ein besonderes Erlebnis. Sie bewundern die Königskiefer, die keinen durchgehenden Mittelstamm hat, sondern aus sechs gleichmäßig gewachsenen starken Stämmen besteht, die in Augenhöhe aus dem Hauptstamm heraustreten. Einige entdecken auch Blümchen, die sie entweder aus ihrer Kinderzeit kennen oder noch nie gesehen haben. Schnell sind deshalb alle im Gespräch, besonders als es an einer Ponyweide vorbeigeht, an der sogar einige stehen bleiben. »Nein, du kannst jetzt nicht weitergehen«, denke ich und lasse die Gruppe zum Stehen kommen. Liebevoll werden die Pferde gestreichelt, und schonend wird ihnen beigebracht, daß man nichts zu essen bei sich habe, da ja gefastet werde. Keiner drängt, daß es weitergeht. Das finde ich gut. Aber ich merke, daß wir die

Geduld einiger nicht überstrapazieren dürfen. Deshalb rufe ich: »Noch drei Minuten.« Alle nicken wohlwollend. Bald darauf setzt sich der Zug wieder in Bewegung.

Als wir etwas später aus einem Waldstück hinaustreten, bietet sich auf einmal eine phantastische Aussicht auf das wuchtige Feldbergmassiv. »Wir dürfen nicht weitergehen«, fühle ich, bleibe stehen und blicke fasziniert auf die noch mit etwas Schnee bedeckte gewaltige Bergkuppe in der Ferne. Brav bleiben alle stehen. Ohne daß ich ein Wort gesagt habe, scheinen sie begriffen zu haben, woran mir liegt, denn es herrschen tiefes Schweigen und meditative Stille. Alle staunen. Einige treten daraufhin ein paar Schritte zurück, ziehen ihre Teeflaschen aus dem Rucksack und trinken einige Schlucke. Andere nutzen die Gelegenheit und verschwinden kurz zwischen den Sträuchern.

Jetzt stelle ich fest, wie sehr sich die Gruppe doch in die Länge gezogen hat. »Gut, daß ich stehen geblieben bin«, denke ich, »jetzt kommen sie wenigstens alle wieder zusammen.«

Als ich Annas rote Dirndl-Schürze dann in der Ferne sehe, weiß ich, daß alle da sind. – Auch die letzten sollen die Aussicht noch einen Augenblick genießen, bevor es weitergeht.

Erstes Ziel ist die Ravennaschlucht. Die untere Ravennaschlucht ist mit ihren Felswänden, ihren Wasserfällen, ihren Holzstegen und -brükken viel interessanter. Doch in der oberen bleiben wir zuerst stehen, denn hier hat sich eine autogroße Mulde zwischen den ausgewaschenen Steinen gebildet, in der man gut baden kann. Ich ahne es, daß keiner hineingehen wird, denn es ist etwas kühl. Aber ich möchte die Teilnehmer anspornen, sich den Naturelementen zu öffnen. Deshalb frage ich: »Wer hat Lust, hir einzusteigen?« Alle schauen mich erstaunt an und denken: »So etwas ist doch nicht möglich!« »Mach du es vor«, ruft dann eine Frau, und eine andere ergänzt etwas frech: »Wenn du badest, komme ich auch.«

Ich bin erst einmal zufrieden, denn man hat mich aufgefordert, ins Wasser zu steigen. So von mir aus hätte ich es nur ungern getan, weil es so aussehen würde, als wollte ich eine Schau abziehen.

Freilich, das großartige Versprechen, auch mit hineinzugehen, wird nicht gehalten. Aber immerhin ziehen vier Personen ihre Schuhe aus und stecken ihre Füße in das kühle Naß. Anna ist jetzt auch da, zieht ihre Schuhe und Strümpfe aus und ruft aufmunternd: »Ihr müßt das so machen!« Fachmännisch zeigt sie den Teilnehmern, wie das Kneippsche Wassertreten durchgeführt wird. Gerne hätte ich das Wassertreten noch genauer erläutert, aber es ist kühl geworden und ich merke, daß einige Teilnehmer zu frieren anfangen. Es geht also weiter.

Wir steigen nun durch die untere Ravennaschlucht, die ein ziemliches Gefälle hat. Unerwartet springt Alois aus Freiburg, der schon öfter mitgekommen ist, im Flußbett von Stein zu Stein. Ich bekomme Lust, es ihm nachzutun. Anna ist die Dritte im Bunde.

Ich versage es mir, die Wanderer aufzufordern, mit ins Flußbett zu steigen, da es teilweise etwas rutschig ist. Aber ich denke, daß die, die es uns nachmachen, dieses vorsichtig tun und auch schaffen werden.

Lange bleibe ich bei meiner Springerei manchmal auf einem Felsen stehen, weil ich überlegen muß, wie ich am sichersten zum nächsten komme. Einige Male muß ich auch auf den vorigen zurück und auf einen anderen Stein als ursprünglich geplant springen. Letztendlich aber stehen wir drei – innerlich leicht erregt – vor dem gewaltigen Wasserfall. Ich denke einen Augenblick: »Ob man sich hier wohl hinunterstellen und duschen kann?« Aber das erscheint mir dann doch zu gewagt.

Währenddessen war uns einer der Männer gefolgt und hatte sich an einem von der Felswand heruntergestürzten Baum nach oben gezogen. Wenig später kletterte er am Abhang der Schlucht herum, konnte aber nicht mehr nach unten. Mir ist es eine willkommene Gelegenheit, Pause zu machen, denn ich möchte ja, daß die Faster nicht durch die Schlucht jagen, sondern sie erleben. Wir setzen uns deshalb auf Baumstämme und Steine, und jeder von uns trinkt von seinem Tee. Daraufhin teilen Anna und ich den Möhrensaft aus. »Anna, was ist da drin, und wie hast du den gemacht?«, wird gleich neugierig gefragt.

Mir scheint der Augenblick geeignet, noch schnell einige geologische Kenntnisse über den Schwarzwald und die Entstehung der Ravennaschlucht zu vermitteln. Da kommt Kurt unter dem klatschenden Beifall der Menge auch schon wieder angejoggt. Er war die riesige Höhe hinaufgeklettert und hatte daraufhin über den Berg wieder zur Schlucht und zu unserem Lagerplatz zurückgefunden.

Dort, wo die Ravennaschlucht ins Höllental übergeht, erwartet uns eine Glasbläserei, für die alle großes Interesse zeigen. Sie bekommen nicht nur vorgeführt, wie Trinkgläser und Glasvögel geblasen und gezogen werden, sondern können auch die Auslagen bestaunen und kaufen. Außerdem wärmt man sich etwas am offenen Schmelzfeuer. Fastende frieren leicht.

Nächstes Ziel ist Hinterzarten. Beim Durchwandern des Löffeltals fängt es plötzlich an, in Strömen zu gießen. Ich bleibe stehen, um mich zu erkundigen, ob sich alle einigermaßen wohl fühlen. Währenddessen fangen die ersten an zu jagen. Schade, denn als wir an dem Museums-Sägewerk "Löffelmühle" vorbeikommen, richtet dort gerade jemand Balken. Etwas ironisch frage ich: »Heute nachmittag soll wohl gesägt werden?« »Nein«, wurde mir geantwortet, »ich fange gleich an.« Aber ein Teil der Gruppe war schon weiter. Deshalb denke ich: »Im Interesse der Gesamtgruppe sollten wir verzichten, bei der Arbeit dieses Museum-Sägewerks zuzuschauen.« Die Nachzügler unserer Wandergruppe waren jedoch stehengeblieben und haben sich die alte Wasser- und Sägetechnik erklären lassen. Deshalb mußte der größte Teil der Wanderer während des Regens fast eine halbe Stunde unter der Bahnbrücke vor Hinterzarten warten. Diese Gelegenheit nutze ich zu einer Honig-Pause. Jeder Schwache durfte sich nun von dem dunklen Kastanienhonig einen gefüllten Löffel aus dem Glas herausziehen. Wer wurde jetzt jedoch angesichts des verführerischen Honigs nicht schwach!

Wegen des stürmischen Regens erklärte ich den Teilnehmern, daß wir nicht den Titisee umrunden, dafür aber über den Hochmoor-Knüppe damm nach Hause gehen. Einige wollten nun einen angeblich noch kürzeren Weg einschlagen. »Sollen sie«, dachte ich, »nur keine große Diskussion, sonst wollen noch mehr die Straße entlang gehen.« Das aber wollte ich vermeiden.

Der Regen wurde stärker. Mir kam ein retter der Einfall: Wir gehen in die Kirche und warten dort. Die schöne große katholische war aber etwas weiter entfernt als die evangelische, an der wir sowieso vorbei mußten. Mir war es in diesem Augenblick nur recht, in diese zu gehen, besonders weil wir dort eher die Gelegenheit hatten, ungestört noch einige Lieder zu singen.

Die Kirche war vom Vormittagsgottesdienst noch schön warm. Alle setzten sich. Ich kam mit einem Stoß Liederbüchern an und fragte: »Was wollen wir singen?« »Großer Gott, wir loben dich«, wurde vorgeschlagen. – Da ich das Gefühl hatte, daß nicht alle ganz freiwillig mit in die Kirche hereingekommen waren, wollte ich nicht, daß wir uns hier zu lange aufhielten. Ich ließ deshalb die Teilnehmer nur die heutige Tageswanderung noch einmal meditativ nacherleben und sprach kurz zum Abschluß folgendes

Gebet, das fälschlicherweise dem Hl. Franz von Assisi zugeschrieben wird:

Herr, mache mich zum Werkzeug deines Friedens,
daß ich Liebe übe, wo man sich haßt,
daß ich verzeihe, wo man sich gegenseitig beleidigt,
daß ich verbinde, wo Streit ist,
daß ich die Wahrheit sage, wo der Irrtum herrscht,
daß ich Glauben bringe, wo die Angst das Herz erfüllt,
daß ich Hoffnung wecke, wo die Verzweiflung quält,
daß ich ein Licht entzünde, wo die Finsternis regiert,
daß ich Frieden bringe, wo der Kummer wohnt.

Herr, laß mich trachten,
nicht, daß ich getröstet werde, sondern daß ich tröste,
nicht, daß ich verstanden werde, sondern daß ich verstehe,
nicht, daß ich geliebt werde, sondern daß ich liebe.

Denn wir dürfen die wunderbare Erfahrung machen:
Wer sich hingibt, der empfängt,
wer sich selbst vergißt, der findet,
wer verzeiht, dem wird verziehen,
und wer stirbt, für den gibt es ein herrliches Erwachen.

Danach wurde gemeinsam das Vater-Unser gesprochen.

Meditation in einer Kirche

3. Die Gestaltung einer Woche

Am Montag soll es zum Feldsee gehen, einem Gletschersee, der im Halbrund von hoch aufragenden riesigen Felswänden umgeben wird. Wir wählen, irritiert durch die Wanderzeichen, jedoch leider einen verkehrten Einstieg. Deshalb kommen wir auf den wunderschönen, teilweise mit riesigen Felsbrocken bestückten Emil-Thoma-Weg, der uns in die Höhe führt. Nun korrigieren wir unsere Tour, um doch wieder an den Feldsee zu gelangen, nicht mehr, sondern gehen oberhalb des Gebirgsmassivs entlang und haben von hier aus eine herrliche Sicht hinunter auf den mächtigen, von Felswänden eng eingeschlossenen See.

Vom Feldberger Hof fährt uns ein Bus bis Titisee, von wo aus wir die letzten vier Kilometer zu Fuß zur Hütte laufen. Weil es jedoch angefangen hat zu regnen, ziehen einige eine Taxifahrt vor

Da für den nächsten Tag eine andere Gegend gewünscht wird und das Wetter sich zu halten scheint, schlage ich einen Gang durch die weltberühmte Wutachschlucht vor. Freilich, wir müssen mit den vorhandenen Privatwagen knapp 30 km bis Reiselfingen anfahren, wo wir bei einem bescheidenen Wasserfall, den wir schon mehrfach als Dusche benutzt haben, tief in die Schlucht einsteigen. Heute scheint jedoch das Interesse an einer Naturdusche nicht groß zu sein. Dafür habe ich mehr Erfolg, als ich wenig später auf hoch aufragende Felsen klettere. Erstaunlich viele drängt es auch hinauf, um von hier oben aus tief in die grandiose Schlucht hinabzublicken.

Wieder erwartet uns ein Wasserfall. Ich bemühe mich, nach vorne zu kommen, damit die Teilnehmer stehen bleiben und dieses Naturschauspiel auf ihre Gemüter wirken lassen. Mächtig donnert das Wasser nach den vielen Regengüssen in den Vortagen über einen wie ein Elefantenkopf geformten Felsen hinunter.

In die Felswände sind schmale Pfade

eingehauen, die jeweils nur von einer Person begangen werden können. Weil es aber noch recht früh ist und wir außerdem keinen Feiertag haben, ist in der Schlucht zum Glück nicht viel Betrieb. – Auf dem Rastplatz legen wir uns dann, da die Sonne gerade warm scheint, ins Gras und machen eine Schlafpause.

Geologische und botanische Informationen gebe ich, als wir vor zwei sich gegenüberliegenden Halbbrücken, von denen jede nur bis in die Mitte des Flusses reicht, halten müssen. Mit mehr als drei Personen darf die zweite Halbbrücke nämlich nicht belastet werden, über die gerade eine Schulklasse unter gewissenhafter Anleitung ihres Lehrers geht. Diese Stelle eignet sich für einen Vortrag auch deshalb besonders gut, weil man hier großartig beobachten kann, wie das Wasser der Wutach in den Kalkstein-Felsritzen unvermittelt verschwindet. Ich erinnere an die berühmte Donauversickerung bei Tuttlingen-Möhringen, bei der sich auch durch ein riesiges unterirdisches Höhlensystem das Wasser im ausgewaschenen Kalkgestein fortstiehlt. Dort tritt es dann in der Aachquelle aus der Erde hervor und fließt zum Rhein, während es hier einige hundert Meter weiter durch die Felsspalten wieder in die Wutach zurückströmt.

Am Donnerstag wird gewünscht, zum Wallfahrtsort St. Märgen zu laufen. Darüber bin ich sehr froh, da gerade Christi Himmelfahrt ist. Ich denke, daß wir vielleicht eine Prozession oder Meßfeier miterleben können, die für viele während des Fastens besondere Erlebnisse wären. Es erwartet uns aber etwas noch Beeindruckenderes. Am Abend soll nämlich in der Wallfahrtskirche ein Konzert stattfinden, und nun – am Nachmittag – sind die Instrumentalisten und der Chor bereits fleißig am Üben.

Viele von uns nehmen sich zum Zuhören eine halbe Stunde Zeit und erzählen begeistert auf dem Rückweg, was für ein bereicherndes Erlebnis es war, während des Fastens in einer Kirche einer Musik-Aufführung beizuwohnen. Eine Frau, von der feierlichen Stimmung angetan, erklärte ganz spontan: »Das war der schönste Tag«, und andere pflichteten ihr bei. Freilich, dieses Lob bekomme ich fast jeden Tag zu hören, da gewöhnlich jeder Tag mit seinen Überraschungen unübertreffbar ist.

Am letzten Wandertag möchte man sich nicht mehr zu sehr verausgaben. Außerdem müssen gepackt und die Hütte gesäubert werden. Auch möchten einige noch etwas für ihre Rückreise einkaufen. Eine Feldbergbesteigung kommt deshalb für die Teilnehmer nicht mehr in Frage, obwohl ich begeistert von einem wunderschönen Hangweg schwärme, der bereits alpinen Charakter hat. Statt dessen möchte man eine Wanderung um den Titisee machen. Besonders einige Teilnehmer aus der ehemaligen DDR bestehen darauf und wünschen sich, in diesem See zu baden. Ich zeige Verständnis, obwohl ich die Teilnehmer zum Schluß gerne noch einmal gefordert hätte. Aber was soll ich, denke ich, die Eintracht und Harmonie in der Gruppe, über die ich mich doch so freue, stören. Wer weiß, wozu es gut ist. Und in der Tat, eine wunderschöne Überraschung erwartet uns zum Schluß noch. Am Anleger steht gerade ein Touristenboot und lädt zu einer Rundfahrt ein. Die können wir uns nicht entgehen lassen.

Alle Unterkünfte, in denen wir Fasten-Wander-Freizeiten durchführen, sind von mir so gewählt, daß man jeden Tag neue beeindruckende Wandererlebnisse hat, egal ob es das Hotel auf Rügen, das Hostel in Wales oder das Ferienheim in Südtirol ist. Auch mein eigenes Seminarhaus im niedersächsischen Bliedersdorf, zu dem ein Wald, ein Teich, Quellen und ein Fluß gehörten, lag so. Es grenzte nicht nur unmittelbar ans Landschaftsschutzgebiet "Auetal", sondern bot für Wanderungen tagtäglich eine andere Landschaftsform. Die eine Tagestour hätte uns in ein noch verhältnismäßig intaktes verwildertes Hochmoor geführt, die andere auf dem Lühedeich entlang durch das Marschgebiet "Altes Land" zur Elbe. Am dritten Tage wären wir zu zwei riesigen Großsteingräberfeldern aus der Zeit um 2500 v. Chr. gewandert, die einmalig in ihrer Eigenart sind. Am nächsten Morgen hätte man mit dem Zug "Störtebecker" nach Cuxhaven an die Nordsee fahren können. Dort bieten sich Strand- und Wattwanderungen (z.B. zur Nordseeinsel Neuwerk) und eine Helgolandfahrt an. Aber auch zur Lüneburger Heide mit ihrem Wilseder Berg und ihren Wachholderhainen bringt einen die Bahn recht schnell. Lohnenswert ist auch die Besichtigung der Altstadt Stades mit ihrem mittelalterlichen Charakter. Besonders faszinierend aber ist für mich die angeblich über tausendjährige Feldsteinkirche in Bliedesdorf selbst, von der in besonderer Weise Ruhe und Frieden ausströmen. Außerdem sind auch Hamburg mit seinem Hafen und Bremen mit seiner Altstadt nicht weit entfernt.

Das ist keine Wattwanderung mehr, das ist eine Schlickwanderung

Diese Bildungsstätte für Umwelt, Gesundheit und menschliche Selbstfindung, die ich schon lange, bevor ich ans Fasten-Wandern dachte, geplant und gekauft hatte, konnte ich jedoch finanziell nicht halten und mußte sie deshalb gerade in dem Augenblick verkaufen, als meine Fastenwanderungen anfingen, in der Öffentlichkeit auf breites Interesse zu stoßen. Ich gehe mit meinen Gruppen aber nun in ein Landschulheim in der Nähe, von wo aus ich diese

Touren auch machen kann. Die Teilnehmer staunen immer wieder, wie abwechslungsreich und vielfältig auch die Norddeutsche Tiefebene ist.

So viele Vorzüge auch ein festes Haus für die Wanderungen und die Teilnehmer hat, – viele bevorzugen doch die Überlandwanderungen, bei denen wir jeden Morgen wieder die Sachen packen und uns jeden Abend wieder an ein neues Quartier gewöhnen müssen. Recht viele Touren bieten sich an, obwohl es nicht immer einfach ist, auf der Route auch die entsprechenden gewünschten Quartiere zu bekommen. Besonders abwechslungs- und erlebnisreich sind z.B. folgende derartige Veranstaltungen: Rundwanderungen durch den Pfälzer Wald, Kammwanderungen auf dem Rennsteig im Thüringer Wald bzw. auf dem Hermannsweg im Teutoburger Wald, und Zielwanderungen von Bozen nach Venedig bzw. von Florenz nach Assisi.

Unsere letzte Oster-Bodensee-Tour verlief z.B. so:

1. Tag: Von Radolfzell aus gingen wir den Bodensee-Höhenweg entlang, vorbei am Mindelsee und hinab durch die Marienschlucht. Am Überlinger See angelangt erreichten wir auf einem phantastischen Uferhangweg die Insel Mainau. 2. Tag: Von Romanshorn durch das tief eingeschnittene Sittertal in die interessante alte Bischofsstadt St. Gallen in der Schweiz 3. Tag: Wanderung durch die Appenzeller Alpen. 4. Tag: Fährfahrt über den Bodensee. Besichtigung von Meersburg mit seiner angeblich ältesten deutschen Burg. Anschließend Unteruhldingen mit seinen Pfahlbaudörfern und Kloster Birnau mit seiner Wallfahrtskirche. Den Abschluß bildet Überlingen mit seiner weltberühmten Buchinger-Fastenklinik, in die wir immer wieder zu Besichtigungen, zu Vorträgen und gewöhnlich auch zum Fastenbrechen eingeladen sind.

Wasserfall in Norwegen

5. Tag: Durch die gefalteten Bodensee-Seitentäler am Sipplinger Berg und über den Bodanrücken, vorbei an der Ruine Altbodmann und am Schloß Frauenberg. 6. Tag: Erlebnis des Rheinfalls bei Schaffhausen und Wanderung entlang des Rheins bis zum weltberühmten mittelalterlichen Städtchen Stein am Rhein, wo viele Häuser mit gewaltigen bunten Bildern bemalt sind. – Zurück nach Radolfzell in unser Heim und zu den Autos bringt uns dann am Abend noch ein Bus.

4. Naturmeditation und Selbstfindung

Bei unserer Schwarzwald-Wander-Freizeit führten wir am Mittwoch bei strahlendem Sonnenschein die für Montag geplante Tour zum Feldsee durch.

Während nun die Teilnehmer unterhalb der gewaltigen Felsenmauer unmittelbar am Wasser im Gras liegen, habe ich das Empfinden, diese Kulisse eigne sich vorzüglich für eine Naturmeditation. Ich muß jedoch mit dem Anbieten von Meditationen vorsichtig sein, denn manch einer wird dabei ängstlich oder sogar aggressiv. Der eine fühlt sich an seine Erfahrungen mit der christlichen Religion oder sogar an seine Klosterschulzeit erinnert, der andere denkt bereits bei dem Begriff Meditation, daß das etwas mit buddhistischer oder hinduistischer Frömmigkeit zu tun haben müsse. Dabei ist die Art und Weise, wie ich die Meditationen durchführe, mehr oder weniger nur in meinem Herzen gewachsen.

Vor neun Jahren, als ich zu dieser Art, besinnlich zu werden, noch keinen Zugang hatte, meditierte bereits ein Freund von mir mit meinen Gruppen, wenn er an meinen Fasten-Wanderungen teilnahm. Er sprach einfach in die meditative Stille Worte hinein und überließ es den Teilnehmern, etwas damit anzufangen: Wiese, Blume, Baum, Fluß, Wasserfall, See, Sonne, Wolken, Wind usw. Manchmal kommentierte er auch einige Begriffe etwas: »Das Gezwitscher der Vögel erheitert mein Gemüt«. »So sicher und selbstbewußt wie diese Steinblöcke möchte ich auch werden«. »Wenn ich mich der Wärme der Sonne öffne, werde ich warm, ganz warm. – Wärme und Güte können nun von mir ausgehen, Wärme und Güte! Geborgenheit und Kraft darf ich meinen Mitmenschen schenken, Geborgenheit und Kraft.«

Lange Zeit habe ich es ihm nachgemacht und meine Meditationen in den Gruppen auch so durchgeführt wie er, aber dann erschien mir diese Art doch etwas dürftig. Ich bemühte mich daraufhin, ganze, wohl formulierte, aber einfache Sätze zu bilden. Sie sollten möglichst Bilder enthalten, die sich jeder vorstellen kann. Außerdem liebte ich es später, die gleichen Aussagen doppelt zu bringen: »Das Grün der Wälder beruhigt unsere Nerven, die zarten Blätter der Bäume lassen uns still, ganz still werden.«

Zwischen den einzelnen Beiträgen lasse ich den Meditierenden viel Zeit, damit diese Bilder tief in ihr Gemüt eindringen und dort etwas in Bewegung setzen können. Sie sollen das, was in ihnen an Positivem schlummert, wecken. Dazu dienen bei diesen "Traumwanderungen" über die blühenden Wiesen und durch die dunklen, kirchenstillen Wälder auch folgende Aussagen: »Ich spüre nicht nur den Frieden in der Schöpfung, sondern empfinde auch, wie sehr sich mein Innerstes nach Harmonie und Freude sehnt«, und »Das Liegen im Blumenmeer weckt in mir das Vertrauen zur Erde, die mich trägt. Sie trägt mich wunderbar. Mir ist es, als ruhte ich in ihren Armen.«

Ich will nicht bestreiten, daß auch manchmal etwas aus meiner Gebetssprache mit einfließt, z.B.: »Wenn die Natur soviel Geborgenheit und Güte ausstrahlt, warum sollte nicht auch ich Geborgenheit und Güte ausstrahlen. Ich kann vergessen, ich kann vergeben, ich kann mich wieder versöhnen.«

Manchmal gehe ich sogar in meinen Ausführungen noch weiter: »Ich weiß mich getragen, getragen von einer unendlichen Güte. Güte umgibt mich, nichts als Güte. Das Dasein ist Güte, wunderbare Güte.«

Ich möchte wecken, wecken, was in uns schlummert. Daß ich dabei bestimmte Vorstellungen vom Menschen habe, will ich nicht bestreiten. Wie könnte ich etwas wecken wollen, wenn ich nicht davon ausginge, daß es in uns ruht, z.B. der Frieden und die Güte.

Nicht zu unrecht wird mir vielleicht der Vorwurf gemacht, ich würde ein wenig suggestiv auf die Teilnehmer während der Meditationen einwirken, denn meine Sprache sei "theatralisch" und "würde unter die Haut gehen." Außerdem, so wird behauptet, verführten Fasten und das wehrlose, träumerische Liegen in der Sonne dazu, sich dem Einfluß eines anderen zu öffnen. Ich kann aber vom Fasten nicht die Besinnlichkeit und die innere Einkehr ausklammern, und so muß ich, wenn ich überhaupt etwas Besinnlichkeit in die Gruppe hineinbringen möchte, die Besinnungsübungen so durchführen, wie sie mir ins Herz gegeben werden.

Wiederholt kommt mir unterwegs in den Sinn, eine Meditation anzubieten, aber wohl in den meisten Fällen lasse ich es bleiben, weil ich entweder spüre, daß die entsprechende Stimmung in den Teilnehmern nicht da ist, oder erkenne, daß einige sich ärgern würden.

Hier aber am Feldsee, wo mir die Umstände günstig erscheinen, stelle ich wie gewöhnlich, wenn ich eine Besinnungsübung für angebracht halte, das Wort "Meditation" in den Raum und warte ab, wie die Herumliegenden reagieren. Reagieren sie gar nicht, rufe ich noch einmal fragend: »Meditative Übung erwünscht?« Rührt sich noch immer nichts oder meinen einige, es sei zu kalt oder zu windig, so verzichte ich und rechne damit, daß uns für eine

Meditation eine günstigere Gelegenheit geschenkt wird. Oft sind aber einige da, die sehr nach diesen besinnlichen Übungen verlangen, weil sie spüren, wie gut es ihnen tut, auf diese Weise in sich zu gehen.

Unter den Ersteilnehmern sind natürlich auch einige Neugierige, und sie möchten erleben, wie diese Meditationen ablaufen. Gespannt legen sie sich auf die Erde. Manchmal gibt es auch einige, die sich zurückziehen.

Wenn alle aufgehört haben zu reden, ruhig daliegen und es ganz still in uns und um uns geworden ist, beginne ich mit einigen Lockerungs-, Atem- und Konzentrationsübungen und leite dann über in den mehr meditativen Teil mit: »Ganz entspannt liegen wir da, ganz entspannt.« Keine Meditation gleicht jedoch der anderen. Jede kommt, wie eine Teilnehmerin es ausdrückte, spontan aus dem "Bauch". Ich weiß zu Anfang der Übungen meistens nicht, was ich sagen werde und worauf ich besonderes Gewicht legen sollte. Während der Meditationen konzentriere ich mich lediglich auf das, was in mir und den anderen abläuft, und gestalte es sprachlich entsprechend.

Es geht weiter: »Ruhig und still geworden sind wir, ganz ruhig und still. Unsere Sinne aber sind wach, ganz wach. Vergnügt lauschen unsere Ohren auf das Gezwitscher der Vögel, auf ihren lebensfrohen Gesang.« Jetzt schweige ich längere Zeit, damit jeder sich auf dieses Jubilieren und Tirilieren in den Lüften einstimmen kann. Leider kann ich keine Vogelstimmen zuordnen und erst recht nicht die Vogelsprache verstehen. Ich lasse lediglich die Töne auf mein Gemüt wirken und deute sie von meinen Empfindungen her.

Das ist vielleicht gut so, so werden diese Meditationen nicht zu kompliziert.

In meinen Äußerungen fahre ich fort: »Ihr Gezwitscher dringt in uns ein, tief in uns ein. Mit ihrem Gezwitscher dringt aber auch ihre Leichtigkeit, ihre Lebensfreude und ihr Lebenswille in uns, tief in uns. Wir öffnen uns ihrer Gesundheit, Beschwingtheit, Unbekümmertheit, wir öffnen uns ihrer Lebensfreude und ihrem Lebenswillen.«

Ich warte nun wieder längere Zeit und fahre dann ermunternd fort: »Wir fühlen uns so leicht und beschwingt wie diese Vögel. Freude füllt unser Herz. Voller Schwung und Energie sind wir. Lebendigkeit und Kraft spüren wir in unseren Armen, in unseren Beinen.«

Ich lasse die Meditierenden oft auch das Summen der Insekten, das Rauschen der Wasserfälle, das Wehen des Windes, die Kühle, die Wärme, den Grasboden, auf dem wir ruhen, und vieles andere erleben und empfinden.

Dann wechselt die Szene: »Wir sehen uns entlang wandern auf dem weichen Boden der Wälder (- Pause), auf den Hangpfaden (- Pause), über die bunten Wiesen (- Pause), vorbei an kräftigen Kühen (- Pause), vorbei an den verschiedensten kleinen blühenden Wildkräutern (- Pause), vorbei an hoch aufragenden Felsen (- Pause). – Schritt vor Schritt setzen wir, freudig und leicht. Wie von selbst kommen unsere Füße voran. Es ist uns fast, als würden wir getragen, als flögen wir – die Berge hinauf und hinunter – immer weiter. Glücklich und zufrieden fühlen wir uns, frisch und stark. Stark sind sie, unsere Beine, stark sind sie, ganz stark, – und sie freuen sich, daß – es – nun – weiter geht.«

Nun beginne ich, aus der Meditation herauszuführen. »Vorsichtig strecken und bewegen wir unsere Beine – unsere Arme! – Vorsichtig drehen wir unsere Schultern! – Liebevoll und vorsichtig öffnen wir nun wieder unsere Augen – und (recht abgehackt und hart gesprochen) sind wieder ganz da.«

Die Variationsmöglichkeiten bei diesen Meditationen sind groß. Auf sehr vieles kann man eingehen, und auf vieles kann man die Teilnehmer innerlich einstimmen, z.B. auf das richtige Atmen, auf die vor uns liegenden steilen Berge, auf schwieriges Gelände, auf die Kälte, den Wind, den Regen, den Schnee, auf das Langsam- bzw. Schnellgehen usw.

Viele Verhaltensweisen lassen sich auch über die meditative Arbeit mit den Teilnehmern einüben: Das bewußte, zurückhaltende Essen und gründliche Kauen, das Annehmen von Krankheiten und Schicksalsschlägen, das Vergessen, das Vergeben und das Sich-Versöhnen.

Durch viele dankbare Äußerungen fühle ich mich in meinem Bemühen, auf diese Weise für innere Entspannung und Entkrampfung zu sorgen, bestätigt. Wenn es im Winter draußen zu kalt ist, Meditationen durchzuführen, verlegen wir diese gelegentlich auch in die beheizten Kirchen. Das bedeutet für viele auch eine willkommene Pause.

Kapitel II

O WANDERN, WANDERN – MEINE LUST – ICH WERDE FREI VON SCHMERZ UND FRUST

1. Nicht Wander-Fasten, sondern Fasten-Wandern

Es gibt verschiedene Formen des Fastens. Die einen fasten und leben dabei in der Familie und im Beruf ganz normal weiter. Andere fasten und liegen dabei die ganze Zeit über hauptsächlich im Bett. Die einen zieht es während des Fastens in die Einsamkeit, die anderen dagegen in die Klinik. Wieder andere ziehen es vor, während des Fastens zu wandern, oder sie gehen, wie man so sagt, zum Fastenwandern.

Wer Fastenwandern zu schnell lediglich als eine mögliche Form des Fastens betrachtet, dürfte den neuen Elementen, die zum Fasten hinzutreten, zu wenig Bedeutung beimessen. Das Wandern an sich ist schon so etwas Großartiges und Wertvolles, daß man es bei der Kombination von Fasten und Wandern durchaus als etwas völlig Eigenständiges betrachten sollte.

Vielleicht müßte man gerechterweise das Fastenwandern sogar eher als eine Variante des Wanderns als eine des Fastens ansehen. Wer sagt denn, daß zum Wandern die Brotzeit, die Knödel, der Kaiserschmarren, die Schweinehaxe, das Kotelett, das Bier und der Wein gehören! Auch wenn das Wandern in den Wandervereinen so praktiziert wird, ist damit noch lange nicht gesagt, daß diese Art zu wandern die optimale ist. Die Wandervereine, die z. T. unter Berufung auf die neuesten medizinischen Erkenntnisse den Wanderern einimpfen wollen, daß man sich beim Wandern wenigstens alle zwei Stunden einen Schokoladenriegel in den Mund schieben müsse, täten gut daran, ihre Praxis und Beratung einmal zu überprüfen.

Weil diese Ideologie, nämlich daß zum Wandern auch das Essen gehöre, nur zu tief in der gegenwärtigen deutschen Wanderpraxis verwurzelt ist, ist es auch kein Wunder, daß wir bei Wanderern und bei Wandervereinen auf fast keine Resonanz stoßen. Für sie sind wir, die wir die wahrscheinlich bessere Wanderidee praktizieren, Exoten, Radikale, Unverbesserliche, Irre. Deshalb habe ich mich bei der Ausbreitung der Fasten-Wander-Idee auch weniger an die Wanderer als vielmehr an die Faster und die, die erkannt haben, daß sie etwas für die Erhaltung ihrer Gesundheit tun müssen, gewandt.

Hätte ausgedrückt werden sollen, daß das Schwergewicht bei der Kombination von Fasten und Wandern auf dem Fasten liegt, so hätte man sicherlich vom Wander-Fasten reden müssen. Bei dieser Begriffsbildung liegt nämlich der Nachdruck auf dem Fasten. Es ist ein Fasten, bei dem gewandert wird. Für mich, der ich den Begriff Fasten-Wandern bzw. Fastenwanderungen prägte, liegt der Schwerpunkt jedoch auf dem Wandern. Es handelt sich um ein Wandern, bei dem nichts gegessen, also gefastet wird.

Wandern, das ist für mich fast ein mythischer Begriff, und er erinnert mich immer wieder an die Worte wundern, sich wundern und bewundern, obwohl er etymologisch (sprachlich) mit ihnen wahrscheinlich kaum etwas zu tun hat. Etymologisch hängt wandern wohl eher mit winden und wenden bzw. mit sich winden und sich wenden zusammen und dürfte sagen wollen: Man bewegt sich zwar vorwärts, weiß aber nicht so recht, wohin. Es ist deshalb kein Wunder, daß für mich in diesem Begriff etwas Spielerisches und Träumerisches liegt. Wandern, das entbehrt des Lebensernstes, der Strenge, der Zielrichtung. Dieses kommt eher in den Worten gehen und marschieren zum Ausdruck: Man bewegt sich vorwärts, möglichst mit einem Ziel im Auge.

Zu Anfang unserer Bewegung haben wir tatsächlich von "Fasten-Märschen" geredet. Kein Wunder, denn bei dem Vater dieser Idee, dem Schweden Lennart Edrén, waren 50 km das wenigste am Tage. Seine Märsche waren auch zielgerichtet, nämlich auf Stockholm, die Hauptstadt des schwedischen Reiches. – Da dieser Begriff aber später, besonders als ich mit Gruppen unterwegs war, meinen Anliegen nicht mehr entsprach, kam ich nach langem Suchen auf die Begriffe "Wandern" und "Fastenwandern".

Wandern, das heißt für mich: sich ohne Hast und Eile vorwärts zu bewegen und nicht mit der Zeit zu geizen. Man kann auch einmal etwas stehen bleiben, um sich umzuschauen bzw. um nachzudenken. Wandern, das schließt Ruhe, Betrachtung und Besinnlichkeit mit ein.

Es ist jedoch kein Spazierengehen. Dieses zivilisierte Gehen hat zum Ziel, sich zu entspannen, sich zu erholen. Man dreht, vielleicht mit dem Spazierstock, eine Runde von zwei oder drei Stunden. Wandern schließt dagegen die Bereitschaft für das weniger Konventionelle und das Unerwartete und Unverhoffte mit ein. Man kennt weder Weg noch Ziel. Außerdem ist einem für die Zeit des Wanderns weitgehend alles egal. Man läßt sich ganz fallen in das, was man unterwegs erlebt, und sich vom Augenblick fesseln. Freilich, das schließt nicht aus, daß man weiterkommen möchte und daß man letztendlich möglicherweise doch ein Ziel zu erreichen hat. Das Durchstreifen der Zeit und des Weges steht aber nicht unter einem Druck oder unter einem Zwang. In dem Wort Wandern schwingen für mich vielmehr Gelassenheit und Harmonie mit.

Wandern kann sogar ein zügiges, zielgerichtetes Gehen sein, z.B. wenn es einen in die Welt hinaus drängt: Dann geht man durch Wälder hindurch, an Flüssen entlang, an Burgen und alten Kirchen vorbei, auf Berge hinauf und in Täler hinab – möglicherweise 50 km am Tage. – Aber trotz dieses Aktivprogramms ist doch nicht alles so tierisch ernst wie der Alltag des Lebens.

Ein wichtiger Bestandteil des Wanderns ist die Bewegung. Es ist großartigerweise nicht nur eine ganz einfache, im allgemeinen kaum anstrengende, sehr harmonische, sondern auch eine sehr abwechslungsreiche, vielseitige, den ganzen Körper belastende. Gewöhnlicher Dauerlauf, Gehen, Spazierengehen und das heutige Marschieren belasten den Körper dagegen recht einseitig. Jeder Schritt ist etwa gleich und belastet immer wieder dieselben Gelenke und Muskeln.

Gehe ich z.B. auf einer Asphaltstraße, so trete ich bei jedem Schritt mit meinen Füßen gleich auf. Dadurch wird die Wirbelsäule, eines unserer wichtigsten Körperorgane, bei jeder Bewegung in gleicher Weise belastet und abgenutzt. Kein Wunder, wenn sie bei vielen bald verschlissen ist.

Wandern in der Sinai-Wüste

Unser Wandern, bei dem es

teilweise auch durchs Gelände und über Stock und Steine geht, wo Bäche durchquert und Felsen erklettert werden, erfordert dagegen vom Körper, daß er sich bei jedem Schritt neu ausbalanciert.

Gehen wir z.B. in den Alpen durch ein felsiges Trockenbett, durch das nur bei Schneeschmelze und Regen die Wassermassen hinunterstürzen, so setzen wir bei jedem Tritt den Fuß anders auf. Anstatt daß nun die Wirbelsäule mehr belastet wird, wie viele denken mögen, wird sie entlastet, jedenfalls in den Teilen, die sonst immer so stark gefordert sind, und kann sich erholen. Außerdem bauen sich die Entlastungsmuskeln auf, und unsere Bandscheiben können regenerieren und wieder zu brauchbaren Puffern zwischen den Wirbeln ausheilen.

Aber nicht nur ein Trockenbett im Gebirge bewirkt dieses. Auch das Wattlaufen an der Nordseeküste, wobei man freilich gemächlich geht, das Springen über Wasserpfützen, das Steigen über umgefallene Baumstämme, das Balancieren auf herumliegenden Balken und das Klettern an Abhängen tragen wesentlich zur Stärkung der Wirbelsäule bei. Kein Wunder, daß einmal einer der Teilnehmer, der Naturheilarzt Dr. Ernst-August v. Düring aus Nottensdorf bei Hamburg, den unzufriedenen Teilnehmern eine ernste Mahnpredigt gehalten hat: »Begreift ihr denn nicht: Christoph kann euch für eure kaputte Wirbelsäule, gegen eure Rückenschmerzen und gegen eure gebückte Haltung nichts Besseres bieten als diese Geländedurchquerungen. Warum wehrt ihr euch gegen diese Güte! Kein anderer Wanderführer geht so liebevoll und so gesundheitsfördernd mit euch um. Ist euch nicht klar, daß sich Christoph um eurer Gesundheit willen einigen Risiken und Gefahren aussetzt! Aber er wagt es, euch zu fordern, weil er euch liebt, weil ihm an eurer Gesundheit, an eurem Wohlbefinden und an eurer Lebensfreude gelegen ist. Es passiert doch nichts! Was soll denn passieren?«

In der Tat passiert bei den gewagtesten Manövern nie etwas. Auch bei den Nachtwanderungen ist nie jemand zu Schaden gekommen. Manchmal bleibe ich jedoch fürsorglich am Abhang stehen und warte schweißgebadet, bis auch der letzte von denen, die sich durchs Gelände quälen, an mir vorüber ist. Ich kann in manchen Situationen nur beten, daß alles gut geht. Selbst Elisabeth aus Magdeburg überstand den Geländemarsch in Wales durch das dichte Heidekraut, unter dem überall verdeckt große Steine herumlagen, obwohl sie die ganze Zeit über jammerte, daß ihr nichts passieren dürfe, da sie sonst ihre Arbeitsstelle verlöre. Als sie jedoch wieder den befestigten Weg am Stausee entlang ging, stolperte sie, fiel hin und brach sich das rechte Handgelenk.

Aber nicht nur die Geländemärsche, die alle Muskeln im Körper aktivieren und wieder aufbauen, unsere Gleichgewichtssinne anregen und den Kreislauf stabilisieren, tun uns gut. Ebenso heilsam ist auch das Bergaufgehen.

Vor neun Jahren stimmte ich früh in der Jugendherberge Münden die Teilnehmer auf eine Anhöhe ein. Vor dem Aufstieg erklärte mein Freund Lennart Edrén aus Schweden, der Vater der Fastenmärsche, er gehe die Bundesstraße bis zum nächsten Treffpunkt. Da ich mich nicht mit ihm anlegen wollte, ließ ich ihn gewähren. Mit einem Schlage war ich jedoch die gesamte Gruppe los und durfte mit nur zweien die Waldwege und am Moorrand entlanggehen. Ich hätte mich – aus Solidarität – gerne der Gruppe angeschlossen, aber oben an einer Wegbiegung wartete ein Freund auf uns, den ich nicht stehen lassen durfte.

Fünf Kilometer waren die anderen mehr gegangen, und kaputt vom Asphalt und fertig vom Verkehrslärm und den Abgasen kamen sie nach vier Stunden, ohne Pause, beim Begleitfahrzeug oben an. Den Höhen- unterschied haben sie auch überwinden müssen, nur später und auf stinkender Landstraße.

Warum sie das getan haben? Aus Angst vor dem Ersteigen einer Höhe! Aus Angst! Sonst lag wahrscheinlich kein Grund vor. Es war eine Angst, die sie unfähig machte, zu überlegen. Mir tut es immer weh, wenn ich erleben muß, wie blind die Teilnehmer für die heilenden Kräfte der Natur sind und wie wenig Vertrauen sie zum Schöpfer und zu seiner wunderbaren Weltordnung haben. – Lernprozesse gehen aber offenbar nur ganz langsam vor sich. Ich bin ja froh, wenn Teilnehmer überhaupt kommen und einige gesundheitliche Anregungen mitnehmen. Vielleicht regte die damalige Fehlentscheidung die Mitwanderer ein wenig zum Nachdenken an.

2. Richtiges Atmen: Wir fliegen in die Welt hinaus und putzen unsern Dreck mit raus

Wie viele keuchen und schnaufen beim Bergaufsteigen. Das brauchte nicht zu sein. Geübte und erfahrene Bergführer behaupten, daß jeder jeden Berg schaffen müsse. Wenn er nicht hinaufkommt, liegt dieses gewöhnlich am Atmen. – An dieser Behauptung dürfte viel Wahres dran sein. – Leider atmen wahrscheinlich die meisten unter uns verkehrt. Die Hetze unserer Zeit und der Streß des Alltags bringen es wohl mit sich, daß wir zu kurz und zu oberflächlich atmen und nicht mehr wie Säuglinge und Sänger, nämlich tief in den Bauch hinein. Das müßten wir uns erst einmal wieder angewöhnen. Meditativ, also ein wenig suggestiv, versuche ich manchmal, den Teilnehmern wieder einen Zugang zum Bauchatmen zu ermöglichen.

Der nächste Schritt der Atemschulung wäre, im Rhythmus mit dem Gehen ein- und auszuatmen. Dazu braucht man sich nicht unbedingt das tiefe Bauchatmen wieder angewöhnt zu haben. Wichtig ist vielmehr, jetzt darauf zu achten, daß man drei Schritte lang aus- und drei Schritte lang einatmet, drei Schritte lang aus, drei Schritte lang ein, und zwar solange, bis das Herz vom Gehen anfängt zu rasen. Dann schaltet man um auf zwei Schritte lang aus, zwei Schritte lang ein, wieder so lange, bis der Anstieg das Herz anstrengt. Bei sehr steilen Hängen schafft man oft pro Atemzug nicht mehr als einen Schritt, in flachem Gelände dagegen vier, fünf oder sechs.

Immer, wenn wir uns schwach oder überfordert fühlen, sollten wir auf die rhythmische Gleichschaltung achten! Wir werden überrascht sein, wie leicht uns das Ersteigen von Höhen fällt. Ich jedenfalls habe, wenn ich im Rhythmus mit dem Gehen atme, immer wieder das Empfinden, daß ich die Berge hinaufgetragen werde. – Besser als mein Vorschlag könnte evtl. die Empfehlung sein, immer einen Schritt mehr aus- als einzuatmen, also vier Schritte lang ausatmen, drei Schritte lang einatmen bzw. drei Schritte ausatmen, zwei einatmen. Wichtiger als das Einatmen – das machen wir ja ganz von selbst – ist nämlich das Ausatmen. Alle in uns abgelagerten Schlacken, die teilweise schon Jahrzehnte in uns festsitzen, müssen nämlich erst einmal hinausbefördert werden, bevor der neu aufgenommene Sauerstoff optimal wirken kann.

Da es bei den von mir empfohlenen Atemübungen jedoch nicht um die Körperreinigung, sondern lediglich um das Vorwärtskommen geht, dürfte meine Empfehlung, ebenso oft aus- wie einzuatmen, auch gut sein.

Es scheint mir angebracht, folgende Erfahrung zu berichten: Im Februar 1991 führte ich bei zwei hintereinander folgenden Gruppen ein reines Wasserfasten durch. Dieses reine Wasserfasten empfehle ich immer wieder denjenigen, die vorhaben, besonders konsequent zu fasten, vielleicht weil sie sich intensiv reinigen möchten oder weil sie besonders tiefgreifende innere Erlebnisse suchen. – Mich, der ich für die gesamte Organisation dieser Veranstaltungen und für alle Wanderführungen verantwortlich war, strengte dieses Wasserfasten sehr an. Bald konnte ich meinen Rucksack nicht mehr tragen. Ein paar Tage später kam ich mit der Gruppe kaum noch mit. Jetzt entdeckte ich, wieviel Kräfte die Konzentration auf das Atmen freisetzt und wieviel mehr man leisten kann, wenn man mit keinem mehr redet. – Ich schaffte es bis zum Schluß der beiden Veranstaltungen, den Teilnehmern voranzugehen und sie zu führen.

Mit dem rhythmischen, tiefen Atmen fällt uns nicht nur das Gehen leichter. Wir können auch viel mehr Sauerstoff in uns aufnehmen als sonst. Dadurch aber werden unsere Entschlackung und Körperreinigung und darüber hinaus auch unser Stoffwechsel gefördert, was wiederum zur Folge hat, daß angeschlagene und kranke Körperstellen viel schneller und gründlicher ausheilen können.

Unser wichtigstes Nahrungsmittel ist wohl die Luft. Auf sie können wir keine drei Minuten verzichten. Sie gewährt uns jedoch nicht nur den so unentbehrlichen Sauerstoff, sondern versorgt uns auch, wenn wir über blühende Wiesen und durch Frühlings-Wälder gehen, mit den vielen lebendigen Partikelchen, die sich in der Luft bewegen. Wir haben möglicherweise von Menschen gehört, die sehr lange Zeit auf das Essen verzichten konnten. Jetzt klärt sich uns vielleicht ein Geheimnis: Ernähren sie sich evtl. über das Atmen?

Durch diese Ausführungen wird uns ganz sicherlich deutlich, warum das Fastenwandern mehr ist als das übliche Fasten. Fasten wir bei der Arbeit oder im Sanatorium, so atmen wir nämlich gewöhnlich die verbrauchte, staub ge Luft ein. Das Fastenwandern aber versorgt uns mit der sauerstoffreichsten Luft. Außerdem wird uns die Fülle der gesunden Äthernahrung, z.B. die in der Luft kreisenden Pollen, gnadenvoll zuteil, und zwar umso reichlicher, je gründlicher wir ausatmen.

Je mehr wir das, was nicht in den Körper gehört, möglichst sorgfältig, umfassend und schnell hinausbefördern, und je gesünder wir werden, desto schneller werden wir auch so, wie uns unser Schöpfer einmal gedacht hat. Deshalb sind Atemübungen, die mit einem konzentrierten Ausatmen und mit vielen Seufzern beginnen, nie verkehrt. Mit ihnen pusten wir nämlich erfreulicherweise zusätzlich zu dem gasförmigen und festen Ballast gleichzeitig auch unsere Probleme und unseren Kummer mit hinaus.

Wenn uns die Überwindung einer Höhe also einmal etwas anstrengt, sollten wir diese Herausforderung als Gnade empfinden. Niemals atmen wir nämlich so tief und gründlich wie gerade beim Kraxeln, ganz abgesehen davon, daß dadurch unsere Herztätigkeit wunderbar angeregt und unser Kreislauf enorm stabilisiert werden. Wenn es früh besonders viele mit dem Kreislauf zu tun haben, wäre es eigentlich meine moralische Pflicht, die Teilnehmer erst einmal auf einen Berg hinauf zu scheuchen, damit sich die Schwächen und Wehwehchen von selbst einstellen. Nicht ohne Grund haben unsere Vorfahren gewußt: Zweimal am Tage muß sich der Mensch so fordern, daß er ins Schwitzen kommt.

3. Zurückfinden in die herrlichen Schöpfungsordnungen

Begreifen wir es denn nicht, daß wir aus der Natur kommen und ein Teil von ihr sind! Haben wir denn kein Gespür dafür, in wie wunderbarer Weise uns der Schöpfer auf seine Schöpfung abgestimmt hat! Waren nicht alle unsere Einzelteile über Ewigkeiten hin in und von den Tieren äußerst liebevoll entwickelt und ausprobiert worden: das Knochengerüst und die Haut, die Füße und die Hände, das Herz und der Kopf, die Nerven und die Augen, die Sinne und das Empfinden, das Gemüt und der Verstand – bis sie dann irgendwann einmal so vortrefflich und passend waren, daß der Mensch gebildet werden konnte.

In welchem Rahmen aber haben sich die Tiere fort- und weiterentwickeln und unsere Organe und Sinne vorbereiten können? Doch nur im Rahmen der Möglichkeiten des irdischen Lebens und Daseins. Das Knochengerüst mußte den körperlichen Belastungen angepaßt werden und so stabil sein, daß man evtl. sogar schadlos von Felsen herabstürzen konnte. Die Haut mußte die Eingeweide zusammenhalten und allen Witterungseinflüssen und Verletzungen gegenüber fest genug sein. Das Herz mußte so stark sein, daß selbst in Krisenfällen die letzten Muskeln und Zellkerne noch ernährt werden konnten.

Mit wie vielem der Körper fertig werden muß, wurde mir im Juni 1992 in Südtirol klar, als ich Löwenzahnköpfe abrupfte und als Frühstück verzehrte: Bereits zur Sonnenaufgangszeit hing eine Wespe völlig unauffällig unter einer Blüte. Durch die Kühle des Abends war sie offenbar erstarrt. Zum Glück entdeckte ich sie und steckte sie nicht in den Mund. Aber auch ihren Stich dürften unsere Vorfahren möglicherweise noch überstanden haben. Wunderbar waren sie dem Leben angepaßt.

Wie wunderbar die Schöpfung ist, wird mir immer wieder am Menschen bewußt. Hätten wir Zeit, könnten wir Teil für Teil des menschlichen Körpers durchgehen und alle seine Funktionen betrachten. Wir würden aus dem Staunen nicht herauskommen. Jeder Bereich macht einen so unscheinbaren Eindruck, aber er dient doch Hunderten von verschiedenen Aufgaben. Außerdem ist alles, aber auch alles, harmonisch aufeinander abgestimmt, ergänzt sich gegenseitig und funktioniert ganz von selbst.

Aber nicht nur das. Die Schöpfung scheint mir so angelegt zu sein, daß jedes ihrer Teile den Drang hat, sich selbst positiv weiter zu entwickeln und gleichzeitig alles andere in wunderbarer Weise zu fördern. Dabei korrigiert ein innerer Steuerungsmechanismus nicht nur immer wieder fast sämtliche eingetretenen Mängel und heilt so gut wie alle den Geschöpfen zugefügten Schäden – er sorgt auch dafür, daß sich die Natur und alle ihre Wesen von Stufe zu Stufe höher entwickeln. Es ist deshalb kein Wunder, daß ein Psalmsänger in den Lobgesang ausbricht: »Herr, wie sind deine Werke so groß und viel! Du hast sie alle weise geordnet, und die Erde ist voll deiner Güter« (Psalm 104, 24).

Dieses System kann natürlich nur innerhalb der Ordnungen funktionieren, in denen es entstanden ist und in denen es sich weiterentwickelt hat. Das gilt immer. Auf eine französische Geldmünze reagiert z.B. kein deutscher Wechselautomat, und kippe ich Sirup in einen Autotank, so wird das Auto nicht nur nicht fahren, sondern sein gesamter Motor unweigerlich zerstört. Auch putze ich meine Schuhe nicht mit Salzsäure oder heize meinen Ofen mit Feldsteinen. Das ist sonnenklar. Daß wir im technischen Bereich keine Fehler machen, dafür sorgen schon unsere Eltern, die Schule, die Gebrauchsanweisungen und die Werbung. Unsere technischen Wunderwerke würden in nichts zerfallen, wenn wir uns nicht an die ihnen eigene Ordnung hielten. Aber warum wollen wir das Prinzip des exakten Aufeinander-Abgestimmtseins, das wir in der Technik akzeptieren, in der Natur nicht wahrhaben? Unverständlicherweise wird dieses in unserer Beziehung zur Schöpfung total ignoriert. Daß wir aus der Natur kommen, auf die natürlichen Ordnungen abgestimmt sind und uns nur in Harmonie mit ihnen voll entfalten können, warum ist uns das – den weisen Menschen – nicht bewußt!

Es gibt kaum einen Lebensbereich, in dem wir nicht aus der Natur herausgefallen sind. Von unseren Vorfahren behaupten wir z.B., sie seien mit den Hühnern ins Bett gegangen. Warum taten sie das? Die Erklärung, daß es damals noch keine Glühlampen gab, trifft die Wahrheit nur sehr einseitig. Eher sollte man sagen: Weil sich die Menschen früherer Zeiten an die kosmischen Ordnungen gebunden fühlten, haben sie sich hingelegt, sobald sie müde wurden, und sich nicht noch stundenlang künstlich wach gehalten.

Vom Propheten Mohammed wird erzählt, daß er sich in Medina dort sein

Haus baute, wo sich sein Kamel niedergelassen habe. – Auch unsere Vorfahren wußten sehr genau um die Gefahren der Erdstrahlen, und sie bauten ihre Häuser meistens so, daß ihnen diese Strahlungen nicht gefährlich werden konnten. – Kinder lehnen gelegentlich noch instinktiv ihre Bettstelle ab, weil sie eine negative Strahlung verspüren und sich gegen diese wehren. Unsere Bebauungspläne und Architekten wollen aber leider von diesen geheimnisvollen Strahlungen, die einen äußerst gravierenden Einfluß auf das Wohlbefinden und die Gesundheit des Menschen haben, nichts wissen. Vielleicht sollte man wenigstens so gescheit sein wie Mohammed, der sich vertrauensvoll auf die Instinktsicherheit seiner Kamele verließ.

Unsere Vorfahren lebten im Freien, in Höhlen oder in Hütten und Häusern, die sie aus Naturmaterialien bauten. Welche Materialien aber verwenden wir heute für den Hausbau und die Inneneinrichtungen! Öl, der Hauptrohstoff der chemischen Industrie, ist freilich ein natürliches Produkt. Wir sollten aber bedenken: Erstens haben jahrmillionenlange chemische Prozesse fernab vom menschlichen Bereich tief unter der Erde stattgefunden und die einmal für den Menschen durchaus positiven Stoffe total verändert. Zum anderen werden durch technische Verfahren aus dem Erdöl Stoffe entwickelt, die so weder die Erde noch der Mensch jemals kannten. Drittens hat der Ewige nicht ohne Grund das Öl tief in der Erde eingeschlossen, um es so vor dem Zugriff des Menschen zu bewahren. Wenn der Mensch sich jetzt mit Hilfe seines Verstandes an das Verbotene herantraut und es dazu auch noch chemisch verändert, muß er verständlicherweise mit negativen Auswirkungen rechnen. Über die gesundheitlichen Auswirkungen der Ausdünstungen unserer Baustoffe, Lacke und Farben brauche ich wohl nicht zu reden.

Wir könnten jetzt jeden Teilbereich unseres Lebens durchgehen und würden bei jedem neu feststellen, daß wir aus der Schöpfungsordnung herausgefallen sind. Wir brauchten nur an unsere Kleidung, an unsere Fortbewegungsmittel und an die unnatürliche Umgebung, der unsere Sinne tagtäglich ausgesetzt sind, zu denken. Es sollte uns z.B. auch bewußt sein, daß es ein Unterschied ist, ob Kinder mit Plastikspielzeug oder mit Natur-Spielzeug groß werden. Unsere Vorfahren kannten als Spielzeug nur das, was die Natur selbst lieferte: Steine, Muscheln, Holzstücke, Kokosnußschalen, Kastanien usw. Wie anders dürfte das Industrie-Spielzeug die Gesundheit, die Empfindungswelt, die Sinne, das Gemüt und das Bewußtsein unserer Kinder heute prägen! Auf jeden Fall – das steht für mich fest – nicht positiv. Man brauche nur an die Ausdünstungen, an die Ausstrahlungen und an die Gifte zu denken, die diese Spielsachen abgeben! Kein Wunder also, wenn sich Industriewelt und Naturvölker immer mehr auseinanderleben. Aber, um diesem Notstand entgegenzuwirken, hat das Kinderhilfswerk der Vereinten Nationen schon sein Konzept. Es fordert vermehrt zum Spenden von Plastik-

Obstbasar in Jerusalem

spielzeug für die Kinder der Ärmsten der Armen auf.

Ein sehr breiter Bereich, in dem wir von der Naturordnung abweichen, ist der der Ernährung. Gehen wir in einen Supermarkt, so dürften höchstens 5% der Nahrungsmittel noch aus der Natur stammen, nämlich die Waren in der Obst- und Gemüseecke und die Nüsse. Alles andere ist industriell verarbeitet worden und damit nicht mehr die Nahrung, die unser Körper kennt und von der er leben, ausheilen und gesund werden kann. Freilich, das, was an Obst, Gemüse und Nüssen angeboten wird, müßte sich auch eine Prüfung gefallen lassen, denn ihre Erzeugung, Ernte und Lagerung stehen gewöhnlich in einem gravierenden Widerspruch zur natürlichen Ordnung.

Die Idee, die unseren Fastenwanderungen zugrunde liegt, ist die, uns ein wenig wieder in die Natur, also in unseren Ursprung, zurückfallen zu lassen. Wieweit ist das heute jedoch noch zumutbar? Von allen z.B. zu erwarten, barfuß zu laufen, weil unsere Vorfahren es so taten, ist schlichtweg unmöglich. Als Anna 1984 zum ersten Male mitwanderte, zog sie bereits damals im trockenen Sand der Lüneburger Heide ihre Schuhe aus. Mich beeindruckte dieses Verhalten sehr, und ich erinnerte mich, daß ich mir als Schüler in der Begegnung mit Zigeunern auch das Barfußgehen angewöhnt hatte. Das Vorbild von Anna regt mich gelegentlich, wenn es das Gelände erlaubt, an, auch barfuß zu gehen. – Es gibt immer wieder Teilnehmer, die es uns nachmachen.

Beim Barfußgehen kommt nicht nur Luft an die Füße – die Durchblutung wird auch sehr intensiviert. Beides ist u. a. ein guter Schutz gegen Fußpilz, für den ein geschwächtes Immunsystem besonders bei der Benutzung von Gemeinschaftsduschen sehr empfänglich ist. Außerdem werden die Nervenenden in den Füßen bei jedem Auftritt auf liebevolle Weise harmonisch massiert. Das aber wirkt sich sehr positiv auf alle Körperorgane aus, da sie alle über die Nerven mit den Füßen sehr direkt in Verbindung stehen. Zeitaufwendige und teure Fußreflexzonenmassage erspart man sich dadurch und trägt wesentlich zur Heilung der inneren Organe bei.

Einige lieben es auch, obwohl Frauen da gewöhnlich etwas zurückhaltender als Männer sind, mit kurzer Hose und freiem Oberkörper herumzulaufen oder sich halb nackt in die Sonne zu legen. Unsere Vorfahren sind nackt herumgelaufen – in der Tat! Deshalb muß dieses auch das Optimale für unseren Körper und unsere Gesundheit sein. Die Durchblutung der Haut wird nämlich durch den Kontakt mit der frischen Luft unwahrscheinlich angeregt. Auch fördert die Sonneneinstrahlung die Abgabe von Giftstoffen durch die Haut und die Stoffwechselprozesse. Außerdem fördert sie in den äußeren Schichten der Haut den Bau der D-Vitamine und im Knochenmark den der roten Blutkörperchen. Beide Stoffe sollten den gesamten Winter über reichlich vorhanden sein. – Uns ist gar nicht genügend bewußt, wie sehr wir körperlich, geistig und gemütsmäßig verkümmern, wenn wir uns bis zur Halskrause vor der Sonne verschließen.

Wenn unsere Vorfahren vor Jahrmillionen und vor Jahrtausenden sich den ganzen Tag über barfuß und nackt bewegten, öffneten sie sich ohne zu überlegen ganz von selbst den Reizen der Natur. Traten sie z.B. auf einen Stein, so wurde an sie Wärme abgegeben, tappten sie in eine Pfütze, so wurde es kühl, liefen sie über eine Art Wiese, so setzten sie sich der Sonnenglut aus, gingen sie in den Wald hinein oder an einem Baum vorbei, so zogen sich wegen der plötzlichen Kühle ihre Haut- und Blutgefäße zusammen. Die Einwirkung von warm und kalt trägt – das sollte man sich unbedingt klar machen – sehr stark zur Durchblutung, zur Ausscheidung der Körperschlacken und zur Stabilisierung des Kreislaufs bei. Es scheint uns deshalb notwendig, daß man sich den natürlichen Temperaturunterschieden immer wieder aussetzt.

Nicht ohne Grund bemühe ich mich deshalb in jeder Gruppe, wenigstens einmal das Kneippsche Wassertreten an einer geeigneten Stelle vorzuführen und Erläuterungen dazu zu geben. Bei diesem Schreiten durch das Wasser wie ein Storch wird nämlich das ein wenig nachgeholt, was unsere Zivilisation kaum noch vermittelt, nämlich unseren Körper dem Unterschied von kalt und warm auszusetzen.

Wenn hier schon der Pfarrer Kneipp zu Ehren kommt, warum nicht auch der Lehm-Pastor Emanuel Felke, der seine "Patienten" nicht nur mit Licht und Luft behandelte, um die Krankheiten aus ihren Körpern herauszuziehen. Sie wurden auch in Lehm eingegraben, damit sich die Schlacken aus ihren Körpern herausarbeiteten. Wälzen sich Säue nicht möglicherweise auch deshalb im Schlamm, um sich von ihren Ablagerungen zu befreien! Kürzlich erzählte eine Bäuerin der Gruppe, daß sie einmal eine vermeintlich tote Sau im Sand begraben habe. Am Abend lief diese aber wieder grunzend um den Stall herum. Die Felke-Kur war ihr offenbar gut bekommen.

Der Erdboden hat heilende Kräfte. – Kein Wunder, daß ich mich vor den Teilnehmern im Moor am Steinhuder Meer und im Schlick der Nordsee und im Sand der Ostseedünen eingrabe. Auf diese Weise möchte ich sie auf diese einfachen, natürlichen Heilungsmethoden aufmerksam machen und sie anregen, es mir gleichzutun.

Schlammbaden am Toten Meer

Überhaupt: Die Tatsache, daß wir täglich etwa 20-25 km zu Fuß gehen, ist ja nicht ein fauler Trick, um die Zeit totzuschlagen. Nein, das Wandern habe ich unseren Vorfahren abgeschaut, die sich über die Jahrmillionen nur am Leben erhalten konnten, wenn sie sich täglich ihre Nahrung suchten. Das Suchen der Nahrung war aber gewöhnlich nicht einfach. Wer sich bemüht, sich über einen längeren Zeitraum aus der Natur zu ernähren, wird erleben, wieviele Kilometer er zu Fuß zurücklegen muß. Wenn ich schätze, daß es unseren Altvorderen kaum vergönnt war, täglich weniger als 20 Kilometer zu gehen, dürfte ich wohl einigermaßen richtig liegen. Diese zurückzulegenden täglichen 20 km beruhen aber nicht auf einer Fehlkalkulation des Schöpfers, der die Menschen eigentlich für den Supermarkt hatte erschaffen wollen, sondern sie waren haargenau mit allen anderen Lebensprozessen abgestimmt. Insofern gehörten sie zu den nicht weiter empfundenen täglichen Pflichtübungen wie das Atmen, das Schlafen, das Wassertrinken und das Essen.

Das Gehen wurde, anders als das Weglaufen vor wilden Tieren oder das Klettern in die Bäume, um an die Früchte heranzukommen, sicherlich nicht als Anstrengung empfunden. Anders sieht es heute bei uns, den aus der Schöpfung gefallenen Menschen, aus. Gelegentlich beschimpft man mich, der ich diese Tageskilometer den Teilnehmern durchaus zumute, deshalb als Menschenschinder und Sadisten, der seine Lust daran hat, andere zu

drangsalieren, zu mißhandeln und zu quälen.
Daß ich es gut mit unseren Teilnehmern meine und sehr viel Vertrauen zu ihnen und ihrem Körper habe, das spüren die nicht mehr, die in der Tat nach einem anstrengenden Tagesmarsch fix und fertig sind. Ich mache mir jedoch nicht allzu viel aus ihren Anschuldigungen, denn ich denke, daß es gut ist, daß dieser unser verweichlichter und träger Körper endlich einmal wieder bis an seine Grenzen gefordert wird. Erfahrungsgemäß sind die Beschwerden und Leiden ja wieder weg, sobald man zu Hause ist, sich geduscht hat und im Bett liegt. Auch der Muskelkater ist am nächsten Morgen vergessen, weil der Körper während des Fastens sehr rasch Ablagerungen abbaut.

Derartige Anschuldigungen und Vorwürfe geschehen gewöhnlich zu Unrecht, besonders wenn ich unterwegs den Teilnehmern noch angeboten habe, auf ein Fahrzeug umzusteigen. Aber zu diesem Zeitpunkt ahnten die Betroffenen möglicherweise noch nichts von ihren Beschwerden oder hatten keine Lust, die Gruppe zu verlassen.

Da ich mich über große Gruppen freue, muß ich auch in Kauf nehmen, daß ich gelegentlich meine Schwierigkeiten dabei habe, alle unter einen Hut zu bringen. Während einige Teilnehmer nämlich wirklich am Ende sind, fühlen sich dagegen andere am Abend noch nicht ausgelastet, sondern könnten noch kilometerweit weitergehen. Eine Teilnehmerin bestand einmal sogar darauf, daß ich mit ihr noch drei Kilometer gehe, weil die versprochenen 30 km nicht erreicht waren. – Einen Geheimtip, wie man derartigen Unzufriedenheiten aus dem Wege gehen könnte, verrät die von mir bewunderte Fastenärztin Frau Dr. Ingrid Olivet aus Heide: »Christoph, ein Teilnehmer bei meinen Veranstaltungen ist mir das liebste. Da gibt es keine Differenzen und Spannungen, und ich kann mich ganz auf ihn einstellen.«

Stubbenkammer auf Rügen

Das Wandern ist die leichteste, entspannendste und gesundheitsfördernste Art von Bewegung. Sie belastet den Körper nicht sehr, hat aber trotzdem eine wunderbar heilende Wirkung, weil sie viele Körperfunktionen anregt und die Entschlackung in erstaunlicher Weise aktiviert. Wichtiger als der Abbau der Fettreserven ist für uns Wohlstandsmenschen nämlich die Entschlackung und Reinigung des Gewebes und der Adern. Die Bewegung in Verbindung mit der ständigen Flüssigkeitsaufnahme dürfte eine der bedeutendsten Reinigungsmöglichkeiten des Körpers sein. Wir sehen: Das Fasten-Wandern ist dem reinen Fasten überlegen, weil es das, was das Fasten bewirken soll, verstärkt herbeiführt: den Abbau der Reserven und das Ausscheiden von Schlacken.

Kein Wunder also, daß wir uns von früh bis spät an der frischen Luft bewegen und uns bemühen, unseren verschlackten und verkommenen Körper auf alle erdenkliche Art und Weise wieder sauber und flott zu bekommen.

4. Fernab aller Zivilisation in der Harmonie der Schöpfung gesund werden und zu sich selber finden

Unsere Vorfahren bewegten sich von früh bis spät in der unberührten Natur. Ihre Sinne, die Augen, die Ohren, die Zunge, die Nase und die Haut, nahmen also auch nur die unverfälschte Natur wahr, sonst nichts, weder Betonsilos noch Autolärm noch Benzingestank. Ihre Augen erlebten den ganzen Tag das Blau des Himmels und das Grün der Urwälder und Urwiesen. Ihre Ohren vernahmen nichts anderes als den ununterbrochenen Gesang der Vögel und das ewige Rauschen von Wasser und Wind. Hände, Haut und Füße kamen mit nichts in Berührung außer mit Naturmaterialien wie Holz, Erde, Steine, Gräser, Äpfel, Beeren, Wind und Sonnenstrahlen. Im Frühling atmete man den Duft der Blüten ein, und im Herbst konnte man überall die saftigen Früchte der Bäume genießen.

Weil die Körper unserer Ur-Vorfahren nichts anderes kannten und erlebten als diese einzigartige Schöpfung, deshalb konnten ihre Sinne auch durch nichts anderes und für nichts anderes entwickelt werden. In dieser Auseinandersetzung mit der Natur – und nur mit ihr – hatten sich bereits auch alle tierischen Vorstufen des Menschen entwickelt. – Der Mensch und die Schöpfung standen deshalb also in einer vollkommenen Harmonie.

Wenn nun meine Beobachtung und Vorstellung von dem Drang nach Höherentwicklung allen Lebens stimmt, dann muß die Natur den Menschen und seine charakteristischen Wesensmerkmale auch immer weiter voranentwikkelt haben. Der grüne Pflanzenteppich hält den Menschen also nicht nur in seinem Seelenfrieden, er muß darüber hinaus auch in der Lage sein, ihn zu einem Friedenswesen zu entwickeln. Das gleiche gilt für das Blau des Himmels, das Gesumme der Insekten, den Duft der Bäume und die Weichheit des Erdbodens. Alle Naturerlebnisse dürften letztendlich dazu beitragen, daß er seiner Bestimmung, sich als Friedenswesen zu vervollkommnen, immer näher kommt.

Die Kunstfaserstoffe, die breiten Betonpisten, der Radiolärm, die Fernsehberieselung und der Chemiegestank dürften dagegen logischerweise den Menschen körperlich und gemütsmäßig krank machen. Das, worauf etwas nicht programmiert ist, bringt dieses nämlich erst einmal und möglicherweise für immer total durcheinander. Das gilt für alle Bereiche: Fuhr z. B. jemand nach der Wende mit einem Westwagen auf den holprigen Straßen des Ostens, so litt möglicherweise das Westfahrzeug mehr darunter als das Ostfahrzeug, denn die Ostautos, so wurde mir erzählt, waren mit ihrer Federung besser auf das ungleichmäßige Pflaster und die gefährlichen Schlaglöcher abgestimmt. Ein Mercedesfahrer registrierte sogar bestürzt: Die Trabis überholten mich alle.

Will ich in einer Fein-Waschmaschine Steine waschen, so dürfte es ihr kaum bekommen. – Ebensowenig können aber auch die gewaltigen Industrie- und Atomanlagen dem Gleichgewicht der Erde und damit der Gesundheit und dem Gemüt des Menschen bekommen. Sie sind einfach etwas anderes als das, worauf er abgestimmt ist.

Freilich, wenn die Natur durch Menschenhand noch ein wenig überhöht wird wie durch die gotischen Dome, die mittelalterlichen Ritterburgen und die Pyramiden Ägyptens, dann kann auch dadurch unsere Seele innerlich angesprochen und angeregt werden. Das gleiche gilt auch für die Bildwerke und die Musik, die einer harmonischen Seele entströmen. Die Wolkenkratzer von New York und die Industrieanlagen von Bitterfeld dürften jedoch anders einzuordnen sein.

Unter Umständen kann sogar auch das Chaos, in das wir unsere Schöpfung hineingestürzt haben, den höheren, den erlösten und den erlösenden, Menschen hervorbringen. Aber diese Gnade dürfte immer nur wenigen Auserwählten zuteil werden. Der Normalmensch geht an unserer Zivilisation körperlich und seelisch kaputt, weil sie nicht die Welt ist, aus der er kommt und zu der er gehört.

Um das zu verhindern, nehmen wir während unserer Fastenwanderungen unsere gesundheitlich und gemütsmäßig oftmals sehr stark angeschlagenen Mitmenschen eine oder zwei Wochen lang in möglichst unberührte, schöne und ansprechende Naturlandschaften mit. Recht treffend schrieb eine Gesundheitszeitung, daß wir unsere Fasten-Wanderungen in den schönsten Gebieten Europas durchführen würden. Freilich, Kom-

Almhütte am Brennerpaß

promisse schließen wir auch. So muß z.B. gewöhnlich die Anreise mit öffentlichen Verkehrsmitteln möglich sein. Auf zivilisatorische Errungenschaften wie Wege, Licht und Duschen verzichten die Teilnehmer im allgemeinen aber auch nicht gerne .

Hauptgebiete unserer Wanderungen sind besonders Naturparks, z.B. das Altmühltal in Bayern, reine Waldgebiete, die Meeresküste und das Gebirge. So schön auch immer wieder eine Weide-Landschaft und kultiviertes Gebiet sein können – meistens sind aber dort, wo intensiv Landwirtschaft betrieben wird, auch asphaltierte Wirtschaftswege zu finden. Einige besorgte Stadtväter haben es sich nicht nehmen lassen, sogar berühmte Wald- und Gebirgswanderwege wie den Hermannsweg im Teutoburger Wald kilometerweit kaputt zu asphaltieren.

Gerne haben wir es, wenn unsere Unterkünfte bereits jenseits aller Zivilisation in der Einsamkeit der Täler liegen oder nur von Seen und Wäldern umgeben sind.

Dort, wo wir möglichst den ganzen Tag auf keine Straße und keine Ortschaft stoßen, bin ich mit meinen Leuten am liebsten. Überrascht bin ich immer wieder davon, daß manche Teilnehmer fest und steif behaupten, daß wir die ganze Woche über an keinem Bäcker- und Fleischerladen und an keiner Gastwirtschaft vorbeigekommen seien. Stimmen tut es gewöhnlich nicht, aber es ist der Eindruck, der zurückgeblieben ist, und das scheint mir gut so. Die Sinne unserer Mitwanderer werden also nicht ständig wieder in die übliche Erfahrungs- und Erlebniswelt hineingezogen, sondern können in der Tat wirklich einmal entspannen und sich voll und ganz in das einstimmen, was der Schöpfer für uns bereit hält, nämlich seine beruhigende und heilende Schöpfung.

Die Natur wirkt beruhigend und heilend auf den Menschen

Nicht, weil grün beruhigend wirkt, hat der liebe Gott Wiesen und Bäume grün gemacht. Das wäre eine Sicht, die wieder davon ausgeht, daß der Mensch zuerst da war und alles andere ihm angepaßt wurde. Man muß es wohl vielmehr so sehen: Weil der gnädige Schöpfer seine große Güte in die Schöpfung hineinlegte, ist sie so angelegt, daß alles Frieden ausstrahlt, aufeinander beruhigend wirkt und sich gegenseitig positiv fördert. Noch exakter sollte man sich vielleicht so ausdrücken: Die Sinne waren in ihrer Entwicklung so konzipiert, daß sie das Grün der Landschaft, das Blau des Himmels, den

Gesang in der Natur, die Düfte der Pflanzen und das sonnige Wetter als beruhigend und heilend empfinden mußten.

Untersuchungen mit den unterschiedlichsten Farben haben immer wieder gezeigt, daß von Grün eine unwahrscheinliche Ruhe ausgeht, während eine Farbe wie rot, die in der Natur nur vereinzelt vorkommt, zu konzentriert aggressiv macht. Vielleicht ist dieses mit ein Grund, warum Wandtafeln in den Schulen gewöhnlich grün sind. – Ebenso ist ein wohl eindeutiges wissenschaftliches Ergebnis: Selbst wenn Wasserfälle einen viel größeren "Lärm" als Autos und Maschinen verursachen: Vom Krach der Maschinen werden Ohr und Gemüt krank, vom Tosen des Wassers aber können Ohr und Gemüt heilen. – Auch wenn unsere Geruchssinne weitgehend abgestumpft sind: Instinktiv ahnen wir aber noch, daß uns der Duft einer Blume mehr erheitert als der Gummigestank der Reifenfabriken und die bei Chemieunfällen ausströmenden Gase und Gerüche.

Wollen wir gesund und heil werden, so sollten wir uns ganz in eine heile und heilende Atmosphäre begeben. Eine Fastenklinik ist deshalb leider nicht immer der Bereich, wo das Gemüt wieder ganz zu sich selber findet, obwohl für viele diese Einrichtung ganz sicher der geeignete Ort ist, das Fasten erfolgreich durchzuführen. Viele Fasteneinrichtungen versuchen, ihre eigene Unnatürlichkeit durch fürsorgliches Pflegepersonal, durch eine traumhafte Umgebung und durch viele das Gemüt ansprechende Angebote auszugleichen.

Wenn in unserer Zivilisationswelt ein Raum noch einigermaßen heil ist, dann sind es die Naturlandschaften, obwohl uns allen bewußt ist, wie krank auch sie inzwischen sind. Aber da draußen sind wir unserem Ursprung immer noch am nächsten. Hier draußen dürften unsere Sinne die Umgebung erleben, in der sie einmal entstanden und auf die sie harmonisch voll und ganz abgestimmt sind. In dieser Umwelt erleben sie am unmittelbarsten die reinen, heilenden Kräfte der Schöpfung.

Unser Gesichtssinn muß bei unseren Wanderungen z.B. ständig zwischen Fern- und Nahsicht wechseln. Das ist für unsere Augen ursprünglich eine vertraute Übung und etwas ganz anderes, als ständig vor dem Fernsehschirm zu sitzen, zu lesen oder an Maschinen zu arbeiten, wo diese ständige Abwechslung völlig fehlt. Weil unsere Augen diese Abwechslung brauchen, aber nicht bekommen, ist es kein Wunder, daß so viele von uns eine Brille tragen, was ich z.B. bewußt nicht tue, um meine Weitsicht-Schwäche nicht noch zu stabilisieren. Leider kann ich aber auch nicht sagen, daß durch den vielen Aufenthalt draußen in der freien Natur meine Fernsicht besser geworden ist. – Das Thema: Sehheilung durch Sehen und gezieltes Augentraining wird in den Gruppen gelegentlich angeschnitten, und Bücher, die Anleitungen geben und über wunderbare Erfolge berichten, haben wir gewöhnlich bei uns. Unsere Touren ließen sich für Sehgeschwächte wunderbar nutzen, um durch gezieltes Augentraining draußen in der freien Natur die Augen zu heilen und von der Brille wieder loszukommen.

Unsere fünf Sinne sind Körperorgane, die Reize von außen wahrzunehmen vermögen. Wieviel reicher wäre unser Gemütsleben, wenn unsere Sinne diese Reize umfassender aufnehmen und vermitteln könnten. Bei dem z.B., der nichts sieht und nichts hört, kann über die entsprechenden Sinne innerlich auch nichts in Bewegung gesetzt werden. Es ist deshalb notwendig, daß wir mit Hilfe der Natur unsere Sinnesorgane ausheilen und sich voll entwickeln lassen, damit unser Gemüt durch sie wieder angesprochen wird und sich seinen Möglichkeiten entsprechend allseitig entfalten kann.

Wenn wir z.B. auf den gleichmäßigen Wellenschlag des Meeres lauschen, aktivieren wir damit nicht nur unsere Augen und Ohren. Dieses ewig gleichförmige Plätschern dringt auch tief in uns hinein, spricht unser Empfinden und Gemüt sehr intensiv an und beeinflußt uns äußerst positiv. Wir erleben, wenn wir uns diesem ewig rhythmischen Wellengang öffnen, wie sehr die ganze Atmosphäre von einer friedlichen Stimmung erfüllt ist, die sich auf uns übertragen und unser Innerstes ganz durchdringen möchte. Andere Menschen dürfen wir durch diese Naturbegegnungen werden, Menschen, die still und nachdenklich werden, die sich selbst auf einmal entdecken und zu sich selber finden.

5. Jemand möchte mit sich alleine sein

Um mich besser auf das Aufschlagen der Wellen konzentrieren zu können, setze ich mich auf einen Balken, den das Meer an den Strand gespült hat. Rhythmisch und gleichmäßig laufen die Wellen im Sande aus – und jedes Mal zieht sich das Wasser auch wieder mit gewaltigem Sog ins Meer zurück. Ich bin so hingerissen, daß ich lange Zeit fasziniert dahocke und nur auf das donnernde Ausrollen und das saugende Zurückströmen, das tosende Aufschäumen und das zischende Gurgeln lausche. Tausend Töne dringen in ständigem Wechselspiel in mein Ohr. Ich versinke in dieses Naturschauspiel. Alles ist so harmonisch aufeinander abgestimmt. Ich staune. Selbst die heranrollenden hohen Wellen jagen mir keinen Schrecken ein, sondern ziehen mich weiter hinein ins Reich der Träume.

Mir ist es, als flutete das Meer über mich dahin und trüge mich mit hinaus. Ich kann nicht anders – ich fühle mich auf einmal als Teil des tobenden Wassers, als Teil der ewig rythmischen Natur. Mein Gemüt ist zutiefst berührt. Innerlich bin ich vollkommen locker und entspannt. Ein tiefer Friede und eine große Geborgenheit erfüllen mich. Alle Grenzen, die mich sonst ständig von anderen trennen, scheinen auf einmal aufgehoben zu sein. Ganz nahe fühle ich mich auch denen, mit denen ich sonst nichts mehr im Sinn hatte. – Eine Träumende bin ich geworden, eine Träumende, die sich unerwartet ganz öffnen kann.

Eine Heilungsarbeit hat in mir begonnen, ohne daß ich das beabsichtigte, denn viele unbewußte Verkrampfungen und Blockaden haben sich unvermittelt gelöst. Alles ist auf einmal in Fluß geraten. Ich bilde mir sogar ein, zu spüren, wie die festen und gasförmigen Schlacken von Zwischenzellsubstanz zu Zwischenzellsubstanz wandern. Immer weiter schieben sie sich voran, bis sie endlich aus dem Körper hinaustreten und das Meer sie mit jeder Welle abholt und davonträgt.

Bei der Lösung von Verspannungen und Verkrampfungen sind aber nicht nur die körperlichen Schlacken in Bewegung geraten. Auch auf psychischer Ebene tut sich etwas in mir. Ich spüre, daß sich vieles aus mir herausarbeiten will, damit ich innerlich wieder frei werde. Ich lasse deshalb meinen Gedanken und Gefühlen freien Lauf. – Auf einmal taucht er wieder vor mir auf, mein erster Geliebter, den ich jahrelang vollständig verdrängt hatte. Ganz deutlich vernehme ich seine befehlende Stimme: »Mach's weg, mach's weg!« Mir zieht es kalt den Rücken herunter, und eine panische Angst überkommt mich, ebenso wie vor 15 Jahren, als er mich herrisch zu beeinflussen versuchte.

Die Gedanken bleiben bei dieser Erinnerung stehen und beginnen zu kreisen: Was war er eigentlich für ein Mensch, und wie konnte er mich nur in dieser Richtung beeinflussen wollen! Hatte er denn kein Herz? Spürte er denn nicht, daß da ein lebendiges Wesen in mir heranreifte, das im Grunde ich selber war! War er nicht bereit gewesen, das mit mir zu tragen, was er selbst gezeugt hatte! Dachte er nur an seine Ruhe und Bequemlichkeit? Wie, wenn man mit dir, als du in der Tiefe des Mutterleibes gebildet wurdest, so umgegangen wäre! Warst du denn nicht dankbar für das Leben, das dir geschenkt worden war? Aber einem anderen, unserem Kinde, hast du diese Lebensfreude nicht gegönnt! Es sollte weg. Ich kann es nicht fassen. – Ein tiefer Seelenschmerz überkommt mich, ebenso wie damals, als Jürgen mir befehlen wollte, mein Kind zu beseitigen.

Meine Gedanken-Träume werden jäh abgebrochen. Christoph ruft lautstark: »Noch drei Minuten!« Wir müssen uns also wieder in Trab setzen. Am liebsten bliebe ich jedoch hier vor dem offenen Meer friedlich sitzen, um weiter nachzugrübeln. So vieles steigt in mir auf, was – wie ich merke – noch verarbeitet werden will. Ich muß jedoch weiter, denn ich möchte mir nicht anmerken lassen, daß ich nachdenklich geworden bin. Aber ich spüre, daß ich den Kontakt mit den anderen z. Zt. nicht gebrauchen kann. Ich muß alleine gehen, um bei mir selbst zu sein.

Vor und hinter mir wird jedoch gequatscht, – jedenfalls empfinde ich es so. Soll ich mich deshalb in der Gruppe nach hinten fallen lassen? – Nein – da bin ich ständig unter den Langsamen. Das würde mich wahrscheinlich ebenso stören wie das ewige Gerede. Außerdem gibt es dort immer wieder etwas Aufregendes zu erleben: Entweder braucht jemand Herz-Kreislauf-Tropfen, oder man ist von den Schafen, die hier die Deiche beweiden, entzückt, oder es wird geschimpft. Ich entschließe mich deshalb, vorweg zu gehen. Zum Glück erwartet Christoph nicht, daß alle hinter ihm herlaufen, wie das die meisten Wanderführer tun. Er behauptet zwar immer wieder: »Wo ich bin, da ist der Anfang«, aber er sagt das nur, weil er keine Verantwortung für die übernehmen möchte, die vor ihm herlaufen. Wie soll man sich hier aber verlaufen? Wir können ja doch nur Kilometer um Kilometer am Wasser entlang latschen.

Wer will, geht für sich, um mit seinen Gedanken alleine zu sein

Ich beobachte: Vor Christoph laufen bereits einige, jeder für sich. Mir war das nie aufgefallen. Offenbar haben sie alle ihre Probleme, über die sie nachdenken möchten. Ich reihe mich in diese Schweigerunde ein. Nur den Wind hört man säuseln – und das aufschäumende Meer.

In mir ist etwas aufgebrochen. Tausend Bilder stehen gleichzeitig vor meinem inneren Auge. Nun muß ich wieder Ordnung in meine Überlegungen bringen. – Auf einmal habe ich ihn wieder vor Augen, den ich damals so anhimmelte und liebte. Was mochte eigentlich in ihm vorgegangen sein? Ob er mich wirklich so liebte, wie ich vermutete? Vielleicht empfand er alles ganz anders, als ich annahm. Er war jünger als ich, und seine Eltern stritten sich ständig. War ich für ihn vielleicht nur eine Ersatzmutter, bei der er dann gleichzeitig auch seine gesamten erotischen Sehnsüchte auslebte? Hätte er mich wirklich geliebt, hätte er sich doch auf ein gemeinsames Kind freuen müssen! Oder fühlte er sich den Folgen und der damit auf ihn zukommenden Belastung noch nicht gewachsen? Hatte er vielleicht nur seine Karriere im Sinn – alles andere, auch ich, war ihm egal? Legen Männer vielleicht gar keinen Wert auf Kinder? Sind Kinder möglicherweise in erster Linie eine Frauensehnsucht?

6. Aggressionen brechen auf

Ich war froh, daß es bis zur nächsten Pause über eine Stunde dauerte, denn ich stellte überrascht fest, daß es unwahrscheinlich frei macht, in dieser lockeren Atmosphäre in aller Ruhe nachzudenken.

Als wir nun stehen blieben und unseren Tee herunterschlürften, spürte ich auf einmal etwas Druck in der Blase. Aber wohin sollte ich verschwinden? Da waren weder eine Hecke noch ein Busch, hinter denen man sich hätte verstecken können. Wie machen es eigentlich die anderen, fragte ich mich nun. Die sind doch genauso betroffen. Ja, die Männer, die haben es einfach. Da haben sich schon wieder zwei ungeniert hingestellt. Aber wir Frauen?

So schön dieser Strand auch ist, es ist doch eigentlich unverantwortlich, mit uns Frauen hier entlang zu gehen, wenn keine Toiletten vorhanden sind. Daran hätte Christoph wenigstens denken können, wenn wir schon so viel Geld für diese Tour zahlen. Das muß ich heute abend unbedingt zur Sprache bringen. Morgen soll er sich gefälligst einen besseren Weg einfallen lassen. Da redet er immer von gesund werden, aber unser Urin kann ruhig aus der Blase ins Gewebe und ins Blut zurückdringen, anstatt daß wir die Gelegenheit bekommen, ihn auszupieseln.

Überhaupt, dieser Sandstrand ist wirklich eine Zumutung! Das Treten fällt so schwer, und soviel Sand kommt in die Schuhe! Nein, ein guter Organisator ist Christoph nicht, sonst wäre ihm sicherlich ein besserer Weg eingefallen. Außerdem, wo wollte er so schnell mit uns hin, wenn es auf einmal zu regnen anfängt oder ein Gewitter aufzieht. Hier ist doch in der Nähe weder ein Baum noch eine Scheune, wo man sich unterstellen könnte. Für das Geld könnte man wirklich etwas mehr Umsicht erwarten. Christoph kümmert sich um gar nichts. Am Strand entlang gehen, das könnte ich auch ohne ihn, dafür brauchte ich nicht zu bezahlen.

Überhaupt: So unzuverlässig und unpünktlich wie der Christoph ist! So etwas gibt es nicht noch einmal! Gestern sagte er zu mir: »Fünf Wärmflaschen habe ich immer bei mir, nimm dir eine.« Und als ich eine holen wollte, war keine mehr da. Das hätte er doch wissen müssen. – Und wann der wieder im Heim ankommt! Um fünf Uhr will er zu Hause sein. Das schafft er doch nie. Nee, nie wieder. Zum letzten Male bin ich mit ihm mitgekommen.

Neben mir hatte Margret bereits ihr Regencape im Sand ausgebreitet und sich darauf gelegt. Bequemer hatten es sich die Männer gemacht: Die hatten sich einfach so in den Sand gelegt. Typisch, dachte ich, die Frauen zu Hause können die Kleidung ja wieder waschen. Aber worauf sollte ich mich legen? Mein Regencape war teuer. Vielleicht, denke ich, läßt mich ja Margret mit auf ihrem liegen? Ich frage. Wortlos rückt sie ein wenig beiseite.

Jetzt fällt mir ein, daß ich ja pieseln müßte. »Margret«, frage ich etwas zurückhaltend, »wie machst du das eigentlich, ich müßte jetzt einmal verschwinden.« »Hock dich doch einfach hin«, antwortet sie kurz. Ich rege mich maßlos auf: »Veräppeln kann ich mich selber. Du kannst wohl nichts dafür! Hier, wo so viele Leute sind! Ich glaube, ich spinne. Unverantwortlich ist es von Christoph, so viele Personen durch die Wildnis zu führen, ohne daß man austreten kann.« »Nun stell dich doch nicht so an«, ruft Margret etwas ungeduldig in ihrer breiten Sprache, »die hocken sich doch alle hin. Da denkt sich doch keiner etwas dabei. Das geht eben in dieser Gegend nicht anders.« Ich drehe mich um. In der Tat, da gehen einige noch herum. Sie müssen gerade vom Pieseln kommen. Aber wo erledigen sie denn ihr Geschäft? Tatsächlich, da hat sich eine Frau in 50 Meter Entfernung hingehockt. Einfach so. Jeder kann sie sehen. Hat die denn gar kein Schamgefühl, denke ich. Nein, so etwas wirst du nie machen. Schließlich hast du eine gute Kinderstube und willst deine Kinder zu anständigen Menschen erziehen. Lieber hältst du es noch aus. Irgendwann muß Christoph uns ja an einer Toilette vorbeiführen.

Mißmutig lege ich mich neben Margret. »Dieser Weg ist doch furchtbar, ja, es ist nicht einmal ein Weg vorhanden«, sage ich zu ihr, indem ich die gemeinsame Unterlage noch etwas zurechtziehe. »Möchte nur wissen, was sich Christoph dabei denkt, wenn er uns so etwas zumutet. Ich komme nicht noch einmal mit. Der macht sich doch nur lustig über uns. Heute früh fragte ich ihn, ob er Mineraltabletten habe. Da lächelte er und konterte: " Du siehst heute so gut aus, wozu brauchst du Mineraltabletten? Die habe ich für die, die Beschwerden oder einen schwachen Kreislauf haben! "« »Hattest du denn etwas mit dem Kreislauf?« erkundigte sich Margret. »I wo! – mir geht es doch gut. Aber ich meine nur, vorbeugen kann nichts schaden.« »Ja, an den Christoph mußt du dich gewöhnen«, erklärt Margret, »der meint, daß man auf seinen Körper und nicht auf Pillen und Chemikalien vertrauen sollte. Christoph will uns herausfordern und wieder gesund machen. Übrigens, warum hast du deine Schuhe nicht ausgezogen? Diesen Strandweg sollte man barfuß gehen, das ist viel schöner!« – »Barfuß gehen?«, ich grinste – »das können Negerkinder tun, aber nicht ich.« »Ja, vielleicht sind die Negerkinder deshalb auch gesünder als du«, versuchte Margret mir zu erklären. »Hier gesund werden«, widersprach ich, »das kann doch kein Mensch. Das ist ja Schikane, was hier mit uns gemacht wird. Wenn ich bei diesen Gewaltmärschen man nicht kaputte Gelenke bekomme. Bei mir knirscht es schon.« »Gut«, antwortete Margret, »da kommen deine Ablagerungen wenigsten heraus. Du wirst staunen, wie gesund du wirst.« »Gesund? Daß ich nicht lache. Krank wird man hier. Schon drei Tage nichts gegessen. Das ist doch Selbstmord.« »Hast du denn Hunger«, erkundigte sich Margret fürsorglich. »Hunger, nein Hunger, den habe ich nicht, den hatte ich die ganze Zeit über nie.« »Und warum bist du trotzdem so verärgert und aggressiv«, wollte sie nun wissen, »du kannst doch zufrieden sein!«

»Ich und zufrieden? Mein erster Freund ist abgehauen, als ich ein Kind von ihm erwartete. Der zweite ist dann mit meiner Freundin durchgebrannt, und mein jetziger denkt nur an seine Karriere. Ich kann ihm die Hosen bügeln, damit er gut aussieht, und mit ihm zu Empfängen gehen. Aber Zeit für mich, die hat er nicht. Betrogen bin ich vom Schicksal – oder zu blöd für diese Welt.« Mir liefen die Tränen aus den Augen. »Und meine Kinder, wie liederlich die sind. Da stehen einem die Haare zu Berge. Alles lassen sie herumliegen und kommen nach Hause, wann sie wollen, und ich Idiot warte noch immer auf sie. Und Geld haben wir auch nicht genug. Als ich noch arbeitete, da kam ich wenigstens unter Menschen und konnte mich bei ihnen aussprechen. Aber nun hocke ich zu Hause, und das Leben ist ohne Sinn und Ziel.«

Schön, wenn jemand einem zuhört

Margret horchte auf. Ein Stichwort hatte ich ihr gegeben: aussprechen. Sie hatte offenbar gemerkt, daß ich das brauchte. – Margret ist eine phantastische Frau. Dreimal war sie bereits bei Christoph dabei gewesen. Deshalb verstand sie wohl auch einiges von Fastenkrisen. Jedenfalls steckte ich in einer solchen, und Margret ging während des ganzen Tages nicht mehr von meiner Seite und hörte sich mein ganzes Gejammer an. Es muß schlimm gewesen sein, denn zwei Stunden lang schimpfte ich nur. Und am nächsten Tag ging es unterwegs weiter, denn nachts, als ich nicht schlafen konnte, war mir noch soviel eingefallen, das ich unbedingt loswerden wollte.

Ich muß ein Biest auf der Veranstaltung gewesen sein. Besonders wenn ich Christoph sah, überkam mich die Wut, sogar bei seinen Meditationen, obwohl ich spürte, wieviel sie in mir lockerten und wie sie mir Neuorientierung ermöglichten. Aber es mußte wohl so sein!

Am Ende der Woche fühlte ich mich jedenfalls so frei und glücklich wie seit meiner Schulzeit nicht mehr. Ich sang mit, wenn die anderen sangen, obwohl ich das Singen von Volksliedern zu Anfang so komisch und altmodisch empfunden hatte. Ich hüpfte wie ein Kind auf den Steinen der Uferbefestigung herum und balancierte auf den Kaimauern. Es machte mir nichts mehr aus, mit einer anderen Frau im Duschraum zu sein oder mir beim Einlauf helfen zu lassen.

Ich erkannte mich nach dieser Woche nicht wieder. Eigentlich war ich nur gekommen, um abzunehmen, denn ich war mir zu dick vorgekommen. Nun aber fühlte ich mich nicht nur viel wohler und gesünder, sondern habe mich auch gemütsmäßig gewaltig verändert. Heiter bin ich geworden, sehr heiter. Ich nehme nicht mehr alles so tragisch. Von meiner Vergangenheit habe ich sehr viel aufgearbeitet, und mit den Schwierigkeiten des Alltags gehe ich nun viel lockerer um.

7. Nachdenklich werden

In der Tat, die Sinneseindrücke dringen sehr tief ins Gemüt. Nicht nur das gleichmäßig ewige Rauschen des Meeres lockert innere Verkrampfungen, auch die unendliche Weite der weißen Schneelandschaften, die trostlose Öde der steinigen Hochebenen, die Herbststimmung in den Laubwäldern, die düsteren Moore und der gespenstige Nebel in den gottverlassenen Tälern fördern Unverarbeitetes und Verdrängtes wieder ans Licht.

Besonders nachdenklich werden Teilnehmer bei mehrstündigen Wattwanderungen hinüber zur Insel Neuwerk oder zur Hallig Oland. Obwohl nicht die geringste Gefahr lauert, beginnen auf einmal einige, über das Sterben nachzudenken und nach dem Sinn des Lebens zu fragen.

Wandern wir sonst durch die gleichen Landschaften, bleiben wir möglicherweise sachlich und kühl. Fastend die Schöpfung zu erleben – das ist jedoch im allgemeinen etwas ganz anderes, da unser Gemüt sich immer mehr öffnet und nach und nach auch bereit ist, an sich arbeiten und sich umstimmen zu lassen. So werden uns mit der Zeit unsere Un-

zufriedenheit und unsere Ängste bewußt, wir entdecken unseren Egoismus und unsere Überheblichkeit, wir gestehen uns unsere Unehrlichkeit und unsere Eitelkeit ein, und wir bekennen uns endlich zu unserer Einsamkeit und zu unserer Verzweiflung.

Je nach Landschaft, Wetterlage und eigener Stimmung werden Bereiche in uns angesprochen und aktiviert, die wir gar nicht mehr in uns vermutet haben. So können in uns, ohne daß wir bewußt darauf hin abzielten, Gelassenheit, Großzügigkeit, Selbstvertrauen, Selbstbewußtsein, Selbstsicherheit, Frohsinn, Freude und Hoffnung erwachen.

Frauen sind naturgemäß viel schneller bei sich selbst und entdecken ihre Probleme viel eher, aber auch Männer werden nicht verschont. Wenn diese sich in ihrer Existenz erst einmal getroffen und verunsichert fühlen, dann arbeiten sie in der ihnen eigenen Gründlichkeit viel konsequenter an sich selber, damit ihr Leben wieder in die richtigen Gleise kommt.

Diese Arbeit der Natur an unserem Gemüt und an unserer Lebenseinstellung kann durch meditative Arbeit vertieft und verstärkt werden. Weil während des Fastens manche Menschen recht offen und wehrlos sind, muß damit jedoch äußerst verantwortungsvoll umgegangen werden. Deshalb hüte ich mich, Gruppen Meditationen aufzudrängen. Ich biete sie lediglich an und warte, bis eine entsprechende Stimmung da ist und keiner widerspricht. Erst dann beginne ich und lasse mich in die Meditation fallen, und mir ist, als lenke ein anderer, wie z.B. bei dieser Abschlußmeditation, meine Gedanken:

Unsere Feude auf zu Hause ist groß. Wir sehen sie vor uns, – unsere Angehörigen, – unsere Freunde, – unsere Nachbarn, – unsere Arbeitskollegen.

Als wir von zu Hause wegfuhren, waren wir noch unzufrieden und verärgert. Wir hatten geklagt und gejammert: die Kinder, der Ehepartner, der Vorgesetzte, die Politiker! Alle fielen sie uns auf den Wecker. Einsam und ohnmächtig kamen wir uns vor. – Nun aber freuen wir uns wieder auf sie, – auf sie alle. Alle sind sie uns näher gerückt, denn für sie alle haben wir mehr Verständnis gewonnen. Bei allen haben wir gespürt, daß sie es nicht böse mit uns meinten, wie wir angenommen hatten. Sie mußten so reagieren, wie sie reagiert haben. Im Rahmen ihrer Möglichkeiten hatten sie es gut gemeint. Nur auf unsere Empfindungen hatten sie kaum Rücksicht genommen.

Wir freuen uns auf zu Hause, denn wir spüren, daß alles wieder in Ordnung kommt, alles, weil wir selbst uns gewandelt haben. Wir sind nicht mehr die, die wir waren. Der Wind, er hat unsere Ängste davongeweht, davongeweht, weit, weit weg – über den großen Ozean. Unsere Ängste, sie sind nicht mehr.

Und unsere Rechthaberei! Der Fluß trägt sie davon, weit weit weg, bis an die Enden der Erde, durch Seen und Meere. Weg ist sie, unsere Rechthaberei, einfach weg. – Und unsere Wut! Die Sonne hat sie aus uns herausgezogen, die Sonne, dieses gewaltige und einmalige Gestirn. Mit ihrer Energie und Kraft hat sie den Ärger, die Wut und die Verzweiflung einfach aus uns herausgezogen. Nichts ist davon mehr in uns, nichts, gar nichts.

Der gewaltige Wasserfall über uns –, er rauscht durch uns hindurch und nimmt alles mit, alles, was uns noch belastet: unsere Verkrampfungen, unsere Unzufriedenheit, unsere Depressionen. Alles reißt er mit sich fort, – alles. Auf einmal sind unser Kopf, unsere Sinne und unser Gemüt klar und rein, ganz klar und rein. Alles hat der Wasserfall aus uns herausgewaschen, alles, aber auch alles.

Frei sind wir. Leer. Nichts von allem Negativen und Belastenden ist mehr in uns drin, auch gar nichts. Alles ist raus, alles. Dort fließt es ins Meer. – Dort trägt der Wind es über den Ozean. – Dort zieht es die Sonne, die große liebe Sonne, an sich. – Frei sind wir, frei, frei. Völlig unbeschwert und unbelastet fühlen wir uns, – wie der junge Morgen, – wie der Frühling, – wie die Blüte, – wie das Neugeborene. Alles ist von uns genommen, was uns belastete, – von allem durften wir frei werden, – alles ist uns vergeben, – alles – aber auch alles.

Unser Herz jauchzt, auf unseren Lippen tanzt ein Lied, unsere Augen strahlen. Es ist schön, so unbekümmert und unbelastet zu sein. Wir singen, wir springen. Wir merken, daß wir bei uns selber sind, wir spüren, daß wir uns wiederentdeckt und wiedergefunden haben. Uns geht auf, daß wir ganz andere Menschen sind, als wir immer gedacht und angenommen haben. Wir spüren die Harmonie und den Frieden in uns. Wir entdecken die Zufriedenheit und die Geduld, die Selbstlosigkeit und die Güte. Wir staunen, mit welchen Fähigkeiten uns der Schöpfer ausgestattet und befähigt hat. Wir fühlen, daß wir Friedensboten sind. Als begnadete Kinder des Allerhöchsten dürfen wir wieder nach Hause zurückkehren: zu unseren Familienangehörigen, zu unseren Freunden, Nachbarn und Arbeitskollegen. Was zwischen ihnen und uns stand, ist nicht mehr da, ist vergessen und vergeben. Als Menschen des Verständnisses, der Versöhnung und der Liebe dürfen wir ihnen und allen neu begegnen. Wir haben es nun nicht mehr nötig, uns zu rechtfertigen oder den anderen unsere Meinung zu sagen. Unsere Vorurteile und unsere Besserwisserei brauchen sie nun nicht mehr fühlen – weil es sie nicht mehr gibt. Wir strahlen Harmonie und Frieden aus.

Die Gedanken gehen nach Hause

Wir durften entdecken, daß es nicht immer und nur die anderen waren, die an den Spannungen und Krisen schuld waren. Uns geht auf, wieviel Ungerechtigkeit, Unfrieden, Demütigungen und Beleidigungen von uns selbst ausgingen und wieviel wir selber wieder gut zu machen haben. Wir haben entdeckt, wie sehr wir selbst Störenfriede waren und das menschliche Miteinander belastet und erschwert haben. – Aber nun strahlen wir Freude und Frieden aus. Unsere Mitmenschen spüren, daß von uns Wärme und Geborgenheit, Trost und Hoffnung ausgehen. Sie fühlen sich von uns angenommen und angezogen. Sie fühlen sich in unserer Nähe wohl.

Alles wird anders, alles wird neu. – Aber nicht, weil wir den anderen sagen, wo es entlang geht, sondern weil wir selbst den Weg der Versöhnung und des Friedens gefunden haben.

Kapitel III

DER TAGES- UND DER WOCHENABLAUF

1. Die Einbeziehung der Gruppen in das Fällen von Entscheidungen und in das Gelingen der Veranstaltungen

Meine Gruppen beziehe ich immer wieder recht großzügig mit ein bei der Planung und Gestaltung der Tages- und der Wochenabläufe. Ihnen trage ich nämlich die verschiedenen Wander- und Besichtigungsmöglichkeiten vor, lasse sie darüber sprechen und überlasse gewöhnlich ihnen die Entscheidungen. Das bringt freilich immer wieder etwas Unstimmigkeit und Unzufriedenheit in die Gruppen. »Wir sind zu dir gekommen«, wird vielfach gesagt, »und wir erwarten von dir, daß du dir überlegst, was für uns das beste sei.«

Freilich, diese Überlegungen habe ich längst angestellt. Ich meine aber, daß es zum Gelingen der Veranstaltung wesentlich dazu beiträgt, wenn die einzelnen und die Gruppe als ganze ein wenig in die Entscheidungsprozesse mit einbezogen werden. Auch führt es, denke ich, die Gruppenmitglieder viel enger zusammen, wenn sie zum gemeinsamen Gespräch, zur Auseinandersetzung und zu Stellungnahmen herausgefordert sind. Außerdem erfahren sie auf diese Weise recht genau, was abläuft und warum wir die Veranstaltung so und nicht anders durchführen.

Mein Anliegen ist es nie gewesen, den Teilnehmern etwas vorzusetzen und so die Konsumentenhaltung unserer Gesellschaft noch zu fördern. Mein Konzept ist vielmehr, daß die Gruppe die Veranstaltung trägt und für das Gelingen des Ganzen verantwortlich ist. Jeder einzelne ist also gefordert, und er sollte sich bewußt machen, daß der Erfolg dieser Begegnung auch von ihm abhängt. Ich verstehe mich eigentlich nur als denjenigen, der Gleichgesinnte zusammenführt, den äußeren Rahmen vorgibt und in Bereichen wie Getränkezubereitung und Wegfindung der Gruppe hilfreich zur Seite steht.

Dieses Konzept wird aber wahrscheinlich nur von den wenigsten begriffen, obwohl ich es in meinen Rundschreiben immer wieder anspreche, erkläre und betone. Trotzdem kommen viele Teilnehmer mit der Erwartenshaltung:

»Wir haben gebucht und bezahlt. Nun biete du mal etwas.« – Daß gerade diese Personen mit ihrer Erwartungs- und Konsumhaltung sich selbst am Erleben und am Genuß dieser anders konzipierten Veranstaltung hindern, begreifen sie nicht. In ihre Köpfe ist zu stark einprogrammiert: "Kaiser, befiehl! Wir folgen."

Bei den Tieren, an die ich mich wegen ihrer Natürlichkeit gerne halte, ist es wohl so, daß letztlich nur einer entscheidet und die anderen folgen. Aber dieser eine, der Rudelführer, fühlt, meine ich, instinktiv, was die einzelnen wollen, was ihnen gut tut und was für sie alle in der jeweiligen Situation letztlich das beste ist. Menschliche Führer sollten, denke ich, ähnliche Qualitäten wie diese Rudelführer aufweisen. Ich selbst wünsche mir, so zu sein. Deshalb bemühe ich mich auch, trotz fertiger Pläne, jeden Augenblick neu herauszufinden, was für die Gruppe das beste ist. Notfalls korrigiere ich unterwegs meine Vorhaben: Von Asphaltwegen weiche ich auf Sandwege aus, bei glühender Hitze bevorzuge ich den Wald, und die Strecken werden verkürzt, damit wir rechtzeitig zu Hause ankommen. Damit auch die Pausen zu einem optimalen Erlebnis werden, werden diese nicht vorher festgelegt, sondern unterwegs entsprechend der Witterung, den Lagermöglichkeiten, den Bedürfnissen usw. ausgesucht.

Eine Gruppe ist keine Kassette, die man in einen Recorder hineinschiebt und die auf Knopfdruck läuft. Eine Gruppe ist ein lebendiger Organismus, der sich in einer lebendigen Umwelt bewegt. Ich muß deshalb immer wieder nach den Bedürfnissen der Teilnehmer fragen und mich in jeder Lage neu bemühen, eine für alle optimale Entscheidung zu fällen. Wie sollte ich mich als Gruppenleiter aber in folgenden unerwartet eintretenden Situationen verhalten? Früh, als es losgehen soll, fällt einem ein, daß er seine Fußblasen noch zu behandeln hat. Ein anderer läuft noch schnell auf die Toilette. Soll ich die Gruppe auf diese warten lassen? – Unterwegs bricht ein Schneesturm los, und einige möchten zurück. Ein andermal kippt jemand wegen der großen Hitze um. Was ist zu tun?

Ein Weg, der auf der Karte noch eingezeichnet ist, ist umgepflügt. Woanders aber ist das Getreidefeld abgeerntet, über das wir hinübergehen könnten. Sollen wir es tun?

Auch ist es nicht auszuschließen, daß ich im Walde versehentlich einen Weg zu früh abbiege, der sich dann als Holzweg entpuppt und an einem Wendeplatz endet. Wie soll ich mich nun verhalten? Ich entdecke einen Pfad und denke, daß es ein Trampelpfad ist, der schon irgendwohin führen wird. Wir folgen ihm. Mitten im Gelände wird mir aber klar, daß es sich um eine Wildfährte handelt. Welche Entscheidung muß jetzt gefällt werden? Sollen wir zurück, oder sollen wir weiter durchs Gelände? Mit dem Zurückgehen demotiviere ich die, die kaum noch können und auf jeden Kilometer achten.

Durch Sumpfgelände in Norwegen

Beim Weitergehen rufe ich die auf den Plan, die Angst haben, über Stock und Stein zu stolpern, und die, die zu recht darauf hinweisen, daß das Wild auch seine Schutzzonen braucht, die wir respektieren sollten. Diesen Hinweis lasse ich mir gefallen, finde es jedoch schade, wenn ein Staatsakt daraus gemacht wird, daß wir versehentlich in die Ruhe-Zonen des Wildes gekommen sind.

Noch weniger angemessen finde ich es freilich, wenn sich Personen wegen des Wildes aufregen, wenn wir auf zugewachsenen offiziellen Wegen gehen. Freilich, das Wild hat sich jetzt möglicherweise dorthin zur Ruhe zurückgezogen, – aber wie sollte ich vorher wissen, daß diese Wege nicht mehr benutzt werden! – Auch gibt es im Ausland, z.B. in England, sehr viele offizielle Fußpfade über Privatgelände. Daß einige jedoch nicht aufhören, ihren Unmut vor der Gruppe über diese "Rücksichtslosigkeit", über Privatgelände zu gehen, auszubreiten, ist bestimmt nicht immer aufbauend für die Teilnehmer. – »Gehst du die Wege denn nicht ab?«, werde ich von vielen Unzufriedenen gefragt, die es gewohnt sind, mit Wandervereinen zu laufen, wo Rentner vorher die Wege aussuchen, die Entfernungen genau messen und die einladendsten Gasthöfe ausfindig machen.

Wie kann ich vorher die Wege abgehen, wenn mir am Herzen liegt, im Augenblick immer die für die Gruppe günstigste Entscheidung zu treffen, von dem Aufwand ganz zu schweigen! 200 Gruppen-Wander-Tage im Jahr, weil die Nachfrage so groß ist – und dann noch 100 Abmarschier-Tage! Wie lieb ist diese Zumutung! Einige Gegenden kenne ich natürlich recht gut, aber auch hier sind Wetter, Gruppe, Jahreszeit und evtl. die Lage des Quartiers jedesmal anders.

Weil diese Wanderungen im Grunde zu einem äußerst günstigen Preis angeboten werden, müßte sich eigentlich jeder Teilnehmer sagen, daß deshalb kein so perfekter Service erwartet werden kann wie bei ähnlichen Wandertouren, die von Vereinen oder gewerblich angeboten werden. – Wo man auch nachschaut: Gewöhnlich kosten ähnlich gelagerte gewerbliche Angebote für die gleiche Gegend und Dauer das Doppelte. Die ersten, die mir meine Veranstaltungen abschauten und nachmachten, eine Schweizer Zeitung und ein süddeutscher Arzt, boten sie damals zum dreifachen Preis an.

Möglicherweise sind diese Preise, schon wegen der komfortableren Unterkünfte, gerechtfertigt, ich kann es nicht beurteilen. Daß die Touren der

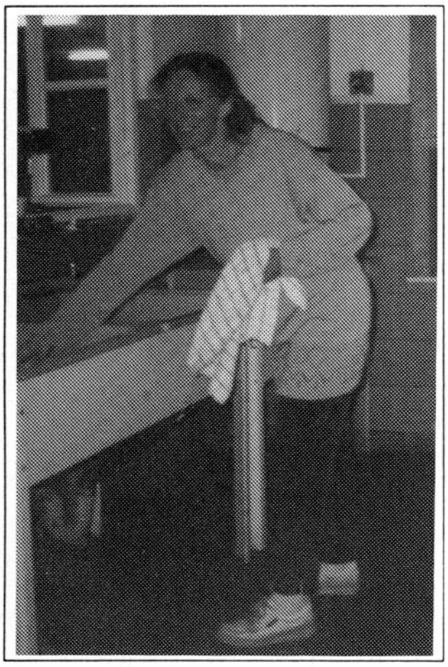

meisten Fasten-Wander-Anbieter jedoch sehr preisgünstig sind, hängt wohl hauptsächlich damit zusammen, daß uns die Idee vorschwebt, daß unsere Veranstaltungen weitgehend von der Gruppe getragen werden und daß bei einigen Arbeiten von den Teilnehmern mit Hand angelegt wird.

Es gibt viele Möglichkeiten, sich zu engagieren und zum Gelingen der Veranstaltung beizutragen. Wie viele bemühen sich in den Zimmern und unterwegs um die Schwachen und Fußkranken! Einer bringt eine Mundharmonika oder eine Gitarre mit, ein anderer singt gerne und übt mit den Teilnehmern Kanons oder Spirituals ein. Wieder ein anderer bietet Tautreten, Atemtherapie, Gymnastik, Yoga oder Meditationsübungen an.

Geschirr austeilen und abwaschen, das klappt nach mehrmaligem Auffordern zum Glück eigentlich immer. Ich finde jedoch die Einstellung, die viele haben: »Ich helfe in der Küche nur, wenn alle anderen auch dort helfen«, recht lieblos. Sind unsere Begabungen und Kräfte nicht verschieden verteilt!

Die eine hat am Abend noch zugesagt, früh zu helfen, kommt aber wegen ihres schwachen Kreislaufs dann doch nicht in Gang, oder sie ist, wenn sie von der Wanderung zurückkommt, so schwach, daß sie sich trotz Zusage erst einmal ins Bett legen muß. Die andere, die zu Hause jeden Tag stundenlang in der Küche steht, ist froh, wenn sie einmal von der Küchenarbeit verschont wird. Mancher hat auch für das Gemüseputzen kein Geschick. Für andere dagegen ist es die beste Gelegenheit, sich mit anderen, z.B. mit Anna, zu unterhalten.

Trotzdem vergeht kaum eine Veranstaltung, in der nicht die Forderung erhoben wird, einen Küchendienst einzurichten, damit es keine Drückeberger gebe. Wie oft müssen wir diese Diskussion über uns ergehen lassen, obwohl wir immer wieder die Erfahrung machen, daß bei einem Küchendienstplan die anfallenden Arbeiten mehr liegen bleiben als bei einem freiwilligen Einsatz. Kann man denn nicht darauf vertrauen, daß jeder sein bestes, entsprechend seinen Fähigkeiten, einbringt und so zum Gelingen des Ganzen beiträgt? Ich persönlich bevorzuge diese Vertrauenshaltung und meine, daß sie grundsätzlich in den Gruppen und auch in der Gesellschaft viel besser ankommt und funktioniert als jede Reglementierung.

Für alle gibt es Möglichkeiten, sich einzubringen: Z.B. sucht der eine Verbindungen mit öffentlichen Verkehrsmitteln heraus, der andere kümmert sich um einen Saunabesuch, andere wiederum tragen draußen im Bergwald-

Christoph Michl beim Vortragen von Balladen

theater eine Ballade vor oder singen in einer Kirche ein Solo.

Andere haben das Wissen und die Fähigkeit, uns über die Landschaft, die Pflanzen, die Städte, Schlösser und Burgen, das Fasten oder die Ernährung etwas zu erzählen, vielleicht sogar in Vorträgen unterwegs oder am Abend. Wieder andere schleppen auf den Wanderungen stundenlang die zum Verteilen bestimmten Saftflaschen und Honiggläser mit.

Obwohl in jeder Gruppe an jedem Morgen das gleiche zu tun ist: im Tagesraum aufräumen, Kerzen hinstellen, Kerzen anzünden, Liederhefte austeilen usw., bleiben leider gewöhnlich diese kleinen Handgriffe dem Veranstalter überlassen. Ich bin darüber immer recht traurig. Außerdem läßt sich sagen: Je größer die Gruppe ist, desto mehr läßt die spontane Hilfsbereitschaft nach.

Wenn alle sich einbringen, bekommt die Veranstaltung nicht nur viel mehr Schwung und läuft glatter, sondern kann auch billiger angeboten werden, denn alle Tätigkeiten müßten sonst in Geld umgesetzt werden: das Verteilen des Toilettenpapiers, das Saftpressen, das Aufräumen am Schluß der Veranstaltung usw. Für jeden Abend einen geeigneten Referenten zu besorgen, was einige Anbieter tun, kann auch ein sehr teurer Spaß werden. Ob die Referenten dann bei den Zuhörern ankommen, ist eine andere Frage.

Daß meine Veranstaltungen Geld kosten, tut mir leid. Aber in dieser Gesellschaft läuft eben vieles übers Geld, was in anderen Kulturen anders geregelt ist. Ich finde es merkwürdig, wenn Teilnehmer mich vor der ganzen Gruppe auffordern, über die Höhe der Einnahmen für die betreffende Veranstaltung öffentlich Rechenschaft abzulegen, da die Unterkunft pro Tag nur etwa 15 DM koste und die Verpflegungskosten minimal seien.

Wie kann jemand so rechnen, der weiß, wie aufwendig und teuer eine Urlaubsvorbereitung ist. Da muß herumtelephoniert werden, da muß man sich Kartenmaterial besorgen, da werden Fehlplanungen gemacht, und da fallen Veranstaltungen aus. Aber auch Prospekte, Anzeigen, Telephonieren und Briefmarken kosten sehr viel Geld, ganz zu schweigen von der Büromiete, der Büroeinrichtung, den ständigen Gebrauchsgegenständen für unterwegs, den Unkosten für die Mitarbeiter, den hohen Steuern usw.

Manchmal schmerzt es mich richtig, daß ich die Touren so günstig anbiete, wenn ich erleben muß, für was alles die Teilnehmer Geld zur Verfügung haben. Verkaufen wir uns unter dem Preis? Immer wieder behaupten einige das und fordern uns auf, das Doppelte zu verlangen. Aber wie könnte ich das, der ich über diese Wanderungen auch die Idee verkörpern und realisieren möchte, daß der Mensch sich nicht mehr aneignen sollte, als er unbedingt zum Leben benötigt. – Vereine und Privatpersonen können freilich ihre Veranstaltungen wesentlich günstiger anbieten.

Ich glaube, es ist gut, wenn die Teilnehmer zur Planung und zur Gestaltung der Veranstaltung mit herangezogen werden und wenn man anstehende Probleme offen austrägt. Dabei kommen Vorstellungen und Wünsche zur Sprache, die ich sonst möglicherweise gar nicht erfahren würde. Ich muß mir ja immer wieder neu ein Bild von dem machen, was in den Teilnehmern vor sich geht und was sie erwarten. Das ist wichtig, um angemessene Entscheidungen fällen zu können.

Dieses Miteinbeziehen der Teilnehmer in den Ablauf und das Gelingen der Veranstaltung ist für mich auch eine therapeutische Maßnahme. 1. Es lenkt die Teilnehmer vom Fasten ab. 2. Es führt die Teilnehmer enger zusammen, zeigt, wo die eigenen Interessen und die Interessen der anderen liegen, und regt zu Gesprächen an. 3. Je mehr man sich mit der Gruppe identifizieren kann und je wohler man sich in ihr fühlt, desto leichter öffnen sich Blockaden, und Hemmungen bauen sich ab.

Freilich, dieses Konzept durchzustehen, ist für die Veranstaltungsleitung nicht leicht. Zu bestimmen, wo es entlang geht, vereinfacht manches. Da es sich bei unserer Arbeit aber um eine möglichst ganzheitliche Heilmethode handeln soll, sollte der wichtige Bereich der gemeinsamen Suche nach einer Einigung nicht ausgeklammert werden, obwohl einige immer wieder dazwischenrufen: »Ich kann diese Kindereien und dieses Gezänk nicht ertragen!« und hinausgehen. Es gehören schon Menschenliebe und menschliche Größe dazu, alle die auftretenden Gegensätze sich entfalten zu lassen und sich gemeinsam auf eine einheitliche Linie zu einigen.

Ich habe immer das Bild der Großfamilien und der Sippen vor Jahrmillionen und Jahrtausenden vor Augen, die ebenso wie wir durch die Lande zogen. Auch da dürfte nicht nur einer entschieden haben, und die anderen ihm blind gefolgt sein. Vielmehr stelle ich mir, wenn ich versuche, mich in die damaligen Menschen hineinzufühlen, folgendes vor: Die Tagesvorhaben und Tagesplanungen sind in der Gemeinschaft gründlich durchgesprochen und weitgehend gemeinsam entschieden worden, auch wenn dazu nicht unbedingt eine "demokratische" Abstimmung notwendig war. Für die Durchführung war dann freilich der Sippenälteste, so wie bei uns heute im Verein der Vorsitzende, zuständig, dessen Entscheidungen man sich vertrauensvoll fügte.

2. Die Einstimmung in den neuen Tag

Singen von Weihnachtsliedern in einer Kirchenruine im Altmühltal

Aus dem Reich der Träume begleiten wir im allgemeinen unsere Fasten-Wander-Gruppen mit ein paar Liedern. Diese Art des Weckens kommt recht gut an. Die Noch-Schlafenden und vor sich hin Dösenden warten regelrecht auf diese nette bescheidene Zuwendung und erleben dann den frühmorgendlichen Gesang als kleinen Höhepunkt des Tages.

"Jeden Morgen geht die Sonne auf", "Es tagt, der Sonne Morgenstrahl weckt alle Kreatur", "Im Frühtau zu Berge wir ziehn, fallera", – aber auch "Wem Gott will rechte Gunst erweisen, den schickt er in die weite Welt" oder "Die güldne Sonne voll Freud und Wonne" und "Lobe den Herren, den mächtigen König der Ehren" werden von den Frühaufstehern gerne vorgeschlagen und kurz eingeübt. In allen Fluren stellt sich dann der kleine Chor auf und leitet liebevoll zum Tag über. Gelegentlich huschen dann einige im Nachthemd oder Schlafanzug aus den Betten und gesellen sich begeistert zu den Sängern.

Die Zeit, wann geweckt werden soll, ist im allgemeinen das erste, was mit der Gruppe geklärt wird. Gewöhnlich einigen wir uns auf sieben Uhr.

Im Anschluß ans Wecken, meist um 7.30 Uhr, beginnt die Morgenmeditation, zu der sich die versammeln, die den Tag mit anderen zusammen besinnlich beginnen möchten. Einige brennende Kerzen auf dem Tisch, um den man sich gemeinsam herumsetzt, sollen die Konzentration und innere Sammlung fördern. Jeder kann sich nun, wie er möchte und wie es in diesem Rahmen möglich ist, einbringen: Einige spielen auf einem Instrument besinnliche Musik, singen ein Lied solo, lesen ein Gedicht oder eine Betrachtung vor, erzählen eine zum Nachdenken anregende Geschichte oder äußern Gedanken zum Tage, andere rezitieren einen Psalm oder sprechen ein Gebet. Dem Einfallsreichtum sind keine Grenzen gesetzt. Freilich, es sollte nicht gestritten werden. Jeder sollte die Art und die Gedanken des anderen tolerieren. – Meistens ist eine recht lebendige Gruppe beieinander. – Zum Schluß reicht man sich gewöhnlich die Hände und läßt diesen besinnlichen Tagesbeginn mit dem Vaterunser ausklingen.

Da zur Morgenmeditation Stille notwendig ist, wird sie nur dann nach dem Wecken angesetzt, wenn genügend gemeinsame Räume vorhanden sind. Haben wir nur einen einzigen Gruppenraum, kommen wir bereits eine halbe Stunde vor dem Wecken zusammen.

Bereits zur Morgenmeditation hat Anna die ersten Getränke bereitgestellt: Kaltauszüge, Zitronenwasser und heißen Tee. – Nach Abschluß dieser Andacht wird dann nach und nach kübelweise der Tee in den Tagesraum geschafft, denn unsere Fastenden sollen nicht nur in der Frühe viel trinken, sondern müssen auch genügend Flüssigkeit für die Tageswanderung abfüllen. Während der kalten Jahreszeit empfiehlt es sich, eine Thermosflasche bei sich zu haben.

Nach und nach trudeln die Teilnehmer ein. Einige haben freilich mit dem Aufstehen ihre Schwierigkeiten. Der Kreislauf macht nicht so mit, wie sie es sich wünschen. Durch viel gegenseitige Ermunterung und Geduld mit sich selber kommen sie aber in Gang.

Zum Gesang spielt Regina auf der Gitarre

Gegen 8.15 Uhr verteilen wir die "Mundorgeln" und singen als gemeinsamen Tages-Auftakt einige von den Teilnehmern vorgeschlagene Lieder. Gerne wird der Choral "Danke für diesen guten Morgen" angestimmt. Mit diesem Singen locken wir die letzten Langschläfer aus ihren Betten. – Wir machen immer wieder die wunderbare Erfahrung, daß Gesang die Teilnehmer auflockert, fröhlich stimmt, zusammenführt, das Gruppenerlebnis fördert und eine wunderbare Überleitung zu der sich anschließenden Tageseinstimmung ist. Gelegentlich begleiten Teilnehmer den Gesang auch mit Instrumenten oder sind bereit, mit uns neue Lieder einzuüben.

Während wir noch den letzten Vers singen, strecke ich meine Arme nach beiden Seiten aus und fasse die neben mir Sitzenden bei ihren Händen. Bald hat sich eine große geschlossene Runde gebildet. »Wie im Kindergarten«, wird gelegentlich etwas abfällig geurteilt. Ich glaube jedoch, daß das Bilden eines Kreises ein beeindruckendes Gemeinschaftserlebnis sein kann, und daß es das Geborgenheitsgefühl fördert.

Es kommt uns sehr darauf an, daß sich der einzelne in dieser Gemeinschaft getragen weiß. Eine gemeinsame Einstimmung in den Tag kann sicherlich sehr dazu beitragen. Deshalb schließe ich meine Augen und fange an, meditativ zu sprechen: »Still geworden sind wir, ganz still.« Gewöhnlich wird es bei diesen Worten ruhig, denn jeder spürt die Feierlichkeit des Augenblicks. Nach einigen Konzentrations- und Atemübungen fahre ich fort: »Das große Gestirn des Himmels – wieder schiebt es seine feurig-rote Scheibe beeindruk-kend aus der Nacht hervor, begrüßt uns liebevoll und flüstert uns sanft ins Ohr: "Komm mit! Komm mit! Begleite mich bei meinem Gang über die Erde." Begeistert blicken wir zu ihm auf und rufen voller Freude: "Du ewiges Licht, wir folgen dir, wohin immer du ziehst. Von dir gehen Wärme und Liebe aus, du schenkst uns Lebendigkeit und Kraft, bei dir fühlen wir uns sicher und geborgen. Du zeigst uns den Weg, wenn wir durch die Täler und über die Berge wandern."

Wir setzen einen Fuß vor den anderen, einen Fuß vor den anderen – auf den weichen Waldwegen – und auf den schmalen Hangpfaden, von denen wir das Land weit überblicken. – Vorsichtig springen wir von Stein zu Stein, und übermütig balancieren wir auf den Stämmen entlang. – Wir bewundern die uralten Baumriesen, die neben uns gewaltig aufragen, und staunend be-trachten wir die farbenfrohen Blümchen am Wegesrand.

Das Gesumme der Insekten und das Gezwitscher der Vögel erfreuen unser Herz, – und das Rauschen und Brausen des Wassers beleben uns. Wohl fühlen wir uns, wunderbar wohl. Ein großes Vertrauen zur Natur spüren wir in uns. Nicht einmal bezüglich des Wetters machen wir uns Sorgen. Wir können es so annehmen, wie es kommt. Es will uns überraschen, erfreuen, heilen. Das Wetter ist unser Freund.

Unsere Freunde sind auch unsere Beschwerden und Krisen. Wir freuen uns über sie und heißen sie willkommen, denn sie befördern körperlichen und seelischen Unrat aus uns hinaus und machen uns frei und gesund. – Wir freuen uns über alles, was auf uns zukommt, denn wir fühlen uns getragen, wunderbar getragen. Uns ist es, als würden gewaltige, liebevolle Hände uns tragen, uns tragen durch diesen Tag, durch diese Woche, durch unser Leben.

Diesen gewaltigen, liebevollen Händen vertrauen wir uns an. Ihnen vertrauen wir unsere Angehörigen und Freunde an, ebenso aber auch die Notleidenden und Verfolgten in dieser Welt und alle Verantwortlichen. Alles Weltgeschehen legen wir vertrauensvoll in diese Hände, denn in ihnen darf sich alles Leben geborgen und sicher fühlen.- Von guten Mächten wunderbar geborgen, erwarten wir getrost, was kommen mag. Du bist mit uns am Abend wie am Morgen und ganz gewiß an jedem neuen Tag.« – Kurze Pause, dann kräftiger Händedruck – und: »Wir wünschen uns einen guten Morgen und einen schönen Tag.«

3. Die Sorgen am Morgen

Im Anschluß an die Einstimmungsmeditation in den Tag erzählt am ersten Morgen gewöhnlich jeder, wie er sich fühlt und wie es ihm geht. Bei einigen treten nämlich bei der Umstellung zum Fasten Beschwerden auf, hauptsächlich folgende: Kreislaufprobleme, Kopfschmerzen, Magenbeschwerden, Frieren und weniger Schlaf.

Uns liegt daran, daß jeder offen über seine Körperprobleme redet, weil auf diese Weise jedem seine persönlichen Ängste ein wenig genommen werden. Außerdem wird ihm klar, daß er nicht der einzige ist, der unter diesen Schwierigkeiten zu leiden hat, sondern daß sie, besonders während des Erstfastens, auch bei anderen auftreten.

Einige der Teilnehmer gehen gewöhnlich auf die aufgeworfenen Probleme ein und erzählen, daß sie auch darunter zu leiden hatten. Gelegentlich geben sie auch Erklärungen dafür ab und versichern überzeugend, daß die Schwierigkeiten vorbei seien, sobald man sich draußen an der frischen Luft bewege. Diese Erfahrungen dürften für die etwas besorgten neuen Teilnehmer tröstlich sein.

Tropfen - wenn der Kreislauf Schwierigkeiten macht

Einige erzählen z.B., daß sie sich unmittelbar nach dem Aufstehen, besonders beim Gehen, sehr unsicher fühlten. Teilweise sei ihnen sogar schwarz vor Augen geworden. Sie hätten das Bedürfnis gehabt, sich wieder hinzulegen oder sich wenigstens immer wieder hinzusetzen.

Klar, unser Körper spürt, daß er nicht mehr in gewohnter Weise mit Nahrung versorgt wird. Für ihn ist es nun schwierig, sich so plötzlich auf die Eigenversorgung umzustellen, besonders wenn er diese nie kennengelernt hat. Alle Kräfte, die ihm zur Verfügung stehen, konzentriert er deshalb jetzt auf diese Umstellung. Damit drosselt er aber ein wenig die anderen sonst üblichen Lebensvorgänge. Unser Kreislauf bekommt dieses Arbeiten auf Sparflamme wohl am ehesten zu spüren. Er verlangt deshalb von uns in dieser Situation etwas Geduld und einen liebevollen Umgang mit sich. Vielleicht sollten wir es den Kätzchen nachmachen, die sich, bevor sie nach der Ruhe der Nacht zu schleichen und zu springen beginnnen, erst einmal recken und strecken.

Derartige Übungen im Bett bringen den Kreislauf in Gang.

Bei meinem ersten Fasten im Jahre 1979 benötigte ich teilweise bis zu zehn Minuten, ehe ich die Schwindel-Phase überwunden hatte und wieder normal gehen konnte. An der Stuhllehne zog ich mich aus dem Bett hoch. Am Schrank hielt ich mich beim Gehen fest. Nur drei Schritte durften es bis zur Tür sein, an die ich mich erst einmal wieder anlehnen mußte. Notfalls setzte ich mich zwischendurch noch einmal auf die Couch.

Wenn zum Wecken gesungen wird, springen manche aus dem Bett, um mitzusingen. In ihrer Begeisterung schaffen sie es dann gerade noch bis zum Chor. Dort wird ihnen aber auf einmal schwarz vor Augen. Hilfesuchend halten sie sich an den Sängern fest und lassen sich daraufhin wieder in ihr Zimmer zurückführen, um sich noch einmal hinzulegen. – Manche legen sich auch früh nach der Morgenwäsche wieder hin und lassen sich erst einmal von ihren Zimmergenossinnen mit warmem Tee verwöhnen.

Vielleicht mag die etwas verbrauchte Luft in den Schlafräumen mit dazu beitragen, daß Kreislaufprobleme auftreten.– Ich staune immer wieder darüber, daß wegen derartiger Schwierigkeiten noch nie jemand aus dem oberen Stockbett gefallen ist. Haben nachts nur die wenigsten das Bedürfnis, ein kleines Geschäft zu erledigen? Oder sind sie alle so vorsichtig? – Werden sie vielleicht auch von Schutzengeln behütet und bewahrt? – Die Erfahrung lehrt uns: Sobald wir losgegangen sind, haben alle ihren Kreislauf wieder im Griff.

Kopfschmerzen können verschiedene Ursachen haben. Eine Ursache dürfte der Verzicht auf Kaffee bzw. Zigaretten sein. Coffein und Nikotin haben sonst die Körpervorgänge angeregt. Da auf einmal den Körperorganen diese Stimulation fehlt und deshalb Versorgungsprobleme eintreten, kommt es zu Beschwerden, u. a. auch zu Kopfschmerzen. Durch den vielen Sauerstoff, den wir aber dann während des Wanderns einatmen, werden die Blockaden gewöhnlich wieder recht schnell gelöst.

Eine andere Ursache für die Kopfschmerzen kann darin bestehen, daß unser Enddarm zu viele Giftstoffe an den Körper abgibt. Diese können leicht ungereinigt in den Kopf dringen. Wir müssen deshalb unbedingt auch über die Darmreinigung sprechen.

Wenn jetzt während des Fastens die Selbstheilungskräfte im Körper aktiviert werden, arbeiten sich verständlicherweise auch die Gifte aus dem Kopf heraus. Das verursacht unter Umständen Schmerzen.

Ein Drittel der Bevölkerung, besonders Frauen, soll an Migräne leiden. Diese Unannehmlichkeit brauchte aber nicht zu sein. Sie ist kein Naturschicksal, sondern gesellschafts- und selbstverschuldet und oftmals eine Folge unserer Fehlernährung. Fasten kann uns in wunderbarer Weise helfen, diese

Krankheit loszuwerden. Einer, Hermann aus Hameln, wollte mit dem Fasten gar nicht mehr aufhören, weil es ihm so gut tat, endlich einmal ohne Kopfschmerzen zu leben. Begeistert erzählte er, daß er ein halbes Jahr lang keine Migräneanfälle mehr bekam.

Den Nahrungsverzicht registriert der Körper nämlich sehr schnell. Instinktiv spürt er darin eine Möglichkeit der Selbstreinigung und Selbstheilung.

Die übliche Tageszeit, an der er naturgemäß die Ablagerungen herausarbeitet, ist der Vormittag. Diese Reinigungsarbeit tritt jedoch nur ein, wenn wir während dieser Zeit nichts essen, so wie es manche Kinder instinktiv tun, oder nur äußerst leicht verdauliche Kost zu uns nehmen, z.B. Obst. Unser üblicherweise recht schwer verdauliches Frühstück blockiert dagegen regelmäßig unsere Selbstreinigung. Unser Körper kann nämlich nicht beides gleichzeitig tun, verdauen und sich reinigen.

Weil unser Körper wegen des gewöhnlich recht üppigen Frühstücks kaum zur Reinigung kommt, freut er sich umso mehr, wenn wir einmal auf die Nahrungsaufnahme verzichten, und reagiert sofort mit dem Abtransport der Schlacken. Das erfahren gelegentlich besonders Frauen recht schnell, die – wider alle Regel und wider alles Erwarten – manchmal bereits am ersten Fastentage ihre Blutungen bekommen, über die sich der Körper vieler Schlakken, Schadstoffe und Gifte entledigt. Es ist ratsam, sich darauf einzustellen! Gewöhnlich wandern aber die davon Betroffenen mit und schaffen die Tagesleistung ebenso wie die anderen.

Der Körper scheidet auch über die Hohlräume Magen und Nasenhöhle gerne aus. Dorthinein transportiert er vieles von dem, das er loswerden möchte. Eine verstopfte Nase während des Fastens kann deshalb durchaus ein gutes Zeichen sein. Ebenfalls können auch Magenbeschwerden ein gutes Zeichen sein und signalisieren, daß sich Abfallprodukte im Magen angesammelt haben. Es ist aber auch möglich, daß trotz des Fastens die umliegenden Drüsen weiterhin Magensäfte produzieren und in den Magen leiten. Da diese jedoch wegen der fehlenden Speise nicht aufgebraucht werden, verursachen sie Magenbeschwerden. In beiden Fällen reden wir von der Übersäuerung des Magens. Diese Übersäuerung ist manchmal mit Schmerzen, Ziehen, Reißen und sogar Krämpfen verbunden. Wenn es uns gelingt, uns zu übergeben, sollten wir froh sein, denn etwas besseres können wir unserem Körper in diesem Augenblick nicht wünschen. Gelingt es uns nicht, das, was sich angesammelt hat, hinauszubefördern, so ist zu empfehlen, Heilerde einzunehmen. Die bindet die Säuren und Gifte.

Etwas weiteres, wovon recht viele betroffen sind und was immer wieder beim morgendlichen Rundgespräch vorgetragen wird, ist das Frieren. Auch das brauchte während des Fastens nicht zu sein, tritt jedoch bei dem einen oder anderen, bis hin zum Schüttelfrost, gelegentlich auf Gründe dafür dürften folgende sein: 1.) Wenn wir essen, wird die Nahrung – wie wir sagen – verdaut. Verdauungsprozesse sind chemische Vorgänge, bei denen auch Sauerstoff verbraucht wird. Wird aber Sauerstoff verbraucht, so wird Wärme abgegeben. Wenn wir nun nichts essen, müssen wir auf diese Wärmequelle verzichten. Freilich, da wir während der Tageswanderungen sehr viel Sauerstoff in uns aufnehmen und für die Muskelarbeit und das Verbrennen der Schlacken verwenden, tritt bei uns diese Ursache des Frierens nicht so stark auf wie sonst bei Fastenden. 2.) Wenn der Körper den Eindruck hat, daß seine Organe in Gefahr sind, zieht er regelmäßig die Wärme aus den zum Überleben nicht so wichtigen Körperteilen wie Armen, Beinen und der Haut ab und legt sie schützend um das Herz, die Leber und die anderen inneren Organe. Unsere Gliedmaßen und die Haut fühlen sich daher beim Fasten gelegentlich sehr kalt an. Ob wir uns bewegen oder nicht braucht dabei keine Rolle zu spielen. Während der Ruhestellungen empfinden wir diese Kälte jedoch wesentlich intensiver, besonders wenn es auch in unserem Umfeld sehr kalt ist. 3.) Das Ausheilen von Krankheiten während des Fastens, wobei möglicherweise sehr viel Wärme auf eine einzige Stelle konzentriert wird, dürfte auch ein Grund für das Frieren sein.

Es gibt jedoch während des Fasten-Wanderns Möglichkeiten, gegen Kälte und leichten Schüttelfrost etwas zu tun. Es ist immer ratsam, sich zu bewegen (z.B. Schütteln der Arme und Beine), damit die Blutversorgung gefördert wird. Es ist auch empfehlenswert, zu den Fasten-Wanderungen ausreichend warme Wäsche mitzubringen und sich, wenn man zu Bett geht, mit genügend Federbetten oder Decken zuzudecken. In Hotels und Gruppenunterkünften sind davon gewöhnlich hinreichend vorhanden, nur muß man sich manchmal die Mühe machen, sich diese zu besorgen. Zu empfehlen ist ebenfalls, daß Autofahrer zu derartigen Veranstaltungen, besonders während der kalten Jahreszeit, für sich selbst und für andere genügend Zudecken und Daunen- oder Campingschlafsäcke mitbringen.

Eine große Hilfe für viele sind auch der warme Raum und die heißen Duschen. Oftmals müssen Wirte und Hüttenwarte auf die besondere Situation der Fastenden aufmerksam gemacht und gebeten werden, gut einzuheizen. Schwierig wird es freilich in Schlafräumen, die nicht beheizbar sind. Da muß man sich dann mit Decken behelfen oder evtl. Heizkörper mitbringen. – Ganz besonders sei auch auf die Wärmflaschen hingewiesen! Es ist ratsam, bei den Fastenveranstaltungen immer eine bei sich zu haben.

Immer wieder behaupten früh einige, sie hätten die ganze Nacht nicht geschlafen. Ob das stimmt, müßte freilich von Fall zu Fall untersucht werden.

Merkwürdigerweise sind nämlich die Personen, die meinen, kein Auge zugemacht zu haben, tagsüber ebenso leistungsstark wie alle anderen.

Tatsache ist, daß der Fastende normalerweise nicht so viel Schlaf wie üblich benötigt. Auch dürfte der Schlaf oftmals nicht so tief wie gewöhnlich sein. Man erinnert sich z.B. beim Aufwachen häufiger als sonst an seine Träume.

Alles Gegessene zu verdauen ist für den Körper eine äußerst anstrengende Arbeit, besonders wenn wir nicht die Nahrung zu uns nehmen, auf die unser Körper programmiert ist, sondern das von der Industrie Zubereitete und das Erhitzte. Wenn der Körper aber während des Fastens von dieser harten Verdauungsarbeit verschont wird, ist es kein Wunder, wenn er auch nicht so viel Schlaf benötigt. Es wird gesagt, daß der Fastende gewöhnlich mit fünf Stunden Schlaf auskomme. – Freilich: Bei vielen dürfte, wenn sie mit dem Fasten beginnen, ein großes Schlaf-Nachholbedürfnis eintreten, so daß sie, wenn der Körper durch das Fasten zur Ruhe kommt, erst einmal mehr Schlaf als üblich benötigen.

Daß der Schlaf während des Fastens nicht so tiefgreifend ist, dürfte mit der verstärkten Arbeit der Leber zu tun haben. Meine Theorie ist, daß im Körper nicht beide Prozesse gleichzeitig intensiv ablaufen können, nämlich der tiefe Schlaf und die gründliche Blutreinigungsarbeit der Leber. Wenn sich die Leber während des Fastens nachts verstärkt auf die Blutreinigung konzentrieren muß, muß der Schlaf folglich oberflächlicher bleiben als sonst. Das heißt für einige, daß sie während dieser Zeit mehr Geräusche wahrnehmen und möglicherweise immer wieder hellwach werden. Unter Umständen träumen sie sogar wesentlich intensiver und können auf diese Weise zusätzlich ihre Probleme verarbeiten. Daß der Mensch über Träume zu einem sehr großen Teil seine Konflikte bewältigt, ist ja bekannt.

Es ist einfach phantastisch, zu beobachten, wie sich während des Fastens der Körper auf jede nur mögliche Art entlastet, reinigt und erneuert – und alles in harmonischer Übereinstimmung.

Wenn der Schlaf während des Fastens nicht so intensiv sein sollte, sollten wir nicht unbedacht daraus schließen, daß uns das Fasten nicht bekäme. Wer kann denn behaupten, daß er beim Fasten überhaupt mehr Schlaf brauche, als er bekommt. Wir sollten uns vielmehr bewußt machen, daß nicht der mangelnde Schlaf, sondern unser mangelndes Vertrauen zu unserem Körper unser Problem ist. Wir dürfen sicher sein, daß er schon alles richtig macht, und darauf vertrauen, daß er innerhalb seiner Möglichkeiten, besonders auch während des Fastens, den für ihn günstigsten Weg geht. Wofür sich unser Körper entscheidet, das sollte uns heilig sein, auch wenn unsere Ängste, unser Verstand und die öffentliche Lehrmeinung uns etwas anderes einzureden versuchen.

Freilich: Je mehr wir jahrelang gegen ihn gearbeitet haben, desto weniger sollten wir uns wundern, wenn viele seiner Reaktionen nicht mehr so sind wie beim kerngesunden Menschen.

Es ist richtig: Auch während des Fastens müßten wir wie die Murmeltiere schlafen. Tun wir dies nicht, so ist dieses ein sicheres Zeichen dafür, daß etwas mit uns nicht ganz stimmt, und wir sollten alles unternehmen, daß wir wieder kerngesund werden.

Wer anscheinend oberflächlich geschlafen hat, sollte sich darüber freuen, daß sein Körper so schnell auf das Fasten reagiert und versucht, sich über die Leber zu reinigen. Der Körper empfindet das offenbar für notwendiger als tief zu schlafen. Diese Körperentscheidung sollten wir gelassen, ja freudig akzeptieren und versuchen, die Wachstunden nachts sinnvoll zu nutzen. Sind sie denn nicht gerade im Fasten ein ergänzendes, sinnvolles, liebevolles Geschenk des Schöpfers! Geben sie uns nicht die wunderbare Gelegenheit, in aller Stille über vieles nachzudenken und das aufzuarbeiten, was uns sonst so stark belastet!

Die Natur ist nicht egoistisch. Die Leber denkt nicht: Jetzt muß ich arbeiten, und alles andere ist mir egal. Nein, die große Harmonie in der kleinen Weltordnung des Körpers bleibt in wunderbarer Weise erhalten, die Gewichtigkeiten werden nur ein wenig verschoben. Wenn ich beim Wandern z.B. in den Regen hineinkomme, ist das ja nicht nur ein "Störfaktor", sondern gleichzeitig eine Gnade, denn meine Durchblutung wird angeregt und meine Haut straffer und schöner. Auch das oberflächliche Schlafen ist kein "Störfaktor", sondern eine Gnade! Wir sollten lernen, immer dann, wenn wir unzufrieden werden, nach der damit verbundenen Gnade zu fragen. Es gibt nämlich nichts, was nicht auch Gnade wäre.

Uns fällt es freilich bei vielem sehr schwer, es als Gnade zu empfinden. Die schlaflosen Stunden der Nacht geben uns aber gerade die Möglichkeit, so manches zu durchdenken, an uns zu arbeiten und uns allgemeinhin positiver einzustimmen. Freilich, das muß von einigen erst gelernt werden. Sie brausen immer leicht auf, wenn etwas nicht so läuft, wie sie es sich vorstellen oder wie es ihrer Meinung nach ablaufen müßte. Gerade ihnen tuen diese stillen Nachtstunden deshalb gut. In ihnen wendet sich der Ewige uns in seiner Gnade besonders liebevoll zu, denn er weiß, wie dringend nötig wir es haben, uns mit uns selber auseinanderzusetzen.

Es dürfte jedoch nicht nur die Arbeit der Leber sein, die uns vermutlich manchmal nicht schlafen läßt, sondern es sind – so nehme ich an – ebenso auch die vielen seelischen Probleme, die sich, gerade während des Fastens, stärker im körperlichen Bereich äußern als wir annehmen.

Es gibt Fastengruppen, bei denen sich die Teilnehmer ihre Träume aufschreiben und früh gemeinsam darüber sprechen. Ich versuche dieses in meinen Gruppen auch immer wieder einmal anzuregen und ermutige diejenigen, die bei unseren Gruppengesprächen auf ihre Träume zu sprechen kommen, über diese zu berichten. – Gelegentlich erzähle ich auch meine eigenen, um den Teilnehmern den Zugang zu ihren Träumen zu erleichtern.

Um zum Nachdenken über die Träume anzuregen, habe ich gewöhnlich Traumbücher ausgelegt. – Traumbilder können uns ganz stark auf eine Charakterschwäche oder einen Weg, den wir beschreiten sollten, aufmerksam machen.

4. Die morgendlichen Lagebesprechungen

Jeden Morgen, besonders am ersten, gehen wir kurz auf die Probleme ein, die sich in bezug auf unser Heim und die Wanderungen ergeben. So wird gewöhnlich einiges zum Duschen und Telephonieren gesagt. Es gibt z.B. Häuser, in denen Duschautomaten installiert sind. Bei Clubtelephonen handhaben wir es üblicherweise so, daß sich jeder, der telephoniert, in eine Liste einträgt und die anfallenden Telephongebühren zum Schluß bezahlt. – Gelegentlich möchten die Teilnehmer auch wissen, wo es Ansichtskarten und Briefmarken zu kaufen gibt und wo Vorrats-Toilettenpapier gelagert ist.

Große Aufregung herrscht manchmal über die Anzahl der Toiletten. »Vierzig Teilnehmer– und nur vier Toiletten!« wird geschimpft. Dann bedarf es einiger Geduld und liebevoller Erklärungen: »Es nehmen doch nicht alle 40 Personen gemeinsam das Glaubersalz ein und rennen gleichzeitig auf die Toilette!« – Erfahrungsgemäß verteilt sich die Toilettenbenutzung so über den Tag, daß niemand anzustehen braucht. Notfalls könnte man ja auch lernen, wenn es pressiert, ungeniert die Toiletten aufzusuchen, die frei sind, und dies sind bei unseren Veranstaltungen gewöhnlich die Männertoiletten.

Jeden Tag tauchen neue Probleme auf, die kurz geklärt werden müssen. Da hat z.B. jemand im Zimmer geschnarcht. Entweder reichen beruhigende Worte und der Hinweis, daß in der nächsten Nacht die Situation schon wieder eine ganz andere sein kann, oder wir überlegen uns gemeinsam, wie man die Betroffenen umlegen könnte. Manchmal wird auch ein Schnarcherzimmer verlangt, damit diese "nächtlichen Ruhestörer" unter sich sind. Nur – halten es die Schnarcher untereinander aus? – Andere haben in den Zimmern gefroren. Andere ärgern sich, daß eine Schulklasse in der Unterkunft so laut war. – So gibt es möglicherweise Tag für Tag neue Probleme. – Am Ende der Veranstaltung interessiert, wie man am Abfahrtstag nach Hause bzw. bis zum nächsten Bahnhof kommt und wo man etwas Obst für die Heimfahrt einkaufen kann.

Unzufriedenheit wird in jeder Gruppe auch über das Marschtempo und die

Pausen geäußert. Den einen gehen wir zu schnell, den anderen zu langsam. Für die einen bleibt man zu oft, für die anderen zu wenig stehen. Die einen möchten sich auslaufen und zügig vorankommen, die anderen aber bei jeder schönen Aussicht und bei jeder Blume zur besinnlichen Betrachtung stehen bleiben. Die einen erwarten unterwegs mehr Rücksicht auf die Schwachen, und die anderen möchten am liebsten die Gruppe in Schnelle und Langsame aufteilen . Endlos wird da leider manchmal diskutiert, aber ich freue mich, wenn es überhaupt zu Gesprächen kommt und die Teilnehmer die jeweiligen Schwierigkeiten des anderen kennenlernen und sich damit auseinandersetzen.

Gewöhnlich ist es gut, wenn am ersten Tage kleine Schwierigkeiten auftreten. Es passiert z.B., daß sich die Gruppe zu sehr in die Länge zieht oder einer vorausläuft und die Gruppe nicht wieder findet. Nach solchen Erfahrungen kommt es gewöhnlich zu lebendigen und konstruktiven Auseinandersetzungen. Oft fordern einige daraufhin eindeutige Richtlinien oder geben selbst bestimmende Weisungen, z.B.: »Keiner geht vor Christoph«, oder: »An jeder Abzweigung muß stehengeblieben werden, damit niemand verloren geht.«

Mir reicht es gewöhnlich, wenn über die auftretenden Probleme gesprochen wird. Dadurch lösen sich im allgemeinen die Schwierigkeiten von selber. Nun denkt der einzelne nämlich nicht weiterhin, nur er selber habe die richtige Einstellung. Er lernt vielmehr, auch den zu verstehen, der sich nach vielen Pausen sehnt bzw. schneller gehen möchte. Weil sich alle mehr aufeinander einstellen, klappt an den folgenden Tagen meistens alles ohne viele Anweisungen und Direktiven. Ich lehne es gewöhnlich sowieso ab, etwas strikt anzuordnen, appelliere aber umso mehr an die Einsicht. Dafür poltern jedoch manchmal einige los und schüchtern die anderen so ein, daß daraufhin alles in meinem Sinne und zu meiner Zufriedenheit abläuft.

Da ich den Menschen im Grunde seines Herzens für gemeinschaftsfähig und gütig halte, gehe ich auch so mit ihm um, als wäre er es. Ich vertraue nicht nur darauf, daß er bereit ist, das Richtige zu wollen, sondern auch darauf, daß er es entsprechend seinem Vermögen tut. Ich kann, meine ich, nicht im Menschen die Kräfte der gegenseitigen Rücksichtnahme, Fürsorge und Güte wecken, wenn ich ihm gleichzeitig befehle, wie er sich zu verhalten habe. Alles, was an Positivem in ihm angelegt ist, muß vielmehr nach und nach wieder liebevoll geweckt werden, bis es dann von selbst aus der Einsicht und der Tiefe des Herzens kommt. Für dieses Wecken ist jedoch viel Geduld und viel Vertrauen erforderlich. Gewöhnlich muß der Mensch wohl erst einmal auf den Bauch fallen, um lernbereit und lernfähig zu werden. Deshalb muß man es als Pädagoge auch immer wieder in Kauf nehmen, daß dem einzelnen Fehler unterlaufen oder Pannen auftreten. Ich muß hinnehmen, daß sich jemand verläuft, damit er lernt, sich besser einzuordnen. Ich muß akzeptieren, daß jemand zu wenig trinkt und sich nicht wohl fühlt, damit er am eigenen Leibe erfährt, wie wichtig das Trinken ist.

Vielen paßt diese "lasche" Art der Gruppenführung freilich nicht, sie wollen mehr Maßregelungen. Weil ich mich aber als Pädagoge verstehe und die Seelenkräfte in den Teilnehmern wecken und fördern möchte, hüte ich mich meistens davor, mehr Anweisungen als nötig zu geben. Ewige Maßregelung, so meine ich, behindert unsere Selbstentfaltung. Freilich, manches könnte bei mehr Reglementierung besser klappen, aber wir haben als Endprodukt dann nicht den selbständigen, verantwortungsbewußten, die große Übersicht suchenden, sondern den kleinkarierten, nur an seinen winzigen Bereich denkenden Menschen.

Es ist für mich manchmal recht deprimierend, wenn sowohl Hausfrauen wie auch Manager immer wieder betonen: »Du mußt mehr Anweisungen geben!«, anstatt sich zu bemühen, dieses wunderbare pädagogische Konzept zu erkennen, durch das das universale Verantwortungsbewußtsein und die schöpferischen Kräfte im Menschen gefördert werden sollen.

Da aber der oberflächliche Ordnungssinn so tief in den Menschen unserer Gesellschaft verwurzelt ist, werde ich mich wohl noch lange mit denen, die nach Ordnung schreien, auseinandersetzen müssen. Gerade sie sollten erkennen, daß auch dann, wenn sich alle vom Grunde ihres Herzens her redliche Mühe geben, alles wunderbar klappen kann.

Mir geht es, wenn man so will, nicht in erster Linie darum, daß in meinen Gruppen alles ordentlich abläuft. Mir liegt vielmehr daran, daß unsere gesamte Gesellschaft zu einem neuen spirituellen Ordnungsdenken kommt. Wir müssen es lernen, die Ordnungen der Schöpfung und ihre geheimnisvollen Kräfte wieder neu zu entdecken und zu respektieren. Unsere Fasten-Wander-Gruppen sollten, wie viele andere Bewegungen auch, hier eine gesellschaftliche Pionierarbeit leisten. Die ist hart, aber anders kommen wir, fühle ich, nicht zu einer brauchbaren neuen Weltordnung. – Unsere Gruppen stehen für mich sozusagen bereits stellvertretend für eine neue Gesellschaft.

Zum Schluß unserer morgendlichen Besprechung stelle ich dann die Tagesplanung vor und erzähle, soweit es mir notwendig und wichtig erscheint, wie der Tag ablaufen soll. Meistens begnüge ich mich mit einer groben Wegbeschreibung und den Hinweisen darauf, wo diejenigen, die die gesamte

Tour nicht schaffen, aussteigen könnten. Ich wünsche mir freilich, daß alle die geplante Strecke zurücklegen, möchte aber den Ängstlichen ihre Sorgen nehmen.

Die Tagesroute wird durchgesprochen

Während sich einige einfach vertrauensvoll in die Gruppe und das Tagesgeschehen fallen lassen, wollen andere auf die Stunde und den Kilometer genau wissen, wie die Wanderung verläuft. Auf genaue Kilometerangaben, eine exakte Beschreibung der zu überwindenden Höhen und ausführliche Geländeangaben lasse ich mich jedoch meistens nicht ein, schon weil mir die präzise Ausarbeitung viel zu viel Mühe bereitet. Selbst wenn ich diese Tour bereits einige Male gemacht habe, habe ich gewöhnlich den genauen Verlauf nicht mehr genügend im Kopf. – Wer sich freilich wohler fühlt, wenn er über die Tagesroute genauestens informiert ist, der soll sich anhand des Kartenmaterials selber informieren. Nur ist das nicht immer ganz einfach.

5. Was kurz vor dem Abmarsch noch alles zu erledigen ist

Nach dem Morgengespräch benötigen wir in meinen Gruppen gewöhnlich noch eine halbe Stunde bis zum Abmarsch, denn die Tassen müssen gespült, die Töpfe gesäubert und der Gruppenraum noch ein wenig aufgeräumt werden. Außerdem laufen viele noch auf die Toilette, verpflastern ihre Füße, füllen sich Getränke für unterwegs ab und ziehen sich ihre Schuhe an. Auch sucht der eine oder andere noch einen Ratschlag oder benötigt eine Ermunterung.

Anna und ich müssen manchmal auch noch in einige Zimmer, denn es gibt immer wieder Teilnehmer, die sich nicht aus den Betten getraut oder sich wieder hingelegt haben. Wenn es uns gelegentlich gelingt, diese Personen doch noch zum Mitkommen zu ermuntern, sind wir froh, denn ein Tag ohne Gruppe kann für manchen langweilig sein und eine Verführung bedeuten. Außerdem besteht die Gefahr, daß die, die nicht mitkommen, am nächsten Tage noch weniger das Tempo halten können, weil sich die Gruppe in ihrer Kondition von Tag zu Tag steigert.

In der Regel sind die Teilnehmer, die wir früh ermuntert haben, am Abend sehr dankbar dafür, daß sie mitkamen, denn sie haben erleben dürfen, daß ihnen das Wandern viel leichter als erwartet fiel und daß sie sich tagsüber bombig fühlten. Überhaupt ist man während unserer Veranstaltungen sehr darüber verwundert, daß der Muskelkater, der einen noch am Abend an jeder Bewegung hinderte, früh wieder restlos abgebaut ist und daß die Schmerzen, die einem jede Lebensfreude nahmen, über Nacht verflogen sind. Der Körper scheidet nämlich während des Fastens verstärkt aus. So werden körperliche Beschwerden viel schneller als wir es gewohnt sind hinausgearbeitet. Ich betone meinen Leuten gegenüber deshalb immer wieder: »Man darf nicht den Augenblick zum Maßstab machen! Am nächsten Morgen kann alles schon wieder ganz anders aussehen.« – Deshalb braucht der Veranstalter auch keine allzu großen Bedenken davor zu haben, seinen Teilnehmern, die sich Strapazen wie am Tage zuvor nicht ein zweites Mal zutrauen, Mut zu machen.

Wenn wir aber auf der einen Seite möchten, daß die Teilnehmer ihre Körpersprache entdecken, dürfen wir sie auf der anderen Seite nicht zu sehr drängen, doch mitzukommen, denn dann lernen sie nie so recht, auf ihren Körper zu hören und sich für das zu entscheiden, was er ihnen z.Zt. eingibt. Freilich, ob das, was wir z.Zt. als innere Stimme hören, wirklich das Optimale ist, ist oft sehr fraglich, denn nur zu leicht empfinden wir unsere Wünsche und Süchte und entscheiden uns für das Bequemere.

Es ist ein langer Weg, zu lernen, mit seinem Körper mitzufühlen und auf ihn zu hören, ein Weg, der auch über viele Irrwege führt. Aber auch diese Irrwege müssen wegen der Sensibilisierung gegangen werden. Wir dürfen unsere Teilnehmer an derartigen Erfahrungen nicht hindern. Es ist für den Veranstalter durchaus befriedigend, wenn er immer alle Teilnehmer bei sich hat. Aber wenn es nicht einreißt, sollte er sich doch bemühen, dem einen oder anderen einen Freiraum zu gewähren. An dieser Stelle muß evtl. auch ein Anbieter lernen, zu vertrauen. – Wenn ich merke, daß es recht viele sind, die sich geschafft fühlen, ändere ich gewöhnlich früh noch meine Planung.

Es bleibt zu wünschen, daß die Teilnehmer den Gruppenleitern besonders früh einige Arbeiten abnehmen, denn diese sind ja auch an das Gesetz der Zeit gebunden. Was sie zusätzlich, besonders in letzter Minute, noch verrichten müssen, das verzögert leider immer etwas das Fortkommen. Da sehe ich z.B. die Liederbücher herumliegen oder muß die Lampen in den Schlafräumen noch ausknipsen. Da müssen evtl. Fenster geschlossen oder die Stühle unter die Tische gestellt werden. Da hat sich keiner von sich aus bereit gefunden, die Tee- und Gemüseabfälle aus der Küche wegzuschaffen bzw. eine schmutzige Toilette zu reinigen.

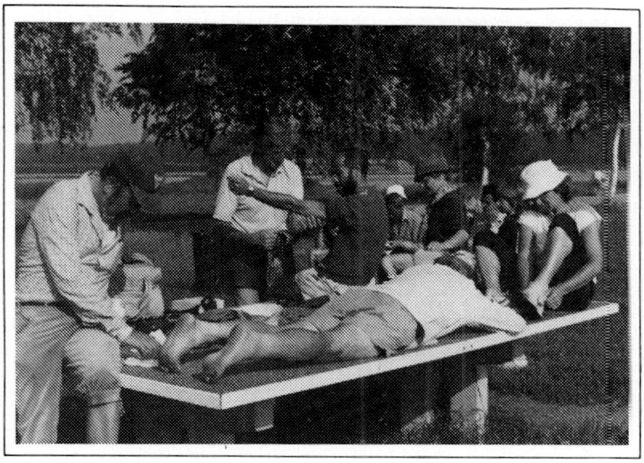

Füße verpflastern u. Blutdruck messen (Hannover-Nürnberg 1985)

Wie rücksichts- und liebevoll ist es, sich früh kurz vor dem Abmarsch von mir noch einmal die Tagesstrecke erklären zu lassen, den Teilnehmerbetrag bezahlen zu wollen oder mit mir noch einmal herumschimpfen zu müssen, weil ich immer so unpünktlich bin? Merken diese Teilnehmer denn nicht, daß sie, indem sie mich jetzt noch in Anspruch nehmen, die Gruppe aufhalten und zu meiner Unpünktlichkeit beitragen!

Gelegentlich muß ich auch in letzter Minute wieder mein Verbandszeug auspacken und sogar noch Blasen und Wunden behandeln. Ich bringe es in diesen Situationen kaum übers Herz, die Leute zu bitten, daß sie am Abend mit solchen Angelegenheiten zu mir kommen sollten, denn ich weiß, daß ich dadurch unnötig Spannungen aufbaue. Mancher fühlt sich nämlich, gerade während des Fastens, als Nabel der Welt. Wenn ich ihn nun abweise, ist er sauer. Auf der anderen Seite verärgere ich natürlich viele andere, weil ich sie warten lasse.

Freilich, hätten wir mehr Personal, so könnten wir besser unseren Zeitplan einhalten. Während ich mich um die Personen kümmere, könnte ein weiterer Mitarbeiter Ordnung schaffen. Und wenn ich dann mit den Leuten pünktlich losgegangen bin, könnte er noch das erledigen, womit wir nicht fertig geworden sind, z.B. die Telefongespräche, die leider immer sehr viel Zeit in Anspruch nehmen. Eine Person mehr müßte aber wieder auf die Gruppe umgelegt werden und würde pro Woche pro Teilnehmer ca. 150 DM Mehrkosten verursachen. Ist es da nicht angebracht, für diese 150 DM etwas mit Hand anzulegen und das Warten geduldig in Kauf zu nehmen? Manche sind sehr dankbar, wenn ihnen diese Touren nicht zu teuer kommen. – Ganz abgesehen davon: Wo ist eine Person zu finden, die bereit ist, sich dieses entbehrungsreiche Leben mit Anna und mir zu teilen!

Etwas komplizierter noch, früh loszukommen, ist es bei den Überlandwanderungen, bei denen wir nicht nur jeden Tag das Quartier wechseln, sondern auch unser Gepäck wieder neu packen und weitertransportieren lassen müssen. Für diese Wanderart steht gewöhnlich ein Transportbus zur Verfügung. Vor acht Uhr früh sollte sämtliches Gepäck vor dem Fahrzeug bereit

stehen, damit es geordnet eingeladen werden kann. Besonders wichtig ist für uns, daß die Koffer rechtzeitig dastehen. Taschen und Rucksäcke können noch nachträglich dazugestopft werden. Gewöhnlich packen zwei beherzte Männer, während die anderen noch Tee trinken und miteinander singen und reden. So geht für die Gruppe durch das Einladen keine Extrazeit verloren.

Der Transport läßt sich freilich auch anders handhaben, besonders wenn die Gruppe klein ist, z.B. durch örtliche Taxis oder durch organisierte Privatfahrzeuge. Man kann auch so tolle Einfälle wie Ingeborg Kaiser haben, die das Gepäck in den Pyrenäen von Eseln und in der Mark Brandenburg auf einem Pferdefuhrwerk transportieren ließ. – Neuerdings verbinde ich auch gelegentlich den Gepäck- mit dem Personentransport und nehme einen Reisebus, besonders wenn wir viel öffentliche Verkehrsmittel benutzen müßten, z.B. bei unseren Touren durch Israel, Griechenland und entlang dem Jakobsweg in Nordspanien.

Bei den Überlandwanderungen ist ein verspätetes Loskommen leicht möglich. Es gehört nämlich zur Ordnung mancher Gruppenunterkünfte, daß der Hausverwalter die Schlafräume vor dem Abmarsch noch inspiziert. Da sind dann manchmal die Papierkörbe nicht geleert, die Fenster stehen offen und jede Teilnehmerin hat ihre Decke und ihr Kopfkissen anders gerichtet, anstatt sich im Zimmer auf eine einheitliche Ordnung zu einigen. – Oft dauert auch das Bezahlen der Unterkünfte länger als erwartet, weil es Unstimmigkeiten gibt oder der Hüttenwart recht redselig ist und seinen ganzen angestauten Frust loswerden möchte. – Freilich, bei den Überlandwanderungen nimmt uns gelegentlich der Fahrer des Transportfahrzeuges oder des Busses einige Restarbeiten ab.

6. Die Rückkehr von den Wanderungen

Gewöhnlich kehren wir von unseren Wanderungen gegen 17 Uhr ins Heim zurück. Die Ankunftszeit variiert jedoch je nach Jahreszeit, vorgenommener Tagesentfernung, Wetter, Gelände und Kondition. – Selbst wenn früh schon in etwa angegeben wird, wann wir zu unserer Unterkunft am Abend zurückkehren oder das nächste Quartier erreichen, kann man sich auf die Angaben doch nicht immer verlassen. In Norwegen z.B. konnten wir wegen der Anreise am ersten Tag erst gegen 14.30 Uhr losmarschieren. Ich kündigte den erwar-

Berghütte in Norwegen

tungsfreudigen Teilnehmern an, daß wir gegen 21 Uhr bei der Übernachtungshütte eintreffen würden, da fünf Marschstunden für diese Entfernung offiziell angegeben waren. Das Gelände war jedoch recht einfach zu begehen und das Wetter kühl und etwas regnerisch. Wie überrascht waren die Leute, als wir schon gegen 19 Uhr, also zwei Stunden früher als erwartet, in Sloaros eintrafen.

Für den übernächsten Tag waren sechs Wegstunden angegeben. Ich rechnete eine Stunde dazu. Wir kamen, obwohl wir bereits um acht Uhr losgegangen waren, jedoch erst um 18 Uhr in Haukelisäter an. Da die Sonne heiß hernieder brannte, legten wir gerne wiederholt längere Liegepausen ein. Auch war eine Teilnehmerin sehr langsam.

Besonders beschämt erinnere ich mich an einen Tag in den Vogesen während der Osterzeit. Gegen 17 Uhr wollte ich mit der Gruppe zurück sein, besonders da mein Freund Karl Bürk aus dem Bodenseegebiet extra kommen und Videofilme über das Fastenwandern zeigen wollte. Unerwartet kamen wir jedoch in ein weites Schneegebiet hinein und erlebten einen Schneesturm ohnegleichen. Zwei Frauen kippten uns zu verschiedenen Zeitpunkten um, wurden in eine Isomatte gerollt und mußten sich erst einmal erholen, bevor sie auf ihren Wunsch hin zurückgeführt werden konnten. Dadurch verloren wir sehr viel Zeit.

Wir hatten uns für diesen Tag ein Ziel vorgenommen, nämlich das ehemalige Konzentrationslager Struthof. Weil es bis dorthin keine allzu große Entfernung war, kamen wir unterwegs leider nicht auf den Gedanken, bereits vorzeitig, evtl. auf einem anderen Wege, zurückzukehren. Wir hatten uns freilich vorgenommen, nicht in das Lager hineinzugehen. Als wir jedoch davor standen, wurde in vielen ein solches Interesse geweckt, daß sich niemand ausschloß, als es erneut um die Frage ging, ob wir hineingehen und es uns ansehen sollten. Dabei gingen zusätzlich fast zwei Stunden drauf.

Den gleichen, etwas kürzeren, aber vereisten Weg wollte verständlicherweise niemand mehr zurückgehen. So stiegen wir in ein sehr tiefes Tal, was ich mir vorher gar nicht so bewußt gemacht hatte. Hinzu kam, daß wir eine Wegabzweigung verpaßten, so daß sich die Entfernung beträchtlich vergrößerte. Beim ersten und einzigen Wirtshaus, das noch zufällig auf hatte, angekommen, wollten wir nun erst einmal eine erholsame Pause einlegen.

Im Elsaß sollte man es nicht versäumen, Kaysersberg und Riquewihr anzuschauen

Einige der Teilnehmer ließen sich von hier mit Autos zur Unterkunft bringen und waren endlich gegen 20 Uhr dort, die anderen kamen erst um 21.30 Uhr nach. Schön war es trotzdem für alle! Wir hätten freilich von unterwegs in der "Kälberhütte", wo wir nächtigten, anrufen und Karl Bürk unsere Situation schildern können. Aber zu dem Zeitpunkt, wo Telephone noch erreichbar waren, rechnete ich immer noch damit, daß wir gegen 18.30 Uhr eintreffen würden. Deshalb sah ich noch gar keine Veranlassung, etwas zu unternehmen. – Zwei Jahre später, als wir die gleiche Tour noch einmal durchführten, waren wir in der Tat gegen 17 Uhr zu Hause.

Im allgemeinen halten wir jedoch unseren Zeitplan einigermaßen ein. Kommen wir dann bei den Unterkünften wieder an, wäre es freilich schön, wenn die Gemüsebrühe schon bereit stünde. Wenn sich ein Veranstalter im Hotel einquartiert oder eine Köchin dabei hat, kann er das auch so einrichten. Wenn aber der Leiter für alles zuständig ist und erst nach der Ankunft das Gemüse aufsetzen kann, dann muß die Gruppe leider warten, bis es kocht und die Suppe, wie viele sagen, zugerichtet ist.

In meinen Gruppen sorgt zum Glück Anna für die Getränke. Da sie aber gewöhnlich mitwandert, braucht sie, obwohl sie alles gut vorbereitet hat, verständlicherweise auch ihre Zeit, bis alles fertig ist. Das ist aber nicht so schlimm, denn einmal sind für die, die etwas trinken möchten, kalte Getränke immer erreichbar. Zum anderen sind sehr viele froh, wenn sie sich nach der langen, anstrengenden Tagestour erst einmal duschen und aufs Ohr legen können. Ein erquickender Schlaf stimmt sie auch ganz wunderbar in die Abendangebote ein.

Wer diese Erfrischung und Erholung jedoch nicht benötigt, kann mit Bücherlesen – soweit Bücher in den Gruppen vorhanden sind – gut die Zeit überbrücken. Für mich ist es recht einfach, Bücher dabei zu haben, weil ich als Reisebuchhändler registriert bin und insofern verhältnismäßig leicht an Literatur herankomme. Die meisten Anbieter jedoch, besonders die, die aus Freude am Fastenwandern derartige Veranstaltungen gelegentlich einmal anbieten, haben Schwierigkeiten, sich Bücher zum Verkauf zu besorgen. Sie dürften dafür nur in den seltensten Fällen welche dabei haben. Einige bringen jedoch erfreulicherweise ihre Hausbibliotheken mit.

7. Gemüsebrühe-Löffeln, Singen und Problemklärungen

Der schönste Augenblick des Tages — Löffeln der Gemüsebrühe

Nach und nach trudeln die Teilnehmer, die sich erfrischt und schick gemacht haben, im Gruppenraum ein, um sich an ihre Gemüsebrühe zu setzen. Nach dem Buchinger-Fasten dürften etwa ein bis zwei Teller für jeden angebracht sein, während es uns egal ist, wieviel die Leute davon zu sich nehmen. Was ist Gemüsewasser eigentlich anderes als Tee? Gewiß – es enthält wesentlich mehr Kohlehydrate.

Gewöhnlich ist unsere Gemüsebrühe gewürzt, z.T. sogar sehr stark. Wir verwenden aber z.Zt. kein Salz, obwohl das bei den Fastenden nicht so gut ankommt. Früher haben wir ungesalzene und gesalzene angeboten und es den Teilnehmern überlassen, was sie wählen bzw. wie sie mischen. Auf Instant-Gemüsebrühe, also auf Gemüsebrühepulver, greifen wir eigentlich nur zurück, wenn wir unser Gepäck und die Verpflegungsutensilien selber schleppen müssen wie z.B. in Norwegen. Immer aber gibt es kleingehackte Petersilie zur Brühe, damit die Teilnehmer frische Vitamine bekommen. – Einige der Veranstalter bieten auch passierte Gemüsebrühe an, Gemüsebrühe also, bei der das feste Gemüse durch ein grobes Sieb gedrückt wird. Rüdiger Krauß erwärmt z.Zt. mit Wasser verdünnten Gemüsesaft.

Vor dem wohlschmeckenden Salz warnen wir. Aber bei der vielen Bewegung und den täglichen Anstrengungen wird dieses sicherlich weitgehend wieder aus dem Körper hinausgearbeitet.

In Tellern oder Schalen die Gemüsebrühe zu servieren, erscheint uns angebrachter als in Tassen, weil beim Löffeln die Teilnehmer das Gefühl haben, etwas zu essen. Außerdem nehmen sie auf diese Weise diese Flüssigkeit bedächtiger zu sich, als wenn sie sie trinken würden.

Gemeinsamer Gesang lockert auf und führt zusammen

Das "Suppe"-Löffeln, wie einige es nennen, zieht sich gewöhnlich längere Zeit hin, weil erst nach und nach die Fastenden wieder aus ihren Betten herauskriechen. So wird es dann auch bald 19.30 Uhr oder zwanzig Uhr. Nun beginnt das Abendprogramm. Mit einer Glocke laufe ich durchs Haus, damit jeder Bescheid weiß. Daraufhin werden die Liederhefte verteilt, denn nun soll erst einmal gesungen werden.

Gewöhnlich tun sich die Teilnehmer am Anfang jeder Veranstaltung recht schwer, Lieder vorzuschlagen, während sie später manchmal mit dem Singen gar nicht wieder aufhören wollen, besonders wenn sie Gefallen an lustigen und schmalzigen Liedern wie "Bolle reiste jüngst zu Pfingsten", "Die Affen rasen durch den Wald" und "Sabinchen war ein Frauenzimmer" gefunden haben. Gelegentlich hat man auch Spaß am Mundartlichen und singt "Auf de schwäbsche Eisebahne" und "Dat du min Leevsten büst". Hin und wieder sind die Teilnehmer aber auch so von den Spirituals begeistert, daß sie damit erst wieder aufhören, wenn alle in die Mundorgel aufgenommenen durchgesungen sind.

Wie das Singen abläuft, hängt sehr stark damit zusammen, wie die Gruppe zusammengesetzt ist und ob Personen dabei sind, von denen bezüglich des Gesangs Impulse ausgehen.

Wenn die Teilnehmer eingetroffen sind, reden wir erst noch einmal über die Tagesereignisse. Gewöhnlich waren alle mit dem Tagesverlauf zufrieden, aber auch einige Kritikpunkte werden laut, z.B.: »Wir hatten zu wenig Zeit für das Museumsdorf.« »Es wäre gut gewesen, wenn wir eine Schloßführung gehabt hätten.« »Ich würde gerne erfahren, ob es noch einmal über solch ein Geröllfeld geht.« »Mir wäre es lieb, wenn wir eher nach Hause kämen, weil ich gerne noch in den Büchern herumstöbern möchte.«

Wichtig ist es auch, an den Abenden mit den Teilnehmern die Einteilung der Woche und den Ablauf der Tageswanderungen zu besprechen. Bei sehr anstrengenden Überlandwanderungen wäre z.B. zu klären, ob man etwas abseits gelegene kulturhistorische Sehenswürdigkeiten noch mit einbeziehen sollte. Bei Gegenden mit einem Überangebot an Wandermöglichkeiten ist es notwendig, sich zu beschränken und zu entscheiden, welche Touren in Frage kämen. Ich trage in solchen Fällen gewöhnlich die Wanderungen, die möglich sind, vor und ersehe dann aus der Stimmung, auf was am ehesten verzichtet werden sollte. Auch stimme ich Touren, die wetterbedingt sind, mit den Teilnehmern gerne ab, z.B. eine Wanderung am Meeresstrand entlang bzw. eine Ausflugsfahrt zur Nordseeinsel Helgoland.

Wenn der Einsatz der Privatautos notwendig wird, z.B. für eine Wanderung durch die Wutachschlucht im Schwarzwald, frage ich vorher immer die Gruppe und die Fahrer, ob wir diese Tour überhaupt machen sollten. Ebenso ist zu besprechen, ob für die Anfahrt zu einem besonders schönen, interessanten und reizvollen Wandergebiet ein Bus gemietet werden soll.

8. Die abendlichen Vorträge, Gespräche und Saunabesuche

Die abendlichen Vorträge

In die Besprechung der Wochenplanung gehört auch, die Themen für die Abende vorzustellen. An jedem Abend sollte nämlich, wenigstens in meinen Veranstaltungen, ein Vortrag gehalten oder ein gemeinsames Gespräch geführt werden. Zum Standard-Abend-Programm gehören: 1. Drei Vorträge über das Fasten. 2. Ein Vortrag über Ernährung. 3. Ein Gespräch mit Anna über Ernährungsfragen. 4. Ein Lichtbildervortrag über die Arbeit der Körperorgane, die für das Fasten und die Ernährung eine besondere Rolle spielen. 5.– Vortrag: Die gesundheitsfördernden Maßnahmen während des Fasten-Wanderns. Dieses Thema ist wiederholt in unserem I. Teil: "Das Erlebnis des Fasten-Wanderns" behandelt worden. 6.– Vortrag: Welche Krankheiten können durch Fasten, Fasten-Wandern und gesunde Ernährung geheilt werden? 7. In der Mitte der Woche ein klärendes Rundgespräch, um Unzufriedenheiten aufzufangen und Spannungen abzubauen. 8. Lichtbilder über eine der vergangenen Fastenwanderungen, z.B. über unsere erste Überlandwanderung durch die norddeutsche Tiefebene zur Buchingerklinik in Bad Pyrmont, über die Alpenüberquerungen, über eine der Norwegentouren oder über die Israelreise. 9. Lichtbilder über Naturkost-Katastrophen-Hilfseinsätze, die durch die Fastenwandergruppen finanziert und von uns durchgeführt werden. 10. Am Schluß ein zusammenfassendes Abschlußgespräch.

Gewöhnlich kann man nicht jedes dieser Themen durchziehen. Das ist auch gar nicht so notwendig, da die meisten Teilnehmer ja wiederkommen und ihnen das, was sie dieses Mal nicht erfahren haben, bei der nächsten Veranstaltung mitgeteilt werden kann.

Bei den Vorträgen, die sich an den Abenden an die allgemeinen Informationen und Auseinandersetzungen anschließen, bleiben dann diejenigen, die sich für die entsprechenden Themen interessieren. Das sind meistens die Personen, die zum ersten Male an diesen Veranstaltungen teilnehmen. Aber auch Wiederholer hören sich gerne diese Vorträge noch einmal an, um sich manches ins Gedächtnis zurückzurufen, um das, was sie beim letzten Male nicht mitbekommen oder verstanden haben, jetzt zu erfahren, oder um neue Anregungen zu bekommen.

Es ist ratsam, mit dem Vortrag oder dem gemeinsamen Gespräch nicht zu spät zu beginnen, da die Leute allmählich müde werden. Am liebsten wäre es mir, mit dem Singen und den klärenden Gesprächen anzufangen, wenn noch alle beim "Suppe"-Löffeln sind. Aber da muß ich mir gleich wieder von einigen anhören: »Laß uns doch in Ruhe zu Ende essen!« Nur – da immer noch neue zum Löffeln erscheinen, bleibt es weiterhin schwierig, zu beginnen. – Umgekehrt wird es, wenn wir nicht bald in unser Abendprogramm einsteigen, manchen, die mit dem Löffeln fertig sind, zu langweilig, und sie ziehen sich zurück.

Leider habe ich selbst, der ich gewöhnlich einen anstrengenden Tag hinter mir habe, oft meine Schwierigkeiten, rechtzeitig fertig zu sein, besonders wenn ich mich nach der Rückkehr noch einen Augenblick zum Schlafen hingelegt habe.

Wenn ich bereits um 19.30 Uhr mit der Glocke herumlaufe, um anzukündigen, daß die Abendveranstaltung beginnt, – vor acht Uhr können wir gewöhnlich nicht mit dem Singen geschweige denn mit dem Vortrag beginnen. Um neun Uhr fallen dann bereits den ersten die Augen zu, und sie ziehen es vor, ins Bett zu gehen. Das liegt nicht unbedingt daran, daß diese Personen am Vortrag nicht interessiert sind oder ihn langweilig finden. Sie sind einfach erschöpft.

Bei gutem Wetter verlegen wir die Vorträge deshalb auch gerne auf die Wanderungen und halten sie draußen. Da sind gewöhnlich alle frischer und wacher – wenn sie nicht auch dort einschlafen. Auch die Busfahrten nutzen

wir vielfach zu Vorträgen. – Es ist schade, daß oft die, die diese Informationen am dringendsten benötigten, am wenigsten Konzentration haben.

Gelegentlich stellen die Teilnehmer während der Reden auch Fragen, wodurch es zu fruchtbaren Auseinandersetzungen kommt. Dadurch kann ein Vortrag sehr aufgelockert werden. – Freilich sollte man nicht vom Hundertsten ins Tausendste kommen und sich über Nebensächlichkeiten streiten. Als Vortragender sollte man darauf achten, daß immer wieder zum Wesentlichen zurückgeführt wird und man bei einem Thema bleibt.

Je kleiner die Gruppe ist, desto einfacher lassen sich die Gespräche führen Aber auch bei fünfzig und mehr Personen ist dies möglich. Man muß freilich, besonders draußen im Freien, darauf achten, daß alle möglichst beieinander sitzen, damit sich alle gut verstehen. Es ist schade, wenn durch zu große Abstände zwischen den Teilnehmern und durch zu leises Sprechen einige wichtige Beiträge verloren gehen.

Der Verantwortliche sollte auch darauf achten, daß sich die Vorträge und Gespräche draußen im Freien nicht allzu lange hinziehen, denn einige fangen leicht an zu frieren oder werden unruhig, weil sie an diesem Tage rechtzeitig zu Hause sein möchten.

Nicht jeder, der Fasten-Wanderungen anbietet, fühlt sich in der Lage, Vorträge zu halten. Oft helfen sich diese Personen dann mit Cassetten oder Videofilmen. Ich selber bin nicht so sehr ein Freund dieser Medien, weil ich das Unmittelbare mehr liebe. Aber sicherlich sind sie eine Möglichkeit, seiner Aufgabe, zu informieren, nachzukommen.

Gelegentlich werden auch Referenten eingeladen. Diese Lösung halte ich auch nicht für so optimal. Die Gruppenteilnehmer haben schon genügend damit zu tun, sich gegenseitig kennenzulernen und als Gruppe zusammenzuwachsen. Jetzt kommt von außen ein Fremder hinzu, der wahrscheinlich gar keine Ahnung von den Strapazen des Tages und von den Gruppenprozessen hat. Möglicherweise trifft er auch gar nicht das, was die Teilnehmer an Informationen benötigen, oder kommt bei ihnen schlecht an. Ich erinnere mich an einen Fall, wo wir eine Gesundheitsberaterin zu einem Ernährungsvortrag eingeladen hatten. Sie meinte aber, obwohl sie selbst keinerlei Fastenerfahrung hatte, sie müssen uns etwas über das Fasten erzählen, und las nun alles, was sie abgeschrieben hatte, vor.

Manche der Fasten-Wander-Anbieter laden für die gesamte Veranstaltung eine Person ein, die an den Abenden oder unterwegs referiert. Diese Personen, die erfreulicherweise alle Gruppenprozesse mitmachen, können dann auch nach den Vorträgen noch angesprochen werden, wenn weitere Fragen auftauchen. – Aber wo findet man solche Personen? – Vielleicht ist es sinnvoll, gleich in die Ausschreibung zu setzen, daß man dankbar wäre, wenn eine Person teilnehmen würde, die in der Lage ist, Gesundheitsvorträge zu halten. Evtl. fühlt sich jemand angesprochen und hat seine Freude daran, sich zu einer Veranstaltung anzumelden, bei der er benötigt wird.

Am schönsten finde icn es, wenn Gruppenteilnehmer die Aufgabe des Referierens übernehmen. Bei Referenten aus den eigenen Reihen sind auch die Zuhörer am ehesten bereit, diese mit ihrem Wissen zu unterstützen. – Freilich, Gruppenleiter und Gruppe müssen die, die zu einem Vortrag oder zum Erzählen der eigenen Erfahrungen in der Lage wären, auch dazu ermuntern und ihnen das Gefühl geben, daß das, was sie zu sagen haben, für alle wichtig ist. – Im Informationsschreiben kann man dieses Anliegen bereits vorbringen, so daß sich vielleicht der eine oder andere Teilnehmer schon vorher überlegt, ob er sich nicht ein wenig einbringen sollte.

Wenn ich entsprechende Leute in meinen Gruppen entdecke, sporne ich sie immer an, etwas zu erzählen, damit die Teilnehmer die Gelegenheit haben, auch einmal von anderer Seite etwas über Fasten und Ernährung zu erfahren. Aber auch, wenn jemand etwas über den biologischen Landbau, über das Atmen, über Kneippsche Anwendungen oder über eine Wanderung durch den Himalaya erzählen möchte, kann er, wenn bei der Gruppe Interesse besteht, einen Abend gestalten.

Über Theater- und Konzertbesuche an den Abenden sollte auch mit den Teilnehmern gesprochen werden. Bei meinen Gruppen kommen diese jedoch recht selten vor, am ehesten noch in der Weihnachtszeit. Saunabesuche sind dagegen im allgemeinen sehr gefragt. Es gilt daher, auszukundschaften, wo in der Nähe eine Sauna ist, wie es mit den Öffnungszeiten, besonders für gemischt, steht, und wie das Transportproblem zu lösen ist.

Bei Sauna-Interesse halten wir gewöhnlich einen Abend dafür frei, und die Schwitzbedürftigen fahren dann mit ihren Autos dorthin. Manchmal steuern wir auf dem Rückweg einer Wanderung aber auch eine Sauna an, und wer an einem Besuch interessiert ist, bleibt dann da.

Ich persönlich halte nicht allzu viel von der Sauna und war deshalb auch noch nie in einer, – ausgenommen aus Solidarität mit meinen Gruppen. Ihre gesundheitliche Wirkung dürfte, verglichen mit unserem Fastenwandern, nämlich nicht zu bedeutend sein. Außerdem erscheint sie mir als eine große Rohstoffverschwendung und Umweltbelastung.

Freilich, da diejenigen, die fasten, leicht frieren, ist ihnen die Wärme der Sauna recht angenehm. Außerdem entspannt sie leicht verkrampfte Muskeln. Anschließend können wir dann in den Schlaf hinübergleiten und am nächsten Morgen problemlos weiterwandern. – Ein Saunabesuch ist auch ein großartiges Gruppenerlebnis.

Bei einigen trägt das Saunaerlebnis auch dazu bei, daß Hemmungen und Verkrampfungen abgebaut werden. Vielleicht täte es auch der Österreicherin gut, die sich in den Raum einschließt, in dem sich die Damentoiletten, die Damenduschen und die Damenwaschbecken befinden. Als dann vier Frauen draußen vor der Tür warten und anklopfen, begründet sie ihr Verhalten recht überzeugend mit den Worten: »Ich bin doch nackig.«

Der Saunabesuch mag auch den einen oder anderen dazu anregen, sich draußen im Freien etwas textilfreier zu bewegen, um so mehr Licht, Luft und Sonne abzubekommen.

Der Saunabesuch ist bis jetzt – nach meiner Erfahrung – jedem bekommen. Nur im ersten Jahr meiner Veranstaltungen bekam eine Frau einen Kreislaufkollaps.

Manchmal wird auch der Vorschlag gemacht, die Abende mit Körper-Massage-Übungen auszufüllen. Gegenseitig in Partnerarbeit massiert man sich dann unter Anleitung den Rücken, die Schultern, den Hals usw. Dabei lockern sich nicht nur die Muskeln und das Gewebe, sondern man trägt auch auf diese Weise zusätzlich zur Entschlackung bei.

Wenn man dabei Personen entdeckt, die Hemmungen haben, andere anzufassen, oder Ängste bekommen, wenn sie von anderen berührt werden, sollte man sich bemühen, mit ihnen aufzuarbeiten, woran das liegen könnte.

Gerne schließe ich die Abende mit einem Kanon, einem Lied oder einer Abendmeditation. Nach dem Liede: "Abend wird es wieder; über Wald und Feld säuselt Frieden nieder, und es ruht die Welt" fassen wir uns wie am Morgen an den Händen, schließen die Augen und werden still. Entweder lasse ich darauf die Teilnehmer noch einmal meditativ den Tag erleben und geleite sie dann ganz sanft hinüber in die Traumwelt, oder Anna spricht, besonders an den letzten Abenden, wo man sich schon besser kennt, ein Abendgebet: »Lieber Himmlischer Vater, wir danken dir für alles, was wir an diesem wunderschönen Tage erleben durften: für die Landschaft, die Sonne und unseren Körper. Wir danken dir, daß du uns heute wieder neu in deiner Güte begegnet bist. Du hast uns auf dem Wege zur Gesundheit und zum Selbstvertrauen ein Stück weiter gebracht. Schenke es doch, daß wir dir und deiner Schöpfung täglich mehr vertrauen. – Wir danken dir auch für die Kräfte, die du in uns heute nacht wecken wirst. Laß du uns morgen wieder munter und fröhlich aufwachen. Schenke du uns alle Tage unseres Lebens

Kraft und Freude. – Wir vertrauen dir in dieser Abendstunde besonders unsere Angehörigen und Freunde an, aber auch alle Ängstlichen, Notleidenden, Verfolgten, Kranken und Sterbenden. Gib du den Verantwortlichen in aller Welt Weisheit und Liebe. Deine gütige Hand beschütze uns alle und bewahre uns vor allem Schaden und aller Gefahr.« Darauf wünschen wir uns: »Eine gute Nacht.«

9. Das klärende Rundgespräch

Manchmal halten Anna und ich es für angebracht, in der Mitte der Woche ein Rundgespräch anzusetzen, damit aufgestaute Probleme ausgesprochen und geklärt werden können. Bei diesen Aussprachen geht es dann nicht nur um das Gelände, durch das gegangen wird, und um die Zeiteinteilung. Vielmehr kommt jetzt so manche versteckte Aggression zum Ausbruch: »Anna, deine Tees kotzen mich regelrecht an. Weil ihr zu geizig seid, pflückst du immer unterwegs Kräuter. Die kannst du dir an den Hut stecken. Ich will endlich einmal einen anständigen Tee, dafür habe ich schließlich auch bezahlt.« Oder: »Dein Zynismus, Christoph, macht die ganze Gruppe kaputt. Keiner kann dich leiden. Wenn dich einer etwas fragt, machst du dich lustig über ihn. Hätte ich nicht bezahlt, ich wäre schon längst wieder abgereist. – Ich erwarte ja nicht, daß du alles weißt, aber etwas ernster solltest du schon die Teilnehmer nehmen. Schließlich bemühen wir uns auch, dich ernst zu nehmen.« Ein anderer: »Ich möchte einmal wissen, was ihr mit dem ganzen Gelde macht, das wir bezahlen. Ausgaben habt ihr ja offenbar nicht viele. Für die Unterkunft zahlt ihr 18 DM, und die Kräuter, die andere für euch unterwegs pflücken, kosten euch nichts. Erzähle uns doch einmal, warum wir so viel zu bezahlen haben.« Auch hört man wiederholt: »Du findest offenbar immer Dumme, die die Arbeit für dich tun. Der eine kauft für dich ein, und ein anderer schreibt für dich Briefe an die Zeitungen. Du selbst tust doch gar nichts!«

Immer wieder begeistern sich einige für das Kräuterpflücken

Bei diesen klärenden Rundgesprächen ziehe ich es vor, daß jeder der Reihe nach sich äußert, damit auch die Zurückhaltenden zu Worte kommen und nicht nur die Wortgewandten und Aggressiven den Abend beherrschen. Einmal wurde ich mehr oder weniger gedrängt, sich nur die äußern zu lassen, die von sich aus etwas sagen wollten. Das Ergebnis war vorauszusehen. Von den Aggressiven schimpfte einer nach dem anderen. Die zart empfindenden Seelen aber hielten diese teilweise unbegründeten und unberechtigten Vorwürfe nicht aus und gingen einer nach dem anderen hinaus. Wenn sich dagegen jeder äußert, fangen bereits die, die zufrieden sind, die Aggressivität der anderen ein wenig auf. Außerdem gehen auch manche der Teilnehmer mit ihrem Beitrag klärend auf gewisse Vorwürfe ein. Das erfreut mich, denn gewöhnlich halte ich mich mit Kommentaren bis zum Schluß zurück.

Von ihrem Empfinden her und aus ihrer Sicht kommen sich die Aggressiven recht objektiv vor. Ihnen ist zu wenig bewußt, wie sensibel die Fastensituation sie gemacht hat und wie gerne sich der Mensch einen Sündenbock sucht. Sie sollten, statt Vorwürfe zu machen, lieber erst einmal fragen, was bei ihnen selbst evtl. nicht in Ordnung ist und wo aufgeräumt werden müßte. Oft kann man nämlich den Beiträgen ganz deutlich entnehmen, wo es im Leben des Vortragenden nicht stimmt.

Wer kann es schon allen Recht machen?

Manchmal gehen andere Teilnehmer dann auf die Lebenssituation des betreffenden ein und bemühen sich, Zusammenhänge zwischen den eigenen Lebenskrisen und den aggressiven Beiträgen aufzuzeigen. Daß das im allgemeinen nicht gerade auf die Gegenliebe der Unzufriedenen stößt, ist klar, und manchmal, wenn ich die Analysen zu peinlich empfinde, nehme ich die Schimpfenden sogar liebevoll in Schutz. Auch frage ich mich nun, ob nicht jetzt vielleicht der Analysierende selbst seine Probleme zur Sprache bringt.

Gewöhnlich vermeide ich es, jemandem vor der ganzen Gruppe kontra zu geben, bemühe mich dann aber unterwegs, mit dem Betreffenden zu sprechen und auf seine Lebenssituation einzugehen. Da erfahre ich dann von einem, daß er sich über meine besinnlichen Übungen so aufregt, weil er in einer Klosterschule erzogen wurde und die dortigen Erlebnisse nie verkraftet hat. Auch erklärt mir eine Frau, daß sie größte Hemmungen habe, öffentlich aufzutreten, obwohl sie es gerne täte. Ihre Unzufriedenheit mit sich selber reagiere sie jetzt dadurch ab, daß sie den Aufbau und sprachlichen Stil meiner Vorträge vor allen kritisiere. Ich versuche, ihr Mut zu machen, indem ich ihr erzähle, daß ich selbst nicht nur acht Sprachfehler habe, sondern noch als Schüler der höheren Klassen keine drei Sätze hintereinander problemlos vortragen konnte.

Viele Aggressionen hängen zweifellos mit einem mangelnden Selbstbewußtsein, mit Lebensängsten, mit dem Gefühl der inneren Leere und mit der schrecklichen Erfahrung, nicht gewollt oder zu wenig geliebt worden zu sein, zusammen.

Diese Rundgespräche sind nicht unwichtig, denn sie geben großen Aufschluß über gewisse Teilnehmer, um die man sich besonders kümmern sollte. Auf diese Problempersonen wird man gewöhnlich aber schon unterwegs aufmerksam, wenn sie einem vorhalten: »Wenn du nicht auch die anderen in der Küche einspannst, tue ich gar nichts mehr!«, oder: »Bei dir klappt nichts!«, oder einfach: »Du Arschloch!«

Solche Aggressionen muß jeder Fastenleiter verkraften können, denn es ist ja wünschenswert, daß sich Blockaden bei den Teilnehmern öffnen und sie ihre Lebensunzufriedenheit hinausstoßen. Ihnen zu helfen ist freilich eine Kunst, die nicht jedem vergönnt ist und die oft eine sehr lange Zeit in Anspruch nimmt.

Wie oft mußte ich z.B. erleben, daß einzelne vor der Gruppe lauthals erklärten: »Fastenwandern ja, aber zu dir kommen wir nicht wieder.« Wie freue ich mich dann, wenn diese Personen trotzdem immer wieder mitmachen. Manchmal entschuldigen sie sich später für ihr Verhalten, manchmal auch nicht. Aber immer darf ich das Gefühl haben, daß sie in ihrem Leben ein Stück weiter gekommen sind, und ich merke, daß sie während des Fastens zu Suchenden werden, auch wenn in ihrem Bewußtsein ganz andere Gründe für die Teilnahme an meinen Wanderungen eine Rolle spielen, z.B. das Abnehmen, die Gesundheit, die schönen Gegenden oder auch nur der günstige Preis. Mit diesen Personen jedoch in ein Gespräch über ihre Probleme zu kommen, ist schwierig.

Wahrscheinlich kommen einige Unzufriedene immer wieder in meine Veranstaltungen, weil sie merken, daß da etwas ist, was sie benötigen. Eine Frau sagte einmal: »Wir kommen ja nicht deinetwegen, sondern weil in deinen Gruppen immer so interessante und liebe Menschen sind.« – Das ist doch schon etwas!

Ich glaube, daß das Fastenwandern in meinen Gruppen an keinem spurlos vorübergeht, sondern bei jedem aufs Gemüt und auf die Gesinnung wirkt und seine positiven Spuren hinterläßt.

Kapitel IV

DIE GESICHTSPUNKTE BEI DER PLANUNG DER TOUREN UND DIE ORGANISATORISCHE VORBEREITUNG

1. Die Auswahl der Gegenden und der Quartierstandorte

Deutschland und Europa – nein, das kannte ich kaum. Solange meine Eltern mit uns Kindern reisten, fuhren sie regelmäßig mit uns nur nach Altenburg in Thüringen zu den Großeltern. Als Schüler und Lehrer lernte ich dann auf Klassenfahrten verschiedene Gegenden etwas kennen. Später verbrachte ich in London, Paris und Valencia jeweils einige Monate, um Fremdsprachen zu erlernen. Sonst war ich aber so gut wie nirgends hingekommen. – Deutschland und Europa – das sollte ich erst durch die Fastenwanderungen kennenlernen.

Für meine ersten Gruppen-Fasten-Wanderungen wählte ich den Schwarzwald und den Taunus, denn von diesen Mittelgebirgen wußte ich, daß sie recht reizvoll seien. Außerdem schienen sie mir zentral gelegen.

Von vornherein war mir klar, daß ich mit den Fastenden in möglichst schöne und – soweit bei uns noch vorhanden – unberührte Gegenden gehen müsse. Die Teilnehmer sollen ja nicht nur vom alltäglichen Trott abgelenkt werden; auf ihre Sinne und ihr Gemüt sollten die Landschaften und Naturerlebnisse auch heilend wirken.

Diese Gegenden sollen mit öffentlichen Verkehrsmitteln gut zu erreichen sein. Ebenfalls achte ich darauf, daß die verschiedenen Angebote so verteilt liegen, daß von allen Ballungsgebieten aus die Menschen ganz schnell zu einer der Veranstaltungen kommen können. Viele lieben es nämlich nicht, zu einer solchen "Risiko-Tour" zu weit von zu Hause wegzufahren. Am liebsten hätten sie sie am Stadtrand.

Daß ihre Veranstaltungen nicht zu weit entfernt liegen, darauf sollten vielleicht die Anbieter verstärkt achten, die sich um Teilnehmer aus einem bestimmten Gebiet bemühen. Wer z.B. für die Berliner oder für die Menschen im Ruhrgebiet eine Veranstaltung durchführen will, sollte nicht unbedingt ins

Fichtelgebirge oder an den Chiemsee gehen. Freilich, zu dicht zu Hause zu fasten hat auch seine Nachteile. Wenn nämlich ein Teilnehmer dann unzufrieden wird, ist er leicht geneigt, bei seiner ersten Krise sich ins Auto zu setzen und nach Hause zu fahren.

Eine Gruppe ist mir einmal geschlossen abgereist, weil eines der Quartiere nicht den erwarteten Ansprüchen entsprach. Diese Veranstaltung war über die Volkshochschule einer deutschen Großstadt gelaufen. Von der recht komfortablen Heimvolkshochschule aus machten wir eine Überland-Rundwanderung und wollten nach drei Tagen wieder zurück sein. Das zweite Quartier der beiden Außenunterkünfte war, obwohl es sich als Jugendbildungsstätte anbot, jedoch recht miserabel. Mein Reden mit Engelszungen nützte nichts: »Ihr habt doch gelernt, mit wie wenig der Mensch auskommen kann. Hier habt ihr eine Gelegenheit, das Gelernte umzusetzen!«

Alle reisten sie ab und stellten an die VHS Regreßansprüche. – Das wäre sicherlich nicht passiert, wenn nicht alle Teilnehmer in 45 Minuten zu Hause gewesen wären. – So mußten alle nicht nur auf zwei weitere noch schöne Wanderungen, sondern auch auf das Erlebnis des Fastenbrechens verzichten.

Hardangervidda - im Windschatten der Felsen

Auf viele Touren kam ich, weil Teilnehmer von bestimmten Gebieten schwärmten, und Karl und Hildegard Bürk fuhren mich freundlicherweise sogar an den Bodensee und nach Südtirol. Einige waren auch von Lappland begeistert. Obwohl mir das aber stets zu weit war, wurde durch diesen Hinweis mein Interesse an Skandinavien geweckt. Bei meinen Überlegungen und Planungen entdeckte ich die Hardangervidda in Norwegen, die größte Hochebene Europas. Andere erzählten vom Jakobsweg in Nordspanien oder äußerten den Wunsch, Israel fastenwandernd zu erleben.

Wenn Vorschläge und Wünsche immer wieder an mich herangetragen werden, setze ich mich mit den betreffenden Landschaften und ihren Möglichkeiten auseinander, und nach und nach reifen in mir Ideen. Eines Tages habe ich dann eine Vorstellung von einer Tour, von der ich selber begeistert bin. Freilich, viele Wünsche sind noch nicht in Erfüllung gegangen, z.B. die, eine Wanderung im Spreewald, im Fichtelgebirge und am Main entlang zu machen.

Wenn ich konkret in eine Planung einsteige, beachte ich besonders

Naturfreundehaus Treuchtlingen, zentral gelegen, 40 Betten

folgende Gesichtspunkte: 1. Ich muß eine geeignete Unterkunft finden. Da meine Gruppen jetzt gewöhnlich ziemlich groß sind, muß dieses Haus deshalb auch recht viele beherbergen können. 2. Von diesen Unterkünften aus muß in schöner Landschaft – möglichst mit einigen Natur-Attraktionen – jeden Tag eine andere Tagestour möglich sein. 3. Das Quartier muß mit öffentlichen Verkehrsmitteln leicht zu erreichen sein. 4. Außerdem ist es schön, wenn diese Landschaft einen lockenden Namen hat. Für eine Veranstaltung im Mühlviertel in Österreich bekam ich z.B. kaum Leute. Ich nehme an, daß es daran lag, daß diese Gegend kaum jemand kannte, und für den, der sie kannte, hatte sie keinen besonderen touristischen Reiz.

In Treuchtlingen im Altmühltal in Bayern trafen sich immer wieder viele Fasten-Wanderer. Zwar ist dieser größte deutsche Naturpark nicht allzu bekannt, aber, wahrscheinlich weil er in Bayern liegt, zieht er sehr, denn ganz Bayern ist für Deutsche ein attraktives Reiseland.

Weil Treuchtlingen an der Eisenbahnlinie von Nürnberg nach München liegt, kann man leicht und schnell dorthin kommen. – Unser Heim, ein Naturfreundehaus, liegt nur 20-Fuß-Minuten vom Bahnhof entfernt, und Taxis sind immer zur Stelle, wenn unsere Auto-Teilnehmer nicht am Bahnhof warten. – Aber auch für den Autofahrer ist dieses Quartier verhältnismäßig leicht zu erreichen.

Das Haus ist groß, geräumig und sauber und liegt schon inmitten des Waldes. Von diesem Haus aus gibt es acht wunderschöne und interessante Touren, auch wenn man gelegentlich Verkehrswege überqueren und die Bahn benutzen muß. Während unserer Wanderungen läßt sich auch das eine oder andere besichtigen, z.B. der unvollendete "Main-Donau-Kanal" von Karl dem Großen aus der Zeit um 800 n. Chr. (Karlsgraben), ein ausgegrabener römischer Gutshof, ein Bergwaldtheater und ein Soldatenfriedhof.

Stadtgraben und Wehrmauern von Weißenburg

Auch bieten sich recht interessante Tagesziele an: Eine Kirchenruine aus dem 12. Jahrhundert mitten im Wald, die Burg Pappenheim, die mittelalterliche Stadt Weißenburg, die eine noch fast geschlossene Stadtmauer mit vielen Wehrtürmen besitzt, und die Bischofsstadt Eichstädt mit der Willibaldsburg.

Als besondere Naturphänomene sind die Felsengruppe "Die zwölf Apostel" bei Solnhofen und das Trockental der Ur-Donau zu erwähnen, die hier einmal entlangströmte und gewaltige Felsmassive hinterlassen hat. – Am interessantesten in dieser Gegend aber dürften die Fossilien, die Versteinerungen, in den vielen Steinbrüchen und Museen sein. Z.B. hat man den Archeopterix, das Zwischenglied zwischen Saurier und Vogel, hier in mehreren Exemplaren gefunden.

Felsengruppe an der Altmühl, genannt "Die Zwölf Apostel"

Daß diejenigen, die nicht so gut zu Fuß sind, bei diesen Touren früher aufhören und mit öffentlichen Verkehrsmitteln nach Treuchtlingen zurückfahren können, macht dieses Gebiet zusätzlich auch sehr reizvoll.

Ähnlich zentral liegt die Wanderherberge in Llanbedr in Wales. Der Ort hat Bahnstation und ist von Birmingham aus, einer sehr zentralen Stadt in Großbritannien, leicht zu erreichen. Unmittelbar vom Haus aus lassen sich die schönsten Touren unternehmen. Zwei Wanderungen führen am Meer entlang, an dem Llanbedr liegt, eine Richtung Süden, die andere Richtung Norden.

Landschaft in Wales

Richtung Norden wandert man auf Deichen, klettert über Dünen und geht endlos den weiten Sandstrand entlang, teilweise über felsiges Gelände. Durch eine Heide-, Sumpf- und Waldlandschaft führt dann der Weg zur Burg Harlech, wo die englischen Thronfolger zum "Prince of Wales" geschlagen werden. Hier finden im Sommer auch historische Turniere statt. – Von der Burg aus läßt es sich gut über eine traumhafte Hügel- und Weidelandschaft zurück zu unserem Quartier wandern, wenn man nicht die Eisenbahn benutzen möchte.

Eine weitere Wanderung Richtung Süden geht durch ein Wildwasser-Tal mit steilen Hängen.

Steigt man in die Berge, so führt eine Tour zu einem beeindruckenden Wasserfall, eine andere zu einer völlig unberührten Heidelandschaft inmitten der Felsen. Von hier aus klettert man über Steine einen Flußlauf hinunter zu einem geheimnisvollen Felsen-See.

Besonders beeindruckend sind immer wieder die endlosen gewaltigen Steinmauern, hinter denen auf zum Teil moorigen Wiesen Millionen von Schafen weiden.

Treppen führen über die Steinmauern hinüber

In dieser Landschaft, in der sich die abwechslungsreichsten Touren machen lassen, kann man teilweise auch mit dem Linienbus wieder zurückfahren, so z.B. von der an die Felsen sich anschmiegenden walisischen Stadt Barmouth. – Besonders reizvoll in dieser Gegend ist eine nostalgische Museums-Schmalspurbahn. – Fast ist es überflüssig, auch noch zur höchsten Erhebung von Wales und England, dem Snowdon, mit dem Bus zu fahren, um auf diesem beeindruckenden Felsenberg herumkraxeln zu können.

Nie hat mich eine Landschaft so magisch fasziniert, und es war das einzige Mal, daß ich das Gefühl hatte: Hier kommst du immer wieder her.

2. Überlandwanderungen nur in Landschaftsparadiesen

Überqueren einer Brücke auf der Hardangervidda

Bezüglich der Überlandwanderungen scheint es mir wichtig zu sein, in landschaftlich reizvollen Gebieten Strecken zu finden, die täglich neue möglichst das Gemüt fesselnde Naturerlebnisse bieten. Solche Strecken wären u. a. die Kammwege im Thüringer Wald (Rennsteig) und im Teutoburger Wald/Eggegebirge (Hermannsweg und Eggeweg). Wunderschön ist aber auch die Durchquerung der Norddeutschen Tiefebene mit ihren Elbemarschen, der Lüneburger Heide und den Moorlandschaften am Steinhuder Meer. Herrliche Möglichkeiten bieten auch der Schwarzwald zwischen Pforzheim und Bad

Säckingen, das Bodenseegebiet, der Pfälzer Wald und die Eifel.

Reizvoll sind auch die Überquerung der Hardangervidda in Norwegen, der Sörmlandleden-Weg, der in Stockholm beginnt und endet, die Tour von Bozen durch die Dolomiten nach Bassano bzw. nach Venedig und die Wanderung durch die Toskana von Florenz nach Assisi unter Einbeziehung der recht eigenartig anmutenden Städte S. Gimignano, Siena, Orvieto und Perugia.

Überall in Europa und der Welt lassen sich für Überlandwanderungen geeignete Wege finden. Manchmal gehört bei der Planung freilich etwas Ideenreichtum dazu, die belasteten Gebiete zu umgehen und die Naturschönheiten mit einzubeziehen.

Die einen Touren sind Rundwanderungen, bei denen man an der Unterkunft wieder ankommt, von der man losgegangen ist. Ihr Vorteil liegt besonders für die Autofahrer auf der Hand: Sie können sich nach der Veranstaltung gleich in ihre Autos setzen und wieder nach Hause fahren.

Die anderen Touren sind Fasten-Fern-Wanderungen. Von ihnen muß man – manchmal unter etwas schwierigen Umständen – erst wieder an die Autos herankommen.

Beide Arten von Touren sind von mir so gelegt, daß man mit öffentlichen Verkehrsmitteln recht gut an ihren Ausgangspunkt kommt, z.B. nach Stade, nach Pforzheim, nach Konstanz und nach Empoli bei Florenz, wo die Wanderungen durch die norddeutsche Tiefebene, durch den Schwarzwald, um den Bodensee herum und durch die Toskana beginnen. Für letztere Tour sind wir bisher immer im Liegewagen angereist und haben uns nach einer kurzen Florenzbesichtigung gleich auf den Weg gemacht.

Aber auch die Ziele und die Verabschiedungszeiten versuche ich so zu legen, daß jeder gut mit der Bahn fortkommt und die Autofahrer recht zügig wieder bei ihren Fahrzeugen sind. Wenn wir z.B. vom Titisee im Schwarzwald über den Rheinfall zum Bodensee wandern, liegt das Verabschiedungs-Frühstück in Überlingen zeitlich so, daß man mit der Bahn möglichst schnell wieder nach Titisee zu den Fahrzeugen kommt.

Wichtig ist für mich bei diesen wie überhaupt bei allen Touren, daß die Teilnehmer möglichst jeden Tag eine neue Landschaftsform oder beeindrukkende Naturwunder erleben. Bei der Tour quer durch Norddeutschland fällt die Landschaftsveränderung besonders deutlich auf. Am ersten Tag wandern wir auf den Elbe- und Flußdeichen durch die Marschlandschaft. Darauf kommen wir über den wenig fruchtbaren, aber lieblich-zart gewellten Geestrücken mit seinen kleinen, sumpfigen Flußtälern. Es folgt die Endmoränenlandschaft mit ihren stark zerklüfteten, sandigen Bergen, die von lichten Wäldern bedeckt sind. Dann geht es in die weite, meistens etwas schwermütig wirkende Lüneburger Heide, die erst im August und September, wenn das Heidekraut blüht, ihre typische Pracht entfaltet. Weiter süd-

westlich liegt das Steinhuder Meer mit seinen riesigen Moorflächen, in die sich nur ein Kundiger trauen sollte. Eine Bootsfahrt auf diesem größten Binnensee Nordwest-Deutschlands, verbunden mit einer Besichtigung der künstlich angelegten Festungsinsel Wilhelmstein, bietet eine willkommene Abwechslung. – Am nächsten Tag erst steigt das Gelände stärker an, denn jetzt beginnen mit dem Weserbergland die deutschen Mittelgebirge.

Seit langem habe ich diese abwechslungsreiche und vom Gehen her einfache Tour nicht mehr angeboten, weil mir für meine jetzt ziemlich großen Gruppen die geeigneten Unterkünfte unterwegs fehlen. Ein weiterer Grund ist aber auch, daß wir zwei Tage lang teilweise durch landwirtschaftlich recht intensiv bewirtschaftetes Gelände müssen. Im Nachhinein sind aber die Erinnerungen der Teilnehmer an diese weniger erhebenden Streckenabschnitte ganz sicherlich von all den tiefen Eindrücken überlagert, die diese Tour bot. Gewöhnlich wurde mir versichert, daß man sich nicht im entferntesten hatte vorstellen können, daß die Norddeutsche Tiefebene so abwechslungsreich, vielfältig und gemütsergreifend ist.

Unsere erste Durchquerung führte uns in die Buchinger-Fasten-Klinik nach Bad Pyrmont. Später wählte ich, nach Durchquerung des Deisters und Süntels, die Rattenfängerstadt Hameln als Zielpunkt.

Ebenso beeindruckend ist eine Schwarzwalddurchquerung. Dort hat man immer wieder die herrlichsten Weitblicke. Außerdem erlebt man jeden Tag neue ergreifende Naturwunder: Die Hochmoore "Wildsee" und "Hornsee", die mächtigen Triberger Wasserfälle, neben denen man hinaufsteigen, in denen man aber auch herumkraxeln kann, das einzigartige Felsenmeer am Brend, wo Unmengen von in der Eiszeit rundgeschliffenen riesigen Felsbrocken aufeinander gestapelt liegen und sehr zum Klettern einladen, die Ravennaschlucht, der Feld- und Titisee, und der Feldberg mit seinem teilweise alpinen Gelände. – Bei den Schwarzwaldwanderungen lassen wir es uns gewöhnlich auch nicht entgehen, uns in die weltberühmte, tief in den Kalkstein eingeschnittene Wutachschlucht zu begeben.

Die Tour Florenz - Assisi ist ganz sicherlich nicht so abwechslungsreich, aber die herrlichen Ausblicke über die Toskana, die von jedem Hügel aus möglich sind, sind so bezaubernd, daß man immer wieder stehen bleiben möchte. Ein Teilnehmer unserer letzten Tour behauptete, er hätte die Bilder im Dom von Siena immer als Landschaftsidealisierung angesehen. Jetzt aber erlebe er, daß diese Region in ihrem Reiz gar nicht lieblich genug dargestellt werden kann.

Die Norwegentour fasziniert hauptsächlich durch Einsamkeit und Stille, denn hier oben gibt es weder Straßen noch Häuser, sondern nur den ewigen Frieden. Manchen Teilnehmern kommt diese sehr steinige Hochebene freilich etwas eintönig vor, denn sie haben den Eindruck, jeden Tag immer wieder das gleiche zu sehen und zu erleben.

Als wir zum ersten Male diese Landschaft durchwanderten, hauten uns leider zwei Personen ab. Sie waren den seelischen Anforderungen, die diese ihrem Empfinden nach trostlose Einsamkeit uns abverlangte, offenbar nicht gewachsen. Ich selber aber sagte mir: »Wenn du dich einmal wie Jesus zum Fasten in die Einsamkeit zurückziehen solltest, dann in einer Hütte in Norwegen.«

Anders erlebt man diese Landschaft, wenn hier im Juli noch riesige Schneemassen mit ihren eigenartigen und faszinierenden Ausformungen zum Durchqueren einladen – ebenso wie dieses gleichzeitig die reißenden Wildwasser tun. Derjenige, der den Augenblick zu erleben und zu genießen weiß, wird erfreulicherweise immer wieder von den gewaltigen, märchenhaften Schneeformationen und den weiten Ausblicken beeindruckt und begeistert sein.

Eine ganz besondere Variante bei diesen Überlandmärschen sind die Rucksack-Wanderungen, bei denen jeder sein Gepäck selber tragen muß. Ich sagte mir: »Diejenigen, die auch sonst ihre Rucksäcke während der Wanderungen tragen, können dieses ganz sicher auch während des Fastens. Außerdem kommt es etwas billiger.«

In der Hardangervidda, wo außer vereinzelten Brücken und – in Tagesentfernungen – einfachen Hütten keine zivilisatorischen Einrichtungen zu finden sind, bleibt einem auch gar nichts anderes als dieses übrig. Neuerdings richte ich es jedoch so ein, daß wir nach drei Tagen auf eine Straße stoßen. Bis dahin können wir transportieren lassen, was wir die ersten Tage nicht benötigen. Von hier aus kann dann das, worauf wir die nächsten Tage verzichten können, vom Linienbus bis zum Wanderziel mitgenommen werden.

Andere Rucksackwanderungen habe ich auf dem verhältnismäßig leicht zu begehenden Hermannsweg im Teutoburger Wald durchgeführt, weil dort die für uns geeigneten Unterkünfte nur etwa 15 km auseinanderliegen.

Ingeborg mit ihrer Gruppe in den Ligurischen Alpen

Eine Variante zu diesen einfachen Rucksacktouren wäre eine Rucksack-Überland-Wanderung mit Zelt, wie sie von Ingeborg Kaiser in den Ligurischen Alpen einmal durchgeführt wurde. Dieser Marsch war aber offenbar wohl doch eine zu große Zumutung, und ich glaube, Ingeborg hat Abstand von derartigen Abenteuern genommen.

Es wäre zu fragen, was die Rucksackwanderungen eigentlich für Vorteile bieten? Da das Rucksacktragen sehr anstrengend ist, purzeln verständlicherweise die Pfunde leichter. Auch kommt aus gewissen Teilnehmern die Lebensunzufriedenheit eher heraus. – Mich selbst z.B. belastet das Rucksacktragen immer wieder kolossal, und ich merke, daß der Erlebniswert solcher Wanderungen längst nicht so groß ist wie sonst. So dürfte es vielen anderen auch gehen.

Bei der ersten Norwegengruppe und der ersten Alpentour, bei der wir das Gepäck noch selber trugen, kamen sehr viele Aggressionen aus einigen Teilnehmern heraus. Ich hatte den Eindruck, daß diese Personen einfach überfordert waren. Sie hatten sich keine Vorstellungen von den Belastungen, die auf sie zukommen würden, gemacht. Unter ihrer Unzufriedenheit hatte jetzt die ganze Gruppe sehr stark zu leiden.

Besonders Ängste und Depressionen können sich bei einer Überbeanspruchung verstärken. Es ist deshalb kein Wunder, daß mir bei unserer ersten Norwegentour eine Frau, wenn sie den Eindruck hatte, daß etwas hätte schief gehen können, immer wieder vorwarf, ich hätte nicht genügend Sicherheitsvorkehrungen getroffen: »Weil du zu geizig bist, hast du dir kein besseres Kartenmaterial besorgt!« – »Warum hast du keine Leuchtraketen dabei?« – »Ohne Funksprechanlage darf man sich gar nicht in diese Gegend vorwagen!« Eine andere recht depressive Frau erzählte wiederholt von Träumen, in denen sie umkam.

Ich staune immer wieder. Selbst wenn vor einer Tour gewarnt wird, machen sich einige keine Gedanken über die Strapazen, die auf sie zukommen, sondern wollen einfach mit dabei sein. Gewundert habe ich mich einmal, als mir zwei Bayern erklärten, daß sie angenommen hätten, daß das Sauerland, wo wir auch Rucksackwanderungen durchführten, flach sei, da es doch in Norddeutschland liege.

Wie soll ich mich den Personen gegenüber verhalten, die trotz eingehender Landschaftsbeschreibung zu meinen Veranstaltungen kommen, dann aber große Probleme haben, mitzuhalten. Bisher haben wir sie immer alle mitgenommen in der Annahme, daß gerade sie diese Wanderungen für ihre Gesundheit benötigen. Gut ist es dann freilich, wenn diese Teilnehmer bei den Rucksack-Wanderungen bereit sind, ihr Gepäck auf die anderen zu verteilen und von ihnen tragen zu lassen. Aber dazu sind einige leider zu stolz. Angebracht wäre es auch, wenn sich die Schwachen überlegten, wie sie die Gruppe täglich dadurch etwas entlasten könnten, daß sie, wenn sich die Gelegenheit bietet, früher aussteigen. Die Opfer, die die Gruppen diesen Überforderten entgegenbringen, sind oft bewundernswert.

3. Die Gruppenunterkünfte und ihre Vorteile

Zu meinen Veranstaltungen kommen im allgemeinen recht unkomplizierte Personen. Das dürfte u. a. damit zusammenhängen, daß in meinen Ausschreibungen klipp und klar gesagt wird, daß meine Kurse in Gruppenunterkünften stattfinden. In solche Häuser trauen sich nämlich gewöhnlich nur Teilnehmer, die auch bereit sind, ihre persönlichen Interessen ein wenig zurückzunehmen und sich auf nicht alltägliche Erlebnisse einzulassen. Die Folge ist wohl, daß ich im allgemeinen recht liebe und zufriedene Gruppen habe. – Wenn jemand am Telefon nach einem Doppel- oder sogar Einzelzimmer fragt, habe ich manchmal den Eindruck, daß es sich um eine schwierige Person handelt. Gerne empfehle ich ihr Veranstaltungen, bei denen mehr Komfort angeboten wird als bei mir.

Gruppenquartier in Südtirol

Daß ich auf den Gedanken kam, meine Fasten-Wander-Kurse in Gruppenunterkünften durchzuführen, hängt ganz sicherlich zuerst einmal mit meiner eigenen Lebenseinstellung zusammen. Für mich selbst habe ich nämlich immer das Einfache und Preisgünstige gewählt. Mußte ich in einer Stadt übernachten, so versuchte ich entweder bei Bekannten oder in Jugendherbergen unterzukommen. Ein Hotel kam für mich nur in ganz seltenen Fällen in Frage, und auch dann wählte ich die einfachste Kategorie.

Andere Gründe für die Wahl der Gruppenquartiere spielten freilich auch eine Rolle. Da ich annehmen mußte, daß die Idee, die ich ausbreiten wollte, auf die innere Ablehnung der Bevölkerung stößt, dachte ich: Je günstiger ich die Fasten-Wanderungen anbiete, desto mehr Personen werden kommen und desto schneller kann sich diese Idee ausbreiten. Damit die Veranstaltungen aber recht preiswert sein konnten, durften auch die Quartiere nicht allzu viel kosten.

Ein nicht unwichtiger Grund zu Anfang meiner Veranstaltungen war auch der, daß ich alle meine Geldreserven bereits vorher in andere Gesundheitsprojekte gesteckt hatte und deshalb bei der Reservierung der Quartiere keine allzu großen Risiken eingehen durfte. In den Gruppenunterkünften spielte es nämlich meistens keine so entscheidende Rolle, ob ich mit 20 oder nur mit 5 Personen anreiste. Meistens wurde nur für die Personen abgerechnet, die auch tatsächlich dabei waren, und Regreßansprüche wurden recht selten geltend gemacht.

Reizvoll, auch einmal in einer Burg zu wohnen

Hotels wären sicherlich eine Alternative zu den Gruppenunterkünften gewesen. Es ist freilich zu bedenken, daß preisgünstige Hotels, im Gegensatz zu vielen Gruppenunterkünften, meistens nur recht wenige Betten haben. Sollte ich nun durch meine Anmeldung ein ganzes Hotel blockieren? Es wäre mir äußerst peinlich gewesen, in einem Hotel 25 Betten zu belegen, dann aber mit vielleicht nur 8 Personen zu erscheinen. Ich hatte ja zu Anfang meiner Veranstaltungen keine Ahnung davon, mit wieviel Personen ich rechnen konnte. Zwar hatte ich schon damals einige Male um die 30 und mehr Teilnehmer, gelegentlich kamen jedoch auch nur zwei.

Ein Hotel ist außerdem auch sehr stark an der Bewirtung der Gäste interessiert. Mit uns, die wir nichts aßen, konnte man jedoch keine großen Geschäfte machen. Wir hätten uns natürlich Wasser, Tee und Gemüsebrühe reichen lassen können. Wenn das Hotel jedoch für jede Tasse 2 bis 3 DM kassiert, dann wären uns diese Veranstaltungen wegen der Unmenge an Getränken, die verschwitzte Fastende zu sich nehmen, recht teuer gekommen. Evtl. hätte ich mit den Hoteliers vorher Pauschalpreise aushandeln können, aber ehe ich mich auf derartige Verhandlungen einließ, zog ich die Quartiere mit Selbstkocherküche vor.

Naturfreundehäuser und andere Gruppenunterkünfte haben vielen Hotels gegenüber auch folgenden Vorteil: Sie haben gewöhnlich eine Reihe von separaten Tagesräumen, in denen man sich versammeln, Tee trinken und Vorträge halten kann. Im Hotel ist dagegen gelegentlich nur ein gemeinsamer Gästeraum vorhanden.

Das Wanderheim Poppelgarden besteht aus Häusern dieser Art

Besonders optimal erscheinen mir die Naturfreundehäuser, Wanderheime, Schullandheime und privaten und kirchlichen Tagungsstätten, die für Selbstversorger eingerichtet sind. Man mietet das gesamte Haus – ist also ganz unter sich –, braucht aber nur für die zu zahlen, die kommen. In der Lüneburger Heide und im Harz sind wir regelmäßig in solchen Schullandheimen, und in halb West-Europa gibt es derartige Naturfreundehäuser.

Es ist etwas Wunderschönes, ganz für sich irgendwo einsam im Wald zu leben und tun und lassen zu können, was man möchte. Wir können aufstehen, wann wir wollen, und abends singen, solange wir möchten. Wir können leger herumlaufen und nach Knoblauch riechen – je nachdem, wie es uns behagt. Wir können auch früh zum Wecken Lieder singen und Freunde, die uns kurz besuchen möchten, aufnehmen. Wir können den Tagesraum herrichten, wie es uns gefällt, und sogar Tische und Bänke nach draußen stellen. Ja, selbst an unseren Darmreinigungszeremonien stört sich niemand.

In dieser Art von Häusern, die oft in sehr reizvollen Gebieten liegen, haben wir ein großes Gefühl von Freiheit und Selbständigkeit, das sicherlich für uns, die wir sonst so eingeengt leben, sehr wertvoll und heilend ist.

Freilich, in diesen Häusern gibt es kaum Ein- bzw. Zweibettzimmer, sondern gewöhnlich Gruppenschlafräume mit Stockbetten, in denen vier, sechs oder manchmal sogar acht und mehr Personen schlafen. Das ist für manche, die sonst nur alleine oder mit ihrem Partner schlafen, recht ungewohnt. Gewöhnlich aber gibt es keine Schwierigkeiten. Dieses enge Zusammenliegen wird vielmehr oftmals genossen und mit gegenseitigen Gesprächen und gegenseitigen Hilfeleistungen verbunden.

Alleine schlafen, das kann man das ganze Jahr. Eine Woche lang aber den Schlafraum mit Fremden teilen, das dürfte mal eine Abwechslung und zugleich sehr bereichernd sein. Ich will hier nicht entscheiden, ob der Mensch ein Herdenwesen ist oder nicht. Auf jeden Fall dürfte er aber die Anlage haben, in der Gemeinschaft zu leben, denn viele der uns sehr verwandten Säugetiere, z.B. die Wildpferde, Gemsen, Wildschweine und Büffel, treten gewöhnlich in Herden oder Rudeln auf. Ebenfalls sind viele Affenarten Herdentiere und schlafen eng beieinander. Es gab auch Völker, deren Menschen äußerst dicht zusammen wohnten. Z.B. schliefen bei den Nomaden in der Kasachensteppe 20 bis 30 Personen jede Nacht in einer Jurte (Zelt).

Der Mensch – ob nun Herdenwesen oder nicht – hat also offensichtlich die Anlage, in einer großen Gemeinschaft zu leben und zu schlafen. Wenn er diese Veranlagung aber nie auslebt, verzichtet er damit auf bedeutende und bereichernde Erfahrungen.

Wir alle haben uns mehr und mehr voneinander distanziert und sind uns gar nicht über den damit verbundenen Verlust im klaren. Sind die Folgen der Isolierung nicht oftmals Kontaktschwäche, Vereinsamung, Unsicherheit, Angst, Depressionen und Verzweiflung? Uns wird dieser Verlust vielleicht erst wieder bewußt, wenn wir uns in einer Gruppe befinden, die uns Sicherheit, Schutz, Selbstvertrauen und ein Selbstwertgefühl vermittelt.

Ich will nicht so tun, als wenn alle Menschen in unserer Gesellschaft isoliert wären. Selbst der, der alleine lebt, hat gewöhnlich die Kollegen, den Verein, die Kirche, die Partei oder etwas anderes als Kontaktgemeinschaft, und das reicht ihm völlig. Wir wollen aber nicht leugnen, daß es gerade in unserer Gesellschaft sehr viele vereinsamte Menschen gibt, die an dieser Isolation innerlich zerbrechen, die sich aber nicht bewußt sind, daß fast alle ihre Probleme daher rühren, daß ihnen die anderen Menschen fehlen.

Wie sehr eine Gemeinschaft heilend wirken kann, erleben viele in unseren Gruppen, und ich staune immer wieder, wie viele Kontakte sich über Jahre hin halten. Nicht ohne Grund schreiben oder besuchen sich ehemalige Teilnehmer gegenseitig. Einige von ihnen haben gespürt, daß sie sich selber wieder finden, wenn sie auf den anderen zugehen und ihn als Kommunikationspartner annehmen.

Wie angeregt unterhalten sich Nomaden-Frauen beim Wasserholen am Brunnen. Dabei erfahren sie gleichzeitig viele Neuigkeiten. Wir dagegen hören Radio oder lesen die Zeitung – jeder für sich. – Es ist sicherlich nicht das verkehrteste, wenn Männer beim Frühschoppen über die hohen Steuern oder über die Firma schimpfen und sich auf diese Weise erleichtern.

Den Isolierten unter uns sind dagegen diese Entlastungsmöglichkeiten verloren gegangen. Sie vermissen sie leider auch nicht, weil sie ihnen gar nicht bewußt sind. Bei unseren Fasten-Wanderungen – ebenso wie in vielen anderen Gruppen – dürfen sie aber die entlastende Gemeinschaft wieder neu erleben und dabei gleichzeitig das Zerstörerische der Isolierung entdecken.

Mir erscheint es deshalb wichtig, daß die Teilnehmer möglichst viel zusammen sind, ein Gemeinschaftsgefühl entwickeln und viel miteinander reden. Dieses dürfte für viele der erste Schritt zur Heilung sein. Die meisten Krankheiten dürften nämlich in inneren Verspannungen ihre Ursache haben. Gemeinsames Reden und Handeln aber lockert die seelischen Verkrampfungen in wunderbarer Weise. Ist man aber in Einzel- oder Doppelzimmer einquartiert, so sind gerade die Isolierten und Vereinsamten in Gefahr, sich immer wieder möglichst schnell dorthin zurückzuziehen und so einem sehr wichtigen Teil der Therapie zu entgehen.

Man könnte freilich fragen, ob es nicht reicht, wenn diese Personen bei Wanderungen mit anderen zusammen sind und dort mit ihnen reden. Unterwegs ist aber die Möglichkeit, der Kontaktaufnahme zu entfliehen, verhältnismäßig groß, denn jeder kann sich, wenn er will, leicht zurückziehen. Auch gehört es zum Takt, Teilnehmer ungestört zu lassen, wenn man den Eindruck hat, daß sie alleine gelassen werden wollen. In den Zimmern aber verliert man gewöhnlich etwas von seiner Anonymität, denn dort achten die Teilnehmer sehr stark aufeinander und beobachten sich gegenseitig recht intensiv. Dort bekommen sie auch die Besonderheiten und Eigenarten des anderen viel schneller und viel intensiver mit als unterwegs.

Unsere Veranstaltungen sind ja nicht so gedacht, daß der Leiter auch als der große Heiler auftritt. Das Konzept sieht vielmehr vor, daß die Teilnehmer sich gegenseitig therapieren. Ohne daß sie sich dieser Arbeit unbedingt bewußt sind, tun sie sie in den Zimmern meistens instinktiv und ganz von selbst. Die gegenseitige Fürsorge ist während der Veranstaltungen recht groß. Taktvoll versucht man, sich denen zu nähern und auf die einzugehen, die ein wenig auffallen. – Hat man erst einmal jemanden entdeckt, der der Hilfe bedarf, so wird man ihm auch tagsüber bei den Wanderungen zur Seite stehen und auf ihn, entsprechend seinen Bedürfnissen, eingehen. – Wären wir im Hotel, so würde sich dieser Prozeß wohl wesentlich langsamer vollziehen.

Personen, die Fasten-Wanderungen mit Hotelunterbringung mitmachen, werden freilich ihre Unterkünfte sehr loben. Sie ahnen ja nicht, welche therapeutischen Möglichkeiten und wertvolle Erfahrungen dem einzelnen und der Gruppe bei erhöhtem Komfort verloren gehen!

Aber nicht nur Kreislaufprobleme, Magenbeschwerden, Hautkrankheiten und Rheuma kommen durch die Gruppenunterkünfte viel schneller zur Sprache. Bei dieser Kontaktnähe ist der einzelne auch viel eher bereit, über seine Probleme und seelischen Konflikte zu reden.

Manche kommen zu unseren Veranstaltungen, um wieder gesund zu werden, und sie wundern sich, daß das Fasten-Wandern nicht so schnell wirkt wie Kortison und andere extrem starke Medikamente. Wenn sie ihre Beschwerden nicht nach einer Woche los sind, denken sie, das Fastenwandern bringt nichts. Daß Fastenwandern Aktivierung der Selbstheilungskräfte bedeutet und nur wirklich bleibende Heilerfolge bringt, wenn auch die Essens- und Lebensgewohnheiten langfristig verändert werden, müssen diese Personen offenbar erst lernen.

Ich erinnere mich an einen Vorwurf, der mir gemacht wurde: »Drei Monate nach der Fastenwanderung hat er Krebs bekommen. Da hat also die Fastenwanderung doch nichts genützt.« Was die Leute sich so vorstellen! Da entwickelt sich eine Krankheit über 20 Jahre, und innerhalb einer Woche soll sie dann ausgeheilt sein! Nein, so schnell geht das nicht. Was Jahre benötigt hat, um zu wachsen, benötigt auch wiederum Jahre, um auszuheilen.

Dem betreffenden Menschen, bei dem einige Monate nach der Fastenwanderung der Krebs ausbrach, hat diese Veranstaltung möglicherweise doch sehr viel gebracht, ja eventuell sogar das Leben gerettet, denn durch das Fastenwandern kam diese Krankheit wahrscheinlich viel schneller zum Ausbruch. Da sie entdeckt wurde, konnte etwas dagegen unternommen werden. Hätte man sie erst zwei Jahre später bemerkt, wären vielleicht Besserung und Heilung nicht mehr möglich gewesen.

Über die vielen Krankheiten, an denen unsere Mitmenschen leiden, müssen sie Sachinformationen erhalten. Wichtiger ist aber wohl noch, daß sie fachkundige Gesprächspartner finden, die liebevoll auf sie eingehen. Da in den Fastenwandergruppen immer Personen sind, die durch viel Leid gehen mußten, ist die Wahrscheinlichkeit, daß der eine oder andere seinen persönlichen Therapeuten findet, sehr groß. Diese Wahrscheinlichkeit erhöht sich ganz sicher bei Mehrbettzimmern. Wie viele kommen ins Gespräch, weil sie gemeinsame Krankheiten und Probleme entdecken. – In den Gruppenunterkünften bekommen viele auch schon eine ganze Menge mit, wenn andere sich über Themen unterhalten, die für einen selbst sehr wichtig sind.

Nicht nur wegen der größeren Gesprächsbereitschaft ziehe ich die Gruppenunterkünfte vor. Auch die Liebe zur Schöpfung und zu ihren heiligen Ordnungen läßt mich die Teilnehmer eng zusammenlegen. Eine dieser Ordnungen ist nämlich die: Kein Lebewesen beansprucht mehr für sich als es unbedingt benötigt. Wie bescheiden leben Vögel und Füchse, Affen und Elefanten – sowohl in Bezug auf ihre Ernährung wie auch in Bezug auf ihre Behausungen. Mit wie wenig kommen sie aus!

Auch unsere Vorfahren vor Jahrmillionen und Jahrtausenden beanspruchten für sich kaum mehr als die Tiere! Noch heute gibt es Völker, die von ihrer Tradition her äußerst bescheiden leben. – Freilich: Sehr viele Menschen werden durch wirtschaftliche Verhältnisse, durch Kriege oder während einer Gefangenschaft zu äußerster Bescheidenheit gezwungen. Meistens liegen ihre Lebensbedingungen dann weit unter denen der Tiere. An diese Unglücklichen denke ich aber in diesem Zusammenhang nicht.

Wenn man nun in der Natur die Beobachtung macht, daß kein Lebewesen mehr für sich beansprucht, als es unbedingt zum Leben benötigt, dann sollte man ehrlicherweise auch fragen, wieviel der Mensch durch das Vorhandensein von Komfort und Luxus an Lebensqualität und Zukunftschancen verliert. Dieses Buch ist freilich nicht der Platz, eine ausführliche Diskussion über die Vorzüge und den Wert der bescheidenen Lebensweise zu führen. Ich möchte an dieser Stelle jedoch an die Hans-im-Glück-Erfahrung erinnern, die besagt, daß erst der, der wirklich alles hingegeben und nichts Eigenes mehr hat, wirklich glücklich ist. Auch Jesus sagt zu einem reichen jungen Mann: »Gehe hin, verkaufe alles, was du hast, und gib es den Armen. Dann wirst du einen Schatz im Himmel haben!« (Markus 10,21).

In diesem Zusammenhang sei kurz erwähnt, daß es eine phantastische Erfahrung für viele ist, einmal für kurze Zeit recht bescheiden zu leben – ohne Radio und Fernsehen, ohne Zeitung und Illustrierte, ohne Küchenmaschine und Auto, ohne Anzug und Abendkleid, ohne Make up und Fingerringe, ohne Blumentapeten und Luxusmöbel, ohne Traumbetten und Teppiche, ohne Tischdecken und Silbergeschirr. Sie erkennen, auch wenn der Unterschied zwischen zu Hause und den Gruppenunterkünften gewöhnlich recht groß ist, daß man auch so leben könnte – wenn man wollte oder die gesellschaftlichen Verhältnisse dazu zwingen würden. Das entlastet und verringert die Zukunftssorgen.

Darüberhinaus begreifen manche auch auf einmal, daß man nicht immer peinlich genau darauf zu achten braucht, daß alles äußerst perfekt hergerichtet wird, und daß man sich vor Nachbarn und Freunden nicht genieren muß, wenn man nicht alles hat. Der Abbau dieses von vielen empfundenen gesellschaftlichen Drucks hat sehr starke heilende Wirkung.

Damit soll freilich nicht gesagt werden, daß die Gruppenunterkünfte übermäßig primitiv wären. Wer aus der häuslichen Großzügigkeit kommt, muß sich jedoch möglicherweise erst einmal mit 30 oder mehr Personen einen einzigen Tagesraum teilen, in dem es manchmal recht eng wird, und auf Holzstühlen und an bloßen Holztischen hocken. Währenddessen stapelt sich das Gepäck im Flur, bis alle da sind.

Wenn wir dann etwas Tee getrunken und ein paar Worte gewechselt haben, ruft Anna die Raumnummern auf, nennt die Bettenzahl und notiert die Teilnehmer, die sich für diese Zimmer melden. Völlig ungewohnte Stock-

Etagenbetten in einem Schullandheim

betten oder Lager, in denen fünf oder mehr Matratzen in einem Großbett nebeneinander liegen, erwarten manchmal die Teilnehmer. Gelegentlich kann man froh sein, wenn jeder zusätzlich ein Fach hat. Es gibt aber auch Hütten, wo sich jeder mit einem Haken zufrieden geben und seinen Koffer samt Inhalt unters Bett schieben oder an die Wand stellen muß. Toiletten befinden sich gewöhnlich draußen im Flur oder unten im Keller. – Vergeblich schaut man sich nach einem Sessel oder einem Fernsehgerät um.

Freilich, nicht alle Unterkünfte sind so primitiv. Manche haben ein sehr hohes Niveau wie z.B. die Jugendherberge in Überlingen, wo in den recht wohnlichen Übernachtungsräumen nur vier Personen in recht komfortablen Stockbetten schlafen. Außerdem haben zwei nebeneinanderliegende Räume in ihrer Mitte jeweils eine gemeinsame Toilette und Dusche.

Die etwa 1000 Naturfreundehäuser in Europa sind sowohl in ihrem Komfort wie auch in ihrer Bettenzahl recht unterschiedlich. Da gibt es einige mit Hotelniveau. Andere haben sowohl Doppelzimmer wie auch Gruppenschlafräume. Andere bieten wiederum nur Matratzenlager, d. h. Großbetten mit Matratzen nebeneinander.

Recht einfach sind die Hochgebirgs- u. Alpenhütten, in denen es sogar üblich ist, daß Männlein und Weiblein nebeneinander liegen.

Die Wahl der Gruppenunterkünfte hat, wie es jetzt leicht einleuchtet, auch etwas mit meinen Umweltschutzanliegen zu tun. Je mehr Komfort, desto stärker ist verständlicherweise auch die Umweltbelastung! Je größer z.B. die Häuser sind, desto mehr muß gewöhnlich geheizt werden. Ein Komfortquartier verlangt normalerweise auch mehr Ausstattung und intensivere Pflege. Wir, die wir durch unseren Luxus die Erde in wenigen Jahren ausplündern und zerstören, sollten wieder erkennen und lernen, mit wie wenig wir auskommen könnten!

Ich möchte bei meinen Veranstaltungen also auch ein wenig Umwelt-Pädagoge sein. Freilich – nicht dadurch, daß ich viel über dieses Thema rede, sondern dadurch, daß ich die Teilnehmer erleben lasse, was möglich ist. Die Mitwanderer kommen manchmal aus dem Staunen nicht heraus, wenn sie entdecken, wie wohnlich und gemütlich es auch in großer Einfachheit sein kann!

Das Teilen der Räume und der Hauseinrichtungen mit anderen ist für manche

Fastende erst einmal recht ungewohnt. Zu Hause im Badezimmer und in der Großzügigkeit einer Klinik konnten sie sich ungeniert ausbreiten und brauchten bei ihren Einläufen keine Sorgen zu haben, beobachtet zu werden. Wo aber finden sie in den Gruppenunterkünften einen geeigneten Raum?

»Keine Möglichkeit also, sich zurückzuziehen,« mag manch einer denken. Und doch haben die Teilnehmer immer wieder Ideen, wie sie die Darmreinigung trotz einer gewissen Enge und trotz des ständigen Herumschwirrens von Menschen durchführen können. Die einen ziehen sich früh kurz vor dem Wecken in den Wasch- oder Duschraum zurück, denn das Einschieben der Einlaufspritze und das Füllen des Darmes mit Wasser dauern gewöhnlich ja nur Minuten. Andere nutzen die Augenblicke, wo alle das Morgengespräch führen, die Gemüsebrühe löffeln oder abends einem Vortrag lauschen. Dann sind nämlich die Schlaf- und Waschräume gewöhnlich leer. – Manche schieben das Einmal-Klistier auch problemlos unter der Bettdecke in den Darm.

Es sind also, meine ich, nur Hemmungen bzw. Ängste, wenn Leute behaupten, daß sie diese Gruppenquartierveranstaltungen nicht mitmachen könnten, weil sich keine geeigneten Gelegenheiten für ihre Einlaufmethode böten.

Jetzt fragt man sich möglicherweise, welchen Vorteil ein Einzel- bzw. ein Doppelzimmer noch bieten kann. Sicherlich, für Ehepaare, die mit einem gemeinsamen Koffer anreisen, ist ein Doppelzimmer bequemer. Wäre es für beide Eheteile nicht aber evtl. eine besondere Erfahrung und vielleicht sogar während des Fastens vorteilhafter, einmal eine Woche getrennt zu schlafen, sie bei den Frauen, er bei den Männern? Damit diese Trennung den Ehepaaren aber nicht unbedingt zugemutet wird, legen wir sie gerne, wenn vorhanden, in Doppelzimmer. Gelegentlich bringen wir u.U. auch einmal zwei Paare in einem Vierbettzimmer unter.

Die kleinen Räume reservieren wir außer für Ehepaare auch gerne für Teilnehmer mit besonderen Problemen, z.B. für Personen, die sich genieren, vor anderen ihre Perücke abzunehmen, für sehr laute Schnarcher und für Mütter, die mit ihren Kindern kommen, die während der Veranstaltung versorgt werden müssen.

Eigentlich sind es nur unsere Gewohnheit und Bequemlichkeit, die uns in die Einzel- und Doppelzimmer flüchten lassen. Es ist erschütternd: Kommen Personen früher an, so belegen sie gewöhnlich gleich die kleineren Räume, und läßt man die Teilnehmer selber sich ihre Zimmer und Betten wählen, so stürzen sie sich meistens zuerst auf die komfortableren, anstatt rücksichtsvoll denen dafür das Vorrecht zu lassen, die solche Räumlichkeiten eher benötigen.

Ich verstehe es freilich, wenn sehr gestreßte oder nervöse Leute sich ein

Einzel- oder Zweibettzimmer wünschen, weil sie meinen, sie hätten dann mehr Ruhe und könnten besser schlafen. Ob das jedoch wirklich so ist, weiß ich nicht, da die Mitschläfer einem ja auch Geborgenheit vermitteln können. Ihr ruhiges Atmen kann z.B. ablenken und einschläfern. Alleine in einem Raume zu schlafen könnte dagegen dazu führen, daß man nicht abschalten kann, sondern seinen Problemen und Schwierigkeiten die ganze Nacht über weiter nachgeht. – Gewöhnlich machen uns unsere Wanderungen und die frische Luft so müde, daß wir abends wie tot ins Bett fallen.

Zum Bücherlesen und Briefeschreiben haben manche in den Gemeinschaftsräumen freilich nicht so die Ruhe, wie sie es sich wünschen. Aber müssen Lesen und Schreiben denn unbedingt sein? Manche haben wegen des vollen Programmes und der Sehnsucht nach Ruhe gar keine Zeit dazu, obwohl sie sich dieses ernsthaft vorgenommen haben. – Vielleicht sind wir aber auch davon überrascht, wie gut wir in einem Gruppenraum uns konzentrieren und lesen und schreiben können! Vorteilhaft wären freilich mehrere Gruppenräume.

Vielleicht darf ich zum Schluß die Anbieter unter uns noch darauf aufmerksam machen, daß man bei der Wahl des Hauses auch ein wenig auf die Anzahl der Toiletten und Duschen achten sollte. Für 10 Personen müßten aber eigentlich eine Toilette und eine Dusche reichen. Duschen sind schon vorteilhaft! Worauf die Teilnehmer nämlich größten Wert legen ist, sich nach der Tageswanderung warm abduschen zu können.

Es kann freilich passieren, daß eine Teilnehmerin einem noch beim Abschlußgespräch vorwirft, daß es unverantwortlich sei, mit 40 Personen in ein Haus zu gehen, wo nur eine Toilette und eine Dusche seien, obwohl nachweislich 9 Toiletten und 4 Duschen vorhanden sind. – Es gibt auch Häuser, in denen es nur einen einzigen Duschraum mit mehreren Brausen gibt. Bisher haben sich bei uns aber Männlein und Weiblein immer gut einigen können.

Zur Klärung dieser und ähnlicher Probleme sind die Gruppengespräche früh am Morgen und abends äußerst wichtig. Einige jammern nämlich immer wieder, daß zu wenig an Informationen zu ihnen herüberkommt. Leider beschweren sich die am meisten, die es nicht für nötig halten, bei den Gruppengesprächen dabei zu sein.

Es erscheint uns sehr wichtig, daß in jeder Gruppe das Toilettenproblem angesprochen wird. Wir bitten unsere Teilnehmer darum, doch bitte für Sauberkeit selber zu sorgen, da es in den Gemeinschaftsunterkünften, die wir alleine bewohnen, gewöhnlich kein Putzpersonal gibt. Trotzdem hat sich in einer Gruppe im Ausland folgendes ereignet: Die Veranstaltung war prima gelaufen, und alles schien in schönster Harmonie. Beim Abschlußgespräch aber schimpfte einer nach dem anderen über die Toiletten, obwohl für 35 Personen 20 Toiletten und entsprechend viele Duschen vorhanden waren. Es wurde sogar erzählt, daß eine Dusche beschmutzt worden sei.

Anna und ich, die wir andere Toiletten benutzten, hatten es leider nicht bemerkt, daß die WCs keine Toilettenbürsten hatten und deshalb nicht gesäubert werden konnten. Weil so viele Klos vorhanden waren, konnte eins nach dem anderen verdreckt werden, ohne daß ein Teilnehmer seinen Mund auftun mußte. Daß keiner etwas sagte, fand ich unfair, denn so konnte auch nicht für Abhilfe gesorgt werden. Wie leicht hätte ich die Toiletten reinigen und für Klobürsten sorgen können! Nach warmen Räumen, Decken und Toilettenpapier hatten sie alle geschrien, und um das hatten Anna und ich uns auch immer sofort bemüht. Von dem Zustand auf den Toiletten hatten wir jedoch nie etwas erfahren. – Wir hatten Quartier bezogen, ehe das Haus wieder offiziell eröffnet wurde. So war es gekommen, daß noch nicht für Toilettenbürsten gesorgt worden war.

Bitte denkt daran, daß, besonders über die Feiertage, genügend Toilettenpapier vorhanden ist. Die Hausverwalter können sich ja oft nicht vorstellen, wie viel Klosettpapier von Fastengruppen benötigt wird. Ihr erspart euch dadurch Ärger. Es sind leider immer wieder Personen dabei, die nicht bereit sind, Pannen gemeinsam zu tragen, sondern einen perfekten Service erwarten.

Gruppenleiter sollten sich beim Beziehen eines Heimes auch nach zusätzlichen Decken erkundigen, da es immer einige unter den Teilnehmern gibt, die sehr frieren, dieses aber oft recht spät merken.

4. Die Größe und Zusammensetzung der einzelnen Gruppen

In den meisten meiner Gruppen sind gewöhnlich einige Teilnehmer, die über die Gruppengröße klagen, obwohl ihnen bereits vor ihrer Anmeldung hätte klar sein müssen, daß ich so viele Buchungen annehme, wie ich Personen unterbringen kann. Sie fänden es schöner, argumentieren sie, wenn sie sich nicht wie in einer Hammelherde vorkämen, sondern Gelegenheit hätten, jeden einzelnen persönlich kennenzulernen und mit ihm Kontakt aufzunehmen.

Sicher, das ist etwas Schönes, – aber sehen diese Personen denn nicht die Vorteile der großen Gruppen?

Gehört es nicht auch zu einer Bewegung, daß wenigstens an einer Stelle deutlich wird, daß große Teile der Bevölkerung von ihr ergriffen und begeistert sind! Andere Bewegungen bringen doch sogar Tausende und Zehntausende zusammen! Warum sollen zu einigen unserer Fastenwanderungen nicht hundert und mehr Personen mitkommen! Ich jedenfalls fände es schön! Freilich, die Häuser müßten dann entsprechend groß und gut ausgestattet sein, um alle unterbringen zu können. Für jeden sollte wenigstens ein Bett vorhanden sein.

Wird bei einer großen Teilnehmerschaft nicht das Gruppenleben bereichert und intensiviert! Vielleicht befindet sich unter den Teilnehmern sogar einer, der früh eine Waldmeditation anbietet, der mit der Gruppe singt und tanzt, der unterwegs Vorträge über die Entstehung der Landschaft, über Blumen und Vögel und über ihre Menschen und deren Kultur hält. – Je mehr Leute kommen, desto interessanteren Personen begegne ich außerdem! Desto größer ist auch die Chance, jemanden zu finden, der mir persönlich zusagt und mir sehr viel geben kann.

In unserer vorletzten Gruppe erzählte z.B. ein junger Mann beim Vorstellungsgespräch, daß er und seine Freundin Darmpilz hätten, und er fragte, ob jemand aus der Gruppe dazu etwas sagen könne. Spontan erklärte sich ein Berliner Gesundheitsberater bereit, darüber einen fundierten Vortrag zu halten.

Gerade heute bekam ich einen Brief aus Dresden von einem Herrn, der für seinen speziellen Fall Hilfe sucht, sich aber nicht der Schulmedizin ausliefern möchte. Ich lud ihn in eine unserer Gruppen ein und stellte ihm in Aussicht, daß unter den gewöhnlich recht zahlreichen Teilnehmern bestimmt einige sind, die ihm liebevoll Hilfestellung geben werden. Er müßte freilich beim Vorstellungsgespräch gleich sein Anliegen vortragen.

Anstatt zu schimpfen und zu erklären, daß man nicht wiederkomme, wenn die Gruppe beim nächsten Mal auch so groß sei, sollte man sich doch freuen, wenn so viele Menschen dieses Gesundheitsangebot annehmen. Wenn man selbst spürt, wie gut einem das Fasten-Wandern tut, warum gönnt man es da nicht ebenso dem anderen, der es möglicherweise noch dringender benötigt als man selber. Wie viele sind auch dankbar, daß sie sich noch im letzten Augenblick anmelden durften, weil sie zu diesem Erlebnis sonst das ganze Jahr über nicht gekommen wären.

Immer wenn ich meinen Plan für das nächste Jahr aufstelle, überlege ich mir, wieviele Personen an den einzelnen Veranstaltungen wohl Interesse haben könnten, zwanzig, vierzig oder mehr. Immer wieder, wenn ich dann früh aufwache, überprüfe ich noch einmal, ob meine Vorstellungen stimmen könnten, – bis ich mich eines Tages endgültig festlege. Meistens stimmen meine Intuitionen.

Wenn sich jedoch bis drei bzw. bis zwei Monate vor Beginn der Veranstaltungen kaum Personen angemeldet haben, muß ich mir überlegen, was ich jetzt tue. Soll ich darauf vertrauen, daß noch genügend Personen zusammenkommen, oder soll ich der Unterkunft mitteilen, daß ich die Teilnehmerzahl reduziere. Leider melden sich vermehrt Personen ganz kurzfristig an, und ich weiß oft bis zuletzt nicht, woran ich eigentlich bin. Eine solche Ungewißheit durchzustehen ist für mich nicht einfach.

In Wales hatte ich z.B. zweimal ein Wanderheim mit 40 Betten ganz gemietet. Als ich dann den Eindruck bekam, daß wir doch nicht so viele wie erwartet werden, reduzierte ich die Bettenzahl um die Hälfte. Das ganze Haus für sich zu haben wäre freilich schön, nur wird dies ein teurer Spaß, wenn man für alle Betten bezahlen muß. – In den letzten drei Wochen kamen dann doch noch unerwartet soviel Anmeldungen, daß wir etwa 40 Teilnehmer wurden. Nun waren bereits auch andere Gäste für diese Zeit im Hause untergebracht, und wir hatten es leider nicht mehr für uns alleine.

Fair ist es, wenn die, die vorhaben, zu kommen, sich rechtzeitig anmelden bzw. sich erst einmal provisorisch voranmelden, denn ohne eine ordentliche Anmeldepraxis sind die Durchführungen dieser Veranstaltungen gefährdet. Schon habe ich Wanderungen in der Sächsischen Schweiz und im Pfälzer Wald abgesagt, für die scheinbar kaum Interesse bestand. Nach Anmeldeschluß meldeten sich dann aber doch noch recht viele Personen an. Die Praxis, sich im letzten Augenblick noch anzumelden, greift offenbar immer mehr um sich.

Da ich gerne alle, die meinen, diese Gesundheitsveranstaltungen zu benötigen, mitnehme, bemühe ich mich, wenn mehr teilnehmen wollen als ich Betten gebucht habe, diese im gleichen Hause unterzubringen, was auch meistens möglich ist. Notfalls mache ich weitere Unterkünfte in der Nähe ausfindig und miete zusätzlich ein weiteres Heim, Hotelzimmer oder Betten in Pensionen. Selbstverständlich informiere ich, wenn es Unterbringungsprobleme geben sollte, die Teilnehmer über die allgemeine Lage. Ich bemühe mich, die Mitwanderer in die neue Situation einzustimmen und einige bereit zu machen, das weniger komfortable Quartier zu wählen oder sich auswärts unterbringen zu lassen. Da über die Hälfte der Teilnehmer aus Überzeugung Wiederholer sind, finden sich immer einige, die bereit sind, für diese großartige Idee Unannehmlichkeiten in Kauf zu nehmen.

Wer Wert auf kleine Gruppen legt, muß sich dort anmelden, wo sie garantiert werden. Ich kann sie nicht garantieren, habe aber z. Z. auch manchmal Gruppen mit nur 15 Personen.

In diesem Zusammenhang könnte man einiges zu der Personenzusammensetzung der Gruppen sagen: Erfahrungsgemäß kommen zu den Fasten-Wanderungen wesentlich mehr Frauen als Männer. Schätzungsweise sind 70% der Teilnehmer weiblich. Nur wenn die Touren eine Herausforderung an die Kondition stellen, sind manchmal etwa ebensoviel Männer wie Frauen dabei, z.B. bei den Alpenüberquerungen und beim 1000 Kilometer-Marsch 1991 quer durch das geeinte Deutschland von der Ostsee bis zum Bodensee.

Wahrscheinlich haben Frauen ein größeres Gesundheitsbewußtsein und sind, was Körpererfahrungen angeht, interessierter und zu größeren Opfern bereit als Männer. Daß das Schlankheitsbewußtsein eine besondere Rolle spielt, darf man annehmen, auch wenn viele dieses nicht zugeben. – Bei Männern ist das Gesundheitsbewußtsein längst nicht so ausgeprägt. Anstatt daran zu denken, sind sie wahrscheinlich mehr auf ihre berufliche Karriere bedacht. – Die gleichen Erfahrungen macht man bei den Volkshochschulen. Während die Gesundheitsveranstaltungen hauptsächlich von Frauen besucht werden, sind die beruflichen Fortbildungskurse mehr von Männern belegt.

Was die Alterszusammensetzung angeht, so muß man wohl – über den Daumen – sagen, daß die meisten Teilnehmer zwischen 25 und 55 Jahre alt sind. Ein gewisser Leidensdruck ist für ein solches für viele vorher als extrem, ja undurchführbar empfundenes Abenteuer häufig notwendig. Viele der Teilnehmerinnen empfinden sich z.B. als zu dick oder leiden an Hautkrankheiten, Allergien oder Rheuma. Oft trauen sie sich erst ans Fasten, wenn alle anderen Diäten oder Heilmethoden nichts mehr nützen. 17 bzw. 18 Jahre alt sind die jüngsten Teilnehmer, obwohl gelegentlich auch jüngere kommen. Die ältesten Fasten-Wanderer sind zwischen 70 und 80 Jahren.

Die Teilnehmer kommen aus allen Gesellschafts- und Berufsschichten, von der Hausfrau bis zum Manager, von der Auszubildenden bis zum Arzt. Freilich, bei meinen Veranstaltungen ist sicherlich eine etwas andere Schicht vertreten als bei den Veranstaltungen anderer. Es prägt sicherlich die Zusammensetzung der Gruppe, ob im Managermagazin gestaltete Anzeigen oder in einem Hausfrauenblatt Kleinanzeigen erscheinen, ob Gruppenunterkünfte angeboten werden oder Hotelzimmer, ob die Veranstaltungen preisgünstig sind oder jemand damit Geld verdienen möchte, ob man in Betrieben vorspricht und verspricht, wieder Schwung in die Belegschaft zu bringen oder ob man die Leidenden, Kranken und seelisch Belasteten um sich sammelt, ob einer seine Veranstaltungen über Wandervereine, Volkshochschulen, Kurverwaltungen, Krankenkassen oder Akademien anbietet, oder ob ein Reiseunternehmen zusätzlich zu seinen anderen Angeboten das Fastenwandern auch noch mit ins Programm aufnimmt.

Man muß wohl annehmen, daß es eine besondere Elite ist, die bei diesen Veranstaltungen zusammenkommt, denn wer traut sich ein derartiges "Opfer" schon zu! Das wird auch immer wieder von vielen Teilnehmern bestätigt, die bewundernd äußern, wieviel interessante und liebevolle Menschen in den Fasten-Wander-Gruppen zusammengekommen sind.

5. Das aufeinander Abstimmen von Zeiten und Gegenden bei den einzelnen Veranstaltungen

Nicht unwichtig erscheint mir bei der Planung von Fasten-Wanderungen, die Gegenden und Jahreszeiten aufeinander abzustimmen. Sie sollten ja für möglichst jeden ein optimales Erlebnis werden. Man sollte z.B. mit Gruppen weder im Winter in die Hochebenen von Norwegen noch im August in die Auvergne in Frankreich gehen. Sowohl zu viel Schnee wie auch zu große Hitze können für das Weiterkommen bei den Wanderungen sehr belastend sein.

Die Bodenseeregion, wo in Deutschland der Frühling zuerst einzieht, will, meine ich, hauptsächlich zu Ostern erlebt werden, wenn alles Leben nach der Winterstarre wieder neu erwacht. Die Lüneburger Heide ist dagegen besonders in ihrer Blütezeit im August und September zu empfehlen. So sehr die Nordsee im Winter unser Gemüt anspricht – in den Monaten Juli und August macht es am meisten Spaß, sich in die Dünen zu legen und in die Brandung zu springen.

Im Dartmoor

Wales ist zu jeder Jahreszeit ein einzigartiges Erlebnis. Aber wenn ich in einem Jahr sowohl ins Dartmoor im Südwesten Englands wie auch nach Wales möchte, lege ich das Dartmoor wegen der dortigen sommerlichen Hitze lieber in die Osterzeit und Wales wegen seines kalten Windes und des nie auszuschließenden Regens lieber in den Sommer.

Eine Tour in der Hardangervidda in Norwegen ziehe ich dann vor, wenn nicht mehr soviel Schnee oben liegt, gleichzeitig die Hütten aber noch möglichst leer sind. Erfahrungsgemäß sind dort die beiden ersten Juliwochen für eine Tour mit über 15 Personen am geeignetsten. – Der Harz reizt im Winter wie im Sommer, das Riesengebirge dürfte dagegen im Winter hauptsächlich die Skifahrer anlocken.

Wenn man in der Toskana oder in Südtirol eine Überlandwanderung durchführen möchte, sollte man sie nicht gerade in die Saison legen. Zu dieser Zeit füllen die Hotels ihre Zimmer nämlich lieber mit Dauergästen. Wenn Mitte September der Massen-Tourismus aufhört, kann der Herbst noch recht schöne Tage und Erlebnisse bieten. Manche Wanderung von Bozen nach

Ziel unserer Wanderung: Traumstadt Venedig

Venedig ist uns jedoch leider auch schon verregnet.

Wenn es in Deutschland kalt ist, zieht es viele in die etwas wärmeren Länder, z.B. nach Italien oder Israel. – Plane ich aber eine Schnee-Wanderung, so muß ich darauf achten, daß das Gelände nicht zu schwierig ist und der Schnee nicht zu hoch liegt. Deshalb fanden meine Schnee-Wanderungen in der Fastnachtswoche hauptsächlich im Altmühltal in Bayern und auf der Schwäbischen Alb, nicht aber im Schwarzwald oder in Südtirol statt.

Das Weihnachtsfasten haben viele vom Gefühl her lieber in den Bergen, obwohl sich gerade zu dieser Veranstaltung recht schwache Persönchen anmelden, für die eine Tour im Flachland einfacher wäre. Aus diesem Grunde habe ich das Weihnachtsfasten mit meinen Gruppen gerne in den Harburger Bergen am Stadtrand von Hamburg durchgeführt, von wo aus wir leicht in die Lüneburger Heide und an die Nordsee kamen, aber auch ganz Hamburg mit seiner Kultur zur Verfügung hatten. Bezüglich des Weihnachtsfastens habe ich nämlich immer größten Wert auf das Besuchen von Weihnachtsmusiken und -konzerten gelegt. Derartige Angebote zwischen Weihnachten und Neujahr zu finden ist nämlich gar nicht so einfach.

Ich habe das Weihnachtsfasten aber auch schon im Weser Bergland, im Altmühltal in Bayern, im Bayerisch-Böhmischen Wald, am Bodensee und im Süd-Schwarzwald durchgeführt, und jedes Mal waren die Teilnehmer sehr zufrieden. Das nächste Weihnachtsfasten soll evtl. sogar in den Fischbacher Alpen in der Steiermark stattfinden.

Für die Planung der Veranstaltungen sind für mich die Ferien und Feiertage sehr wichtig. Zu Feiertagen wie Christi Himmelfahrt, Erster Mai, Fronleichnam, Tag der Deutschen Einheit und Allerheiligen habe ich immer eine Veranstaltung laufen, weil sich die berufstätigen Mitbürger dann nicht so viel Urlaub zu nehmen brauchen. Gelegentlich biete ich zu diesen Feiertagen auch ein Kurz-Fasten-Wandern an, z.B. von Mittwochabend bis Sonntagmittag, damit Arbeitnehmer sich nur den Freitag frei zu nehmen brauchen. Wer den Fasten-Wanderungen nämlich skeptisch gegenübersteht, ist gewöhnlich nicht dazu bereit, zuviel Urlaub dafür zu opfern.

In den gesamten Schulferien biete ich Veranstaltungen an, weil während dieser Zeit Mütter eher einmal ihre Kinder weggeben können und Berufstätige oftmals sowieso nicht soviel arbeiten oder vielleicht sogar Urlaub haben. Ich denke da besonders an die Oster- und Sommer-, aber auch an die Herbstferien.

Auch scheint mir die Fastnachtswoche für eine Veranstaltung besonders geeignet zu sein, da – wenigstens in Süddeutschland und im Rheinland – die Arbeit reduziert wird und viele sich danach sehnen, aus dem Faschingstrubel herauszukommen.

Die kirchliche Fastenzeit, die Aschermittwoch beginnt und in der Osternacht endet, halte ich für die natürlichste und geeignetste Zeit zum Fasten. Aber auch der Mai mit dem Erwachen allen Lebens und der Sommer mit seiner Wärme regen viele zum Fasten an.

Nicht so begeistern für Veranstaltungen kann ich mich im September, November, Dezember und Januar. Im September haben die meisten die Urlaubszeit gerade hinter sich. Und im trostlosen Nebelmonat und während der kalten Jahreszeit scheint die Sehnsucht zum Fasten nicht zu groß zu sein. Manche haben aber gerade nur in diesen Monaten Zeit, und deshalb wäre es gut, wenn einzelne während dieser Zeit auch Angebote machten!

Ich plane keine Tour, ohne vorher die Wetterkarte gründlich studiert zu haben. Damit vermeide ich, daß eine Wanderung im erfahrungsgemäß regenreichsten Monat stattfindet. Es ist aber oft recht schwierig, alle Gesichtspunkte so aufeinander abzustimmen, daß jeweils der günstigste Monat gewählt wird. Den Mai gibt es im Jahr eben nur einmal, und in die Sommerferien möchte ich keine Tour legen, von der ich das Gefühl habe, daß sie evtl. nicht angenommen wird, auch wenn der Sommer für diese Gegend am geeignetsten wäre. Veranstaltungen, bei denen ich erst einmal herausfinden möchte, ob überhaupt Interesse daran besteht, lege ich deshalb gewöhnlich in die Schulzeit, z.B. in den Anfang des Juni.

6. Fasten-Wanderungen mit Problemaufarbeitungen

Jeder der Teilnehmer beschäftigt sich während der Fastenzeit sehr stark mit sich selbst und seiner Vergangenheit. Es ist deshalb nicht verwunderlich, daß viele von ihnen erzählen, was an Enttäuschungen und Sorgen in ihnen aufsteigt. Gemeinsam in der Gruppe diese Probleme zum Thema zu machen und zu besprechen, scheint mir sehr angebracht zu sein. Ich biete deshalb jeweils im Frühjahr und im Herbst eine Veranstaltung an, bei der wir uns am Nachmittag zusammensetzen und über uns selber reden.

Da bei diesen Veranstaltungen nur bis etwa 14 Uhr gewandert wird, können wir uns um 17 Uhr und 20 Uhr zu gemeinsamen Gesprächen treffen. Am Abend werden meistens die auch sonst üblichen Themen angeboten, während wir am Nachmittag versuchen, uns mit unseren Schwierigkeiten zu beschäftigen. Diese Nachmittagsgespräche habe ich meistens unter folgende sehr allgemein gehaltene Wochenthemen gestellt: "Vertrauen fassen, Ängste überwinden", "Vertrauen, Hoffnung, Liebe – woher die Kraft nehmen?" oder "Krankheit, Leiden, Tod – wozu?"

Meistens erzählt bei unserer ersten Sitzung der Reihe nach jeder, was er von diesen Gesprächsrunden erwartet. Manche geben zu, daß sie nur deshalb zu diesen Veranstaltungen gekommen sind, weil nicht soviel gewandert wird. Die aber am Thema Interessierten bringen bereits mancher Diskussionsstoff ein, den man entweder gleich behandelt oder aber einem anderen Tag zuordnet: »Meine Mutter ist vor einem Jahr gestorben, und noch immer fühle ich mich schuldig, weil ich an ihr soviel versäumt habe.« »Ich weiß nicht, wie ich mit meinem Sohn fertig werden soll. Ich sage ihm: Schneide deine Haare ordentlich! Ernähre dich anständig! Lauf nicht so schlampig herum! Sei in der Schule fleißig! Aber es ist mir, als hätte ich diese Worte in den Wind gesprochen.« »Mein Mann, der ist so karrierebewußt! Er bringt es auch weit, aber ich bleibe auf der Strecke. Das halte ich nicht aus.« »Mit dem Tode kann doch unser Leben nicht einfach aus sein. Was ist das eigentlich – Reinkarnation?« »Früher habe ich an Gott geglaubt. Seitdem ich es nicht mehr kann, werde ich mit den Problemen in der Welt, z.B. den Kriegen, dem Hunger und der Umweltzerstörung, nicht mehr fertig.«

Diese Beiträge ordnen wir gewöhnlich in verschiedene Problemgruppen und verteilen diese auf die folgenden Tage. Am Anfang jeder Sitzung äußert sich dann einer von uns in ausführlicher Weise zu dem entsprechenden Thema – oder einer nach dem anderen sagt einiges zu der vorgetragenen Fragestellung.

Einigen ist es – leider – recht lieb, wenn jemand aus der Gruppe sein Herz öffnet. Sie sind dann schnell mit Ratschlägen zur Hand, jedoch nicht bereit, von sich und ihren Geheimnissen auch ein wenig preiszugeben. Solche Gesprächsrunden sind nicht so erfreulich, weil jeder irgendwie das Gespür hat, es findet hier ein sich Verstecken hinter den Problemen des anderen statt. Wenn dieser Eindruck zur Sprache gebracht wird, schließt sich häufig ein ehrliches Gespräch an.

Vor Jahren, als ich mit diesen themenbegleitenden Fasten-Wanderungen begann, wurde von mir wiederholt erwartet, daß ich zu den angekündigten Bereichen Vorträge halte. Das tat ich nicht sehr gerne, weil mir daran lag, daß die Teilnehmer zum Sprechen und zum Gespräch kommen. Inzwischen öffnen sie sich aber wesentlich mehr. Trotzdem könnten die Gespräche viel intensiver ablaufen. Ob es vielleicht an mir selber liegt, daß sich die Teilnehmer nicht so recht öffnen? Bin ich vielleicht selber noch zu verschlossen?

Vor Jahren las ich ein Buch von der Sterbeforscherin Elisabeth Kübler-Ross. Sie erzählt darin von Kursen, die sie durchführte und bei denen die Teilnehmer sich über ihre Probleme aussprechen durften. Nach ihren Berichten muß da – wohl bedingt durch die Atmosphäre und die Offenheit einzelner – sehr viel aus den Teilnehmern herausgekommen sein, so daß alle sehr erleichtert nach Hause fuhren. Einige dieser Personen fingen sogar an zu weinen.

Ich hoffte, daß wir uns bei unseren Gruppengesprächen ähnlich weit öffnen würden. – Leider laufen jedoch manche der Aussprachen ein wenig zäh und steif ab. Das liegt wahrscheinlich daran, daß die Personen, die zu mir kommen, hauptsächlich um des Fastens willen kommen, nicht aber, um sich zu öffnen. Zum anderen trauen sich die meisten nicht, in der großen Gruppe über ihre eigenen Probleme zu sprechen. Dafür fließen aber oft genug in den Schlafräumen bei Einzelgesprächen die Tränen. Ganz unbelastet kommt wohl kaum einer. Jeder hat seine Schwierigkeiten und Probleme, mit denen er fertig werden muß. Bei den scheinbar stärksten und unerschütterlichsten Personen beobachtet man immer wieder, daß sie nach und nach beginnen, still zu werden, in sich gehen und nachzudenken.

Es wäre wünschenswert, wenn mehr nach den themenbegleitenden Fastenwanderungen gefragt würde und die Fasteninteressierten diese Gruppengespräche als zusätzliche Befreiungs- und Heilungsmethode begreifen und akzeptieren würden. – In manchen Gruppen ergaben sich solche Problemaufarbeitungen von selber, und ich habe schon überlegt, ob man nicht in jeder Veranstaltung ein solches Gespräch anbieten sollte.

7. Fasten-Wander-Variationen

Variationen des Fasten-Wanderns sind das Rad-Fasten-Wandern und das Ski-Fasten-Wandern. Ans Rad-Fasten-Wandern mit Gruppen habe ich mich nie herangetraut, obwohl ich selbst begeisterter Radfahrer bin. Denn einmal erscheint mir das Rad-Fasten-Wandern in großen Gruppen recht risikoreich, zum anderen realisiert sich meiner Meinung nach hierbei nicht so stark, worauf ich bei meinen Veranstaltungen so großen Wert lege, nämlich daß die Teilnehmer nachdenklich werden und miteinander kommunizieren. Wenn aber z.B. in Büsum an der Nordsee oder in der Lüneburger Heide Fahrräder ausgeliehen werden, bin ich durchaus bereit, zur Abwechslung mit den daran

Interessierten auch einmal einen Tag eine Fahrradtour zu unternehmen, besonders da dort das Gelände verhältnismäßig eben und die Straßen und Wege leicht zu befahren und recht ungefährlich sind.

Rad-Fasten-Wander-Angebote sind mir von der Fastenärztin aus Heide, Frau Dr. Ingrid Olivet, bekannt, die aber nie länger als vier Stunden am Tage mit ihren recht kleinen Gruppen durch das flache Dithmarschen fährt und mir gegenüber stolz bekennt: »Christoph, schon beim Wandern wird gelegentlich über das Tempo gemeutert. Das ist beim Radfahren nicht anders. Am einfachsten ist es deshalb, wenn ich nur einen Teilnehmer habe. Dann entstehen keine Streitereien darüber, wieviel und wie schnell gefahren werden soll. – Radfahren mit einer Gruppe Fastender ist, das sollte man sich bewußt machen, weitaus schwieriger als das Gehen. Erschwerend kommt hier in Dithmarschen hinzu, daß wir besonders stark dem Seewind ausgesetzt sind.« – Helmut Zorn und Mathias Hartmann beginnen jetzt auch mit Fahrrad-Fasten-Wanderungen.

Ski-Fasten-Wandern wird immer wieder vorgeschlagen, aber ich kann mich mit dieser Kombinationsmöglichkeit nicht recht befreunden, besonders da ich selbst nie auf Brettern gestanden habe. Selbst wenn ich es anböte, – ich wüßte vor der Veranstaltung nie, wie geübt die Teilnehmer sind. Außerdem muß man bedenken, daß die Konzentration beim Skifahren ebenfalls wesentlich stärker gefordert ist als beim Fuß-Wandern. Deshalb fehlen hierbei, ebenso wie beim Rad-Wandern, auch weitgehend die Möglichkeiten des In-sich-Gehens und der Kommunikation. – Wer jedoch Lust hat, solche Kurse anzubieten, der soll es tun. Bekannt sind mir bis jetzt nur Mathias Hartmann, Heiningerstr. 56, D-94036, Passau, Tel.: 0851 - 89989, und Rosemarie Fröhlicher, Seefeldstr. 102, CH-8008 Zürich, Tel.: 01 - 38 32 022.

Eine weitere Fasten-Wander-Variante, um die ich gebeten wurde, ist das Boot-Fasten-Wandern. – Gut! Wer es sich zutraut, der tue es oder biete es an.

Veranstaltungen ähnlich dem Fastenwandern sind auch das "Leben in freier Natur", die Obst-Fasten-Wanderungen, wie sie Frau Dr. Emmy Orgler aus Bozen/Südtirol mit Weintrauben durchführt, und die Naturkost-Wanderungen.

Bei den Veranstaltungen "Leben in freier Natur", von vielen als Überlebenstraining bezeichnet, wollte ich die sammeln, die sich das Fasten noch nicht so recht zutrauten, denn wir lebten von dem, was die Natur an Eßbarem bot, z.B. von Pilzen, Beeren und Äpfeln. Nachts schliefen wir möglichst draußen im Freien.

Die Naturkost-Wanderungen sollten denen helfen, sich an Vollwertkost bzw. an pflanzliche Rohkost zu gewöhnen, die in unseren Gruppen Anregungen dazu erhalten hatten. – Bei diesen Wanderungen sind wir teilweise von

Bio-Bauer zu Bio-Bauer gewandert und haben bei ihnen gewohnt, uns in ihren Betrieben und auf ihren Feldern umgeschaut und uns Vorträge zum Thema "Biologischer Landbau" angehört. Bei diesen Veranstaltungen ernährten wir uns weitgehend von dem, was die Höfe an eigenen Produkten boten.

Beide Angebote waren jedoch längst nicht so gefragt wie das Fastenwandern. Weil die Fasten-Wander-Gruppen aber immer größer wurden, zog ich es vor, auf die Ernährungswanderungen zu verzichten, besonders da zu diesen Kursen auch Personen kamen, die fasten wollten.

Wir hatten und haben aber auch einige Kurse laufen, wo Fastenwandern und Naturkosttage miteinander gekoppelt werden. Z.B. auf der Tour von Bozen nach Venedig wird 6 Tage gefastet und 2 1/2 Tage gegessen. Norwegen und Israel: 9 1/2 Tage fasten, 3 1/2 Tage essen. Ähnlich war es für die Jakobsweg-Wanderung 1993 durch Frankreich und Spanien geplant. Es ist freilich so: Da die Teilnehmer um des Fastens willen kommen und wissen, wie leicht es ihnen in der Gruppe und besonders während der Wanderungen fällt, legen viele gar keinen Wert auf das vorzeitige Abbrechen. Bei der Norwegentour 1992 und bei der Jakobsweg-Wanderung 1993 wurde z.B. mit der ganzen Gruppe einen Tag länger gefastet als geplant.

Sorgfältige Planung gehört zur Fasten-Wanderung dazu

Kapitel V

DIE GESCHICHTE DER FASTEN-WANDER-BEWEGUNG

1. Wie ich zum Fasten-Wandern kam

Da die Anfänge der Fasten-Wander-Bewegung sehr eng mit meiner Person verbunden sind, bleibt mir wohl nichts anderes übrig, als in diesem Buche auch ein wenig über meine eigene Entwicklung zu berichten.

Da ich in meinem Leben so gut wie nie krank, sondern äußerst robust und aktiv war, kam es für mich völlig überraschend, daß ich in meinem 24. Lebensjahr ganz plötzlich in eine extrem starke Müdigkeit fiel. Das war für mich ein sehr einschneidendes Erlebnis, denn bezüglich meiner persönlichen Lebenspläne mußte ich nun sehr stark zurückstecken. Über viele Jahre, später freilich nicht mehr so extrem wie am Anfang, zog sich diese Müdigkeit hin, und ich wagte nicht zu hoffen, daß ich sie jemals wieder ganz los werden und meine Aktivität noch einmal zurückerlangen würde.

Wie es zu dieser schlagartig auftretenden Müdigkeit kommen konnte, weiß ich nicht exakt zu sagen. Nicht unwesentlich war sicherlich meine Ernährung. Von gesunder Nahrung verstand ich damals recht wenig. Weitgehend lebte ich von Äpfeln, Bananen, Haferflocken, Milch und Apfelsaft. Hinzu kamen freilich noch die konventionelle Küche meiner Mutter und die Universitäts-Mensen. Auch liebte ich es, sehr viel Süßes, besonders Zucker, zu naschen.

Aus meiner heutigen Sicht messe ich meiner damaligen Ernährung mehr gesundheitsschädigende als gesunderhaltende Wirkung bei. Daran, wieviel Rohes ich damals gegessen habe, erinnere ich mich nicht mehr. Da wir aber einen Garten mit Sträuchern und Obstbäumen hatten, kam ich durchaus an Frischkost heran. Ich kann mir jedoch vorstellen, daß ich mir, außer Bananen, kaum etwas Rohes gekauft habe.

Zu der schlagartig auftretenden Müdigkeit hat wohl auch beigetragen, daß ich ein Schreibtisch-Arbeitstier war und deshalb recht wenig Bewegung hatte. Zum Glück besaß ich niemals in meinem Leben ein Auto, so daß ich sehr viele Strecken zu Fuß und mit dem Fahrrad zurücklegen mußte.

Auch zwang ich mich immer, sehr früh aufzustehen. Einen Wecker habe ich jedoch nie benötigt.

Mehr gesundheitsschädigende Verhaltensweisen kann ich mir nicht zum Vorwurf machen.

Als ich meine beiden schriftlichen Arbeiten für mein Erstes Lehrerexamen abgegeben hatte, war es von heute auf morgen aus mit mir. Ich war zuerst nicht einmal mehr in der Lage, eine einzige Buchseite zu lesen, sondern wollte nur liegen und höchstens, wenn mich jemand an der Hand führte, spazierengehen. Trotzdem konnte ich – erstaunlicherweise – mein Lehrer-Staatsexamen und anschließend sogar meine Erste Pastorenprüfung noch beenden. Ich schaffte außerdem auch mein Studienreferendariat in Hamburg und mein Vikariat in Oldenburg. In dieser Zeit fing ich auch zusätzlich noch mit der Ausbildung für das höhere Lehramt an.

Zur ärztlichen Behandlung begab ich mich nicht, weil ich mir nicht vorstellen konnte, daß mir die Medizin hätte helfen können. Ich hatte vielmehr das Gefühl, daß, wenn überhaupt, der Körper sich nur selbst heilen kann. Später konsultierte ich – gezwungenermaßen – doch zweimal Ärzte. Bei dem einen wurde mir erklärt, daß die Müdigkeit in weniger als drei Wochen vorüber sei, der andere behauptete nach vielen und teuren Untersuchungen, daß ich kerngesund sei und nur meine Wirbelsäule einige Abnutzungserscheinungen aufweise.

Weil ich verständlicherweise erst einmal meine lähmende Müdigkeit loswerden wollte und weil ich es wegen dieser Mattigkeit auch nicht verantworten konnte, meine erlernten, durchaus recht verantwortungsvollen Berufe auszuüben, entschloß ich mich, für längere Zeit ins Ausland zu gehen, um Englisch, Französisch und Spanisch zu erlernen und fremde Länder, Menschen, Kulturen und Religionen zu studieren.

Damit begann in meinem Leben eine Epoche, in der ich verhältnismäßig gesund lebte: 1. Ich bewegte mich sehr viel draußen an der frischen Luft. 2. Ich aß sehr viel Obst – weil es überall in Spanien, in Afrika und in Südamerika an den Straßen angeboten wurde und recht preiswert war, – und 3. Ich hatte Zeit, mich hinzulegen, wenn ich mich müde fühlte.

Nun passierte folgendes "Wunder". Während ich mich in Mittelamerika aufhielt, fing der Körper an, Eiter auszustoßen, zuerst aus dem Kinn und aus einem Auge, dann aber nach und nach überall: aus der Innennase, aus dem Oberkopf, aus den Fingern und ganz besonders aus dem Rücken. Ich liege wohl nicht ganz verkehrt, wenn ich schätze, daß ich in den nächsten vier Jahren etwa 50 verschiedene Eiterbeulen überall am Körper verteilt hatte. Die auf dem Rücken waren faustgroß, und die Eitereinlagerungen darin hatten etwa die Größe von Ton-Murmeln, mit denen Kinder spielen.

Oft konnte ich nächtelang nicht schlafen, weil die Furunkel so stark spannten und schmerzten. Meine beiden Mittelfinger z.B. hatten, als sich der Eiter in ihnen sammelte, einen Umfang von 12 cm.

Immer, wenn der Eiter in einer Beule zusammengetragen und ausgestoßen wurde, war die Müdigkeit verschwunden, und ich war voller Energie und Schwung. – Allmählich stellte sich aber die Schlappheit wieder ein.

Offenbar war mein Körper auf den Reisen aktiviert worden, Schlacken und Giftstoffe auszustoßen. – Wie sehr ein Fieber, das ich mir ein halbes Jahr vor dem ersten Eitererguß in Nigeria zugezogen hatte, diesen Ausscheidungsprozeß in Gang gebracht hatte, vermag ich nicht zu sagen.

Als ich nach etwa zwei Reise- und Studienjahren wieder zu Hause ankam, fühlte ich mich wesentlich wohler als vorher und war – bedingt – in der Lage, in den Schuldienst zu treten. Zu meiner großen Freude fand ich jetzt auch die Kraft, mich wieder in den Bereichen Umweltschutz und Dritte Welt zu engagieren. Unter Müdigkeit und Nervosität hatte ich jedoch noch einige weitere Jahre zu leiden, wohl weil ich noch sehr viel Gift im Körper hatte. Wenn ich jedoch genügend Ruhepausen einlegte, war es auszuhalten.

Obwohl ich nun Vorträge über den biologischen Landbau und die gesunde Ernährung organisierte, zog ich doch für mich selbst noch nicht die Konsequenzen daraus und aß weiterhin weitgehend das, was im Elternhaus auf den Tisch kam. Das wurde aber schlagartig anders, als ich bei einem von mir organisierten Seminar über Hügelbeetbau auf das Fastenbuch von Rauch "Darmreinigung" stieß. Bezüglich des Fastens wurde ich überhaupt nicht angesprochen, ich begriff jedoch, daß meine Müdigkeit etwas mit meiner Ernährung, mit meiner Verdauung und mit meinem Stoffwechsel zu tun haben müsse.

Von heute auf morgen stellte ich meine Ernährung um und bemühte mich, möglichst nur noch Rohkost aus biologischem Anbau zu essen und diese gründlich zu kauen. Ein kleines Stück Mohrrübe kaute ich 350 mal, einen Teelöffel rohes, hartes Getreide 400 mal und einen Happen Rote Beete 450 mal. Stunden benötigte ich nun für das Essen, und wenn mein Unterkiefer weh tat, hörte ich auf.

Die positiven Folgen dieser Ernährungsumstellung blieben nicht aus. Nach zwei oder drei Tagen waren die Müdigkeitserscheinungen gänzlich verschwunden, und ich spürte wieder die Energie, die ich 15 Jahre vorher, als Schüler, noch hatte. Das waren ein Erlebnis und eine Freude!

Beim Einkauf von Nahrungsmitteln aus biologischem Anbau stieß ich bald darauf in einem Naturkostladen auf das Büchlein von Werner Zimmermann: "Heilendes Fasten". Ich dachte nicht im entferntesten daran, selbst zu fasten, sondern hoffte, daß es mir Informationen darüber geben könnte, wie die Menschen zu biblischer Zeit, in den christlichen Kirchen und in anderen Kulturen und Religionen gefastet haben und fasten.

Obwohl ich als Pastor und Religionslehrer ausgebildet worden war, hatte ich doch, das muß ich zu meiner Schande eingestehen, von den verschiedenen Fastenpraktiken kaum eine Ahnung. Diesem Mangel wollte ich nun zu Leibe rücken. Das Buch schwieg jedoch über das religiöse Fasten. Statt dessen stellte es das Heilfasten vor. – Das jedoch faszinierte mich mit einem Male so, daß ich nicht anders konnte, als ab sofort 28 Tage lang zu fasten. Magische Wirkung hatte der Inhalt dieses Büchleins auf mich!

Obwohl ich mich nach der Ernährungsumstellung wieder gesund und vital fühlte, spürte ich doch, daß das Fasten meine Gesundheit noch weiter stabilisieren würde. Bei jeder Eiterbeule mußte ich ja erleben, wieviel Giftstoffe noch im Körper abgelagert waren. Nun hoffte ich, sie über das Fasten radikal ausscheiden zu können. Wenn meine Ernährungsumstellung mir schon soviel an neuer Lebensenergie gebracht hatte, wieviel mehr müßte sich meine Gesundheit erst steigern, wenn mein Körper entschlackt und gereinigt wird, dachte ich.

Besonders aber prägte meinen zukünftigen Lebensweg ein Bericht in diesem Büchlein, in dem erzählt wird, daß elf schwedische Männer 1954 in zehn Tagen einen 520 km langen Fastenmarsch von Göteborg nach Stockholm durchgeführt haben. Wegen der folgenschweren Auswirkungen dieses Textes auf mein Leben lasse ich ihn abdrucken (S. 58 - 61):

Fastenmarsch in Schweden

Am 1. August 1954 begannen elf Mitglieder der Schwedischen Vegetarischen Gesellschaft und der Waerland-Bewegung einen Fußmarsch von Göteborg nach Stockholm. Sie wollten diese Strecke von 520 km in zehn Tagen zurücklegen, ohne etwas zu sich zu nehmen außer Quellwasser. Täglich rund 50 km bei völliger Nahrungsenthaltung!

Zehn von den elf haben nach zehn Tagen genau nach Plan Stockholm erreicht, frisch und elastischen Schrittes, jubelnd begrüßt von Hunderttausenden, die am Wege auf sie warteten. Es war ein großartiger Erfolg. Die Ärzte des größten Spitals in Stockholm haben sogleich alle genau untersucht und waren erstaunt über die vorzügliche Gesundheit und Frische aller Teilnehmer.

Eine solche Tat und Leistung kann mächtige Wirkung auslösen auf die Breite eines Volkes wie auf die Wissenschaft. Sie kann Lebens- und Eßgewohnheiten bei vielen ändern helfen. Dr. Lennart Edrén hat die Gruppe angeführt. Naturheilarzt Arne Wingquist nahm daran teil. Alle Teilnehmer

wurden ärztlich auf der ganzen Strecke genau beobachtet. An mehreren Tagen regnete es in Strömen. Die Teilziele wurden dennoch unverdrossen erreicht.
Wieviel haben diese fastenden Wanderer an Gewicht verloren? Sie nahmen am Tag nicht ganz ein Kilogramm ab, soviel verzehrten sie vom eigenen Leibe. Alle wanderten in Trainings-Anzügen und Sandalen.

Die elf Teilnehmer des Schweden-Fasten-Marsches 1954

Die Tagespresse in Schweden hat diesen Fastenmarsch täglich verfolgt, zuerst mit Zurückhaltung oder gar mit Spott, dann mit ständig wachsender Begeisterung. So wurde der Einzug in Stockholm zu einem großen Triumph. Größte Blätter schrieben auf ihren Titelseiten darüber. Dagens Nyheter: »Triumphmarsch der Fastengänger.« Svenska Dagbladet: »Endspurt des Hungermarsches wurde ein Triumphzug.«

Olof Groth, der Sportchef von Svenska Dagbladet, schrieb von einer Begegnung unterwegs: »Wir wurden ein wenig nachdenklich gegenüber den munteren, freundlichen Burschen... Sie erklärten gern und taten das in einer bescheidenen und sympathischen Art. Sie gaben ohne weiteres zu, daß dies ein Experiment sei, ein Versuch. Keiner von ihnen war ein Fanatiker... Soweit wir verstehen konnten, waren die elf im Sturzregen auf der Landstraße bescheidene Menschen, imponierend in ihrer Willensstärke, überzeugt von ihrer Sache, stark in ihrem Glauben, gewillt zu entbehren, um ihre Sache vorwärtszubringen!«

Handelstidningen: »Die Wogen der Diskussion gingen hoch, bevor die Wassermänner auftauchten. Verrückte, Narren, Tore waren die Ausdrücke, die gebraucht wurden... Aber als sie angestrolcht kamen, wurde alle Skepsis in Bewunderung verwandelt. Die "Toren" wurden schnell und lustig "prima Kämpfer". Der Marsch durch Karlsborg hatte faktisch etwas von der Volksstimmung einer Königsbegrüßung an sich.«

Göteborgs-Posten: »Der Marsch (in Stockholm) ging nach Holmsgatan, die wenn möglich noch voller war als Liljeholmsbron – dreimal soviel Leute wie bei Königsfahrten, sagte einer gereizt... Der Einmarsch auf der Schanze war phantastisch.«

Dr. Ragnar Berg, Ernährungsphysiologe schreibt: »Nach meiner Ansicht war diese Leistung wirklich gut, aber in keiner Hinsicht erstaunlich. Ich habe viele Fastenversuche gesehen und kontrolliert, da sowohl zeitlich – bis zu sechs Wochen – als auch bezüglich Arbeit – 7 Stunden Laboratorium – 4 Stunden Schreibarbeit und danach Hausarbeit für zwei Personen – noch mehr verlangt wurde. (Zimmermann, S. 58 - 61, etwas gekürzt)

2. Lennart Edrén, der Vater unserer Fasten-Wander-Idee, und andere Fasten-Marschierer

Lennart Edrén, den Initiator dieses Fastenmarsches, lernte ich inzwischen dreimal persönlich kennen. Anfang 1993 schilderte er mir in einem sehr langen und ausführlichen englisch geschriebenen Brief, wie es zu dieser Tour gekommen war:

Als ich ungefähr 15 oder 16 Jahre alt war, bekam ich große Schwierigkeiten mit meiner Haut. Sowohl im Gesicht wie auch im Schulterbereich bildeten sich Eiterbeulen. Mein Vater, der Arzt für Allgemeinmedizin war, gab mir deshalb ein äußerst scharfes Messer, mit dem ich viele Jahre lang jeden Abend ungefähr 10 bis 15 Beulen öffnete. Um aus den Schultern den Eiter herauszubefördern, benötigte ich zwei Spiegel.

Später nahm mein Vater, der meine Probleme ständig beobachtete, mit Prof. James Strandberg, einem Spezialisten für Hautkrankheiten, Kontakt auf. Zuerst verschrieb dieser mir B-Vitamine, jedoch ohne Erfolg. Dann sollte ich Salben verwenden, jedoch auch ohne Erfolg. Danach bekam ich Spritzen mit Staphylokokken (traubenförmige Bakterien, Eitererreger). Diese wirkten aber auch nicht. Als nächstes bekam ich Spritzen mit Impfmitteln, die aus meinen eigenen Bakterien hergestellt worden waren. Aber trotz aller Bemühungen mit diesen Impfmitteln blieb der Erfolg doch aus. Auch die Behandlung mit Röntgenstrahlen brachte keine Ergebnisse. Danach bekam ich Lichtbehandlungen mit Kohle und Quecksilber.

Jahrelang dauerten die Experimente. Meine Hautkrankheit verschlimmerte sich jedoch nur. Hinzu kam, daß ich wiederholt hohes Fieber bekam. Mein

Vater wandte sich nun erneut an Prof. James Strandberg, der mindestens 30 meiner Beulen mit einem Thermo-Schneidegerät öffnete.

Danach setzte sich Prof. Strandberg telephonisch mit dem Hautspezialisten Prof. Schaumann in Verbindung. Am nächsten Morgen lag ich bei ihm im Krankenhaus. Eine Schwester strich mir Zinksalbe auf mein Gesicht und die Schultern und wickelte mich ein. Jeden Morgen entfernte sie dann die hart gewordene Salbe, legte mir neue auf und wickelte mich von neuem ein. Ich war im Gesicht und auf den Schultern eine einzige hautlose Wunde. – Äußerst schmerzhaft waren alle diese Prozeduren. Obwohl ich viele Wochen lang hohes Fieber hatte, überlebte ich doch glücklicherweise.

Leider verstanden diese sogenannten Spezialisten nichts von dem, was sie vorgaben. Die Versuche des ersten hatten keinen Erfolg, und der zweite hinderte mit seiner Zinksalbe sogar den Austritt des Eiters. Keiner von ihnen brachte aber meine Leiden mit meiner Ernährung in Zusammenhang, obwohl viele Journalisten von Frauenzeitschriften um derartige Zusammenhänge bereits wußten.

Zu einer Wende kam es erst 1949, also nach 15 Jahren, als meine Verlobte Solveig und ich auf die vegetarische Ernährung von Are Waerland stießen. Diese Kost besteht aus Beeren, Früchten, Gemüse, Brot, Milch, vorzugsweise Sauermilch, und Milchprodukten. Die Idee, die dahinter steht, ist die, von möglichst lebendiger Nahrung zu leben.

Schlagartig waren alle Beulen weg. Wenn ich jedoch irgendwann einmal bei Bekannten wieder die übliche Kost aß, bekam ich sofort am folgenden Tage erneut kleine Eiterbeulen. Auf diese Weise konnte ich sehr genau herausfinden, was mein Körper nicht vertrug. Das waren besonders Schokolade und einige Käsesorten.

Nun erfuhr ich auch von den Heilerfolgen des Fastens. Ich begann, mich brennend dafür zu interessieren. Bei meinen ersten sieben jeweils einwöchigen Fastenkuren bekam ich jedoch jedesmal zu Anfang wieder eine Menge kleiner Pickel. Das verwunderte mich sehr, da ich außer Wasser doch nichts zu mir nahm. Später begriff ich, daß sich z.B. vom Kakao, den ich in meiner Kindheit drei- bis viermal täglich getrunken hatte, viele winzige Partikelchen im Gewebe abgelagert hatten. Immer wenn ich fastete, wurden nun diese ins Binde- und Fettgewebe eingebundenen Schlacken frei. Über Hautpickel wurden sie dann aus dem Körper hinausgeleitet. – Nach dem siebten Fasten, bei dem offenbar die letzten unverträglichen Stoffe aus meinem Körper hinausgearbeitet worden waren, hatte ich keinerlei Hautprobleme mehr.

Es ist unglaublich und eine Schande, daß die hochgelehrten Herren Professoren nichts von den Zusammenhängen zwischen Ernährung und Hautkrankheiten wußten!

Nach meiner Ernährungsumstellung und den sieben Fastenzeiten glaubte ich nun, genügend Material an der Hand zu haben, um ihnen die Ursache meiner Eiterpickel und -beulen nennen zu können. In ihrer Eitelkeit und Überheblichkeit blickten sie aber nur verächtlich auf mich herab. Über ihre Reaktionen war ich äußerst enttäuscht.

Auf den Gedanken, das Fasten wissenschaftlich zu bearbeiten, war ich während meiner sieben Fastenzeiten nie gekommen. Es war jedoch gelegentlich vorgekommen, daß ich in Fastenkliniken über das Fasten Vorträge zu halten hatte. Dabei machte ich auch die Bekanntschaft mit Ebba Waerland, der Frau von Are Waerland, den ich schon ziemlich gut kannte. Sie hatte die Oberaufsicht über Kiholm, unserer damals bekanntesten Fastenklinik, und erzählte mir von Fällen, wo Personen in Krankenhäusern oft über Jahre hin ohne jeden Erfolg behandelt worden waren. Bei ihr dagegen wurden diese alle durch Fasten und eine Ernährungsumstellung vollständig geheilt.

Sie spürte es als ihre Aufgabe, die medizinisch Verantwortlichen über ihre wunderbaren Heilerfolge zu informieren, und schickte ihnen deshalb jedesmal einen ausführlichen Bericht zu. Sie hatte jedoch den Eindruck, daß alle Gutachten im Papierkorb landeten, denn niemals wurde ihr von den Gesundheitsbehörden eine Antwort zuteil.

Der Fehler von Ebba Waerland lag meiner Meinung nach darin, daß sie immer nur über einzelne Fälle berichtete. Hätte sie die Ärzteschaft ansprechen wollen, so hätte sie medizinisch abgesicherte Ergebnisse von wenigsten 10 Personen zusammenstellen müssen. Erst dann findet man nämlich Gehör!

Weil Ebba Waerland bei der medizinischen Wissenschaft kein Gehör gefunden hatte, überlegte ich mir nun, auf welche Weise ich dem Fasten als Heilmethode zum Erfolg verhelfen konnte. Wollte ich überzeugend nachweisen, daß man gefahrlos fasten kann, dann mußte ich, so wurde mir klar, äußerst extreme Anforderungen an sie Teilnehmer stellen. Sie nur im Bett oder beim Sitzen fasten zu lassen, das war viel zu wenig. – Bei meiner Grübelei darüber kam ich endlich auf den Gedanken, einen zehn Tage langen Fastenmarsch von Göteborg nach Stockholm, das ist eine Strecke von über 500 Kilometer, zu organisieren.

Dieser Idee war folgendes vorausgegangen: Bei meinen ersten Fastenzeiten hatte ich immer Krämpfe in die Beine bekommen, weil ich als Zahnarzt kaum Bewegung hatte, sondern ständig stehen mußte. Deshalb entschloß ich mich bei meinem siebten Fasten, jeden Tag 40 km zu gehen und anschließend noch weitere 10 km zu laufen. Als mich nun am dritten Fastentag ein Nachbar, der um meine Marschversuche während des Fastens wußte, die letzten zehn Dauerlauf-Kilometer begleitete, war er längst nicht so schnell wie ich. Jetzt war ich mir sicher: Fastenmärsche sind etwas Großartiges.

Für die Durchführung meines geplanten Fastenmarsches mußten nun drei

Voraussetzungen erfüllt werden: 1.) Ich selber mußte trotz meiner guten Marsch-Erfahrungen noch einmal ausprobieren, ob man eine so lange Strecke ohne Gefährdung für den Körper und die Gesundheit problemlos gehen kann. Das tat ich im Sommer 1953. Dabei fühlte ich mich hervorragend. 2.) Ich mußte zehn furchtlose Mitmarschierer finden. 3.) Alle Teilnehmer mußten vor und nach dem Fastenmarsch gründlich untersucht werden.

Um den Nachweis zu erbringen, daß ein 500 km langer Fastenmarsch völlig problemlos ist, waren wir auf exakte Untersuchungen vor und nach dem Marsch, durchgeführt von Fachkräften, angewiesen. Auf diese Weise konnte auch gleich festgestellt werden, welche Prozesse während des Fastens in uns ablaufen. Daß der Körper sich reinigt, das sagten sie alle. Keiner war aber bisher in der Lage, die komplizierten inneren Vorgänge genauer zu beschreiben.

Sollte unser Marsch gelingen, dachte ich, so würde das Fasten in aller Munde sein und wir würden besonders die beeindrucken, die für die Volksgesundheit verantwortlich sind. Gerade sie hätte ich ja gerne umgestimmt. Ihnen wollte ich helfen, zu verstehen, daß wir auf die meisten chemischen Präparate verzichten können. Dafür müßten wir uns freilich bemühen, möglichst natürlich zu leben. Für eine natürliche Lebensweise benötigen wir aber eine saubere Schöpfung, naturbelassene Nahrung und gesundes Wasser. Ebenso müssen wir darauf achten, daß unser Körper sauber ist. Verzichten wir auf eine dieser Grundlagen, so wird alles Leben auf dieser Erde nach und nach sterben.

Wenn wir nun also den 500 km langen Marsch von Göteborg nach Stockholm ohne jeden Schaden überstehen und die im Gesundheitswesen Verantwortlichen die Konsequenzen daraus ziehen, wird es, so folgerte ich, für die Fastenfreunde in Zukunft sicherlich wesentlich einfacher sein, eine Fastenkur in einer Gesundheitsklinik genehmigt zu bekommen. Die dortigen Bedingungen sind ja wesentlich einfacher als die auf unserem Marsch.

Leider war die Meinung jedes Arztes zu jener Zeit, daß Fasten Körperzerstörung bedeute. Drei- bis viermal täglich zu essen wurde dagegen als notwendig angesehen. Dabei mußten unsere Vorfahren vor Jahrtausenden doch immer wieder lange Fastenperioden durchmachen.

Wegen dieser Einstellung der Ärzte war es unmöglich, eine Universitätsklinik oder eine Gesundheitsbehörde für die vorgesehenen Untersuchungen zu gewinnen. Dabei wären unsere Resultate für alle Kliniken mit Naturheilverfahren von größter Bedeutung gewesen. Gerade sie hätten derartige Ergebnisse für ihre Sicherheit und ihr Ansehen in der Öffentlichkeit dringend benötigt. Es ist nämlich für die, die fasten lassen, äußerst wichtig, daß wissenschaftlich außer Frage steht, daß Fasten gefährlich ist.

In diesem Zusammenhang ist es angebracht, zu erwähnen, daß es in

Schweden einige Gegenanzeigen gibt. So ist es in diesem Land verboten, das Fasten bei Krebs, Tuberkulose, der Basedowschen Krankheit, bei Magengeschwüren, Magersucht und psychischen Krankheiten zu empfehlen.

Prof. Per-Olof Astrand, der Rektor einer für unsere Untersuchungen geeigneten Hochschulabteilung, erklärte mir kurzerhand, als ich deswegen bei ihm vorsprach, daß es unmöglich sei, meinen Versuch durchzuführen. Wir würden alle wegen zu wenig Blutzucker beim Marsch ins Koma fallen und auf der Straße liegen bleiben, ganz abgesehen von den Krämpfen in der Beinmuskulatur, die uns beim Gehen behindern würden. Darauf wies er mir die Tür.

Lennert Edrén (links) 1985 beim Marsch Hannover-Nürnberg

Auch zwei andere Ärzte wiesen mich ab. Zur Hölle schickte mich gar ein führender Herzspezialist unseres größten Krankenhauses. Daraufhin wandte ich mich an das Schwedische Ärzte-Magazin und bat um eine Anzeige. Es weigerte sich aber, mir zu helfen, einen Arzt zu finden, der an unserem Marsch interessiert sein könnte, obwohl ich versuchte, deutlich zu machen, daß sich hier eine gute Gelegenheit böte, wissenschaftliche Arbeit zu leisten. Schon wollte ich fast das gesamte Vorhaben aufgeben. Da sprang mein Vater ein, der um alle meine Anliegen wußte, und überwies uns elf Männer zu einer der Kliniken, die mich gerade abgewiesen hatte.

Nach unseren Blut-, Urin-, Stoffwechsel- und EKG-Untersuchungen fuhren wir mit einem alten Stadtbus, den ich gemietet und in dem ich für unseren Marsch Stockbetten installiert hatte, nach Göteborg.

Da es mir gelungen war, den Chefredakteur des Abendblattes (Aftonbladet) für meine Idee zu interessieren, war es mir vergönnt, daß jeden Tag auf der Titelseite über mein Experiment berichtet wurde. Alle anderen Zeitungen, selbst ausländische, zogen nach. Einige der bedeutendsten Ärztezeitungen bemühten sich dagegen, unseren Marsch schlecht zu machen und ihn zu verurteilen. Als wir jedoch heil und wohlbehalten in Stockholm einmarschierten, waren auch sie gezwungen, sich zu dem Wunder zu bekennen.

Der Einmarsch in Stockholm wurde ein gewaltiger Triumphzug. Fünf Polizeiautos mußten uns helfen, durch die begeisterte Menschenmenge, die uns empfing und »Hurrah« schrie, hindurchzukommen. Uns wurde versichert, daß sich niemals zuvor so viele Menschen in den Straßen Stockholms aufgehalten und aus den Fenstern herausgehangen hätten. Auch bei meinem Vater kamen wir vorbei, der so zum Zeugen unseres Erfolges wurde. Leider starb er zwei Monate später im Alter von 77 Jahren.

Unser Marsch wurde mit einer zweiten Untersuchung abgeschlossen, von der alle beteiligten Ärzte so beeindruckt waren, daß sie die Kosten, die ich sonst alle selber hätte zahlen müssen, auf die Hälfte senkten. Nach drei Monaten unterzogen wir uns einer dritten Untersuchung, die zeigen sollte, daß niemand von uns einen Schaden davongetragen hatte.

Besonders erfreulich war für mich, zu erfahren und zu erleben, daß durch diesen Fastenmarsch zwei Personen das Leben gerettet wurde. Sie wären wahrscheinlich beide im Winter 1954/55 in den kalten verschneiten Bergen Schwedens umgekommen, wenn sie nicht von meinem Fastenmarsch erfahren hätten. Evert Stenmark kam bei der Schneehuhnjagd in ein Gewitter und wurde von einer Schnee-Lawine begraben. Dabei brach er sich beide Beine. Acht Tage lang, bis ihn sein Bruder fand, mußte er es in dieser Eiswüste aushalten. Die andere Person war eine Frau, die sich beim Ski-Fahren in den Bergen verirrt hatte. Drei Nächte hatte sie in der Kälte unter Bäumen geschlafen. Sie hatte aber, ebenso wie Evert Stenmark, begriffen, daß das Trinken für ihr Überleben wichtig ist. Mit dem Essen von Schnee hatten sie sich zu helfen gewußt. Am vierten Tage wurde sie gefunden und in ein Krankenhaus gebracht, wo ich sie besuchte. – Selbst wenn mein Experiment vergessen worden wäre – zufrieden wäre ich doch geblieben, da ich durch meinen Fastemarsch diese beiden Personen habe retten dürfen.

Ein Grund, warum ich einen solchen Marsch erst wieder 1964 organisierte, war, daß meine Frau Solveig und ich mit unseren beiden kleinen Söhnen nach Australien gingen, wo wir zwei Jahre als Farmer tätig waren.

Die Hauptunterschiede zwischen den Märschen von 1954 und von 1964 waren: 1. Beim ersten Marsch waren wir alle reine Vegetarier, während wir beim zweiten auch Fleischesser dabei hatten. 2. Beim zweiten Marsch nahmen wir nicht nur frisches Quellwasser, sondern auch Obst- und Gemüsesäfte, Gemüsebrühe und Vitamin- und Mineraltabletten zu uns.

Vor dem zweiten Marsch wurden wir, um Vergleiche mit dem ersten anstellen zu können, in demselben Krankenhaus in genau derselben Weise wie 1954 untersucht. Dieses Mal lud uns erfreulicherweise auch P.-O.

Astrand in seine Hochschule für Athletik und Körperertüchtigung ein und ließ verschiedene Untersuchungen an den 19 Marschierern durchführen. Ebenso waren andere Test-Institute an uns interessiert. – Die Ergebnisse veröffentlichten Prof. Lars Carlsson und sein Mitarbeiter Sven Fröberg 1967 in den USA, und sie erklärten, daß derartige Untersuchungen niemals zuvor gemacht worden seien.

Beim ersten Marsch nahmen wir zwischen 8,3 kg und 13,4 kg, durchschnittlich 9,6 kg, ab. Weil wir beim zweiten Marsch täglich 200 Kalorien zu uns nahmen, war der Gewichtsverlust erwartungsgemäß weniger. Die Vegetarier nahmen im Durchschnitt nur 6,1 kg ab, die Fleischesser immerhin 8,6 kg. – Die Vegetarier nahmen also 1964 3,5 kg weniger ab als zehn Jahre zuvor. – Zu Anfang des 1964-Marsches stellten sich bei den Fleischessern wesentlich mehr Schwierigkeiten ein als bei den Vegetariern, später glich es sich jedoch aus.

Lennart Edrén entwickelte diese Fasten-Märsche und führte sie durch, weil es ihm um folgende Anliegen ging: Er wollte erstens nachweisen, daß das Fasten ungefährlich ist. Zweitens wollte er untersucht wissen, was während des Fastens in unseren Körpern vor sich geht. Und drittens wollte er die medizinische Wissenschaft zum Nachdenken anregen und ihr nahe legen, Fasten als optimale Heilungsmöglichkeit anzuerkennen und in vielen Fällen einzusetzen.

Da ihm die beiden ersten Anliegen erfolgreich gelungen waren, waren für ihn die Fasten-Märsche nicht mehr von so elementarer Bedeutung. Vielmehr bemühte er sich nun darum, Fastenartikel in Zeitschriften unterzubringen, Fastenvorträge zu halten und Fastenbetreuer auszubilden.

Ich war immer recht traurig darüber, daß sich unter Lennart Edrén die Fasten-Marsch-Idee kaum ausgebreitet hatte. Bis vor kurzem war ich aber auch fälschlicherweise wie selbstverständlich davon ausgegangen, daß er mit seinen Fasten-Märschen die gleichen Ziele verfolgt hatte wie ich. Erst jetzt verstehe ich, daß es ihm um ein ganz anderes Anliegen gegangen war. Während er nämlich das Klinikfasten fördern wollte, verstehe ich die Fasten-Wanderungen selbst als Maßnahme zur Gesunderhaltung und Heilung der Bevölkerung.

Darüber, wie seine Idee aufgegriffen und praktiziert wurde, schreibt mir Lennart Edrén 1993: »Viele Jahre später führte Dr. Karl-Otto Aly, ein Teilnehmer des 1964er Marsches, einen 350 km langen Fasten-Marsch von Stockholm zum größten und bekanntesten Gesundheitszentrum Schwedens durch, zum Tallmogarden, wo er Chefarzt ist. Danach begannen auch noch einige andere Personen mit Fastenmärschen.

Als ich glaubte, in Schweden für die Ausbreitung der Fasten-Idee genügend getan zu haben, dachte ich daran, nach Deutschland, in die USA und nach Australien zu gehen. Im August 1985 wollte ich in Deutschland beginnen, and at that very moment you contacted me. Aber gerade in diesem Augenblick hast Du Dich mit mir in Verbindung gesetzt, und wir führten den Fastenmarsch von Hannover nach Nürnberg durch, der dann in der Sendung "Na so was!" von Thomas Gottschalk der Öffentlichkeit vorgestellt wurde.«

In den USA plante Lennart Edrén zusammen mit Paavo Airola, einem Schreiber von Gesundheitsbüchern, einen Fastenmarsch von San Francisco nach Los Angeles. Bevor dieser aber durchgeführt werden konnte, starb Paavo Airola. »It was a pity! I was so near a big success with my ideas about fasting in the big country USA. But I never left my thinking about it.« (Wie schade! So nahe war ich einem großen Erfolg mit meinen Fasten-Ideen in dem mächtigen Land USA! Aber ich vergaß nie, dieses Anliegen weiter zu verfolgen.)

Endlich, im Oktober 1987, startete Lennart Edrén am Grand Canyon in den USA mit einem Fastenmarsch in Richtung Süden, bei dem er sowohl schwedische wie auch US-amerikanische Teilnehmer hatte.

Der erste Deutsche, der diese Fasten-Märsche von Lennart Edrén aufgriff und, wie auch ich, in Gesundheits-Veranstaltungen umwandelte, war der fränkische Zahnarzt Dr. Willi Berger in Sulzfeld bei Bad Kitzingen.

Angespornt durch den gleichen Bericht über die Fastenmärsche wie ich war es Willi Berger ein Anliegen geworden, Fastenwanderungen zu organisieren. Bei seinen Versuchen, andere, seiner Meinung nach für einen solchen Marsch geeignete Personen anzusprechen, bekam er jedoch lediglich abschlägige Antworten. Trotzdem entschloß er sich 1973 versuchsweise mit einer Dame und zwei Herren eine Zwei-Tage-Probe-Fasten-Wanderung durchzuführen.

Offenbar kam sein Marsch gut an, denn in seinem Brief vom 28.1.93 schreibt er mir: »Da sich für diese Idee Interesse zeigte, entschloß ich mich, alle Jahre in der Osterwoche eine Rucksack-Überland-Fastenwanderung durchzuführen.

Vor jeder Fastenwanderung setzte ich drei Testwanderungen an und achtete dabei hauptsächlich auf das Schuhwerk und die Kondition. Dann bestimmte ich, wer daheim bleiben mußte bzw. wer mitgenommen wurde. Mehr als 12-14 Personen nahmen wir nicht mit, was sich auch als gut erwiesen hat. – Ein Abbruch der Tagesmärsche war nicht gestattet. Wer die Tagesstrecke nicht schaffte, mußte mit einer Fahrkarte zu seinem Heimatort zurückfahren.

Vor zwei Jahren übergab ich die Leitung der Fastenwanderungen aus

Altersgründen (79 J.) Herrn Rolf Fischer, Am Schachen 19, 97318 Kitzingen, Tel. 09321-32714. – Inzwischen haben Herr Landrat Dr. Naser, der an verschiedenen unserer Fastenwanderungen teilgenommen hatte, und Herr Poepke ebenfalls Gruppen gebildet.«

Auf diese Fasten-Märsche bin ich in meinen Gruppen zweimal hingewiesen worden. Es war für mich jedoch nicht möglich, die Initiatoren ausfindig zu machen, bis sich Landrat Dr. Naser 1991 mit mir von sich aus in Verbindung setzte.

Da er Vorsitzender des Steigerwaldvereins wurde, kam er auf die Idee, als Attraktion Fastenwanderungen anzubieten. Auf Anhieb, weil die bayerischen Medien mitzogen, hatte er eine Gruppe von über 100 Teilnehmern zusammen. Auch schrieb er gleich ein Buch unter dem Titel "Fastenwanderungen", erhältlich im Landratsamt 97318 Kitzingen.

In diesem Zusammenhang möchte ich darauf hinweisen, daß mein Fasten-Vater, Dr. Werner Zimmermann, auch bereits ein Fasten-Wanderer war, was mir jedoch erst recht spät aufging. In seinem Büchlein "Heilendes Fasten" schreibt er: »Im Frühling 1921 machte ich meinen ersten Fastenversuch. Am 4. Tage fuhr ich mit dem Zuge nach Lugano, bestieg den San Salvatore, überschritt ihn und wanderte darauf über die Brücke von Melide Mailand zu. An diesem Tage marschierte ich 78 km und legte mich nach Mitternacht kurz vor der Stadt auf freiem Feld schlafen« (S. 55f).

Der US-Amerikaner Dr. Paul Bragg schildert in seinem Buche "Wunder des Fastens" (S. 31f), wie er in zwei Tagen nur mit Wasser in glühender Hitze (50° C) 100 km durch das Todestal (Daeth Valley) in Kalifornien zurücklegte, während die ihn begleitenden kräftigen Collegesportler, die nach Belieben essen und Salztabletten zu sich nehmen konnten, nach und nach krank wurden. »Sie waren leichenblaß, und Schwächeanfälle übermannten sie.« »Fünf von ihnen bekamen plötzlich Magenkrämpfe und fühlten sich sterbenskrank.« Die letzten beiden erreichten wohl 40 km. »Zurück blieb Urgroßvater Bragg, der sich taufrisch fühlte!« Bragg wollte mit diesem Marsch zeigen, daß trotz extrem heißen Wetters kein zusätzliches Salz benötigt wird.

Ehret, ebenfalls Fastenexperte, berichtet, daß er selbst und ein Freund nach einer zehntägigen Fastenkur 56 Stunden in einem Stück marschierten (Ehret S. 100).

Am beeindruckendsten aber ist wohl ein dreiwöchiger Fasten-Marsch von Mahatma Gandhi, den Bragg 1946 begleitete und über den er berichtet: »Um zu zeigen, daß dieser fromme und leidenschaftliche Führer ihre Last (der indischen Bevölkerung, Verf.) mit ihnen trug, plante er, die staubigen Straßen von Dorf zu Dorf zu Fuß zu bereisen... Er war zu diesem Zeitpunkt 77 Jahre alt und wirkte sehr zerbrechlich. Aber der Schein trog. Dieser Mann war die

Kraft in Person, körperlich, geistig und seelisch...

Die Reise begann bei Sonnenaufgang. Die Hitze und Schwühle waren das schlimmste, was ich jemals erfahren hatte... Aber nicht ein einziges Mal ermüdete Gandhi, und nicht ein einziges Mal stolperte er beim schnellen Ausschreiten. – Er setzte sich nur, wenn er mit der Dorfbevölkerung sprach. Gewöhnlich redete er 20 Minuten und beantwortete 20 Minuten lang Fragen... Er aß nichts und trank nur Wasser mit Zitrone und Honig.

Die Menschen, die mit Gandhi reisten, blieben vor Hitze und Erschöpfung am Wegesrande zurück. Gandhi aber war unerschöpflich... Ich habe niemals zuvor einen Menschen erlebt, der die körperliche Kraft und die grenzenlose Energie Gandhis besaß. Er wanderte und sprach bis Sonnenuntergang, bevor er sich eine Ruhepause gönnte (S. 267).«

3. Meine Demonstrations-Fasten-Märsche

Als ich den Bericht über die elf Schweden las, spürte ich, daß ich durch Fastenmärsche meine Gesundheit noch weiter stabilisieren könnte. Deshalb begann ich während meiner Fastenzeiten, Tagesmärsche von über 50 km durchzuführen, was für mich überhaupt kein Problem war. Wesentlich schwerer fiel es mir, mehrere Tage hintereinander jeweils 60 km zu marschieren. Bei diesen Gewalttouren hatte ich unter den gleichen Schmerzen zu leiden, die bedauerlicherweise immer wieder einige meiner Teilnehmer durchzustehen haben, nämlich unter Fußblasen, unter den Beschwerden beim Aufstehen nach den Pausen und unter den Anlaufschwierigkeiten.

Meine ersten Fastenmarsch-Erfahrungen legte ich in meinem Buch "Fasteaktionen-Hungermärsche" (1983) dar. Diese Schrift sollte kein Vorbereitungsbuch für Gruppen-Fastenwanderungen, wie ich sie seit 1984 durchführe, sein, sondern die Friedens- und Umweltschutzszene anregen, sich über "Hungermärsche" Gehör zu verschaffen. Mit ihnen kann man nämlich seinen Protest wunderbar zum Ausdruck bringen, gleichzeitig aber auch beeindruckend seine Bereitschaft zum Verzicht und seine Bereitwilligkeit, seine eigene Energie in Anspruch zu nehmen, vorführen. Freilich, dieses Buch ist nie in der Umweltschutz- und Friedensszene angekommen, denn ich habe nie etwas von einem Demonstrations-Fasten-Marsch gehört. Mir ist lediglich eine Fahrrad-Fasten-Demo unter dem Motto "Atomtod-Stop" bekannt geworden, die Jutta v. Ochsenstein und Volker Nick aus Mutlangen 1992 durchführten. Fastenmarsch-Demonstrationen habe bisher offenbar nur ich durchgeführt.

Die erste ging vom Niederelbegebiet nach Hannover gegen den Bau der

A 26 (Hamburg-Stade-Cuxhaven). Wegen dieser Autobahn marschierten wir später auch von Hannover nach Bonn. Beide Male fasteten aber nur Sigrid Natorp aus Buchholz/Nordheide und ich. Alle anderen trauten sich das Fasten noch nicht zu. Sowohl in Hannover wie auch in Bonn waren wir in die Verkehrsministerien eingeladen und konnten dort grundsätzliche Gespräche über die Verkehrspolitik führen. Die Ministerialräte hat offenbar diese Art des Protestes sehr stark beeindruckt, denn sie vermuteten dahinter nicht nur einen sehr starken Widerstand, sondern redeten noch Jahre später voller Hochachtung von unserer Leistung.

Demonstrations-Fasten-Marsch London - Paris 1983
»Laßt die Dritte Welt in Ruhe!«

Demonstrations-Märsche führte ich auch von Bonn nach Brüssel und von London nach Paris durch. Bei diesen Touren, die ich leider alleine machte, ging es gegen den Einsatz von Chemie in der Landwirtschaft und in der Nahrungsmittelindustrie – und gegen die Ausplünderung der Dritten Welt. – Diese beiden Wanderungen führte ich als non-stop-Märsche ohne jegliche nächtliche Unterbrechung in 2 1/2 bzw. 3 1/2 Tagen durch. Vorbereitet hatte ich mich bei meinem "Wassermarsch" gegen die Trinkwasserbohrungen in der Lüneburger Heide. Die 160 Kilometer von Hamburg nach Hannover hatte ich damals in 24 Std. zurückgelegt.

Bei allen Demonstrationsmärschen trank ich nur Wasser, weil das vollkommen reicht und weil man auf diese Weise am schnellsten weiterkommt. Wasser wird einem recht bereitwillig in jedem Hause gereicht. Nur einmal, als ich völlig ausgedürstet aus einem Moor kam, mißtraute man mir und rief die Polizei, die mich verfolgte und suchte. Ich solle "verwegen" ausgesehen haben. »Bei der Beschreibung hatte ich Sie mir aber etwas anders vorgestellt«, erklärte mir entschuldigend der Polizist und ließ mich laufen.

Die Demonstrationsmärsche haben wir erst wieder zum Golfkrieg (1991) und gegen den Krieg im ehemaligen Jugoslawien (1992) eingesetzt. 1992 führten wir einen Gruppenfastenmarsch von Bonn nach Brüssel durch, bei dem wir in beiden Städten wegen gesundheitspolitischer Maßnahmen in verschiedenen Ministerien vorsprachen.

Mein Konzept der Fastenmärsche war sofort ein anderes als das von Lennart Edrén aus Schweden. Während er es vorzog, Asphaltstraßen zu gehen, bevorzugte ich von Anfang an Wald- und Feldwege, wanderte an Flüssen entlang oder zog querfeldein. Noch 32 Jahre nach seinem ersten Marsch legte er, als er auf unserer Wanderung von Hannover nach Nürnberg mitkam, die jeweilige Tagesstrecke auf der Bundesstraße zurück, während wir anderen durch die Landschaft zogen. – Als ich dann 1990 meine erste Tour in Schweden zusammen mit ihm auf dem Sörmlandleden-Wanderweg durchführen wollte, warnte er mich eindringlich: »Da geht man bis zu den Knien im Sumpf!« – Mich beeindruckten seine Worte wenig, und stimmen taten sie auch nicht.

Zwei Ordnungen hatte ich jedoch erst einmal beibehalten, nämlich von Zentrum zu Zentrum zu marschieren und jeden Tag wenigstens 50 km zurückzulegen. So zog ich, um auf den gesundheitlichen Wert des Fasten-Wanderns aufmerksam zu machen, z.B. von Nürnberg bis München, von Stuttgart bis Frankfurt und von Frankfurt bis Köln. Da ich diese Strecken von jeweils etwa 200 km immer in 48 Stunden zurücklegen wollte, konnte ich keine Begleiter gebrauchen.

Auf den Wert des Fasten-Wanderns wollte ich auch 1986 mit meinem über 1 000 Kilometer langen Marsch von der Nordsee (Cuxhaven) bis in die Alpen (Tegernsee) aufmerksam machen. Der Marsch, auf dem mich Karl Bürk streckenweise begleitete, dauerte 15 Tage und zwei Stunden.

Diese Märsche stabilisierten zweifellos meine Gesundheit. Ich entdeckte aber auch: Wenn ich mutterseelenallein durch die Wälder streifte, stieg sehr viel aus meinem Innersten auf. Nach und nach holte mich während dieser Touren meine ganze Vergangenheit ein und konnte aufgearbeitet werden, besonders meine religiösen Fragen und Probleme. Zu Hause angekommen, war ich jedesmal ein anderer Mensch geworden, – wenn man so will, gütiger.

Ich war froh, daß ich auf diese Weise aus meiner Fremdbestimmung herauskam, mich entdeckte und zu mir selber fand. Das fand ich so schön, daß ich immer wieder solche durchaus anstrengenden Touren unternahm.

Auf den Gedanken, diese Wanderungen öffentlich als Gesundheitsvorsorge anzubieten, kam ich jedoch nie. Bis heute ist mir nicht klar, warum eigentlich nicht. Der Grund mag sein, daß mein Anliegen, diese Erde zu retten, zu stark in mir ausgeprägt war. Vielleicht hatte ich auch befürchtet, für Gesundheitsmärsche nicht genügend Interessenten zu finden. – Das änderte sich aber alles 1984.

4. Der Beginn der Gruppen-Fasten-Wanderungen

Als ich 1983 mein Buch "Fastenaktionen - Hungermärsche" an die bundesdeutschen Medien schickte, landete ein Exemplar auch beim Fernseh-Gesundheitsmagazin "Die Sprechstunde" mit Frau Dr. Schäfer-Kühnemann. Dieses Fernsehmagazin strahlte jeweils während der vorösterlichen Fastenzeit auch eine Sendung zum Thema Fasten aus. Die positiven und begeisterten Äußerungen zum Fasten in meinem Buch regten die Redaktion an, mich zu einem Fernseh-Interview einzuladen.

Um während dieser Sendung auch in Fasten-Wander-Stimmung zu sein, nahm ich mir vor, vorher in 48 Stunden die 200 km von Nürnberg bis München zu marschieren. Der Fernsehredakteur, der dieses Vorhaben weder fassen noch glauben konnte, ließ diesen Marsch filmen. Als er dann in der Fastenzeit 1984 ausgestrahlt wurde, begeisterte er eine Reihe von Zuschauern so, daß sie bei mir anfragten, ob sie nicht mitwandern dürften.

Ich war über diese Nachfrage überglücklich. Ich hatte mich in Berufen ausbilden lassen, in denen geistige Werte über den Intellekt und durch Worte vermittelt werden. Mich erfüllte aber immer schon die Überzeugung, daß sowohl das Wahrheitsbewußtsein wie auch eine höhere Moral im Menschen verborgen angelegt sind. Sie brauchen nur geweckt zu werden. Wie aber lassen sich diese uns mitgegebenen und in uns schlummernden Werte wecken? Ich konnte kaum geeignete Möglichkeiten entdecken. Jetzt aber wurde mir schlagartig klar, daß das Fastenwandern eine ganz einfache Methode dafür ist und den Menschen hilft, sich selber zu finden und sich positiv zu entfalten.

Ein dreiviertel Jahr vor dieser Sendung hatte ich meinen Beruf als Lehrer aufgegeben, weil mich unvermittelt überstark das Bewußtsein erfüllte: Entweder bleibst du in deinen alten Ordnungen und verkümmerst innerlich, oder du kündigst und wirst eine ganz große Freude erleben. Dieser inneren Stimme konnte ich mich einfach nicht entziehen, besonders da ich immer wieder den Menschen gepredigt hatte: Klammert euch nicht an eure Sicherheiten, sondern hört auf die Stimme eures Herzens.

Jetzt war ich selbst vor die große Bewährungsprobe gestellt, wußte aber nicht, was auf mich zukommen würde. Ich arbeitete deshalb erst einmal in dem Buch-Verlag "Mensch - Umwelt - Erde", den ich ein halbes Jahr vorher gegründet hatte, um einer Schwerbehinderten einen Arbeitsplatz zu beschaffen.

Auf einmal stand nun mit dem Fastenwandern eine völlig neue Aufgabe vor Angelika Schwartz, meiner Mitarbeiterin, und mir.

Über die gesamte alte Bundesrepublik verteilte ich meine ersten Veranstaltungen, denn die Fasten-Fernseh-Sendung war, außer in Nordrhein-Westfalen, überall ausgestrahlt worden. Bei diesen Veranstaltungen, die in Regensburg, im Schwarzwald, im Taunus und in der Lüneburger Heide stattfanden und nur drei bzw. vier Tage dauerten, hatten wir immer ein festes Quartier.

Angelika Schwartz und ich (1984)

Zur ersten Überlandwanderung wurde ich durch das Bayerische Fernsehen angespornt. Ich hatte den Sprechstunden-Redakteuren nämlich erzählt, daß ich schon mehrfach versucht hatte, Gesundheitsverbände wie die Vegetarier und den Waerlandbund dazu anzuregen, auch einmal einen solchen Marsch wie den damals in Schweden durchzuführen. Aber ich war immer auf Ängste und Ablehnung gestoßen. Der Kneipp-Verband Niedersachsen teilte mir sogar schriftlich mit, daß er das Fastenwandern für gesundheitsschädlich halte.

Als ich von diesen Versuchen berichtete, kamen die Fernsehredakteure auf den Gedanken, im nächsten Jahr während der Fastenzeit eine Gruppenfastenwanderung auszustrahlen.

Immer wieder zeigte das Fernsehen Interesse

Gerne hätten sie es gesehen, wenn diese wie wir dachten erste Gruppen-Überland-Fasten-Wanderung auf deutschem Boden durch ihr gesamtes Sendegebiet gegangen wäre, nämlich von München über Stuttgart nach Frankfurt, Hannover und Hamburg. Für eine solche Mammut-Tour fühlte ich mich aber körperlich überfordert. Auch hätte ich sie damals niemandem zumuten mögen. Deshalb einigten wir uns auf die Strecke Nürnberg – Hannover, die etwa der Länge des Schwedenmarsches entsprach.

Als es dann aber in wenigen Wochen losgehen sollte, bekam es das Fernsehteam doch mit der Angst zu tun und erklärte mir: »Christoph, wir können es uns nicht leisten, daß nur einer ankommt, nämlich du. Wollen wir aus dem Filmmaterial eine Sendung schneiden, so müssen alle ankommen. Außerdem sollte die Wanderung ärztlich betreut werden. Wir als Gesundheitsmagazin müssen uns medizinisch ein wenig absichern. Wir haben uns mit Dr. Buchinger in Bad Pyrmont in Verbindung gesetzt. Er ist bereit, die Schirmherrschaft über diesen Marsch zu übernehmen.«

Später kam Friedel Grund, mit dem ich die Verhandlungen führte, auf die Idee, die Tour ins Weserbergland nach Bad Pyrmont in die Buchinger-Klinik gehen zu lassen, und er ergänzte eine Woche später: »Wie wäre es, wenn die Wanderung in deinem Heimatort Horneburg losginge! Schließlich stammt die Idee der Fasten-Wanderungen doch von dir.« – Ich hatte durch die Verlegung natürlich neue Mehrarbeit. Aber auch von mir wurde diese um etwa die Hälfte gekürzte Strecke als große Erleichterung empfunden.

Diese Tour, eine historische Wanderung, führte durch die flache Altländer Elbe-Marsch, durch die bewaldete Endmoränenlandschaft Harburger Berge, durch die Lüneburger Heide, durch Geest- und Moorgebiete, vorbei am Steinhuder Meer – und endlich hinein in das Weserbergland, in dem Bad Pyrmont liegt. 27 Personen waren wir, was ich als ein Geschenk des Himmels empfand, denn so viele Personen hatte ich vorher nie in meinen Gruppen gehabt. Viele von ihnen hatten sich sogar für die 550 km von Nürnberg nach Hannover angemeldet, die in 10 Tagen zurückgelegt werden sollten.

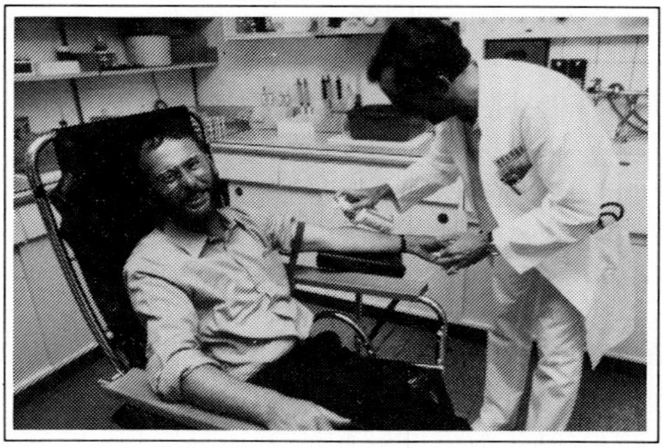
Karl Bürk wird vor dem Marsch von Dr. A. Buchinger untersucht

Erfreulich war, daß die 270 km von Horneburg bis Bad Pyrmont von allen Teilnehmern in sieben Tagen geschafft wurden und niemand vorzeitig aufzuhören brauchte. Freilich gab es einige unter den Mitwanderern, denen die manchmal fast 40 Tageskilometer zu viel wurden und die deshalb schon am frühen Nachmittag ausstiegen. Für mich waren aber trotzdem alle Pioniere, denn sie wußten die Belastungen der Tour stolz zu ertragen. Unsere Pension in der Heide hatte z.B. nur zwölf Betten. Wer in diesen nicht unterkam, ging ganz selbstverständlich ins Stroh. Im Allertal standen überhaupt keine Betten zur Verfügung, und wir mußten uns alle in einer Scheune aufs Stroh legen.

6 Uhr früh - Abschied der Fastenwanderer durch den Ahlerstedter GV

Den Gepäcktransport hatte Karl Bürk vom Bodensee, der bereits im Schwarzwald bei der ersten Veranstaltung dabei war, mit seinem Firmen-Fahrzeug übernommen. Erfreulicherweise kümmerten er und seine Frau

Hildegard sich in den nächsten Jahren bei den Überlandwanderungen immer wieder um den Gepäcktransport. Recht bald fingen sie dann aber an, selber Fastenwanderungen im Schwarzwald, im Bodenseegebiet und in Südtirol anzubieten.

Auf dieser ersten Überlandwanderung lernte ich auch Anna Preisler kennen, die jetzt alle Touren mitmacht und hauptsächlich für die Getränkeversorgung zuständig ist. Im Grunde ist sie aber die Seele jeder Veranstaltung.

Unser Strohlager im Allertal

Eine besondere Überraschung war für mich, nach der Öffnung der innerdeutschen Grenze während einer Fastenwanderung im Schwarzwald von einer Frau aus dem Erzgebirge zu erfahren: »Ich hatte damals im Fernsehen diese Sendung gesehen und einige Freundinnen angespornt, mit mir zusammen in der Sächsischen Schweiz eine ähnliche Tour zu unternehmen.«

5. Die Verschiedenartigkeit der Anbieter

An dieser Überlandwanderung von Horneburg nach Bad Pyrmont nahm eine Mitarbeiterin der schweizer Gesundheitszeitung "Sonnseitig leben" teil. Von dieser Illustrierten wurden dann bereits im nächsten Jahre verschiedene Fastenwanderungen angeboten – freilich dreimal so teuer wie bei mir.

Da die schweizer Anbieter über ihre Zeitschrift die Leserschaft zu mobilisieren verstanden, hatten sie sehr bald größere Gruppen als ich. Zu ihrer ersten Fastenwanderung hatten sie als Referenten den 1993 verstorbenen Naturheilarzt Dr. H. G. Schmidt aus Bad Wörishofen eingeladen, der von dieser Idee begeistert war und trotz seines Alters den Mut hatte, zusammen mit seiner Frau auf der Schwäbischen Alb, im Schwarzwald und in Israel ebenfalls – und zwar sehr erfolgreich – Fastenwanderungen durchzuführen.

Nach und nach waren auch weitere Personen bereit, Fastenwanderungen anzubieten, besonders Heilpraktiker und Heilpraktikerinnen. – Es dauerte auch nicht lange, und diese Idee wurde nach Südtirol, Luxemburg, Österreich und Frankreich mitgenommen. 1994 hatten wir bereits über vierzig verschiedene Fasten-Wander-Anbieter.

Freilich, manche, die sich vorgenommen hatten, derartige Touren durchzuführen, überschätzten sich selber bzw. die Bereitschaft der Interessierten. Die Norwegentour z. B., die für mich immer noch eine der schwierigsten ist, sollte bereits vor fünf Jahren für einen Managertrainer das Einstiegsangebot werden. Er selbst war von meiner Norwegen-Wanderung, die er mitgemacht hatte, so begeistert, daß er sie sofort seinen Managern empfahl und den Eindruck hatte, jeder wollte mitkommen. Wie verwundert war er, als sich kaum jemand anmeldete, als er zur Kasse bat.

Ein anderer, der das Fasten-Wandern hauptberuflich durchführen wollte, bot gleich im ersten Jahr noch mehr Veranstaltungen an als ich. All mein Reden mit Engelszungen, die Angebote um die Hälfte zu reduzieren, nützte nichts. Als jedoch recht wenig Anfragen kamen, sagte er etwa der Hälfte der Unterkünfte wieder ab. – Die eigene Euphorie läßt manche nicht mehr ahnen, wie schwer den meisten der Schritt zum Fastenwandern fällt.

Es gibt jedoch auch manche, die über das Fastenwandern schneller zu Geld kommen möchten, denn sie haben den Eindruck, diese Art von Aktivurlaub liegt im Zeittrend. Sie machen sich jedoch keine Vorstellung davon, mit wieviel persönlichem Einsatz und mit wieviel Arbeit das Durchführen dieser Touren verbunden ist. Wieviele haben mir schon erklärt: »Christoph, ich mache es doch nicht. Es ist mir einfach zu anstrengend.«

Einer, der seine begeisterte Mutter erlebt hatte, nahm sich vor, auch derartige Veranstaltungen anzubieten. Ich wollte ihn auf einige Touren kostenlos mitnehmen, damit er sich einarbeiten konnte. Nach zwei Tagen war er jedoch spurlos verschwunden und hat nie wieder etwas von sich hören lassen.

Am meisten erschüttert war ich jedoch, als ich erfuhr, daß jemand über Anzeigen die Öffentlichkeit zum problemlosen Abnehmen eingeladen, den Teilnehmern aber nicht verraten hatte, was auf sie zukommt. In dem Hotel, das er für die Interessierten gemietet hatte, stellte er lediglich genügend Wasserflaschen bereit und erklärte den Erwartungsvollen dann: »Für die Wanderungen habe ich verschiedene Touren vorbereitet. Die einfachste habe ich blau, die mittelschwere gelb und die schwierigste rot markiert. Je nach Kondition sucht euch die geeignete aus. Das Fastenwandern wird euch zu einer super Figur verhelfen.«

Mit diesen Worten verließ er das Hotel und überließ die Teilnehmer sich selber. Was das für Aggressionen und Wut auslöste, kann man sich vorstellen. Mir gegenüber bekannte er später: »Nee, Christoph, die Mühe, die du dir machst, werde ich mir nie machen.« – Ich hoffe nur, daß er von seinen gescheit ausgeklügelten Plänen Abstand genommen hat.

Am liebsten würde ich jetzt über einige Anbieter etwas erzählen und sie empfehlen. Das könnte aber die, die ich nicht erwähne, unzufrieden stimmen. Deshalb erscheint es mir angebrachter, darauf hinzuweisen, daß jeder von ihnen entsprechend seinem Werdegang, seiner Lebenseinstellung, seinen Fähigkeiten, seiner Ausbildung und seiner Kondition auch seine Fasten-Wanderungen durchführt.

Gewisse Zielvorstellungen und Absichten der Anbieter lassen sich ihren Ausschreibungen entnehmen oder aus ihren Angeboten schließen. Man muß sich nur Gedanken machen. Da gibt es welche, die bieten Ein- und Zweibettzimmer an. Andere ziehen Gruppenunterkünfte wie Naturfreundehäuser und Berghütten vor. Einige muten ihren Teilnehmern sogar Zelte zu.

Die einen begnügen sich mit längeren Spaziergängen, andere wandern 20 bis 30 und mehr Kilometer täglich. Die einen bevorzugen breite, leicht begehbare Wanderwege, andere Jägerpfade oder sogar unwegsames Gelände. Die einen begrenzen ihre Gruppen auf 15 bis 20 Personen oder haben sowieso nur wenige Teilnehmer, andere nehmen über 100 Leute mit.

Die einen bieten Tees aus frisch gepflückten Kräutern wie z. B. Anna an, die anderen kaufen Tütentee. Die einen bereiten für den Abend eine Gemüsebrühe vor, die anderen versorgen ihre Teilnehmer lieber mit verdünnten Säften. Die einen pressen den Obst- und Gemüsesaft frisch, die anderen kaufen den haltbar gemachten in Flaschen.

Die einen machen alles allein, die anderen bringen Hilfspersonen mit oder überlassen die Getränkeversorgung den Teilnehmern oder dem Hotel. Die einen machen diese Arbeit hauptberuflich, die anderen nutzen für derartige Angeboten ihren Urlaub. Die einen Gruppen werden von Frauen, die anderen von Männern geleitet. Bei manchen steht das körperlich-gesundheitliche Element im Vordergrund, bei anderen das meditativ-religiöse. Die einen Anbieter sind lustig, die anderen ernst, die einen öffnen sich den Teilnehmern, die anderen dagegen mögen verschlossen sein.

Diese Verschiedenartigkeit der Angebote finde ich großartig. So ist für jeden Wunsch gesorgt. Die Menschen unserer Gesellschaft sind ja nun einmal unterschiedlich und haben die verschiedensten Erwartungen und Ansprüche. Sie alle möchten wir ja erreichen, auch die Kranken, Suchtabhängigen und Behinderten. Unser sehnlichster Wunsch ist es, daß sie alle wieder gesund, harmonisch, lebensfroh und voller Vertrauen zu sich selbst, zu den Mitmenschen, zur Erde, zum Leben und zum Schöpfer werden. Die breite Palette an Angeboten ist deshalb sehr zu begrüßen. – Bei unserer Personalknappheit ist es freilich schwierig, für alle Interessen Spezialprogamme zu entwickeln und anzubieten.

Manchem mag die Art, wie der eine oder andere diese Veranstaltungen durchführt, zu anstrengend erscheinen. Vielleicht hat er auch den Eindruck, daß er mit gewissen Anbietern nicht auf der gleichen Wellenlänge liegt. Es ist deshalb angebracht, vor dem Buchen sich gründlich zu überlegen, zu welchem Veranstalter man geht. Wir haben leider noch keine gemeinsamen ausführlichen Veranstaltungsprospekte und noch kein gemeinsames Büro. Man muß sich deshalb mit jedem Anbieter direkt in Verbindung setzen und sich von ihm seine Unterlagen schicken lassen. Vielleicht findet man einen, der genau das anbietet, was man gerade sucht. Es dürfte nämlich unbefriedigend sein, auf einmal in einer Gegend, einem Haus, einer Gruppe oder bei einem Anbieter zu landen, wo es einem absolut nicht gefällt.

Passiert das jedoch, so sollte man – meine ich – seine Erwartungen zurückstellen und sich in das Gruppengeschehen fallen lassen. Alles hat seine positiven Seiten und Vorteile. Manchmal erlebe ich, daß Personen gleich am ersten Tag abreisen, weil ihnen irgend etwas nicht gefällt. Wie traurig bin ich, weil mir bewußt wird, auf wieviel Wunderschönes sie verzichten. Hättet ihr einen oder zwei Tage gewartet, denke ich, hättet ihr wahrscheinlich das, was euch abstieß, nicht mehr als Problem empfunden. – Wenn also jemand zuerst enttäuscht und unzufrieden ist, sollte er sich dennoch vertrauensvoll in die jeweilige Veranstaltung fallen lassen. Auf diese Weise holt er gewöhnlich für sich das beste heraus und belastet nicht unnötig die anderen Teilnehmer und die Verantwortlichen.

Bereits vor der Öffnung der Grenze machten wir unsere erste Fasten-Überland-Wanderung im Thüringer Wald mit Teilnehmern aus Ost und West

KAPITEL VI

DIE REAKTIONEN DER TEILNEHMER

1. Am Starnberger See

Wir fasten und wir wandern
von einem Ort zum andern.
Uns sind die Mühen nicht zu viel,
denn Selbstbesinnung ist das Ziel.

Das fing schon an am ersten Abend,
als wir – durch dunkle Wälder trabend –
auf einer Wiese uns befanden
und singend dort im Mondlicht standen.

Der Christoph weckt dazu den Mut –
Wir spüren – uns tut das sehr gut.
Es ist das Beste dieser Erde,
sich anzuschließen seiner Herde.

Die Sonne scheint, der Himmel lacht,
zum Buchsee werden wir gebracht.
Dort machen wir erst einmal Rast.
Doch dann entkleiden sich voll Hast
drei Menschen, die ins Wasser gehn –
Sie tun's – es ist wohl kein Versehn –
entkleidet und so gänzlich ohne
und kümmern sich auch nicht die Bohne,
daß alles dies nicht statthaft sei –
Da sind die Fasten-Wandrer frei.

Am Mittwoch kommt zu uns Herr Heiß,
der alles über Pflanzen weiß.

Erläuternd geht er mit uns mit.
Gemäßigter ist nun der Schritt.
Wildkräuter, das sei Heil-Arznei,
die uns macht von der Krankheit frei. –
Wer macht jedoch davon Gebrauch?
Man stopft sich Süßes in den Bauch!

Wir lagern uns am Waldesrand.
Die Müdigkeit uns übermannt.
Dann geht es weiter durch die Schlucht
nach Starnberg, wo ein Schiff man sucht.
Das bringt uns wohlgelaunt nach Haus.
Welch Glück! Jetzt kommt der Abendschmaus:
Ein magres Süppchen, etwas Tee,
bereitet von der Küchenfee.
Dies weckt in uns die Lebensfreude.
Lichtbilder sind das letzte heute.

Früh nach dem dünnen Morgenschmaus
verlassen wir das Buch-Ried-Haus
und fahren zu den Oster-Seen.
Der Himmel ist nicht mehr so schön.
An einer Eiche wird gerastet. –
Sie freut sich, wenn der Mensch mal fastet!

Nach Mörlbach ging es tags darauf.
Das Gotik-Kirchlein schloß man auf
und fand in seiner Stille Ruh –
Dann ging's nach Haus, weil naß die Schuh.

Heut warn wir in den Isar-Aun.
Wildwasser gab es zu bestaun.
In Schäftlarn wurde eingekehrt –
Ein Apfel wurde uns beschert.

Das Fastenbrechen ist erhebend:
Salat schmeckt abends so belebend!

Wir schütteln, Christoph, dir die Hände.
Wie schön, wenn alle Welt dich fände!

Irene Lang, 1.10.88

Unerwartet standen wir mitten im Walde vor einem kleinen Kirchlein

2. Ein merkwürdiges Erlebnis von drei ungläubigen Spontis

Wer akzeptiert, daß Eitelkeit
ist auch ein Wesenszug,
der wird vielleicht einmal gescheit
und hat von sich genug.

Auf einmal fängt man an zu hasten,
meint, hier und jetzt, da ist es Zeit,
ich muß mich endlich vorwärts tasten,
muß suchen meine Einigkeit.

Die Geist- und Körper-Harmonie,
wie kann ich sie in mir entfalten?
Mein Gleichgewicht – wie schaff ich's, wie,
es neu zu finden, zu erhalten?

Entscheidung, sie ist nun getroffen:
Das Fasten-Wandern, das macht neu!
Der Mut läßt uns begeistert hoffen:
Wir kommen weiter – trotz der Scheu.

Wir haben dies sehr schnell erkannt
und folgten nun dem guten Stern –
In Christophs Fasten-Wunder-Land,
man mag sich selbst auf einmal gern.

Dort herrscht ein Geist, der völlig neu,
abseits von Pseudo-Novität. –
Es trennt sich Weizen schnell von Spreu,
für Selbstbetrug ist's hier zu spät.

Auch wenn der Kompaß mal rotierte,
die Suppe dünn – der Regen dick. –
Ein jeder täglich neu verspürte:
Mir öffnet sich ein neuer Blick.

Fazit:

Die Fastentour hat uns gezeiget
den Weg zu tiefrem Lebenssinn.
Wir sind jetzt allesamt geneiget
Verzicht zu sehen als Gewinn.

Um das Erlebte zu begreifen,
bedarf es Zeit – doch grad heraus
ein absolutes Dankeszeichen
von *Harry*, *Lotha*r und dem *Klaus*

Klaus Puchmüller, Venedig, 15 10.88

3. Fasten-Wandern, das ist lustig

Fasten-Wandern, das ist lustig,
Fasten-Wandern, das ist schön.
Doch es muß von Köln erst einmal
mit dem Bus nach England gehn.

Warum denn so schnell zur Küste,
wenn es Umwege auch gibt.
Und so fährt erst unser Fahrer
nach Paris, das er so liebt.

Auf dem Wege in das Dartmoor
sind die Straßen ziemlich eng.
Und in einer Hohl-Weg-Kurve
macht es dann auf einmal "peng".

Felsen, Täler, Ströme, Sümpfe,
alles ist hier wunderschön.
Doch wir könn'n vor lauter Nebel
nicht einmal den Christoph sehn.

Dann sind wir in Wales am Meere,
und der Strand ist ewig–lang.
Doch bergauf zu Wasserfällen
wird der armen Seel' auch bang.

Denn da gehn wir meistens Wege,
die Morast und Dschungel sind.
Diese kann nur überleben,
wer ein Gottes-Gnaden-Kind.

Auch besteigen wir den Snowdon,
und der Blick – phantastisch weit!
Doch im Tale angekommen,
sind wir auf der falschen Seit.

Ja, ganz England ist voll Schafe,
ebenso wie unser Haus.
Christoph, der braucht nur zu pfeifen,
und wir rennen alle raus.

Trotz des Chaos ist es himmlisch –
Alles wird am Ende gut!
Denn ein Größrer trägt die Gruppe
und hält sie in seiner Hut.

Lieber Christoph, mach so weiter,
denn bei dir, da ist es schön.
Ja, es wird nicht lange dauern,
und du wirst uns wieder sehn.

Toni Winter, Christoph Jakob, Wales, 31.07.92

Auch Stonehenge ist wiederholt Ziel unserer Englandfahrten

4. Weihnachts-Fasten-Wandern 1991/92 im Harz

Meine innere Spannung ist groß, obwohl ich nun schon das dritte Mal mit Christoph und Anna faste. Unser Wiedersehen ist sehr herzlich. In der Obhut der beiden fühle ich mich total geborgen, so, als sei ich nach Hause gekommen. - Richtig heimelig wird es dann bei unserem Umtrunk im Aufenthaltsraum des Schullandheimes Sonnenberg, denn wir singen dabei Weihnachtslieder, zu denen uns Gesa auf der Gitarre begleitet.

Bei dem Vorstellungsgespräch möchte Christoph genau wissen, aus welchen Gründen die einzelnen kommen. Die meisten von uns möchten dem überreichen Konsumangebot der Weihnachtstage entfliehen. Alleine schaffen dies die meisten, wie z.B. auch ich selbst, nämlich nicht.

Am 23. Dezember starten wir unsere erste Tageswanderung. Vom Großen Sonnenberg soll es nach Braunlage gehen. Ich bin wieder bei den letzten, da ich anfangs noch mein Übergewicht mit mir herumschleppe. Aber ich weiß aus Erfahrung, daß ich mit jedem Wandertag 500 g leichter werde.

Von Braunlage fahren wir im Stockfinstern mit dem Bus zurück. Ich bin sehr stolz auf mich und darauf, allen guten Düften der Weihnachtsschlemmerei widerstanden zu haben. Im Heim angekommen, bringt eine warme Dusche meine Lebensgeister sofort zurück.

Am Abend treffen sich alle im Gruppenraum. Nach dem Singen berichtet jeder über seinen Einstieg ins Fasten. Es entwickeln sich interessante Diskussionen, bei denen Altfaster ihre Erfahrungen an Neulinge weitergeben.

Am Heiligen Abend geht es nach St. Andreasberg. Hin und wieder findet eine kleine Pause statt, in der die gut Konditionierten auf die etwas Schwächeren warten. Diese Zeit wird mit einem Löffelchen Honig versüßt. Danach führt uns Christoph aber gleich in zügigem Tempo weiter, entlang an rauschenden Gebirgsbächen. Welch ein Balsam für meine so geschädigten Nerven! Hier am Ursprung der Natur fühle ich mich im Kreise Gleichgesinnter unbeschreiblich glücklich. – Gegen 17 Uhr erreichen wir St. Andreasberg. Erschöpft, aber dankbar lassen wir uns in die Bänke der ev. Kirche sinken. Halleluja, wir haben es geschafft.

In unserem geschmückten Gruppenraum finden sich dann am Abend alle wieder ein. Im sanften Schein der Kerzenlichter gibt es noch so manche nette Überraschung – bis endlich der Heilige Abend mit gemeinsamen Liedern und einem Augenblick der Stille und Besinnung ausklingt.

Die Feiertage gehen dahin ohne Gelüste auf Eßbares. Fasten belebt, und jedes Organ darf sich erholen und regenerieren. Augen und Sinne werden schärfer. Man gewinnt Abstand von den alltäglichen Dingen.

Für mich ist jeder Tag ein wunderbares Geschenk Gottes. Nach zwei Krebsoperationen kann ich wieder solche Leistungen vollbringen! Sehr erholsam finde ich die Meditationen. Christoph versteht es vorzüglich, alles Gesehene und Erlebte noch einmal an uns vorbeiziehen zu lassen, damit wir es verinnerlichen.

Am 29.12. machen wir die Brockenwanderung. Sehr zeitig stapfen wir morgens los. In erwartungsvoller Stille genießen wir den Sonnenaufgang hinter dem Tannenwald. Einfach zauberhaft.

Behutsam gehen wir auf schmalen Pfaden im Gänsemarsch. An seltsam geformten Gesteinsklippen vorbeiziehend, ersteigen wir die oberen Regionen des erhabenen Brockens. Bei strahlendem Sonnenschein kommen wir der Radarstation immer näher. Ich kann es nicht fassen, daß wir frei und ohne Grenzpatrouille hier in dieser grandiosen Winterlandschaft des Hochharzes wandern dürfen. Die Wiedervereinigung von Ost und West wird mir hier vor Ort so richtig bewußt.

Oben angekommen, genießen wir den phantastischen Rundblick. Die Sonne läßt die verschneiten Berge und die sterbenden Wälder gnädig erscheinen. Ich sehe lauter Schneekristalle funkeln. An den Gräsern und Zweigen haben sich wundervolle filigranartige Muster gebildet. Ja, von diesem Wintermärchen kann man lange zehren! Meine Freundin Ingeborg und ich, wir nehmen uns in die Arme, we are happy.

So merken wir vor lauter Freude gar nicht die gefährliche Glätte. – Nach einer gewissen Zeit trennen sich vier erschöpfte Fastenwanderer von der Gruppe und marschieren auf dem direkten Wege nach Schierke zur Bahnstation. Ich bin auch unter ihnen. Die Straßen sind total vereist und spiegelglatt. Wir laufen streckenweise auf Socken, welche wir uns über die Schuhe ziehen.

Gott Lob und Dank erreichen wir pünktlich am Bahnhof Schierke die Harzbahn, welche uns nach Wernigerode bringt, wohin die anderen durch die beeindruckende gewaltige Steinerne Rinne zu Fuß gehen. Geimeinsam hören wir daraufhin in der Stiftskirche St. Sylvestri das mitreißende Weihnachtsoratorium von Johann Sebastian Bach, Kantaten 4 - 6.

Auch am letzten Tag lenkt Christoph unsere Schritte sicher über Harzer Höhen und durch windgeschützte Täler. Vorbei an Stauseen und Wasserfällen geht es nun zu der berühmten Stabholzkirche in Hahnenklee. Die Pastorin und die Festgemeinde empfangen uns liebevoll. Wir sind froh, mal wieder sitzen zu dürfen. - Zu Fuß, nur mit Tee im Rucksack, geht es weiter am Granestausee entlang in die alte Kaiserstadt Goslar, wo wir uns die stattliche Kaiserpfalz, die alten, größtenteils erhaltenen Stadtbefestigungen, die mittelalterlichen Kirchen und die malerischen Fachwerkhäuser ansehen.

Diese Fasten-Wander-Freizeit war wieder eine Reise ins Jungbrunnenreich. Ich bin insgesamt sieben Kilo leichter geworden. An Leib und Seele durfte ich mich regenerieren. – *Inge Sturhahn*

5. Ich bin froh, daß ich mitgekommen bin

Lieber Herr Michl, bitte streichen Sie mich in Ihrer Kartei. Ich bin an Fasten-Wanderungen nicht interessiert. In meinem Leben habe ich genügend gehungert und danke Gott, daß ich jetzt täglich zu essen habe. – Wenn ich eine Grippe oder sonst etwas habe, faste ich immer, weil mein Körper das verlangt. – Frau *G. B.*, 24. 10. 88

Soeben habe ich Ihre Broschüre über Fastenwanderungen erhalten. – Ich lasse sofort alle meine Urlaubspläne fallen und wandere mit Ihnen!

Was Sie da in eigener Regie machen, finde ich wunderbar. Nach so etwas habe ich schon lange gesucht. Bisher habe ich immer still im eigenen Kämmerlein gefastet. Ich möchte es aber auch gerne einmal mit anderen Menschen zusammen machen. Frau *I. M.*, Ravensburg, 4. 5. 88

Ich muß Dir unbedingt mitteilen, wie gut mir die Fastenwanderwoche gefallen hat und wie froh ich darüber bin, daß ich mich so spontan angemeldet habe. Alle meine Erwartungen wurden erfüllt: die wunderbare, vielgestaltige Landschaft, das Laufen, und die vielen interessanten Menschen, die ich dabei kennenlernen durfte.

Nie hätte ich gedacht, daß mir Fasten so gut wie nichts ausmacht. Es stimmt, daß man sogar leistungsfähiger wird. Ich habe mich jedenfalls glänzend gefühlt. Wenn man einmal k. o. war, wußte man, wovon, und war gleichtzeitig stolz auf sich und die Leistung, die man vollbracht hatte.
Frau *R. J.*, Frankfurt/O., 5. 11. 90

Lieber Christoph, es ist mir ein besonderes Anliegen, Dir einmal auch schriftlich zu danken. Diese Art von Feriengestaltung gefällt mir sehr: Ich treffe auf interessante Menschen. Die Bewegung in landschaftlich reizvoller Gegend tut gut. Und durch Vorträge und Diskussionen kommt auch die geistige Dimension nicht zu kurz. – Frau *U. W.*, Sylt, 8. 11. 89

Trotz einiger Fastenerfahrung war es neu für mich, während des Fastens täglich viele Kilometer zu laufen und mich trotzdem abends relativ fit zu fühlen. Die Natur und die Gespräche mit den anderen, beides tat meiner Seele besonders gut. – Frau *B. W.*, Berlin

Ich kann mir, seit ich in diesem Jahre im Sauerland und im Teutoburger Wald zum ersten Male dabei war, keine bessere Art und Weise vorstellen, um vom gewöhnlichen Leben "wegzutauchen." – Frau *A. E.*, Fürth

Ich habe mich in keinem bisher erlebten Urlaub so wohl gefühlt und gut erholt wie bei der Fastenwanderung im Altmühltal. – Frau *K. S.*, Kelkheim, 29. 9. 88

Lieber Christoph! Wie positiv sich die zwei Wochen im Oktober in Treuchtlingen ausgewirkt haben, spürte ich erst, als ich wieder in München im Alltagsstreß war. Ich bin sehr froh, daß ich das Fastenwandern entdeckt habe, und finde die Art, wie Du es machst, sehr gut. – Frau *H. W.*, München

Die erlebnisreichen Tage an der Nordsee liegen jetzt schon einen Monat zurück, doch spüre ich ihre positiven Nachwirkungen noch immer.

Die Erfahrung, daß ich fasten und verzichten kann, ohne daß meine Lebensqualität darunter leidet, hat für mich neue Dimensionen eröffnet und wird künftige wichtige Entscheidungen sicherlich beeinflussen. Auch in meiner Ernährung werden ab jetzt Naturbelassenheit und Fleischlosigkeit eine größere Rolle spielen. – Frau *E. E.*, Gröbenzell, 15. 8. 88

Als Busfahrerin (56 Jahre) stehe ich das ganze Jahr über unter Dauerstreß - physisch und psychisch. Nach der Sommersaison war ich Jahr für Jahr total erschöpft. Meine erste Fasten-Wanderung machte ich in der Karwoche bis zum 1. Ostertag. Zum einen war diese Woche schon symbolisch eine wunderbare Sache. Noch nie habe ich mich Ostern so toll gefühlt. Zum anderen hat mir das Wandern in einer Gruppe Gleichgesinnter mit den vielen guten Gesprächen sehr viel bedeutet. Es lenkt auch ab von den anfänglichen körperlichen Schwierigkeiten, die man hat. Drittens lernte ich die schönen Landschaften, durch die wir zogen, kennen. Da macht auch ein Regentag nichts aus, er kann die euphorische Stimmung nicht trüben.
Mir haben die einzelnen Tageswanderungen unendlich viel Kräfte gegeben. Als ich nach Hause fuhr, fühlte ich mich als ein neuer Mensch, wie neu geboren. Jedem kann ich eine solche Kur nur empfehlen.
Frau *A. K.*, Ostenfelde, 1. 12. 92

6. Ich hatte Angst

Lieber Herr Michl! Ich möchte bei Ihnen gerne eine Fastenwanderung mitmachen, habe aber zwei kleine Problem. Erstens: Ich habe Schwierigkeiten mit meiner Haut. Man nennt diese Krankheit Neurodermitis. Ich leide ziemlich unter ihr, denn es juckt, besonders nachts, sehr stark. Dann: Ich bin 29 Jahre alt. Mit dem Wandern hätte ich keine Probleme. Aber die Vorstellung, ich kriege nichts "Richtiges" mehr zu essen, macht mir echt Angst. – Ob Sie mir sagen können, ob ich trotz Neurodermitis und trotz der Ängste bei einer Wanderung doch einfach mit gehen sollte? – Herr *F. K.*, 30. 6. 89

Es ist mir ein tiefes Bedürfnis, Dir herzlich für die unvergeßlichen Tage mit den so erlebnisreichen Wanderungen zu danken. Nur weil wir Angst hatten und etwas mißtrauisch allem "Westlichen" gegenüber waren, kamen wir verspätet zu Euch und haben es so bedauert.

Diese Tage mit Dir und der Gruppe draußen in der freien Natur haben mir mehr gegeben, als ich je beschreiben kann. Jetzt habe ich auch ein viel besseres Verhältnis zu mir und meinem Körper.

Allein hätte ich das siebentägige Fasten nie geschafft. Ich hatte es schon mehrmals versucht, es aber nie vermocht. – Frau *H. P.*, Berlin, 10. 6. 90

1250 Höhenmeter vor uns. Das macht mir zuerst etwas Angst – aber: ran! Kaum zu glauben: Das letzte Stück des Aufstiegs ist eine "niedliche" Klettertour – und oben sind wir: über 2000 m hoch! Alles war halb so schlimm! Herrlicher Ausblick! Nach rechts die Latemar Gruppe, links daneben der berühmte Rosengarten! Sieht alles so spannend aus. Noch spannender wird es, als ein Gewitter aufzieht – in der Ferne Rumpel und Donner. Also runter!

Auf dem Abstieg ein Schneefeld. Schneetreten von Anna. Dann in die Sintflut, – und dann ein Schneehagel, aber was für einer, das glaubt uns niemand, denn immerhin haben wir schon Juni. – *Frank*

7. Mein Gesundheitszustand hat sich wesentlich gebessert

Das Fastenwanderheft habe ich mehrfach weitergegeben und dabei immer wieder begeistert vom Erlebnis der Gemeinschaft, von den neuen Kontakten, von den wunderbaren Körpererfahrungen und besonders von dem gesundheitlichen Wohlbefinden nach dem Urlaub berichtet.

Wenn ich den streßigen Alltag so gut durchhalte, führe ich das auf die Kräfte zurück, die ich auf Euren Touren tanke. – Frau *A. S.*, Berlin, 8. 8. 93

Die Fastenwanderung im Böhmerwald war trotz ungünstigen Wetters mit viel Regen und Schneefall mein bisher angenehmstes Fastenerlebnis, möglicherweise auch deshalb, weil ich statt wie bisher nur 6 diesmal 10 Tage fastete. Nach einwöchigen Fastenwanderungen habe ich jedoch auch eine deutliche Zunahme meines allgemeinen Wohlbefindens erfahren, die ich vorher trotz vielseitiger kontinuierlicher Bemühungen nicht annähernd erreicht hatte.

Bei meiner ersten Fastenwanderung bin ich restlos eine sehr unangenehme Angina pectoris losgeworden. In den Jahren danach habe ich weder weiterhin Tabletten nehmen müssen noch irgendwelche Symptome dieser Art mehr gespürt. Diese Erfahrung wurde für mich ein Beweis für die wunderbare Wirkungsweise einer Entschlackung der Gefäße.

Leider begegnet man häufig Leuten, auch Ärzten, die Fasten als Unsinn und für sie nicht in Frage kommend bezeichnen. Aber ich kenne keinen, der nicht nach der ersten Fastenwanderung trotz vorheriger Skepsis begeistert gewesen war und es daraufhin in sein Lebensprogramm aufgenommen hat.

Fasten ist wohl die einfachste, billigste und gründlichste Form innerer Entschlackung, verbunden mit einer unglaublichen Freisetzung der Selbstheilungskräfte, die wir mit unserer "normalen" übersäuernden Ernährung sowie durch den ständigen Bewegungsmangel permanent behindern. Wenn man bedenkt, wie viele Menschen an den Folgen von Ernährungsfehlern leiden und sich auf so einfache Weise ohne Pharmaka und ihre Nebenwirkungen selbst heilen könnten, dann erscheint es vollkommen unverständlich, warum sich die Humanmedizin bei den großen Problemen gegenwärtiger Kostenexplosionen noch nicht umfassender dieser an ein Wunder grenzenden Methode der Selbstheilung bedient hat.

Nach meinen eigenen tief erlebten Fastenerfahrungen sind häufig von Medizinern aufgezählte Bedenken gegen das Fasten unbegründet. Denn die Methode, Fettreserven für magere Zeiten anzulegen und sie nach Bedarf in Notzeiten wieder in Energie umzuwandeln, wobei gleichzeitig in Fett gebundene Toxine (Giftstoffe) abgebaut werden, ist älter als jede Wissenschaft.

Im vergangenen Jahr habe ich eine Woche im normalen beruflichen Tagesablauf gefastet. Dabei stellte sich nicht die Hälfte der bei Fastenwanderungen so angenehmen Regenerierungsvorgänge ein. Deshalb werde ich künftig das Fasten immer mit Wandern, also mit ganztägiger intensiver körperlicher Belastung, verbinden. – Herr *E. G.*, Frau *C. G.*, Berlin, 25. 12. 93

Jetzt habe ich etwas Muße, meine mündlichen Erläuterungen niederzuschreiben. Also:
1. Der Heißhunger auf süß. Beim kleinsten Rippchen Schokolade eine unbändige Gier, die Tafel, und sei sie auch noch so groß, zu kappen.
2. Lust aufs Essen, vor allem abends. Unmöglich, ein akzeptables Maß zu finden. Es wird solange gegessen, bis der Bauch kurz vor dem Platzen steht.

Ich stelle Pendeldiagnosen, die verbunden sind mit einem Test auf Mangelzustände im Bereich der Vitamine und Spurenelemente, und habe bei mir festgestellt: a) Deutlicher bzw. extremer Mangel an B Vitaminen (B1, B2, B6), b) Zinkmangel, c) Manganmangel, d) Magnesiummangel.

Übrigens bin ich erst auf diese Mängel gekommen, als mir eine Patientin die gleichen Symptome schilderte. Auch bei ihr war der gleiche Mangelzustand zu erkennen. Seitdem schaue ich genauer hin, wenn Patienten diese Symptome schildern.

Ich verordne dann biochemische Mineralsalze wie Zincum chloratum D6 oder Manganum sulfuricum D6, 3 x 1-2 Tabletten lutschen. Manchmal auch Kalium jodatum D6, Magnesium phosphoricum D6, wenn ich den Eindruck habe, daß die Schilddrüse schwach arbeitet. Auch homöopathisch ist es möglich, einzugreifen, allerdings habe ich das noch nicht ausprobiert. Helfen sollen Sulfur, Lycopodium u. a.

Eine Erklärung für meine Eßstörungen könnte sein, daß durch das Verstoffwechseln von Honig, den ich sehr gerne esse, reichlich B-Vitamine benötigt werden. Weil sie in meiner Nahrung nicht genügend vorhanden sind, muß ich so viel essen! Dieser Mangelzustand ist sehr weit verbreitet, genauso wie der Magnesiummangel.

Wenn ich Probleme irgendeiner Art habe oder ein Schwächeanfall auftritt, ist es für mich am einfachsten, draußen in der freien Natur einfach ein paar Blättchen der Buche (= Beech. Das ist die Bachblüte für Klarheit und Toleranz) zu lutschen oder überhaupt Kräuter zu kauen.

So liebevoll Euer Teelöffel Honig gedacht ist, aber im nachhinein würde ich wahrscheinlich sogar darauf verzichten. Tees, frisch gepreßte Gemüsesäfte und Sauerkrautsaft sind meinem Gefühl nach das Optimale, weil sie genügend Spurenelemente enthalten. – So, jetzt weißt Du meine kleinen Geheimnisse aus der täglichen Arbeit. – *Mechthild Mosbach-Hacker*, Sandhausen bei Heidelberg, 28.9.92

8. Ich habe meine Eßgewohnheiten geändert

Ich habe die 21 Tage durchgehalten und dabei 16 Pfund abgenommen. Habe die ganze Zeit meine Familie bekocht und fühlte mich dabei super. Mein Gesundheitszustand ist bestens. Übrigens bin ich dabei, meine Familie auf Vollwertkost umzustellen. Sie findet diese inzwischen so toll, daß sie morgens nur noch Müsli à la Christoph will. – *R. W.*

Gestern früh saß ich vor meiner Schüssel Rohkost und war so recht glücklich. Die Fastenwanderung hat sehr viel in meinem Leben verändert. Ich komme kaum noch an gekochtes Essen 'ran. Fast nur Rohkost. So fühle ich mich viel gesünder, und meine sensible Verdauung hat sich ganz enorm stabilisiert. Es ist doch eine wunderbare Sache, die Du da machst. Dadurch wird sicher vielen geholfen. – Bin auch froh und dankbar, so viele interessante Leute wie z.B. Dich, Andreas, Margarethe und noch einige getroffen zu haben. Ich denke, wir sehen uns mal wieder. Mir geht es gut, und ich überlege gerade, was ich nun mit meinem neuen Leben anfange. – Herr K. S., Berlin, 25. 4. 91

Es hat mir so herrlich gefallen, daß ich so etwas unbedingt wieder mitmachen möchte. Ich kann wirklich sagen, mein Körper und mein Geist sind wunderbar erfrischt und neu. Ich fühle mich jetzt noch fit, obwohl so eine stressende Stadt wie Berlin ganz schön an die Substanz geht. Ich bin auch sehr froh, neues und wichtiges über gesunde Ernährung erfahren zu haben. Bis jetzt bin ich bei Rohkost geblieben und trinke keinen Kaffee mehr. Dabei fühle ich mich außerordentlich wohl. Auch habe ich mir vorgenommen, einen Tag in der Woche zu fasten.

Jetzt, wo ich wieder zu Hause bin, überkommt mich doch manchmal die Sehnsucht, und ich würde sofort am liebsten gleich wieder zu Euch fahren. Jedenfalls denke ich gerne an diese Zeit zurück. Wenn ich anderen davon erzähle, so können sie es meist gar nicht fassen, daß Wandern und Fasten zusammen möglich sind. Alle dachten, ich müßte mich nach meiner Heimkehr gleich vor Schwäche ins Bett legen. Dabei bin ich viel gesünder zurückgekommen.

Schicke mir doch bitte die Adresse von Anna mit. Meine Mutter leidet seit Jahren unter schwerem Rheuma. Sicher kann sie mir noch eine Menge spezielle Tips geben. Ich denke, daß ich meiner Mutter nun auch besser helfen kann. Alle Ärzte hatten bisher behauptet: Rheuma sei mit Ernährungsumstellung nicht zu heilen, im Höchstfalle etwas zu mildern. Helfen könnten nur Medikamente. Man müsse eben damit leben. Das hat mich damals schon sehr entsetzt, weil ich wußte, daß Rheuma auch ernährungsbedingt entsteht. Allerdings gab es bei uns darüber nie irgendwelches Buchmaterial.
Frau *M. R.*, Berlin, 20. 10. 90

Wenn ich das dahinscheidende Jahr revue passieren lasse, dann war mit Abstand die Woche in der Heide für mich das schönste und glücklichste Erlebnis. Manchmal, wenn ich abends nicht einschlafen kann, laufe ich in Gedanken noch einmal durchs Alte Land und sehe die prallgefüllten Obstbäume und die auf der Elbe dahinziehenden Dampfer vor mir – oder lege mich auf die Wiese, auf der wir damals den Apfel aßen, und genieße die Schönheit der Natur.

Nach unserer Rückkehr hätte ich vor Freude immerzu jubeln können.

Wir haben unsere Ernährung umgestellt und essen morgens Obst und am Mittag und Abend viel rohen Salat. Erwin ist ganz konsequent. Er fühlt sich pudelwohl. Ab und an habe ich dagegen noch Migräne, z.B. wenn ich aus lauter Höflichkeit auf dem Geburtstag eines lieben Freundes fetten französischen Weichkäse mit Brot esse und dazu einen schweren Weißwein trinke. Selber schuld! Das passierte mir erst am 28.10.92. Zwei Tage die Hölle in meinem Kopf! Seitdem nichts mehr. – Herr *G.* und Frau *E.*, 21. 12. 92

9. Geistige Erneuerung

Von Deiner Fasten-Wander-Idee bin ich begeistert. Ich habe mich einfach noch nie so wohl gefühlt. Noch immer zehre ich von diesem geistigen Erlebnis. Frau *E.*, Würzburg, 3. 5. 88

Während dieser Woche habe ich einige neue Erfahrungen gemacht, viele tolle Gespräche geführt und auch Erkenntnisse gewonnen, die mir sonst sicherlich nie oder erst viel, viel später zuteil geworden wären.

Z.B. hat mir das Fastenwandern geholfen, mich bewußter mit der Natur und mit meinem Körper auseinanderzusetzen. Wir hatten Glück, daß ein Mensch in unserer Runde war, der die Gabe hat, Natur zu erklären und begreifbar zu machen. Ich meine Jens. Er war eine echte Bereicherung für die Gruppe. – Herr *H. B.*, Hamburg, 29. 3. 92

Lieber Christoph, ich bin froh, Dich kennengelernt und das Fasten mitgemacht zu haben. Ich deutete es in den Harburger Bergen schon an: Dieser Urlaub war ein Höhepunkt und (vorläufiger) Schluß einer positiven Entwicklung.

Die ersten Stunden in den Harburger Bergen kamen mir ziemlich chaotisch vor. Ich bin ein Mensch, der viel plant, und ich liebe es, wenn Abläufe geklärt und abgesprochen werden. Verstehst Du mich? Ich rechne es mir hoch an, daß ich mich dann geschwind auf Deine Methode eingestellt habe. Es war für mich eine wichtige und interessante Erfahrung, daß es eben auch so geht. Nicht nur das: Ich lernte viel von Dir und bewunderte Dich ob Deiner Gelassenheit. Insgesamt nahm ich ungemein viel mit nach Hause. Es war eine Vielzahl von kleinen Dingen, aber es waren auch Begebenheiten größeren Ausmaßes, die mich stark beeindruckten. – Herr *H.*, 14. 2 . 91

Ich möchte Dir sagen, daß ich noch nie so etwas Stärkendes wie das Fastenwandern kennengelernt habe. Ich freue mich riesig, daß ich damit schon so positive Erfahrungen machen durfte.

Am liebsten würde ich einen halben Roman schreiben, einfach deshalb, weil ich so erfüllt bin mit diesem wunderbaren Frieden, den nur der Faster erleben kann. *M. H.*

In dieser einen Woche am Bodensee habe ich seit langem wieder einmal zu mir selber gefunden. Das Fasten kannte ich ja schon – allerdings nur im Alltagsleben.

Daß es eine so große Wirkung in Verbindung mit Wandern hat, war für mich neu. Meine Erwartungen wurden weit übertroffen. Ich fühlte eine große Freiheit, und mein Blickfeld ist um vieles erweitert worden.
Frau *A. H.*, Wolfratshausen, 28. 4. 92

Ich habe etwas von der inneren Ruhe in meinen Alltag retten können. Manche Kunden und Freunde sagten, ich würde sehr strahlen und glücklich aussehen. Das bin ich auch! – *M.*

Voller Kraft und Schwung konnte ich zu Hause noch eine Woche weiterfasten. Dem Streß in meinem Beruf habe ich widerstehen können.

Die vielfältigen Begegnungsmöglichkeiten mit Menschen während der Wanderungen und an den Abenden waren für mich etwas sehr Faszinierendes. Zunehmend mehr wurde die Bereitschaft sichtbar, die Hüllen von Oberflächlichkeit abzustreifen, in die Tiefe zu schauen und die anderen Menschen als Individuen wahrzunehmen. – Frau *L. F.*, Marburg, 2. 5. 88

Jene intensiv (v)erlebte Woche kommt mir heute in der Wertung wie ein Meilenstein in meinem Leben vor. Gedanken und Erkenntnisse wurden mir in jenen Tagen und danach zuteil, auf die ich ohne Dich und ohne die Gruppe und ohne das stundenlange Laufen in der Natur wohl noch etwas hätte warten müssen. Mir kommt es so vor, als wäre ich ein Stückchen weiter zu mir vorgedrungen.

Zu lange schon bin ich ein Kind unserer zivilisierten Gesellschaft, das brav und ordentlich den Pflichten und Regeln nachkommt, anstatt zuversichtlich, mutig, freudig und voller Vertrauen zu mir selbst an die Neugestaltung meines Lebens heranzugehen.

Ich erkenne jetzt, wie unabdingbar notwendig das innerlich ruhende, aber stets bereite Ja zum Wandel ist und daß der Mensch seine Angst vor Veränderungen getrost ablegen kann und vertrauens- und auch erwartungsvoll auf Neues schauen darf. Frau *K. K.*, 30. 10. 83

Die Fastenwanderung, die ich gemeinsam mit meinen Freunden H. H. und L. R. durchführen durfte, hat uns – in der retrospektiven Betrachtung – außerordentlich beeindruckt.

Mit gemischten Gefühlen sind wir an das Vorhaben herangetreten und haben erfahren, welch einzigartige Wirkung auf Einstellung und Körpergefühl ein konsequentes Fasten hat.

Die mentale Dimension des Fastens war mir zwar bekannt, aber die persönliche Erfahrung fehlte.

Auf dieser Wanderung wurde mir vieles über meine eigene Person und über mein Verhalten gegenüber anderen Menschen, über meinen eigenen Weg in Familie und Beruf und über daraus zu ziehende Konsequenzen klar.

Ich bin überzeugt, daß diese Aussage auch für meine beiden Freunde zutrifft.

Für die durch Deine Initiative eröffnete Möglichkeit der Selbstfindung will ich mich noch einmal sehr herzlich bedanken und Dich gleichzeitig bestärken, diesen Weg weiter zu gehen. Deine Arbeit ist die Arbeit an zum Teil kranken Gemütern, die aus dem uns umgebenden Umfeld resultieren – eine humane Aufgabe, die äußerste Anerkennung verdient. – Herr *K. P.*, 5. 1. 89

Ich vermute, daß ich durch das Fasten offene Augen für mich und somit für meine Schwächen und Mängel in der derzeitigen Lebenslage bekam. Alles mal so richtig glasklar zu sehen ist hart. – Frau *R. M.*, Stuttgart, 30. 7. 90

10. Durch Meditation zu sich selber finden

Ich hatte als Teilnehmer sicher mehr Gelegenheit als Du, die Meinungen und Stimmungen in der Gruppe wahrzunehmen. Mir fiel auf, daß nur ganz wenige etwas mit Deinen Meditationen und Gebeten anfangen konnten. Die Abneigung wurde ja auch offen zum Ausdruck gebracht. Es ist schade, daß Du sozusagen Dein Innerstes denen preisgibst, die dann ihrerseits mit aller ihnen zur Verfügung stehenden Überheblichkeit Dein Angebot meinen zertreten zu müssen.

Ich denke, Du könntest diese Klippen umgehen, wenn Du, wie Du es ja auch teilweise gemacht hast, stattdessen Lyrik, die Worte Weiser aus anderen Kulturen und Religionen oder, was ich für ganz wichtig halte, Schweigen, viel mehr Schweigen, einsetzen würdest. Das wäre dann ein großer, weiter Schirm, unter dem viele Platz finden könnten. – Frau *I. K.*, 27. 4. 93

Ich möchte Dir nochmals ganz herzlich danken, daß Du uns auf die Fastenwanderung nach Venedig mitgenommen hast. Für mich hat diese Wanderung ungemein viel gebracht. Sie hat mir vor allem auch den tiefen Sinn des Wanderns gezeigt. Die Momente der Besinnung und der Meditation waren für mich völlig neue Erfahrungen und haben in mir die größten Eindrücke hinterlassen.

Seit dieser Fastenwanderung habe ich auch meine Eß- und Trinkgewohnheiten radikal geändert und fühle mich sehr wohl dabei. Ich möchte mit meiner Frau nächstes Jahr gerne wieder eine Wanderung mitmachen, und zwar entlang der Nordseeküste. – Herr *G. A.*, Bruneck, 7. 12. 88

Was ich als "Balsam" empfand, waren Deine gelegentlichen Meditationen und das Erinnern an die Dankbarkeit. Es hätte öfter sein können. – *E. M.*

Für mich hat die Fastenwanderung große Veränderungen gebracht: Noch nie bin ich jemals zuvor soweit in mein Innerstes vorgedrungen, obwohl, wie Du ja vielleicht noch weißt, ich mich auch sehr mit Deiner Art zu meditieren auseinandersetze. Dabei bin ich vor allem ehrlicher zu mir selber geworden.

Nach unserer gemeinsamen Wanderung fastete ich noch 14 Tage zu Hause weiter. – Frau *U. S.*, Österreich, 14. 3. 91

Lieber Christoph! Diese Wanderwoche war eine wichtige Zeit für mich. Anschließend erfüllten mich nämlich eine große Stille und eine tiefe Andacht. In wunderbarer Weise spürte ich die Nähe zur Schöpfung und zum Schöpfer. Ich würde mich gerne mit Dir darüber unterhalten.

Mein Herz ist noch so voll von dieser Reise. Vielen guten Dingen und Menschen bin ich begegnet. Reich wurde ich beschenkt. – Aachen, 24. 4. 92

Im Juli habe ich an Deiner Fasten-Wanderung an der Nordsee teilgenommen. Es war für mich eine ganz neue und sehr gute Erfahrung, und noch heute profitiere ich davon. Besonders eine der Morgenmeditationen habe ich noch sehr deutlich vor Augen, und sie gibt mir immer wieder neue Kraft. Du hast doch erzählt, daß einer seinen Lebensweg in Form von Spuren im Sande hinter sich sieht. Meistens waren es zwei Spuren nebeneinander, die eigene und die der göttlichen Güte. Als Iwanowitsch aber entdeckte, daß in den schweren Krisenzeiten seines Lebens immer nur eine einzige Spur zu sehen war, machte er dem ewigen Vater Vorwürfe. Dieser aber antwortete und sprach: »Iwanowitsch, wenn du nur eine Spur im Sande siehst, dann sind es meine Füße, die da gehen, denn dann habe ich dich auf meinen Händen getragen.« – Frau *C. B.*, Berlin, 7. 10. 91

Brennende Kerzen am Altar erhöhen die Feierlichkeit beim Aufenthalt in der Kirche von Passail

Für die eine Woche in der Lüneburger Heide möchte ich mich bei dieser Gelegenheit nochmals herzlich bedanken. – Das prägendste Ereignis der ganzen Woche war für mich der Besuch dieser kleinen, einfachen Kirche. Sie hat auf mich so friedvoll, lebensfroh und beruhigend gewirkt... Noch immer spüre ich etwas von dem Leben, das sie ausgestrahlt hat, wenn ich an sie zurückdenke. Eines Tages will ich in genau diese Kirche nochmals gehen. Hab' sooo viel Dank, daß Du uns derartige Erlebnisse ermöglichst. Du bist schon ein phantastischer Mensch. – Frau *E. V.*, 17. 9. 92

Lieber Christoph! Da ich mich noch immer so zufrieden und wohl fühle wie in den letzten Tagen im Pfälzer Wald, möchte ich Dir ein paar Gedanken von mir aufschreiben.

Es ist 3.00 Uhr nachts, und ich bin hellwach. Ich weiß eigentlich gar nicht mehr, wann ich das letzte Mal in meinem Leben so wach, aufnahmefähig und einfühlsam in meine Mitmenschen gewesen bin. Ich bin so froh und dankbar, daß ich diese Frische durch die Woche mit Dir und den anderen erleben durfte. Aus Freude darüber faste ich auch weiter. Ich bin jetzt in der 3. Woche.

Weißt Du, diese Woche war für mich auch dadurch so bereichernd, daß nicht alles so perfekt organisiert war. Dies macht Dich mir so liebenswürdig.

Die Meditationen mit Dir haben mich tief zu mir geführt. Als wir an diesem herrlichen Bachlauf saßen, fühlte ich mich eins mit dem Element Wasser, fühlte es durch mich strömen und spürte eine wunderbare Kraft in mir. Ich hätte vor Freude laut singen können.

Ich weiß, daß diese Kraft in mir vieles heilen kann, was mich in den letzten Jahren verletzt hat. Ich hatte so gar keinen rechten Mut mehr, auf Menschen zuzugehen. – Aber jetzt glaube ich wieder an die Menschen und möchte es immer tun – ebenso, wie ich immer an die Natur geglaubt habe!

Mein Mann hat momentan arge Probleme in der Firma, und ich hoffe, daß ich ihm durch meine Ruhe und Gelassenheit helfen kann. – Frau *H. M.*

11. Es muß so weiter gehen!

Hoffentlich hast Du kein oberes Teilnehmer-Limit! – *N.*, München

Die Gruppen – in Delémont waren es über 60 Leute – sind bei weitem zu groß. Du mußt den Mut haben, Leuten abzusagen. – Herr *M. R.*, 30. 4. 89

Mit Interesse habe ich Ihren Brief gelesen. Ich finde Ihre Aktivitäten ganz großartig, denn ich halte sehr viel vom Fasten und auch vom Fastenwandern.

Ich habe an Körper und Seele die Wirkungen des Heilfastens erfahren und suche, wenn immer es meine Zeit erlaubt, den Ausgleich in der Natur. Deshalb kann ich Sie nur beglückwünschen zu Ihrer Initiative und hoffe, daß sie noch viele Menschen für diesen Weg begeistern können. Ich würde mich freuen, wenn Sie mich über den Fortgang Ihrer Aktivitäten auf dem Laufenden hielten. – Dr. jur. *Hedda Meseke*, Bundestagsabgeordnete, 13. 3. 92

Für die Zusendung Ihrer Informationsmaterialien über die Fasten-Wanderungen danke ich Ihnen. Meiner Ansicht nach haben Sie mit Ihrer Idee und deren Durchführung zwei der notwendigen Anforderungen des Alltags miteinander verknüpft: Maßhalten und In-sich-gehen. Ihren Veranstaltungen wünsche ich auch in Zukunft weiterhin viel "Zulauf." – Prof. *Ursula Männerle*, Bundestagsabgeordnete, 21. 2. 92

Lieber Christoph! Als erstes hab vielen Dank für die schöne Woche im Altmühltal! Die Fastenwanderung war eine unheimliche Entspannung für Körper und Seele. Ich habe erst richtig auf der Rückfahrt im Zuge begriffen, was sie mir gegeben hat. Waren wir nicht eine Gruppe mit Gemeinschaftsgeist, der heutzutage selten erlebt wird? Wie waren wir miteinander verbunden! Ich habe immer noch diese innere Kraft in mir, die Kraft der Gemeinschaft und des Glücks. Ich freue mich schon jetzt auf unsere nächste gemeinsame Fastenwanderung.

Meine Familie sagt, ich wäre viel frischer als sonst aus dem Urlaub zurückgekehrt, und sie wundert sich über meine Lebenskraft und meine Begeisterung für Vollwertkost.

Ich bin der Meinung, daß Du, Christoph, die Fastenwanderungen richtig anpackst und sie auch weiter auf Deine Art durchführen solltest. Das Unken und Meckern solltest Du an Dir vorbeiziehen lassen. Vor allem, mache keinen Präzisions-Pauschalurlaub daraus auf Kosten des geistigen Inhalts. Dein Weg ist richtig! – Herr *U. M.*, Hamburg, 23. 10. 88

Lust am leeren Magen

Bei einer Fastenwanderung sollen nicht nur Pfunde, auch Seelenballast soll schwinden

Vermutlich bin ich auf der falschen Veranstaltung. Im reservierten Zugabteil für die Fasten-Wandergruppe sitzen nur schlanke Menschen. – Wir wollen in der Woche kräftig marschieren, rund 250 Kilometer von Trient nach Venedig mit Steigungen bis zu 1100 Höhenmetern pro Tag.

Im Gegensatz zu den teuren Diätkliniken scheucht Christoph Michl seine Kunden rigoros querfeldein. Bis zu zehn Stunden täglich dauern seine Ferienmärsche. Sinn der Sache sind weder sportliche Rekorde noch die schlanke Taille. Es geht um Höheres. Nämlich um die Befreiung von körperlichem und seelischem Ballast.

Inzwischen haben sich viele Sympathisanten und Interessenten dem krausköpfigen Pädagogen aus dem norddeutschen Horneburg angeschlossen. Es gibt Stammkunden, die regelmäßig mitlaufen, eine Plastikflasche voll Wasser oder Tee in der Hand.

Wir trinken uns mit Fencheltee zu. Und Christoph Michl verspricht, daß wir nach dieser Woche neue Menschen sein werden. Darunter stellt sich jeder etwas anderes vor. Die blonde Jutta aus Münster erhofft sich von diesem Urlaub "einen klaren Kopf für mein anschließendes Jura-Examen". Franz will seinem Bürostress entfliehen. Ich bin aus Berufsneugier dabei und gespannt, wann der erste entkräftet zusammenbricht.

Inzwischen habe ich unter den 24 Mitfastern auch einige gewichtige Leute ausgemacht. Die stabile Renate aus München beispielsweise, die sich für den Sturm auf Venedig in eine enge Jeanslatzhose gezwängt hat, bekennt offen: "Ich will fünf Kilo unterwegs loswerden."

Man geht beim Fastenwandern früh zu Bett und steht früh auf. Jeden Morgen dampft Obsttee im großen Topf. Die Gruppe trinkt zufrieden. Scheinbar geht's allen wieder gut. Nur mir nicht. Es ist der Kreislauf. Der liegt darnieder. Am liebsten bliebe ich im Bett. Aber die Gruppendisziplin zwingt zum Durchhalten - und die liebevolle Fürsorge von Christoph Michl, der einen Honigtopf aus seinem unergründlichen Rucksack angelt. Schwächeopfer dürfen da mal reinlangen.

Sorgenvoll schultere ich meinen Rucksack und schleppe mich bergan. Und tatsächlich, nach einer Stunde verschwindet die Mattigkeit mit allen Aggressionen. Selbstheilung durch Schwitzen: Diese Michl-Methode funktioniert bei allen Teilnehmern die ganze Woche lang. Abends serviert Bärbel Hibiskustee. Dazu zeigt Christoph Dias über Darmzotten. Ein paar Männer schnallen stolz ihre Gürtel um zwei, drei Löcher enger. Die stattliche Renate aus München genießt neugewonnene Bewegungsfreiheit in der Latzhose.

Endstation ist Venedig. Weil unsere geschrumpften Mägen keine Völlerei vertragen würden, gibt es zum Festessen am Ende der Tortur - einen Apfel.

Brigitte Zander
Stern Nr. 41, 1988, gekürzt

Gewichtsreduzierung und Besinnung - Wer einmal teilgenommen hat kommt wieder

Eine Woche "Fastenwandern" im Hunsrück

Von TRAUDL BRENNER

Eine der Möglichkeiten der Gewichtsreduzierung ist das "Fastenwandern". Anhänger dieser Bewegung rühmen die Kombination von leerem Magen und kräftiger Forderung des Körpers. Wohlgefühl, Leichtigkeit der Bewegung, sagen sie, stelle sich ein, wenn sich der Magen an die Leere gewöhnt habe und keinen Hunger mehr empfinde. Man sei körperlich tatsächlich stärker belastbar als sonst. Dazu komme auch ein gewisser "geistiger Höhenflug". Man finde zu sich selbst. Die Folgen solcher "Fastenwanderungen": Gewichtsverlust, verbunden mit der Bereitschaft, künftig die Ernährung vernünftigeer zu gestalten - ein durchtrainierter Körper mit straffen Muskeln und wohldurchbluteter Haut - und Stolz darüber, daß man so etwas geleistet hat.

Ich habe es, skeptisch zunächst, ausprobiert. Und festgestellt: Die Wander-Woche im Hunsrück ist mir - trotz Dauerregen und Schnee - glänzend bekommen. Die wenig trainierten Beine haben, nach anfänglichem Muskelkater, die täglichen Wanderungenbis zu 30 Kilometern gut durchgestanden. Und der Magen ist mit Tee und Mineralwasser besser ausgekommen, als sonst mit üppigem Frühstück und nahrhaften Wanderpausen. Hunger? Nie gehabt in diesen Tagen. Die meisten Mit-Wanderer haben schon mal von vollen Tellern geträumt. Aber das ging vorüber.

Nebeneffekt bei einigen Teilnehmern, die mit Gelenkschmerzen angetreten waren: Sie sind relativ schmerzfrei geworden und schwören nun auf "Heilwanderfasten".

Neu ist "Fastenwandern" eigentlich nicht - vor 25 Jahren ist es in Schweden erstmals ausprobiert worden. In Deutschland hat es Christoph Michl aus Kaiserslautern vor etwa acht Jahren eingeführt und schnell Anhänger gefunden.

Sechs bis zehn Pfund Gewichtsverlust in dieser Zeit sind die Regel. Die Hälfte davon ist "echt" und bleibt - vorausgesetzt, man verfällt nicht wieder in den gewohnten Konsum von viel Zucker, Mehl und anderen Dickmachern.

Das "Fastenwandern" gilt wohl deshalb als die leichteste Form des Fastens, weil die ständige Bewegung von den fehlenden Mahlzeiten ablenkt.

Besonders bewährt hat sich das Fasten in Verbindung mit Wandern bei Bluthochdruck, bei Gicht und anderen Krankheiten, die Gelenkschmerzen verursachen wie Rheumatismus. Günstig sei auch der Einfluß bei Darmleiden und Erkrankungen von Galle und Bauchspeicheldrüse, heißt es. Die Anhänger der Bewegung haben da Beobachtungen gemacht und Statistiken aufgestellt.

Die meisten Teilnehmer, die einmal mitgemacht hätten, seien wiedergekommen. Wegen der drei Erfolge, die zusammenspielen: der Gewichtsreduktion, der Stabilisierung der Gesundheit und der, weswegen schon in biblischen Zeiten gefastet wurde, inneren Einkehr.

Welt am Sonntag 24.01.93, gekürzt

Zweiter Teil:

Unsere Vorträge – Orientierungshilfen für Fastende

Tagelang fliegen die Zugvögel über die Meere ohne etwas zu sich zu nehmen.

(Cloudsley-Thompson, J.: Animal Migration, Orbis Publishing, S. 1)

Kapitel I

FASTEN – EIN ZURÜCKKEHREN IN DIE NATÜRLICHE ORDNUNG

Fasten-Pioniere sind wir. Daß wir die Möglichkeit und den Wert des Fastens entdeckt haben, ehrt uns. Überraschen wird uns aber möglicherweise die Erkenntnis, daß das Fasten keine Methode ist, die sich Priester, Weise, Despoten oder Ärzte ausgedacht haben, um andere in Schach zu halten, sie zu heilen, sie in ihrem Bewußtsein reifen zu lassen, sie die Geheimnisse der Schöpfung tiefer erleben zu lassen oder sie näher an das Göttliche heranzuführen.

Das Fasten ist deshalb eigentlich auch nicht etwas, was wir zu erlernen haben wie das Schwimmen oder das Zähneputzen, sondern es steckt in uns ebenso drin wie das Atmen, das Schlafen, das Essen und das Gehen. Keinem Kinde braucht man diese Selbstverständlichkeiten beizubringen, es tut sie ganz von selber – weil sie ihm instinktiv eingegeben, sozusagen einprogrammiert sind. Sie liegen in unserem Wesen bzw., wie man pathetisch auch manchmal sagt, uns im Blut.

Wenn uns das bei diesem Vortrag bewußt wird, fällt uns das Fasten wahrscheinlich noch leichter. Eventuell können wir auch andere, die sich nicht so recht ans Fasten herantrauen, besser überzeugen.

1. Die Appetitlosigkeit

Kinder behaupten manchmal, sie hätten keinen Hunger. Richtiger ausgedrückt müßte es wohl heißen, sie haben keinen Appetit. Der Grund ist meistens der, daß sie sich unwohl fühlen. Vielleicht haben sie Kopf- bzw. Bauchschmerzen oder sogar Fieber bekommen. Vielleicht ist ihnen auch ihre

Katze gestorben, oder sie haben in der Schule eine Fünf geschrieben, oder sie müssen erleben, daß ihre Eltern sich zanken. – Auf so etwas reagiert der instinktsichere Körper normalerweise mit der Appetitlosigkeit.

Mutti, Oma und die lieben Angehörigen bekommen es natürlich mit der Angst zu tun, wenn Hänschen nichts ißt. Deshalb legen sie es ihm nahe, doch wenigstens ein paar Schokoladenstückchen oder ein Würstchen zu sich zu nehmen, damit er wieder zu Kräften komme. Er wolle doch gesund werden und nicht schon sterben.

Ihre eigenen Vorstellungen, daß Schokolade und Fleisch Kraft geben und stark machen, übertragen sie auf diese Weise auf das ahnungslose Kind. Sie überlegen sich jedoch niemals, ob derartige Überzeugungen überhaupt richtig sind. Vielleicht bemühen sie sogar den Suppenkaspar, von dem es heißt: »Am vierten Tage endlich gar / Der Kaspar wie ein Fädchen war. Er wog vielleicht ein halbes Lot – / Und war am fünften Tage tot.«

Gescheiter als die Menschen sind da die Tiere, die den Verzicht aufs Essen sehr häufig instinktiv für die Heilung einsetzen. Ein sehr beeindruckendes Beispiel bringt Werner Zimmermann in seinem Büchlein: "Heilendes Fasten". Er erzählt von einer Katze, die wahrscheinlich versehentlich Gift zu sich genommen hatte: »Sie erbrach und nahm darauf volle sechs Wochen weder Speise noch Trank zu sich« (S. 11). Während dieser Zeit, in der sie ständig neben dem warmen Ofen lag und nach und nach ihr schwarzes Fell verlor, schaffte es das Blut, die Giftstoffe in verschiedenen Eiterbeulen zusammenzutragen.

Im Bericht heißt es weiter: »Nach sechs Wochen leckte sie (die Katze) erstmals etwas klares Wasser, dem später Milch beigegeben wurde. Nun erst öffneten sich mehrere große Geschwüre, die viel Eiter ausstießen. Endlich schlossen sich diese Wunden, das Haar wuchs wieder nach (weißes statt schwarzes), die Katze genas völlig und lebte noch viele Jahre« (S. 11).

In diesem Zusammenhang darf ich auch erwähnen, daß in Afrika das verletzte Zebra und Weißbartgnu gefahrlos neben dem kranken Leoparden zum heilenden Salzwassersee schleichen, ohne daß sich ein Tier auf das andere stürzt oder Zebra und Gnu ängstlich davonlaufen.

Der Mensch reagiert normalerweise ebenso. Ihn überkommt, ohne daß er es will oder es sich bewußt macht, eine Appetitlosigkeit, und er kann einfach nichts essen. An Kindern erleben wir dieses ganz deutlich, bei Erwachsenen aber durchaus ebenso. Es gibt ganze Völker und Kulturen, bei denen im Krankheitsfalle nichts gegessen wird. Der engagierte Indianerfreund und Überlebenskünstler Rüdiger Nehberg erzählt z.B., daß gewisse Indianerstämme in den Amazonas-Urwäldern drei Tage lang nichts essen, wenn sie von einer Schlange gebissen worden sind. Auch in unseren Gruppen erleben wir es manchmal, daß sich einige erinnern, daß die Großmutter streng fastete, wenn sie krank war. Heute begreifen die Teilnehmer die Weisheit, die dahinter steckte, während sie damals darüber lächelten.

Erwachsene können, anders als Kinder, sich im Krankheitsfalle vornehmen, nichts zu essen, wenn sie die Erfahrung gemacht haben, daß sie auf diese Weise schneller wieder gesund werden. Wenn Erwachsene bei einer Krankheit fasten, braucht dieses Verhalten also nicht unbedingt instinktgesteuert zu sein.

Daß bei uns im Krankheitsfall jedoch kaum jemand fastet, hängt sicherlich mit der Hänschen-Erziehung zusammen. Als wir als Kinder wegen unserer Krankheiten instinktiv nichts essen wollten, wurden uns die Schokolade und das Fleisch in den Hals gedrückt. Nun meinen wir möglicherweise unbewußt unser Leben lang, daß wir dann, wenn wir uns nicht wohlfühlen, unbedingt etwas essen müßten.

Aber nicht nur im Krankheitsfalle lehnt der Körper die Nahrung ab, sondern immer, wenn er sich bedroht fühlt oder in Gefahr ist. Wenn unsere Vorfahren vor Steppenbränden, dem vorzeitig einbrechenden Winter, wilden Tieren oder feindlich gesonnenen Horden fliehen mußten, meldete sich tage- und wochenlang kein Hunger.

Wie viel schwerer hatten es da unsere Landser, als sie 1945 beim Zusammenbruch von Kopenhagen und Prag, von Rotterdam und Zagreb nach Hause nach Deutschland eilten oder irgendwo in Rußland oder Frankreich aus einem Kriegsgefangenenlager ausgebrochen waren. Weil sie meinten, sie müßten verhungern, wenn sie nichts äßen, ging jeden Tag mit der Nahrungsbeschaffung wertvolle Zeit verloren, während der sie viele Kilometer weiter vorangekommen wären.

Auch in schöpferischen Phasen braucht der Mensch oft nichts zu essen. Ich horchte auf, als bei einer Weihnachtsmusik ein Schüler eine Anekdote von – wenn ich mich recht entsinne – Ludwig van Beethoven erzählte. Der berühmte Komponist hatte in einem Restaurant in London drei Teller mit Suppe bestellt. Als diese nach einer Stunde noch immer nicht serviert waren, haute er mit der Faust auf den Tisch und rief laut: »Herr Ober, wann kommt endlich die Suppe?« Der Kellner in vornehmer Zurückhaltung: »Wenn die Gesellschaft (er rechnete mit zwei weiteren Personen) da ist.« Beethoven konterte zurück: »Die Gesellschaft, das bin ich!«

Ein Schmunzeln beobachtete man auf den Gesichtern der Zuhörer. Sie mögen gedacht haben: »Nun ja, Künstler sind immer komische Käuze. Er muß wohl einen guten Appetit gehabt haben.« Mir aber war sofort klar: Beethoven hatte sicherlich mehrere Tage und Nächte nichts anderes getan, als seine inneren Eingebungen zu Papier zu bringen – und nun, nachdem er seine Komposition beendet hatte, hatte ihn ein großer Hunger übermannt.

Schöpferische Leistungen – und wenn man nur einem Hobby nachgeht –

fordern alle zur Verfügung stehenden Kräfte und dulden nicht, daß durch die Verdauung Energie abgezogen wird. Wer an einem Auto herumbastelt, einen Lebenspartner sucht, einen Hausbau plant usw., spürt oft tagelang keinen Hunger, sondern erlebt, wie seine Ideen und Eingebungen ihn total erfüllen. Wieviel mehr trifft dies bei Künstlern zu, deren Seele von einer Schau erfüllt ist, die sie in Holz, in Farbe, in Noten oder in einem Buche festhalten möchten.

Weil man weiß, daß man während des Fastens leistungsfähiger und schöpferischer ist als sonst, kann man sich dieses bei bestimmten Aufgaben natürlich auch bewußt auferlegen. So erzählte z.B. eine Teilnehmerin, daß ihr Kantor immer eine ganze Woche gefastet habe, bevor er ein Konzert gab. Auch ich selbst, wenn ich vor Jahren abends einen Vortrag halten mußte, aß gewöhnlich den ganzen Tag über nichts.

Appetitlosigkeit stellt sich auch bei der Problembewältigung ein. Wenn Kinder mit Konflikten nicht fertig werden, verweigern sie oft das Essen. Anders reagieren auch manche Erwachsene nicht. So erzählte z.B. eine Teilnehmerin von sich, daß sie jeden Sonnabendmorgen in den Kühlschrank schaue, um nachzusehen, was nachgekauft werden müsse. Zu ihrem eigenen Erstaunen entdeckte sie manchmal, daß sie die ganze Woche über nichts gegessen habe. Wenn sie dann überlegte, woran das gelegen haben könne, stieß sie auf Probleme, mit denen sie nicht fertig geworden war. Es kann z.B. sein, daß ihr einfällt, daß ihr Chef sie angeschrien und gesagt habe: »Sie Schlampe! Wenn das so weitergeht, ist eine weitere Zusammenarbeit kaum möglich!« Diese Worte hatten sie getroffen und in den folgenden Tagen so beschäftigt, daß sie, ohne es zu merken, nichts aß.

Dieses Beispiel mag wohl ein wenig extrem klingen, es ist jedoch typisch. Ich nehme ganz sicher an, daß das Fasten in Konfliktsituationen das Ursprüngliche, das Instinktive ist, während der Kummerspeck zum großen Teil auf eine Erziehung, wie wir sie bei Hänschen erlebt haben, zurückgehen dürfte. Wer verinnerlicht hat, daß man dann, wenn man Schwierigkeiten hat, erst einmal etwas ißt, besonders Süßes, der legt sich natürlich über die Jahre seinen Kummerspeck zu. Der Schöpfer aber hat unserem Körper diese Ordnung nicht mitgegeben. Nach der Schöpfungsordnung vergeht uns in den Krisensituationen der Appetit.

2. Das Winterfasten

Zusätzlich zu der in verschiedenen Fällen eintretenden Appetitlosigkeit ist uns in unserer Klimazone von der Natur noch ein zweites natürliches Fasten auferlegt, nämlich das Winterfasten.

Im Herbst schüttet die Natur ihre Fülle aus. Dann können wir uns in Ehren – innerhalb der natürlichen Lebensordnung – ein bescheidenes Bäuchlein anlegen. Auch den Bären erfüllt im Herbst ein instinktiver Drang, doppelt oder dreimal soviel am Tage zu fressen wie üblich. Wenn er dann aber das Gespür hat, daß die Winterreserven reichen, hört er mit dem Fressen auf, zieht sich in seine Höhle zurück und döst den Winter über vor sich hin.

So oder ähnlich halten es alle Tiere, die in unserer Klimazone überwintern. Das bekannteste Beispiel ist der Igel, der über mehrere Monate seinen Winterschlaf hält. Das Fasten dieses Säugetiers wird von allen Menschen unserer Gesellschaft problemlos akzeptiert. Darauf, daß diese Anlage aber auch uns Menschen mitgegeben sein könnte, sind wohl nie ein Autor von Biologiebüchern, nie ein Biologielehrer und nie ein Arzt von selbst gekommen. Das ist erstaunlich. Wenn wir behaupten, daß wir Menschen den Säugetieren verwandt seien, legt es sich doch nahe, auf den Gedanken zu kommen, daß auch wir zum Fasten in der Lage sein müßten.

Hasen, Rehe und Hirsche fasten doch in unserer Klimazone problemlos, wenn meterhoher Schnee liegt. Wohl fressen sie, wenn sie gar nichts finden, auch Baumrinde, die sie viel besser auszuwerten verstehen als wir Menschen. Aber tun sie das – wie immer wieder behauptet wird – nur, um sich zu ernähren?

Wir Menschen führen während des Fastens die Darmreinigung durch, um unseren Stuhl abzuführen. Bekanntlich sind Faserstoffe das beste Putzmittel für den Darm. Wenn unsere heimischen Säugetiere also die Baumrinde anknabbern, mögen sie instinktiv auch etwas für ihre Darmreinigung tun.

Neben den Säugetieren fasten während des Winters bei uns auch alle anderen Tiere, z.B. die Vögel, die Kriechtiere und die Fische. Selbst den Pflanzen ist während dieser Zeit ein Fasten auferlegt. – Wenn also alle Natur während dieser Jahreszeit fastet, warum nicht auch der Mensch!

Abhängig von der Natur mußte der Mensch in unserer Klimazone über Jahrtausende ebenso fasten wie alle anderen Geschöpfe und konnte keine Ausnahme bilden. Das Fasten beschränkte sich jedoch nicht nur auf unsere Klimazone, sondern war von Anfang an ein Bestandteil des menschlichen Lebens und der menschlichen Erfahrungen. Auch in den Trockenzonen der Erde mußte z.B. während der Trockenzeiten Verzicht geübt werden. Selbst in den Tropen, wo jeden Tag Apfelsinen, Bananen, Mangos und Ananasfrüchte in den Bäumen reifen, konnte der Mensch zuweilen nicht an diese Köstlichkeiten der Natur herankommen, weil es zu stark geregnet hatte.

Sollte er während dieser Krisenzeiten aber doch noch etwas vorrätig gehabt oder irgendwo gefunden haben, so wurden zuerst die Kinder damit versorgt, denn Kinder sollten nicht über einen längeren Zeitraum streng fasten, da sonst Wachstumsstörungen auftreten könnten.

Unsere eisigen Winter hätten unsere Vorfahren gar nicht überleben können, wenn sie nicht ebenso wie Hamster und Eichhörnchen, Mäuse und Ratten für Wintervorräte gesorgt hätten. Aber auch diese Vorräte waren nicht unbegrenzt und gingen irgendwann einmal zu Ende.

Die kirchliche Fastenzeit, die von etwa Mitte Februar bis Ostern angesetzt ist, fällt genau in die Zeit, in der die Vorräte schon weitgehend aufgezehrt waren. Die kirchliche vorösterliche Fastenzeit ist also wohlüberlegt angesetzt worden und möchte mehr oder weniger als Aufwertung und Weihe der natürlichen Fastenzeit verstanden werden.

Das adventliche Fasten mag angesetzt worden sein, um die Bevölkerung auf die Not des Winters einzustimmen und sie darauf vorzubereiten, mit ihren Vorräten gewissenhaft und sparsam umzugehen.

Aber waren dann, wenigstens in den tieferen Lagen, zu Ostern die Flüsse und Seen endlich wieder vom Eise befreit, – was gab es für die Tiere und Menschen schon großartiges zu essen? Da sproß und blühte es lediglich überall. Die Wiesen standen voller bunter Blumen, und an den Zweigen zeigten sich in leuchtendem Hellgrün Blätter und Nadeln.

Das nun war der Frühstückstisch, den der Schöpfer zu Beginn des neuen Jahres seinen Geschöpfen deckte! Für uns ist er sicherlich ungewohnt, im natürlichen Jahresrhythmus ist er aber durchaus sehr sinnvoll. Hier in der Natur können wir das Fastenbrechen in seiner perfektesten Weise erleben. Im Grunde ist der Ostertisch eine Fortsetzung des Fastens, denn kalorienreiche Nahrung, die sich im Körper anlagert, gibt es noch nicht. Bei dieser Frühlingsnahrung handelt es sich hauptsächlich um eine Eiweiß-, Mineralstoff- und Vitaminzufuhr, die durch eine Unzahl vieler winziger Vitalstoffe ergänzt wird. Durch sie werden in wunderbarer Weise die Reinigung und Entschlackung des Körpers, die durch das Fasten eingeleitet worden sind, fortgesetzt.

Gerade diese Zeit ist für viele bäuerliche Kulturen die Hauptarbeitszeit, weil die Felder jetzt wieder bestellt werden müssen. Wie können und konnten die Menschen diese Arbeitsleistung aber unter derartigen Voraussetzungen überhaupt bewältigen, fragen wir uns ungläubig? Damit aber bekennen wir offen, daß uns die Fähigkeiten unseres Körpers viel zu wenig bewußt sind.

3. Verdauung ist für den Körper Schwerstarbeit

Die Stoffe in den Früchten sind nicht bereits die Stoffe, mit denen wir unsere Zellkerne ernähren können. Aus dem Rohstoff Nahrung muß sich unser Körper erst einmal körpereigene Nährsubstanzen aufbauen. Das ist für ihn eine anstrengende und harte Arbeit. Wir nennen sie Verdauung. Die Verdauungstätigkeit beschränkt sich jedoch nicht nur auf das gründliche Kauen und die Magen- und Darmtätigkeit, – sie schließt auch die Produktion sehr vieler Verdauungssäfte und Hormone mit ein.

Was wir zu uns nehmen, wird ja nicht etwa durch Hackmaschinen zerkleinert, sondern auf chemischem Wege, und zwar durch bestimmte Stoffe, die in den Drüsen, besonders in der Bauchspeicheldrüse, produziert werden. Die rhythmischen Bewegungen von Magen und Darm, die wir nicht spüren, dienen dann in erster Linie dazu, diese Verdauungssäfte so zu verteilen, daß sie überall an die aufgenommene Nahrung herankommen. Freilich, unsere Verdauungssäfte sind längst nicht so stark wie die bei den fleischfressenden Tieren. Bei ihnen sollen diese zehnmal so intensiv wirken. Es gibt z.B. Schlangen, die ganze Schafe in sich hineinziehen. Diese Schafe, ja selbst ihre Knochen, werden vollständig durch diese auseinandergenommen und in ihre winzigsten Bestandteile zerlegt.

Verdauung ist für den Körper Schwerstarbeit, auch wenn wir diese kaum spüren. In allen Ernährungsbüchern können wir nachlesen, daß der gesunde Körper dafür etwa ein Drittel der ihm zur Verfügung stehenden Energie benötigt. Das ist viel, sehr viel. Hätten wir die Verdauungsarbeit also nicht zu leisten, stünde uns dieses eine Drittel unserer Energie zusätzlich für andere Aufgaben zur Verfügung.

Freilich, ich habe gelernt, mit derartigen Zahlenangaben vorsichtig umzugehen. Schreibt ein hochdotierter Professor eine wissenschaftliche Arbeit über die benötigte Energie bei der Verdauung, so holt er sich für seine Untersuchungen 20 Studenten bzw. Studentinnen und kommt möglicherweise bei allen zu ähnlichen Ergebnissen. Nun steht dem nichts mehr im Wege, die manipulierten, total verfälschten Ergebnisse als saubere wissenschaftliche Leistung in die Fachliteratur eingehen zu lassen.

Warum verfälscht? – Man hatte nämlich nicht bedacht, daß diese angeblich wissenschaftlichen und repräsentativen Untersuchungen mit Nahrungsmitteln durchgeführt wurden, die nicht der Schöpfungsnorm entsprachen. Will ich die Geschwindigkeit eines Mercedes testen, so lasse ich ihn ja auch nicht auf kaputten, schlaglöcherreichen alten DDR-Dorfverbindungsstraßen fahren oder kippe in seinen Diesel-Motor Rohbenzin oder gar Schmieröl. So aber hat unsere Ernährungswissenschaft ständig gearbeitet. Als Forschungsgegenstand nahm sie nämlich nicht den Menschen, der sich entsprechend den natürlichen Ordungen ernährt, sondern den, der die erhitzte, denaturierte, industrielle und krankmachende Nahrung zu sich nimmt.

Verständlich wird jetzt auch, warum sich bei allen Studenten die gleichen Reaktionen zeigen und sie alle etwa ein Drittel ihrer Energie für ihre Verdauung benötigen. Essen sie nicht alle fast das gleiche! Und haben sich nicht möglicherweise ihre Väter und Vorväter auch schon ähnlich ungesund ernährt!

Anders soll es jedoch um die stehen, die sich aus der Hand des Schöpfers ernähren und dankbar für die Früchte des Feldes sind. Wer allein von pflanzlicher Rohkost lebt und nicht übermäßig viel ißt, soll, so hörte ich öfters sagen, etwa zehn bis fünfzehn Prozent seiner ihm zur Verfügung stehenden Körperenergie für die Verdauung benötigen. Das ist schon wesentlich weniger als 33 Prozent.

4. Beim Fasten hat der Mensch mehr Energie

Egal, wieviel Energie für die Verdauung draufgeht – auf alle Fälle zieht sie dem Menschen eine Menge Kraft ab. Diese Kraft bliebe ihm aber erhalten, wenn er fasten würde. Sie könnte sinnvoll in anderer Weise genutzt werden.

Um das zu verstehen, müssen wir uns bewußt machen, daß der Mensch zwei Möglichkeiten hat, um seine Zellkerne zu ernähren, die nach den Angaben einiger nicht länger als drei Stunden ohne Nahrung bleiben dürfen. Die eine bezeichnen wir als die normale: Der Mensch ißt, was ihm die Natur bietet, und produziert daraus die Nährstoffe. Diese schwimmen dann endlich im Nahrungsbrei des Darmes, um anschließend durch die Darmwände ins Blut zu flutschen, das sie zu den Zellen transportiert. – Dieses ist die energieaufwendige Ernährungsmethode.

Die energieschonende sieht so aus: Der Körper lagert Vorräte ab und ernährt mit ihnen die Zellkerne. Freilich, das Anlagern von Vorräten ist durchaus energieaufwendig. Aber wenn die Vorräte erst einmal gut zubereitet und abgelagert sind, kann sie der Körper in Krisensituationen ohne großen Energieaufwand ganz leicht abrufen.

Wenn ich ein Feuer unterhalten möchte, kann ich ständig in den Wald laufen, Äste sammeln, sie nach Hause schleppen und hacken. Der Besuch wird sich bedanken, wenn ich den ganzen Abend nur mit der Beschaffung von Heizmaterial beschäftigt bin. Ich kann aber auch Scheite im Holzschuppen gestapelt lagern und sie dort je nach Bedarf holen. Ist das Heizmaterial vorbereitet, habe ich am Abend Zeit und kann mich den Gästen widmen. Freilich, ich hatte vorher, vielleicht am freien Wochenende, sehr viel zu tun, das Holz herbeizuschaffen und zu zerkleinern.

Entweder werden also die Zellkerne durch die unmittelbar vorher zubereitete Nahrung versorgt, oder aber es wird die im Binde- und Fettgewebe abgelagerte Nahrung abgerufen und verbraucht. Der Energieaufwand beim Abrufen ist sehr gering.

Der Schöpfer hat sich diese zweite Ernährungsmethode wohl deshalb einfallen lassen, damit der Mensch dann, wenn er in Gefahr kommt, nicht nur weiterhin gut versorgt ist, sondern für die Bewältigung seiner Probleme nun auch noch zusätzliche Energien zur Verfügung hat.

Angenommen, der Ur-Mensch mußte sich vor wilden Tieren tagelang in Höhlen verstecken. Dank dieser Möglichkeit brauchte er nun nicht zu verhungern und zu sterben. Ja, er konnte dank der zusätzlichen Energie sogar leichter und schneller vor diesen Tieren, ebenso aber auch vor Feinden, Steppenbränden und dem vorzeitig einbrechenden Winter fliehen.

Zu dem erwähnten Fernsehinterview im Gesundheitsmagazin "Die Sprechstunde" war auch ein Münchener Pastor eingeladen. Er erzählte mir, daß er 1945 nach der Kapitulation als 16jähriger in 34 Tagen von Kopenhagen nach Köln gelaufen sei. Ich sagte ihm: »Sehen Sie! Hätten Sie um das Fasten gewußt, hätten Sie es auch in 20 Tagen schaffen können.«

Besonders beeindruckend sind die Fastenleistungen der Zugvögel. Da soll es Vögel geben, die ein und sogar zwei Wochen in der Luft unterwegs sind und während dieser Zeit weder etwas essen noch trinken. Sie fliegen von Kalifornien nach Hawaii, und von Hawaii in die Südsee – ohne Unterbrechung. Freilich, vorher müssen sie sich genügend Reserven angefressen haben, und wenn sie am Ziel ankommen, haben sie teilweise bis zur Hälfte ihres Körpergewichtes verloren. Wehe aber den Naturfreunden, die die Zugvögel unterwegs füttern wollen. Die Vögel könnten einfach nicht ihre Flugleistung vollbringen, denn durch die Nahrungszufuhr von außen wird ihnen während des Fluges wichtige Energie abgezogen. Fehlt ihnen diese, werden sie – trotz der Fürsorge der Vogelfreunde – schwach und stürzen ins Meer ab.

Es ist deshalb auch nicht verwunderlich, daß gerade wir Fastenwanderer körperlich so viel zu leisten vermögen. Wie viele sagen und bekennen: »Würden wir kräftig gefrühstückt und unterwegs im Restaurant gut gespeist haben, so viel hätten wir nicht gehen können.« Und sie haben recht! Es wären ja Unmengen von Energien während des Marsches abgezogen worden, um das schwer verdauliche deutsche Morgenfrühstück und das uns müde machende Mittagsmahl zu verdauen. Diese Energien hätten wir dann für die Wanderungen nicht mehr zur Verfügung gehabt.

Wahrscheinlich ist uns jetzt auch klar, warum Hänschen, wenn er sich elend fühlt, das Essen ablehnt, und warum viele Kulturen mit dem Fasten ihre Kranken behandeln und heilen. Esse ich während einer Krankheit, in einer Krisensituation oder bei einer schöpferischen Leistung, so ziehe ich dem Körper für die Verdauung Energie ab. Der Körper in seiner ihm eigenen Weisheit möchte aber alle ihm zur Verfügung stehende Energie auf die Ausheilung, die Problembewältigung und das schöpferische Werk konzentrieren. Deshalb schaltet sich oftmals automatisch, ohne daß wir etwas dazu tun oder es beeinflussen können, das indirekte Ernährungsprogramm ein. –

Wir haben einfach keinen Appetit mehr.

Es muß deshalb als Körperverletzung angesehen werden, wenn man jemandem, der keinen Appetit hat, weil der Körper sich ausheilen möchte, etwas zu essen aufdrängt.

5. Im Fasten dürfen wir uns entspannen und harmonisch und schöpferisch werden

Nicht nur das Mehr an Energie führt uns während des Fastens zu erstaunlichen Leistungen. Auch die Leichtigkeit, die wir während dieser Zeit verspüren, läßt uns mit manchem Hindernis viel leichter fertig werden.

Diese Leichtigkeit erleben wir, weil uns vieles nicht mehr nach unten zieht. Wie oft spüre ich z.B., wenn ich etwas Unpäßliches gegessen habe, meinen Bauch! Kein Wunder, denn Unmengen an Blut schießen mir jetzt in den Magen. Die Folge ist, daß ich eine Schwere in mir spüre und mich schwach fühle.

Während des Fastens haben wir aber gewöhnlich keine derartigen Beschwerden, sondern fühlen uns leicht und beschwingt, so wie Vögel, die über der Erde und dem problemreichen Alltag kreisen. Unser Körper scheint jetzt ein Fliegengewicht zu haben, – und unser Gemüt ist froh und unser Geist viel wacher.

Wie sehr mag die Essensideologie z.B. unserer Kunst geschadet haben! Zum Volk der "Dichter und Denker" konnten wir sicherlich nur werden, weil – wenn auch oft bedingt durch die Umstände – viel unter uns gefastet wurde. Der fastende Mensch ist nämlich viel schöpferischer.

Wenn man aber als Kind von Eltern, Lehrern und der Werbung eingebleut bekommt, daß man täglich und ständig etwas essen müsse, dann ist es kein Wunder, wenn man sich auch danach richtet und sich Gemüt und Geist nicht mehr recht entfalten und zu den Höhen echter Kunst und Kultur aufsteigen können. In einem Fastenbüchlein las ich, daß jemand den Abt eines Klosters aufsuchte und ihn fragte, warum seine Mönche geistig und künstlerisch so viel leisten würden, während in den anderen Klöstern so wenig Produktives vollbracht würde. Der Abt nahm den Fragenden beiseite und flüsterte ihm ins Ohr: »Bruder, ich will Ihnen das Geheimnis verraten: Meine Mönche bekommen kaum etwas zu essen!«

Künstler benötigen aber nicht nur das Fasten, sondern auch das Lebensrisiko. Nur wer sich in die Tiefen des Daseins fallen läßt, kann auch aus ihnen schöpfen. Nur wer die Krisen des Lebens zu bewältigen hat, kann andere und eine Gesellschaft daraus herausführen. Wie viele, besonders Künstler, verzichten deshalb bewußt auf alle Sicherheiten, um sich ihre schöpferischen Kräfte zu erhalten. Wenn aber den schöpferischen Genies alle Risiken und bitteren Erfahrungen abgenommen werden, braucht sich eine Gesellschaft nicht zu wundern, wenn der Geist verkommt und das materielle Streben die Oberhand gewinnt. Nur wer das Risiko liebt und Vertrauen zu sich selbst und zu seinem Glück hat, wird wirklich produktiv sein können.

Mich würde sehr interessieren, wie stark z.B. die Künstler-Sozial-Pflicht-Versicherung die schöpferische Leistungskraft der Künstler gefördert bzw. verringert hat. Die Absicherung einer Gesellschaft darf nicht so weit gehen, daß ihre Zugpferde gelähmt werden. Man braucht sich dann nicht zu wundern, wenn man auf einmal solche Kräfte an der Spitze hat, die um ihrer eigenen Sicherheit willen auch zu jedem brutalen Gewalteinsatz bereit sind.

Es ist nicht anzunehmen, daß sich unsere Vorfahren in den letzten Jahrtausenden wegen des winterlichen Fastens stiefmütterlich behandelt fühlten und mit dem Schicksal oder mit Gott gehadert hätten. Vielleicht haben sie in diesem ihnen auferlegten Fasten sogar einen Gewinn gesehen, denn sie durften sich leicht und beschwingt fühlen und konnten auch in wunderbarer Weise die Probleme des vergangenen Jahres aufarbeiten.

Probleme hatte es in den früheren Gesellschaften sicherlich auch sehr reichlich gegeben. Da war jemand von einem herabfallenden Ast oder vom Blitz erschlagen worden. Da hatten herumziehende Horden Haus und Hof geplündert. Da waren Kinder gestorben. Aber bei der winterlichen Entspannung konnte man innerlich damit fertig werden. – Wenn Weihnachten das Fest des Friedens genannt wird, dann ist damit sicherlich nicht der politische Friede gemeint, sondern das Zu-sich-selbst-Finden, der Friede des Herzens.

Anders dürfte unsere Situation heute sein, die wir die Nacht zum Tage und den Winter zum Sommer gemacht haben. Indem wir den natürlichen Rhythmus verdrängten, der die Harmonisierung der Seele immer wieder fördert, haben wir uns zu Sklaven unserer Möglichkeiten und zu Permanent-Produzenten gemacht. Wir müssen ständig etwas leisten und sind dabei – weil dies unserem natürlichen Rhythmus widerspricht – total überfordert. Da ist die Büroangestellte, die zusätzlich zu Hause noch den Haushalt bewältigt, die Kinder betreut und erzieht und von ihrem Ehemann benötigt wird. Wann soll sie denn den Ärger in der Firma, die Aufmüpfigkeit des Kindes, das unzureichende Einfühlungsvermögen des Mannes und ihr eigenes Älterwerden verarbeiten können! Solange sie funktioniert, scheint ja alles in Ordnung zu sein. Dieses Funktionieren hält sie auch Jahre durch. Aber irgendwann einmal ist Schluß, und dann fällt sie in eine Neurose. Sie nun wieder zu heilen ist schwer und dauert Jahre. Günstiger wäre es für diese Frau und die Gesellschaft gewesen, wenn sie öfter einmal im Jahr die Muße gehabt hätte, in sich zu gehen und ihre Konflikte aufzuarbeiten. Das brauchen wir einfach, wenn wir etwas vom Leben haben und wertvolle Glieder unserer Gesellschaft bleiben wollen.

Ein Bericht meines Sportlehrers hatte mich immer wieder zum Nachdenken angeregt. Er war mehrere Jahre als Austauschlehrer in Afghanistan tätig gewesen und erzählte uns Schülern, daß seine Studenten dort bei Langstrekkenläufen immer wieder stehen blieben und sich zur Ruhe setzten. Bei der Frage, warum sie das täten, antworteten sie ihm: »M'allim, bei Allah, wir verstehen deine Hetzerei nicht. Wie könnt ihr Europäer ausgeglichen sein, wenn ihr nicht immer wieder innehaltet, bis ihr euch wieder gefunden habt? Hat nicht der Mensch zwei Seelen, die immer harmonisch aufeinander abgestimmt sein müssen! Wenn wir uns zu sehr anstrengen, kommt eine der Seelen gewöhnlich nicht so schnell mit. Deshalb müssen wir ab und zu stehen bleiben, damit uns unsere zweite Seele wieder einholt und damit die Harmonie wieder in unser Herz zurückkehrt.« – Wir als Schüler wunderten uns über diesen Aberglauben – aber seine Wahrheit habe ich in meinem Leben immer wieder erfahren und praktiziert. Ich erkannte nämlich, daß ich nicht schneller werden darf, als mein Innerstes mir gestattet. Und wenn ich einmal in Hetze komme, vielleicht weil ein Brief noch erledigt werden muß, dann brauche ich erst einmal eine Verschnauf- und Besinnungspause, damit meine beiden Seelen wieder zueinander finden.

Wir brauchten aber nicht erst bis nach Afghanistan zu gehen, um zu dieser Urwahrheit zurückzufinden. Der Echternacher Dreischritt während der Echternacher Springprozession will uns etwas ähnliches lehren. In Begleitung eines Geistlichen springen die Prozessionsteilnehmer jeweils im Takt drei (fünf) Schritte vorwärts und danach zwei (drei) wieder zurück. Vorpreschen – ja, aber immer wieder innehalten und ein Stück zurück, damit man bei sich selber bleibt und nicht innerlich zerreißt und nicht die nächste Station die Psychiatrie ist.

Möglicherweise haben wir jahrelang nicht auf unsere innere Harmonie geachtet und sie deshalb verloren. Im Fasten-Wandern aber dürfen wir entspannen, unsere Mitte finden und innerlich wieder harmonisch werden. – Vieles Versäumte läßt sich also durchaus nachholen.

6. Das Fasten und die Kinder

Ich vermute aufgrund meiner Fastenerfahrungen, daß unsere Vorfahren den Wert der winterlichen Zurückhaltung im Essen durchaus zu schätzen wußten. Schon als Kinder hatten sie es nämlich erleben dürfen, daß ihre Eltern während dieser "Fastenzeit" entspannter und ruhiger waren und eher einmal Fünfe gerade sein ließen als sonst im Laufe des Jahres. Diese Harmonie in der Familie beeindruckte sie sicherlich.

Weil die Erwachsenen fasteten und dabei große Güte ausstrahlten, hatte das Fasten für die Kinder wahrscheinlich einen großen Reiz und eine magische Anziehung, und sie bettelten möglicherweise – ebenso wie die Moslemkinder heute noch im Islam –, mitfasten zu dürfen. – Vorsichtig führten die Eltern ihre Kinder dann ans Fasten heran, damit es zu keinen gesundheitlichen und psychischen Schäden kam.

Besondere Meister im Fasten müssen, soweit ich es in Erinnerung habe, die Kinder gewisser Indianerstämme Nordamerikas gewesen sein. Wenn sie etwa 12 Jahre alt waren und in die Erwachsenenwelt eintreten sollten, mußten sie als eine Art Prüfung ein Überlebenstraining in der Wüste durchführen, zu dem auch das Fasten gehörte.

Wir sollten nicht annehmen, daß das Fasten für sie grausam war, denn sie waren sicherlich in einer harmonischen Fastenatmosphäre groß geworden. Außerdem hatte man sie liebevoll in alle Überlebenstechniken eingeweiht. Die Jungen freuten sich auf dieses Überlebenstraining sicherlich ebenso wie unsere auf einen Fußballwettkampf, bei dem sie ihre Geschicklichkeit unter Beweis stellen dürfen.

Weil ich das Fasten für so wichtig und wertvoll halte, ist es mir ein Herzensanliegen, daß auch Kinder bei meinen Veranstaltungen dabei sind. Sie sollen einfach die Fasten-Atmosphäre erleben und erfahren, wie leicht alles den Erwachsenen fällt. Manchmal vergessen bei den Veranstaltungen die Kinder, die dabei sind, das Essen oder bekommen Lust, mitzufasten.

Umso unbegreiflicher ist es mir bis heute, daß ich vom Kinderschutzbund in Hannover wegen Kindesmißhandlung angezeigt worden bin. In einem Zeitungsbericht war nämlich zu lesen, daß der jüngste Teilnehmer sieben Jahre alt war. Daß er weder fastete noch mitlief, sondern von Vater, Mutter und älterer Schwester liebevoll betreut wurde, interessierte die, die zum ersten Male in meinem Leben die Kriminalpolizei auf mich ansetzten, offenbar überhaupt nicht.

An diesem Beispiel erleben wir, wie groß die Angst vor dem Fasten ist und wie sehr sie selbst den wohlwollenden Mitgliedern unserer Gesellschaft in den Knochen steckt. Daß sie selbst aber ihre Kinder mit gekochtem Fleisch und mit Schokolade füttern und sie mit Kortison einreiben, stört sie offensichtlich nicht.

Angemessener wäre es sicher gewesen, wenn sich der Kinderschutzbund direkt an uns gewandt hätte und wir ihm hätten erklären können, daß es auch ein notwendiger Dienst an den Kindern ist, sie recht früh das Fasten als

Gesundheitsmaßnahme erleben zu lassen.
Es wird immer wieder gefragt, ab dem wievielten Lebensjahr man Kinder fasten lassen könne. Diese Frage zu beantworten ist recht schwierig. Zum Fasten gehört gewöhnlich auch die innere Motivation. Kindern, die nicht unter Leidensdruck stehen, dürften die Einsicht und die innere Bereitschaft dazu fehlen. Wenn die nächsten Angehörigen bereit sind, mitzufasten, sieht das vielleicht anders aus.

Einmal hatten wir eine Mutter mit ihrem 11jährigen Sohn dabei, mit dem sie schon, als dieser sieben Jahre alt war, sechs Wochen lang zusammen wegen einer Hautkrankheit gefastet hatte.

Gelegentlich hört man: Jedes Lebensjahr bedeutet einen Fastentag mehr. Wenn ein Kind also neun Jahre alt ist, müßte es nach dieser Überzeugung neun Tage lang fasten können.

Völliger Nahrungsverzicht soll jedoch die körperliche Wachstumsentwicklung beeinträchtigen. Allgemein wird deshalb geraten, Kinder erst fasten zu lassen, wenn das körperliche Wachstum abgeschlossen ist.

Wenn Eltern mit Kindern kommen, gehe ich davon aus, daß diese, sobald sie 16 Jahre alt oder älter sind, mitfasten.

Einmal hatte ich einen verhältnismäßig großen vierzehnjährigen Jungen dabei, der sehr unglücklich darüber war, daß er so unförmig aussah. Er hatte seine Eltern von sich aus gebeten, bei uns mitfasten zu dürfen.

Schicken Eltern ihre Kinder zum Fasten-Wandern, damit diese abnehmen oder ihre Hautkrankheiten ausheilen, erwarte ich, daß jemand von den Angehörigen dabei ist und mitfastet.

In Fasten-Kliniken soll es auf dem Vormarsch sein, wegen Stoffwechselerkrankungen auch Kinder fasten zu lassen.

Eines unserer Probleme ist z.Zt., wie wir die Kinder, die Mütter oder Väter mitbringen, in die Gruppen integrieren. Zwei Veranstaltungen, die ich mit Kinderbetreuung anbot, mußte ich ausfallen lassen, weil sich so gut wie keine Familien angemeldet hatten. Seitdem habe ich derartige Angebote auch nicht mehr im Programm. Erfolgreicher als ich war eine Anbieterin im Pfälzer Wald, die dort ein Behinderten-Ferien-Heim leitete. Für ihre Veranstaltungen hatte sie diese gesamte Einrichtung zur Verfügung, die für eine Kinderbetreuung hervorragend geeignet war. – Zu meiner großen Freude lese ich heute gerade, daß auch ein fränkischer Veranstalter die Kinderbetreuung anbietet.

Wenn jetzt Eltern Kinder mitbringen wollen, bemühen wir uns, daß möglichst mehrere Familien zu einer gemeinsamen Veranstaltung kommen. Eltern und Teilnehmer sollen sich dann in der Betreuung möglichst ablösen. Ab dem siebten Lebensjahr können manche Kinder aber durchaus auch auf die Wanderungen oder wenigstens auf Teilstrecken mitkommen.

Als wir einmal einen zehnjährigen Jungen und ein fünfjähriges Mädchen in den Vogesen dabei hatten, machte die Fünfjährige alle Touren problemlos mit. Als Frank aber auf der nächsten Veranstaltung nicht dabei war, hatte Johanna keine Motivation zum Mitwandern und wollte immer mit ihrer Oma im Heim bleiben.

Wenn Erwachsene mit Kindern kommen, die essen, legen wir in unseren Gruppenunterkünften diese Teilnehmer möglichst getrennt in einem separaten Raum zusammen. Das Kind bzw. die Kinder sollen ihre Mahlzeiten dort einnehmen und sich unterwegs beim Essen möglichst etwas zurückziehen.

7. Frühlingsschwung statt Frühjahrsmüdigkeit

Werner Zimmermann erzählt in seinem Büchlein "Heilendes Fasten" über das Fasten von Pferden recht anschaulich: »Die Weizenfarmer Nord-Kanadas lassen im Herbst ihre Pferde, soweit sie deren Dienste im Winter nicht benötigen, einfach frei laufen, geben ihnen weder Obdach noch Futter. Oft fegen eisige Stürme über die weiten Ebenen, bei vierzig Grad Celsius Kälte. Auf den Feldern stehen vom Dreschen her die riesigen Strohhaufen. Dort wühlen sich die Pferde ein, suchen Schutz und finden auch etwas Futter an Stroh und einzelnen Körnern. Oft brausen ganze Trupps daher wie die wilde Jagd, um sich etwas zu erwärmen, die struppigen Haare mit dicken Eiskrusten bedeckt. Im Frühling tragen die Tiere lange Pelze und sind beinmager, doch kerngesund und munter. Auch sie haben ihre natürliche Fastenzeit innerer Reinigung« (S. 5f). – Ich stelle mir vor, daß sich diese Pferde, wenn sie wieder eingefangen sind, mit viel Schwung und großer Energie in ihre Arbeit stürzen, anders als dies unsere Stallpferde tun dürften, die im Frühling wahrscheinlich erst einmal wieder mühsam an die Arbeit gewöhnt werden müssen.

Die gleiche Frühjahrsenergie und der gleiche Frühlingsschwung sind aber auch den Menschen zugedacht. Wenn sie in der Winter- bzw. Fastenzeit alle ihre Probleme aufgearbeitet haben und in ihnen neue Ideen und Hoffnungen erwacht sind, sollten sie sich bei den ersten Sonnenstrahlen mit viel Phantasie und Begeisterung wieder in ihre Aufgaben und Arbeiten stürzen können. Dabei sollten sie weder Schlappheit noch Müdigkeit kennen. Wer die Frühjahrsmüdigkeit als natürliche Ordnung in der Schöpfung ansieht, der kennt den Schöpfer schlecht. Nein, sie lag nicht in seinem Plan drin. Wir dürfen vielmehr Raketen sein. Die Leichtigkeit und Gelassenheit des Fastens verbindet sich nun nämlich – gemäß der natürlichen Ordnung – mit den Vitaminen und Vitalstoffen aus den Blüten und Blättern, die überall grünen und blühen.

Glaubt mir, Freunde, wir kennen uns selbst nicht mehr, wenn wir uns vertrauensvoll in die Schöpfung fallen lassen. Wir sind auf einmal total andere Menschen. Zimmermann erläutert das eindrucksvoll am Frühlingserleben der Tiere, das aber ebenso für uns Menschen gilt: »Unaufhaltsam steigt die Sonne höher. Wärmere Tage lassen den Frühling ahnen. An sonnigen Halden, wo der Schnee zuerst abrutscht oder schmilzt, sprießen die ersten grünen Kräutlein und Gräslein, etwas herb und bitter, voller Lebenskraft. Man kann sich denken, wie sie dem hungrigen Mäulchen schmecken! Die neuen Säfte helfen erst noch den Rest alter Schlacken auflösen und austreiben, und der Aufbau mit herrlich frischem Futter, in das der Frühling seine ganze Freude und Kraft gelegt hat, wird zum gewaltigen Erlebnis, zu wahrer Auferstehung und Wiedergeburt, zum schönsten Osterfest« (S. 5).

8. Fasten und Religion

Die Weisen aller Völker haben seit Ewigkeiten her immer wieder entdeckt, daß sie während der Zeiten, in denen es kaum etwas zu essen gab, lebendiger, geistig wacher und einfühlsamer waren als sonst. Deshalb lag es nahe, das Fasten immer dann zu praktizieren oder zu empfehlen, wenn Menschen gesund werden wollten, Probleme zu lösen waren, jemand eine sehr wichtige Aufgabe vor sich hatte oder mit dem Ewigen in Kontakt treten wollte.

Das in unserem Kulturbereich wohl bekannteste Beispiel des Fastens dürfte das von Jesus erzählende sein. Bevor er als Glaubenserneuerer an die Öffentlichkeit trat, zog er sich nach entsprechenden Berichten erst einmal vierzig Tage in die Einsamkeit bzw. Wüste zurück (Markus, 1,13, Matth. 4,1). Das war allgemeiner Brauch, sowohl im biblischen Bereich wie auch bei den anderen antiken Völkern, sowohl bei denen, die mit religiösen Botschaften und Reformen auftraten wie auch bei den Politikern. Priester und Könige fasteten häufig, um Klarheit über ihren Weg und für ihre Entscheidungen zu finden. Als längstes und optimales wurde wohl ein Vierzig-Tage-Fasten angesehen. An dieser Erkenntnis hat sich bis heute nicht viel geändert.

Es ist deshalb nicht verwunderlich, wenn nach und nach das Fasten nicht nur der Intuition des einzelnen überlassen blieb, sondern institutionalisiert wurde. So gehörte es allmählich zum Einführungsritus eines Königs, eines hohen Regierungsbeamten, eines Priester, eines Heilers und eines Volksweisen.

Nach und nach legten die geistige Volkselite und die Führungsschicht auch Wert darauf, die gesamte Bevölkerung an den Segnungen des Fastens teilhaben zu lassen. So wurden Fastentage und Fastenzeiten eingerichtet. Die in unserem Kulturkreis bekanntesten religiösen Fastenzeiten sind wohl das Fasten am großen Versöhnungstag bei den Juden (3. Mose 6,29), das 28tägige Ramadan-Fasten bei den Moslems und unsere vierzigtägige vorösterliche Fastenzeit.

Es wurde und wird freilich unterschiedlich gefastet. Die Moslems z.B. enthalten sich im Monat Ramadan von der Morgendämmerung bis zum Einbruch der Nacht der Speisen, der Getränke, des Geschlechtsverkehrs und des Rauchens. In der Nacht dagegen dürfen sie trinken und ein bescheidenes Mahl zu sich nehmen. Unter den Christen in islamischen Ländern wird auch heute noch recht streng gefastet. In der römisch-katholischen Kirche ist dagegen die Fasten-Praxis immer mehr gemildert worden. Es wird z.B. unterschieden zwischen eigentlichem Fasten (nur einmalige Sättigung am Tage, wobei morgens und abends eine kleine Stärkung zulässig ist) und Abstinenz-Fasten (Enthaltung von Fleischspeisen warmblütiger Tiere). Als Abstinenz-Fastentage galten lange Zeit alle Freitage, als eigentliche Fastentage nur Aschermittwoch, Karfreitag und die Vortage von Weihnachten und dem Fest der unbefleckten Empfängnis. Im Bereich der reformatorischen Kirchen gibt es jedoch so gut wie kein Fasten.

Wenn ich an das religiöse Fasten denke, denke ich jedoch weniger an die von oben her empfohlenen bzw. zur Pflicht gemachten Fastenzeiten. Ich denke vielmehr an die bereichernden Fastenerlebnisse, die der einzelne in der Zurückgezogenheit macht. Wer fastet, der erlebt nämlich sich selbst, die Mitmenschen und die ihn umgebende Natur viel intensiver. Es ist ihm, als seien Mauern weggerissen, Mauern zwischen ihm und seinem eigentlichen Ich, Mauern zwischen ihm und den Mitmenschen, Mauern zwischen ihm und der Natur. Andachtsvoll und ehrfürchtig fängt er an, sich selbst und andere zu entdecken, und ihm wird auf einmal bewußt, wie wertvoll und einmalig jeder einzelne Mensch ist. Gleichzeitig bekommt er aber auch ein Auge, ein Ohr, eine Nase und ein Empfinden für die Blumen und die Wolken, für das große Wunder eines Kindes und die heilende Kraft der Natur.

Wenn wir fasten, hören unsere Verdauungsorgane auf zu arbeiten. Die organische Ruhe, die sich in unserem Körper ausbreitet, dürfte auch unser Gemüt und Innenleben erfassen. – Möglicherweise hängt dieses sich innerlich ausbreitende Friedensgefühl auch mit einer Hormonproduktion und Hormonausschüttung zusammen. Diese Hormone bauen in uns Barrieren ab und ermöglichen uns einen Zugang zu den Geheimnissen des Lebens.

Wir können uns fallen lassen, einfach fallen lassen, und erleben dabei manchmal etwas, was uns sonst kaum erfahrbar ist. Möglicherweise steht auf einmal jemand, der sonst für uns ein Horrorschreck war, als Friedensgeschöpf vor unserem geistigen Auge, und wir können nicht anders, als ihn zu lieben. Unerwartet spüren wir evtl. auch, daß der Verlust des Arbeitsplatzes eine

Chance und ein Neuanfang bedeuten. Unvermittelt nehmen wir möglicherweise auch innerlich wahr, daß wir durch nichts so beschenkt und bereichert werden wie durch unser krankes Kind.

Bei derartigen Eingebungen können wir oft nicht anders, wir müssen stehen bleiben, uns auf einen Stein setzen und uns unseren Intuitionen hingeben. Wir erleben, daß sich uns nun eine Welt auftut, die uns normalerweise verborgen bleibt. Überwältigt sind wir von dem Frieden und der Geborgenheit, die uns auf einmal erfüllen. Wir spüren, daß sich die Grenzen zwischen unserer materiellen und der geistigen Welt ein wenig aufgetan haben. Der Hauch des Unendlichen und Ewigen umgibt uns. Wir lassen ihn in uns eindringen und uns mit ewigen Energien füllen. Wir ahnen, daß dieses ein Gnadenaugenblick, ein Geschenk ist, worüber wir nicht verfügen.

Uns ist bewußt, daß wir das gerade Erlebte nicht festhalten können, – es erwacht aber in uns ein gewaltiges Sehnen, doch recht intensiv und lange diese Gnadenstunde erleben zu dürfen. Ohne bewußte Steuerung nehmen wir deshalb alles wahr, damit wir den Fluß von drüben nicht durch Überlegungen und Anstrengungen blockieren. Wir registrieren Visionen und lauschen auf ein heimliches Geflüster, durch das tief in unserem Inneren zu uns gesprochen wird. Sehnsüchtig saugen wir uns mit dem voll, was diese einmalige Begegnung uns bietet und schenkt.

Wir entdecken: Hier ist uns eine Kraft und Macht ganz nahe, die uns sonst im Alltag weitgehend verborgen bleibt. Es fließt zu uns herüber, es fließt. Es fließt einfach, und wir fühlen uns als die Gesegneten. Wir brauchen unseren Willen nicht anzustrengen, keinen Gedanken zu fassen und kein Wort zu sprechen. Es fließt einfach. Vielleicht formen wir nun sogar instinktiv unsere Handflächen zu Schalen und halten sie empor, damit die Gnadenströme des Unerforschlichen besser in uns eindringen können.

Über Raum und Zeit fühlen wir uns erhaben. Uns ist es, als seien wir bereits im Jenseits, als seien wir eins mit der geistigen Welt, mit Gott. Da nähert sich uns ein gewaltiges, helles Licht, ein gütiges, Wärme ausstrahlendes Lichtwesen. Es nimmt uns an die Hand und führt uns durch zukünftige Bereiche unseres Lebens und der Welt. Unerwartet dürfen wir schauen, was an Katastrophen, aber auch an unbeschreiblichen Herrlichkeiten auf die Menschen zukommt.

Eine mystische Gnadenstunde wird uns zuteil. Sich mit Gott eins zu wissen, das ist wohl das Höchste, was ein Mensch auf dieser Erde erleben kann. Geheimnisvoll spürt er, daß er hineingebunden ist in eine große, herrliche Ordnung. Dadurch bekommt sein Leben eine wunderbare Neuorientierung und einen tiefen Sinn. Er fällt in das Bewußtsein, daß ihm nichts widerfahren kann, was nicht zu seinem Frieden und Heile dient. Er begreift, daß sein Körper nur ein Kleid ist. Eigentlich, so wird ihm bewußt, gehöre ich in die

geistige, in die göttliche Welt. Der Verlust meines Körpers, er könnte nur ein Geschenk, ein Gewinn sein.
Alle Leiden dieser Welt schrumpfen auf einmal angesichts der großen Herrlichkeit, die wir erleben, zu einem Nichts zusammen. Eine Freiheit ohnegleichen dürfen wir in uns spüren. Uns wird bewußt: Er ist in uns und mit uns, der Ewige. Alles, was wir tun, wird unserer Hand gelingen, denn er führt uns. Vor nichts brauchen wir uns zu fürchten, denn alle Konflikte sind lediglich Tore zu einer unbeschreiblichen Herrlichkeit. Wir sind Berufene, Begnadete. Wir können unseren Weg voller Zuversicht und Hoffnung gehen. Unsere Widersacher, sie werden zu unserer Seite liegen, – wir aber dürfen das Licht und den Trost in diese Welt hineintragen.

Was könnten uns jetzt noch Trauer oder Angst oder Frust oder Verfolgung oder Hunger oder Überfälle oder der gewaltsame Tod antun? In diesem allem dürfen wir uns nun bewähren. Weil die Liebe Gottes uns trägt und unser Herz erfüllt, können weder Tod noch Leben, weder Gegenwärtiges noch Zukünftiges, weder die Mächtigen dieser Welt noch die gesellschaftlichen Zwänge noch irgendetwas anderes uns in irgendeiner Weise verunsichern.

Wenn wir dann aus unserem Traume erwachen, ist uns unser zukünftiger Weg klar, und wir spüren Energie und Siegeszuversicht in unserem Herzen und in unseren Gliedern. Aus dem Hoffen waren wir für einen kurzen Augenblick ins Schauen und Erleben versetzt. Aber dieser Augenblick der Himmelsöffnung hat gereicht, uns umzukrempeln, uns umzupolen, uns neu in Trab zu setzen – in der Familie, im Beruf, in der Gesellschaft – wo immer unser Platz ist.

Nicht daß das Fasten eine Garantie dafür wäre, daß wir derartige spirituelle Erlebnisse haben müssen. Am wenigsten werden sie wahrscheinlich demjenigen zuteil, der sich innerlich darauf fixiert. Das Sich-Öffnen des Jenseits bleibt ein Gnadengeschenk, das wir mit allen unseren Anstrengungen nicht erzwingen können. Was wir aber tun können, ist, daß wir für alles das dankbar sind, was wir im Augenblick erleben dürfen. Wer sich darüber ärgert, daß es regnet oder daß es steil bergauf geht, daß die Saftflaschen versehentlich vergessen worden sind oder daß wir den Zug verpaßt haben, dem dürften, so meine ich, kaum derartige Erlebnisse geschenkt werden.

Derjenige jedoch, der bereit ist, sich dem Augenblick zu öffnen, dürfte nach und nach für den mannigfaltigen Reichtum in ihm selber, im Mitmenschen und in der gesamten Schöpfung sensibel werden. Einfach sich öffnen und annehmen! Dankbar für das kleine Erlebnis sein und bereits darin schon eine große Gnade erkennen! Wer so den Augenblick und die bescheidenen Erlebnisse annimmt, der spürt sicherlich sehr schnell, wie nahe uns die Güte Gottes gerade im Fasten ist und wie nahe er dem gewaltigen Schöpfer sein darf. Er sehnt in seiner Demut nicht große innere Erlebnisse krampfhaft herbei, er ist aber vorbereitet und dankbar, wenn ihm eine solche großartige Gnadenstunde zuteil wird.

Es gibt Menschen und Völker, z.B. die Inder, die zu derartigen inneren Öffnungen leichter in der Lage sind als wir. Unsere Gesellschaft ist in ihrem Bewußtsein so vermaterialisiert, daß man sich derartige Erfahrungen weitgehend nicht einmal mehr vorstellen kann, sondern sie gleich als Spinnerei oder psychischen Defekt abtut. Es ist schlimm, wie grausam unsere Gesellschaft den spirituell sensiblen Menschen gegenüber ist.

Man kann durchaus ein wenig dazu beitragen, daß man sensibler für die Geheimnisse des Lebens wird, z.B dadurch: 1., daß man bereit ist, den Augenblick so anzunehmen, wie er sich bietet, 2., daß man ein wenig innehält und sich Zeit nimmt, wenn eine Stätte einen besonderen Frieden ausstrahlt oder man sich bei einem Erlebnis innerlich besonders angesprochen fühlt. Das Meer und die Berge, das Rauschen eines Wasserfalls und der Gesang der Vögel, ein Konzert und eine Malerei könnten einen z.B. so ansprechen und innerlich sehr ergreifen, ebenso aber auch eine ehrwürdige Kultstätte und eine alte Kirche.

Selten hat mich z.B. eine Kirche so in ihren magischen Bann gezogen wie die gotische Kathedrale in Metz, und aus dem ägyptischen Tempel Abu Simbel wieder hinauszugehen, war mir unmöglich. War ich wieder beim Pförtner angelangt, so drängte es mich innerlich, unterm Absperrseil hindurchzukriechen und den Rundgang noch einmal zu machen.

Es dürfte für uns seelisch so verhärtete Menschen notwendig sein, uns wiederholt eine Besinnungspause aufzuerlegen, um überhaupt wieder einen Zugang zum Mysteriösen zu finden.

Als Gruppe sollten wir bei den Fasten-Wanderungen deshalb immer wieder einmal innehalten und auf die Geheimnisse lauschen, die sich uns im Augenblick bieten. Besonders an Aussichtspunkten, Grotten, geheimnisvollen Stellen und Orten der Kraft könnte man z.B. stehen bleiben und denen, die die innere Bereitschaft dazu haben, die Möglichkeit bieten, in sich zu gehen und sich in diese Atmosphäre fallen zu lassen.

Einem ähnlichen Ziel dienen unsere Schweigemärsche. Sie sollen uns helfen, auf die Vorgänge in unserem Inneren zu achten und uns mit uns selber auseinanderzusetzen. Einige haben große Schwierigkeiten, es schweigend auch nur eine Stunde auszuhalten.

In unseren Meditationen und Gebeten versuchen wir ebenfalls, mit unseren Teilnehmern, soweit sie dazu innerlich bereit sind, ein wenig ihr Inneres zu durchwandern und sie einzustimmen in die Erfahrung der Güte, die uns überall umgibt.

Bei einer Veranstaltung in der Heimvolkshochschule in Berg am Starnberger See waren wir einst mit einer indischen Gruppe im gleichen Haus. Gelegentlich trafen wir uns zu gemeinsamen Gesprächen. Dabei erklärten uns die Hindus, daß sie mit unserer Art des Fastens nichts anfangen könnten. In ihrem Lande gingen die Frommen, die fasten wollten, tagsüber in den Tempel. Dort würden sie sich dem Studium weiser Schriften widmen, nachdenken, meditieren und beten.

Ich konnte nur versuchen, diesen Menschen einer anderen Kultur und Religion deutlich zu machen, daß wir erst wieder mühsam unserer Bevölkerung das Fasten nahebringen müssen. Außerdem müssen wir zusehen, daß unsere Mitmenschen erst einmal wieder körperlich und seelisch gesund werden, damit sie sich überhaupt religiös öffnen können. Drittens würden wir bei unseren Fasten-Wanderungen auch besinnliche Übungen durchführen, nur müßten wir dabei sehr zurückhaltend sein, weil wir möchten, daß die Teilnehmer unseren Ritualen und Worten innerlich folgen können.

Daß sich Jesus unmittelbar vor seinem öffentlichen Auftreten 40 Tage lang in die Wüste zurückgezogen hat, halte ich durchaus für möglich. Wahrscheinlich hat er es getan, um vieles innerlich noch abzuklären und zu ordnen und um sich Inspirationen für seinen Weg geben zu lassen. Während seines Fastens könnte er spirituelle Erlebnisse, wie ich sie beschrieben habe, durchaus gehabt haben, denn sein Leben und sein Werk sind ein beredtes Zeugnis dafür, wie nahe er Gott stand. Leider erfahren wir über seine inneren Erlebnisse kaum etwas. Es heißt lediglich, daß er vom Satan versucht wurde. Das könnte darauf hindeuten, daß er viele innere Kämpfe durchzustehen hatte, bevor er mit seiner Wirksamkeit begann.

Um religiöse Orientierung zu finden, ist das Fasten nicht unbedingt eine Voraussetzung. Man bekommt sie auch unter völlig anderen Umständen. Viele spirituell sensible Menschen haben jedoch über das Fasten einen harmonischen und schnellen Einstieg in das Erlebnis der göttlichen Welt.

Kein Wunder, wenn Jesus Fasten und Beten ganz eng zueinander rückt. Er will damit jedoch nicht unbedingt ausdrücken, daß das Fasten das gleiche ist wie das Beten. Er will wohl eher betonen: Das Fasten vertieft und verstärkt das Gebet um ein Vielfaches. Man erlebt es wiederholt während des Fastens, daß der Lobpreis und die Anbetung des Ewigen ohne irgendein Wort möglich ist, besonders wenn die innere Verbindung mit ihm während dieser Zeit äußerst stark ist. Sich mystisch mit Gott vereint wissen, das ist nämlich auch Gebet.

DIE VERDAUUNGSORGANE DES MENSCHEN

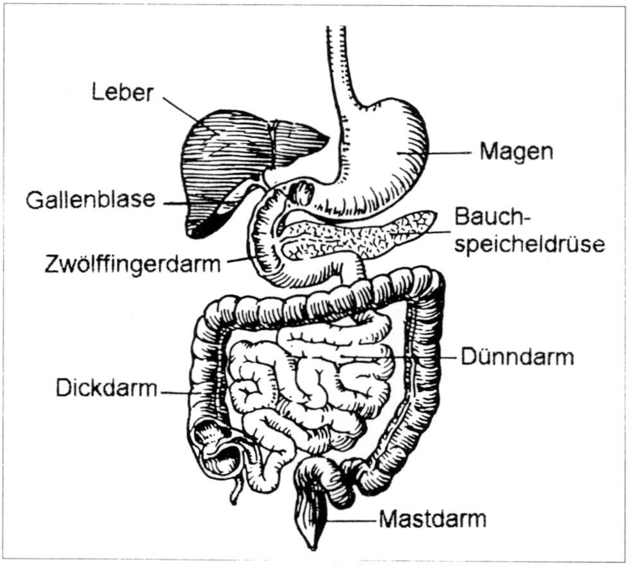

(Tittel, K.: Beschreibende u. funktionelle Anatomie des Menschen, G. Fischer Verl., S. 466)

Kapitel II

DIE KÖRPERVORGÄNGE WÄHREND DES FASTENS

1. Der Abbau der Reserven

Daß man während des Fastens normalerweise abnimmt, weiß jeder. Man sollte sich über seine Gewichtsreduktion jedoch nicht zu früh freuen! Als ich mit meinen Fastenmärschen 1980 anfing, nahm ich dann, wenn ich mit Fasten und Marschieren gleichzeitig begann, am ersten Tage häufig schon drei Kilo und mehr ab. Das ist eine ganze Menge. Es sollte jedoch niemand meinen, nun seien drei Kilo des Fettpolsters geschmolzen. Nein, so schnell geht es leider nicht.

Einmal hat sich nämlich der Darm entleert und ist nicht wieder gefüllt worden, – und zum anderen habe ich eine ganze Menge Wasser verloren. Je mehr wir nämlich während des Tages bei den Wanderungen schwitzen, desto mehr Körperwasser geben wir auch ab. Selbst wenn wir dann am Abend wieder Unmengen an Flüssigkeit in uns hineinkippen, ist es nicht gesagt, daß wir im Körper die Wassermenge nachfüllen, die wir verloren haben. Ein großer Teil des Körperwassers wird nämlich durch das in den Zellen lagernde Salz gebunden.

Daß wir viel zu viel Salz zu uns nehmen, ist eine Tatsache. Unsere Vorfahren kamen gewöhnlich überhaupt nicht an Salz heran. Lediglich den Meeresbewohnern stand etwas zur Verfügung. Trotzdem überlebten sie alle. – Wir aber können uns für wenig Geld pfundweise Salz kaufen, um unsere Kartoffeln und die Suppe geschmacklich "aufzubessern." Das ist jedoch längst nicht alles Salz, das wir zu uns nehmen. In vielen Lebensmitteln ist es versteckt drin, z.B. im Brot und im Bier, im Käse und in der Wurst.

Dieses Salz bindet im Körper Wasser, 10 Gramm etwa einen Liter. Deshalb schleppen wir viel zu viel Wasser mit uns herum. Dadurch wiegen wir nicht nur mehr, sondern beeinträchtigen gleichzeitig auch die Versorgung der

Zellkerne. Das gebundene Wasser behindert nämlich den zügigen Transport der Nährstoffe und den Abtransport der Schlacken.

Leben wir jetzt während des Fastens salzfrei, so wiegen wir verständlicherweise wegen des sonst salzgebundenen Wassers auch weniger und erleichtern gleichzeitig die Versorgung der Zellkerne. Wehe uns aber, wenn wir nach dem Fasten das Salz wieder in uns hineinschaufeln. Unsere verlorenen Pfunde sind bald wieder drauf. Einige Fastende nehmen sich deshalb vor, nach dem Fasten salzfrei zu leben. Das ist möglich, denn unsere Vorfahren haben ja auch so gelebt.

Bei der Ernährung aus sich selbst läuft im Körper eine ganz bestimmte Ordnung ab, die wir uns bewußt machen sollten, um keine Abspeckwunder zu erwarten. Unsere Anfangserfolge trügen. Bis unsere Speckreserven angegriffen werden, vergeht nämlich noch relativ viel Zeit, denn: 1.) Der Körper hat im Blut noch genügend Nahrung für etwa einen Tag. 2.) Danach holt er sich die in der Leber und in der Muskulatur abgelagerten, selbstaufgebauten Zuckervorräte. Diese können ihn jedoch bestenfalls nur einen weiteren Tag noch versorgen. 3.) Daraufhin baut der Körper die verbrauchten und kranken Zellen und das kaputte Gewebe ab und verwertet es noch. 4.) Jetzt erst macht er sich an das leider oft in großen Mengen in uns abgelagerte Eiweiß. 5.) Abbau der Fettspeicher.

Unser Körper benötigt pro Tag etwa 25 Gramm hochwertiges Eiweiß. Das würde völlig reichen. Es ist nicht zu begreifen, warum die Ärzteschaft und selbst die UNO-Gesundheitsbehörde täglich über 100 Gramm empfohlen haben. Überschüssiges Eiweiß schadet nämlich bekanntlich unserer Gesundheit. Lützner sagt: »Überschüssiges Eiweiß (Protein) lagert sich ab in der Wand der kleinsten Blutgefäße (Kapillaren), die sich in allen Organen befinden. In diesen Ablagerungen (Verschlackung) sieht man heute das vom Betroffenen noch unbemerkte Vorstadium mancher Erkrankung, die erst Jahre später spürbar wird. Das trifft für alle Stoffwechselerkrankungen zu, auch für die meisten Herz-Kreislaufschäden mit der Spätfolge Herzinfarkt oder Schlaganfall sowie für die häufigsten Formen des Gelenk- und Weichteilrheumatismus – um nur einige Beispiel zu nennen.

Gegen diese Gefahren können wir selbst etwas tun, indem wir unseren Körper veranlassen, von Zeit zu Zeit überschüssiges Eiweiß abzubauen (wie es im Fasten geschieht) und darüber hinaus lernen, unseren Eiweißspeicher nicht gleich wieder zu überfüllen. Fasten und die Ernährung nach Maß gehören also zusammen« (Lützner S. 53).

Wir wären noch gut dran, wenn wir uns tatsächlich an die vor Jahren einmal empfohlenen und in den Köpfen noch immer herumgeisternden hohen Eiweißwerte halten würden. Unsere Gesellschaft aber ist leider einer

Eiweiß-Sucht zum Opfer gefallen und denkt bei Eiweiß fast ausschließlich an Fleisch- und Milchprodukte, ohne sich bewußt zu machen, daß wir die besagten notwendigen 25 Gramm bereits reichlich über die pflanzliche Nahrung zu uns nehmen.

Nicht nur unsere Vorfahren lebten doch über Millionen von Jahren ohne einen Bissen Fleisch und ohne einen Becher Joghurt, auch Kühe und Elefanten fressen keine Tiere – außer den Käfern und Insekten, die sich an den Gräsern und Sträuchern befinden – und bilden doch zentnerweise Fleisch.

Der Fleischkult war wohl in der DDR noch größer als in der alten BRD. Es wird erzählt, daß die DDR-Regierung einmal dafür Sorge getragen hatte, daß für jeden DDR-Bürger eine Weihnachtsgans bereit gehalten wurde. Welch ein gesunder Instinkt der Bevölkerung, wenn nur die Hälfte der vorhandenen Vorräte abgeholt wurde.

Vor Jahren schrie alle Welt, daß die Polen verhungern würden. Daß entsprechend berichtet wurde, dürfte – so hörte ich – daran liegen, daß man sich an der zur Verfügung stehenden Fleischmenge orientiere. Kommt in einer Gesellschaft kein Fleisch auf den Markt, so wird davon ausgegangen, daß die Bevölkerung unterversorgt ist. Statt dessen sollte man doch froh sein, wenn die Fleisch- und Milchgeschäfte schließen.

Selbst in der Entwicklungshilfe hat man in diesem Bereich die größten Dummheiten begangen. In Indien kommt der Erwachsene sicherlich mit 15 Gramm Eiweiß pro Tag gut aus und fühlt sich pudelwohl. Wenn der verantwortungsvolle Europäer aber von 100 Gramm als Minimalforderung ausgeht, so muß er natürlich in bezug auf die Zustände in Indien furchtbaren Alarm schlagen. Und so hat man für Eiweiß-Hilfsmaßnahmen nicht nur wertvolle Gelder verschleudert, sondern durch sie unsere Umwelt zusätzlich verantwortungslos belastet und Kinder und Erwachsene, besonders mit Milchpulver, erbarmungslos geschädigt.

Der Höhepunkt der Eiweiß-Perversität ist die Atkins-Diät, bei der, um abzunehmen, nur tierisches Eiweiß gegessen wird.

Wir stehen mitten in diesem Eiweißrausch, der uns das Genick bricht. Jeder Bundesbürger aß (statistisch) bereits 1984 über 90 kg Fleisch, nicht mitgezählt die Milch und die Milchprodukte. Da es nur ein Durchschnittswert ist, müssen wir davon ausgehen, daß die Normal-Fleischesser wohl eine Fleischmenge von 200 kg jährlich verzehren, das hieße etwa ein Pfund pro Tag. Da wir aber weder Fleisch noch Milch nötig haben, essen wir uns mit diesen tierischen Produkten unsere Krankheiten an.

Zum Glück gibt es die Möglichkeit des Fastens, um diese Eiweißüberschüsse, die bis zu 5 kg und mehr betragen können (Fahrner S. 21), wieder los zu werden. Ein Frankfurter Professor namens Wendt hat das Buch geschrieben:

"Gesund werden durch Abbau von Eiweißüberschüssen." Er zeigt in dieser umfassenden Dokumentation, in welcher Form der menschliche Organismus Eiweiß speichert, und weist nach, wie eine Überfüllung dieser Speicher zu den verschiedensten Krankheiten führen kann. Die häufige Behauptung von Ärzten, daß für das Fasten zu wenig Eiweiß vorhanden ist, ist also absurd. Anstatt Ängste zu haben und andere zu verunsichern, sollten sie lieber auf die schauen, die wochenlang ohne jeden Schaden konsequent fasten.

Wenn wir nun fasten, wird das überflüssige abgelagerte Eiweiß recht schnell abgebaut. Dabei bildet sich Harnsäure. Diese bräunlich-rötlichen Kristalle sollten jedoch sofort aus dem Körper ausgeschieden werden, da sie sich sonst, besonders in den Gelenken, ablagern und leicht zu Gelenkrheumatismus, Gicht und anderen Beschwerden führen. Anstatt daß uns das Fasten krank macht, sollte es uns ja zur Heilung verhelfen!

Wir legen deshalb großen Wert darauf, daß unsere Teilnehmer sehr viel trinken. Drei Liter werden überall empfohlen. Ich selber komme manchmal auf 10 Liter pro Tag. Wir haben aber immer wieder Personen in den Gruppen, die große Schwierigkeiten mit dem Trinken haben. Wir drängen sie jedoch nicht, denn vieles reguliert sich ganz von selbst. Die jedoch nicht viel trinken können, sollten sich mit uns gemeinsam überlegen, woran dies liegen könnte. Schmecken die Getränke nicht? Wehrt sich der Körper, speziell der Magen, dagegen?

Unser Urin ist während dieser Abbauvorgänge, besonders zu Anfang und früh morgens, häufig recht dunkel und kann penetrant stinken. Das wäre nicht nur ein sicheres Zeichen dafür, daß Eiweiß abgebaut wird, sondern auch dafür, daß wir zu viel davon im Körper abgespeichert haben.

Die dunkle Färbung des Urins ist jedoch auch ein Zeichen dafür, daß wir zu wenig trinken. Wer also recht dunklen Urin hat, überprüfe, welche Möglichkeiten es für ihn gibt, mehr zu trinken. Einmal habe ich einem, der drei Tage lang keinen Schluck hinunterbekam, einen Löffel Heilerde gereicht. Da war das Trinkproblem, Gott sei Dank, gelöst.

Es ist natürlich nicht so, daß der Körper einen Stoff nach dem anderen restlos abbaut. Er setzt lediglich Schwerpunkte. Reserven behält er immer genügend zurück.

Erst nach einigen Tagen ist es nun endlich so weit, daß sich unser Körper auch an unsere Fettreserven heranmacht.

Unser Körper funktioniert sehr ökonomisch und achtet deshalb streng darauf, daß er nicht mehr als unbedingt notwendig mit sich herumtragen muß. Zucker- und Fettreserven unterscheiden sich in Bezug auf ihren Ernährungswert zwar kaum, für die Ablagerung von Zucker benötigt der Körper jedoch einen sehr viel größeren Rauminhalt als für Fett. Die gleiche Energiemenge ist als Zucker wegen der hohen Wasserbindung außerdem sechsmal so schwer wie Fett. Es ist deshalb also kein Wunder, wenn der Körper seine Vorräte hauptsächlich als Fett ablagert. Fett jedoch wieder in einzelne Nährstoffe umzuwandeln ist für ihn aufwendiger als der Umbauprozeß von Zucker.

Der hohe Gewichtsverlust während der ersten Fastentage ist also auch sehr stark auf den Zuckerabbau zurückzuführen.

Zum Abbau der Fette schreibt Lützner: »Ein zu hoher Gehalt an Blutfetten vermindert sich mit jedem Fastentag. Sobald die Blutfettwerte normal sind, wird abgelagertes Fett auch aus der Leberzelle, aus den Blutgefäßen – aus allen verfetteten Organen herausgelöst... Damit beginnt schon das Heilfasten« (S. 55).

Zimmermann ergänzt zu dieser Operation ohne Messer: »Kein Chirurg könnte mit seinem Messer so sorgsam, allwissend und schmerzlos Schädliches entfernen und Nützliches erhalten, wie es dem fastenden Leib so leicht gelingt« (S. 9). »Erst wenn der Körper mit allem Überflüssigen, Entbehrlichen weitgehend aufgeräumt hat, beginnt er, auch Gewebe selber abzubauen. Doch auch da wählt er sorgsam aus, was am wenigsten lebensnotwendig ist, wie Bindegewebe, dann Muskeln. Gehirn, Nerven, Herz werden bis zuletzt geschont. Mensch und Tier können 40 - 45 % ihres Körpergewichtes verlieren, ehe sie verhungern« (S. 8). Verhungern tut während des Fastens, wahrscheinlich bis wenigstens zum 40. Tage, also niemand. Es könnte höchstens sein, daß demjenigen, der sich schlecht ernährt hatte, Mineralstoffe, Vitamine und Eiweiß fehlen.

Lützner ermutigt uns, keine Angst vor dem Fasten zu haben, indem er erklärt: »Der Körper baut niemals ab: 1.) Brauchbares – zum Beispiel Herz oder Muskeln, 2.) Funktionierendes – alle Organtätigkeiten, 3.) Lebensnotwendiges – zum Beispiel die Steuerungseinrichtungen. – Hinter diesem natürlichen Gesetz, das dem menschlichem Körper einprogrammiert ist, steckt das eigentliche Geheimnis eines Fastens. Wir dürfen uns getrost auf die hohe innere Sicherheit unseres Körpers verlassen« (S. 54).

2. Die Dauer des Fastens

Häufig wird gefragt, wie lange und wie häufig man denn fasten dürfe. Die Antwort darauf kann wohl nur lauten: So lange und so oft, wie man Lust dazu verspürt. Wir müssen das Fasten schon freiwillig auf uns nehmen, das ist wichtig, denn sonst schlägt es leicht auf den Körper zurück.

Einer unserer Teilnehmer, ein Arzt, erzählte einmal, daß in den zwanziger Jahren Bergarbeiter in Oberschlesien, im heutigen Polen, streikten. Um ihren

Forderungen besonderen Nachdruck zu verleihen, führten sie einen Hungerstreik durch.

Wahrscheinlich haben an den vorangehenden Sonntagen die Bergarbeiter mit ihren Eltern darüber gesprochen, wie lange man denn überhaupt auf Nahrung verzichten könne. Diese mögen ihr weises Haupt hin und her bewegt und endlich nach sorgfältigem Abwägen erklärt haben: »Junge, drei Tage müßtest du es schon aushalten.«

Da diese Leute auf höchstens drei Tage eingestimmt waren, ist es kein Wunder, wenn am dritten Tage die Hälfte von ihnen bereits mit Vergiftungserscheinungen im Krankenhaus lag. Als sie nämlich vor ihren Werkstoren hockten, dachten sie wahrscheinlich an nichts anderes als ans Essen.

Ähnlich erging es zu Anfang der achtziger Jahre vielen Friedensfastern, die sich mit einem "Fasten für den Frieden" gegen die Nachrüstung wehrten. Da sie ein persönliches Opfer bringen wollten, kamen sie sich als Hungerhelden vor. Der Körper aber schlug zurück. Selten hat man so aggressive Menschen erlebt wie gerade in diesen Gruppen, die für den Frieden fasteten.

Als ich den Friedensfastern der Dortmunder Universität erzählte, daß sie für sich und ihre Gesundheit nichts besseres tun könnten, erklärten sie mir, ich möchte doch lieber gehen. Eines ihrer Anliegen sei, der Öffentlichkeit deutlich zu machen, daß sie bereit seien, für die Erhaltung des Friedens ein großes persönliches Opfer zu bringen. Mein Reden könne bei denen, die sich Informationen holen, den Eindruck erwecken, daß die Friedensfaster sich eine Kur leisteten. Auch von meinem Buche "Fastenaktionen-Hungermärsche" wollten sie aus demselben Grunde nichts wissen.

Fasten und Hungern ist zweierlei, obwohl es möglicherweise erst einmal gleich ausschaut. Wenn z. B. zwei Männer in einem Bergwerk bzw. in einer Grube eingeschlossen werden, kann der eine nach drei Tagen tot sein, weil er Angst hatte, zu verhungern, während der andere bereit ist, ein unfreiwilliges Fasten auf sich zu nehmen. Möglicherweise wird er nach zwanzig Tagen gerettet.

Beide Männer bekommen also nichts zu essen. Der eine akzeptiert diese Situation, und sein Körper stellt sich problemlos auf diese Herausforderung ein. Bei dem anderen dürfte ein Mechanismus ablaufen, den ich mir folgendermaßen – sehr vereinfacht ausgedrückt – vorstelle: Dadurch, daß er immer wieder meint, er müsse eigentlich etwas essen, regt er die Tätigkeit der Bauchspeicheldrüse an. Wenn diese daraufhin ihre Säfte in den Zwölffingerdarm absondert, wollen diese verständlicherweise auch verbraucht werden. Deshalb kommt ein Hungergefühl auf. Normalerweise rennt jetzt der Mensch, um sich etwas zu essen zu suchen. Wollen oder müssen wir jedoch gezwungenermaßen darauf verzichten, so sondert die Bauchspeicheldrüse möglicherweise verstärkt Verdauungssäfte ab, um uns Beine zu machen. Auch andere Drüsen mögen sich nun auf die Produktion von Verdauungssäften einstellen. Werden diese aber nicht aufgebracht, ist die Folge, jedenfalls stelle ich es mir so vor, daß diese hochwertigen aber auch aggressiven Lebensstoffe wie Gifte in unserem Körper wirken und uns innerlich zerstören.

Akzeptieren wir aber das Fasten oder wollen es sogar, so kann sich in vielen Fällen der Körper sofort darauf einstellen. Ich selber habe das häufig so erlebt und auch von anderen gehört. Ja, ohne daß ich fasten wollte, war ich manchmal mitten im Fasten, nur weil ich wußte, andere fasten auch.

Freilich, dem einen oder anderen fällt der Übergang nicht so leicht. Das ist verständlich, sind doch die Ängste, mit denen so manche Teilnehmer anreisen, riesig. Nicht nur vor dem Nahrungsverzicht zittern sie, sondern ebenso vor den langen Tagestouren und dem Bergaufsteigen. Ihr Unterbewußtsein sucht jeden Morgen noch verzweifelt nach den gewohnten heimischen Sicherheiten. Nur langsam gewinnen sie Vertrauen zu dem, was bei uns abläuft, und zur Gruppe.

Solange aber das totale Vertrauen zum Fastengeschehen noch nicht da ist, rumort es verständlicherweise in ihnen. Möglicherweise wehrt sich ihr Körper sogar massiv gegen das, was jetzt mit ihm geschieht. Da in den Gruppen jedoch eine mitreißende Fastenatmosphäre herrscht, nichts Eßbares in Sichtweite ist, man den ganzen Tag abgelenkt wird und sich immer wieder auf die kleinen Überraschungen wie Saft, Honig und Gemüsebrühe freuen darf, so vergeht gewöhnlich der Tag, ohne daß es den Teilnehmern recht bewußt wird. Abends fallen sie dann todmüde ins Bett. Und ehe sich am nächsten Morgen der Hunger melden kann, ist man schon wieder unterwegs. Es werden also auch die, die mit ziemlichen Ängsten zum Fasten-Wandern kommen, problemlos durch die Woche mit hindurchgezogen. Ohne daß sie es groß merken, sind die Tage des Verzichts schon bald wieder vorbei.

Einer der Fasten-Wander-Anbieter setzte in sein Programm, daß diejenigen, die unterwegs etwas naschen, sofort wieder nach Hause abreisen dürfen. Ich meine, daß solche Regeln gerade die Lust, etwas zu essen, fördern könnten. Was macht es denn, wenn jemand unterwegs einmal etwas naschen sollte! Ist es nicht so, daß die Fastendisziplin der anderen in ihm Schamgefühle weckt und ihn sofort wieder ins Fasten hineinzieht. Weil die Teilnehmer kommen, um zu fasten, werden die Schwach-werdenden mit einem Lächeln beobachtet – das ist eine genügende Strafe. – Am nächsten Tag ist dann alles wieder im Gleichgewicht.

Davor, daß durch einen einzigen Nascher andere verführt werden könnten, sollte man keine Angst haben. Beim Wandern durch Weinanbaugebiete kann es jedoch schon manchmal passieren, daß durch schlechte Vorbilder recht viele angeregt werden, sich auch Trauben zu pflücken und zu essen. Aber ist das denn so problematisch? Ist es uns nicht ein Herzensanliegen, unsere Mitmenschen an die pflanzliche Rohkost heranzuführen! Und wenn sie dann einmal Obst essen, sollten wir sie da gleich wieder maßregeln? – Freilich, wenn es dadurch zu Spannungen in der Gruppe kommt, mache ich das Traubenessen am Abend zum Thema. Am nächsten Tag halten sich dann wieder alle taktvoll zurück.

Unsere Veranstaltungen dauern gewöhnlich eine Woche, manche vierzehn Tage. Das aber ist manchem Teilnehmer zu wenig. Er kommt sogar vier Wochen hintereinander mit. Während dieser Zeit wechselt er von einer Gruppe zur anderen. In unseren meistens vier Wochen dauernden Blöcken sind die Veranstaltungen nämlich so gelegt, daß man mit Leichtigkeit von einer Tour zur anderen wechseln kann. Wenn jemand auf der Schwäbischen Alb mitwandert, kann er anschließend in den Schwarzwald und dann an die Italienische Riviera mitkommen. Er kann sich aber auch eine Woche im Altmühltal in Bayern einlaufen und dann mit uns in den nächsten zwei Wochen die Alpen überqueren.

Viele der Teilnehmer kommen bereits fastend zu uns und fasten anschließend noch eine oder mehrere Wochen weiter. Für viele ist eine Fasten-Wanderung aber auch ein optimaler Einstieg in ein häusliches Fasten. Wolfgang Ulmer, der jedes Jahr ein recht langes Fasten durchzieht, fastete im letzten Frühjahr vierzig Tage lang nur mit Wasser. Er wollte es einfach einmal ausprobieren, ob dieses neben der Berufsarbeit für ihn möglich ist. Zu uns kam er im Februar, um den Einstieg gut zu schaffen, und zu Ostern war er bei der Veranstaltung am Bodensee wieder dabei, um mit uns das Fasten zu brechen.

Gefahren dürften für keinen, der gesund ist und sich schon lange natürlich ernährt, bestehen, wenn er vierzig Tage lang streng fastet. Ob er freilich die ganze Zeit über voll leistungsfähig bleibt, ist eine andere Frage. Nachdem ich in 15 Tagen von der Nordsee zu den Alpen gelaufen war und dabei nur Wasser getrunken hatte, hatte ich anschließend einfach keine Lust mehr, weiterzufasten. Im vorigen Jahr habe ich ein sehr langes Fasten durchgezogen, aber nur die ersten 14 Tage ein reines Wasserfasten geschafft. Ich merkte am zwölften Tage, daß meine Schaffensenergie im Büro zurückging. So wechselte ich zum Saftfasten.

Mein "Fasten-Vater" Werner Zimmermann rät: »Wer schwer krank ist, soll gute fünf bis sechs Wochen für das Fasten und den Wiederaufbau zur Verfügung stellen« (S. 11). Und er berichtet von dem Fastenpionier Riedlin, dessen Überzeugung es gewesen sein soll: »Meist genügt ein Fasten von 21 - 28 Tagen, selten ein 14tägiges. Ich habe wiederholt Fastenkuren bis zu 42 Tagen geleitet« (S. 22). Die langen Fastenkuren empfehlen Riedlin und Zimmermann hauptsächlich den kranken und schwerkranken Patienten. Das ist sicherlich richtig. Auch Anna Preisler hat wegen ihrer Brustkrebskrankheit in einem Sanatorium einmal 58, ein weiteres Mal 72 Tage gefastet.

Man sollte aber aus solchen Empfehlungen nicht den Schluß ziehen, daß sich nur ein langes Fasten lohne. Jedes Fasten ist gut, egal wie lange es dauert. Freilich, – vor dem Fasten sollte man sich fragen, was man damit erreichen will.

Liegen schwere Krankheiten vor, ist sicherlich ein längeres Fasten angebracht. Aber auch für ein gründliches Durchputzen sind drei bis vier Wochen oder zwanzig bis dreißig Tage angemessen. Zimmermann schreibt sehr anschaulich: »Ist ein Ofen voller Ruß, so brennt der Heizstoff nicht mehr richtig. Es nützt nichts, recht viel Holz und Kohlen einzufüllen, der Ofen qualmt immer stärker und kann nicht schön brennen. Das ist eine große Vergeudung von Werten und bringt doch keine Wärme. Erste Bedingung einer Besserung ist gründliche Reinigung. – Genauso ist es auch beim überlasteten, verschlackten, verschleimten Körper des Kulturmenschen. Die wenigsten halten ihren Leib innerlich und äußerlich ganz rein und frei. Die übliche Nahrung, entwertet und in störendem Durcheinander gemischt, belastet durch viele Genußgifte, bildet faulige Rückstände und Gifte mancher Art. Die widerliche Beschaffenheit der meisten Darmentleerungen beweist es eindringlich. Auch Ausschläge, Mundgeruch, Fußschweiß, Nervosität zeigen, wie sehr der Körper sich bemüht, auszuscheiden, was ihm nicht gut tut« (S. 7f). – Ich selbst, als mich dieses Zimmermann-Büchlein vor etwa 14 Jahren in seinen Bann schlug, konnte nicht anders, als mir ein 28tägiges, sehr strenges Fasten aufzuerlegen. So lange und konsequent habe ich seitdem nicht wieder gefastet.

Ein so langes Fasten ist nicht unbedingt jedes Jahr erforderlich. Wenn man sich gesund ernährt und jährlich ein- oder zweimal jeweils eine oder zwei Wochen lang fastet, ist das sicherlich schon etwas Optimales. Viele haben im Frühjahr und Herbst für sich ein Fasten eingeplant, oft verbunden mit Wanderungen. Es gibt aber auch Personen, die fasten jeden Monat eine Woche.

Der Dreck, der sich im Körper abgelagert hat, geht leider nicht so schnell hinaus, wie wir erhoffen. Ich denke schon, daß wir gewöhnlich fünf bis zehn Jahre benötigen, um wieder sauber zu werden, wenn wir schon über 30 Jahre alt sind. – Ein langes Fasten hat den Vorteil, daß die Schlacken konsequent weiter abgebaut werden, während bei kürzeren Fasten jedesmal wieder von vorne mit dem Abbau der Reserven im Blut und in der Leber begonnen werden muß. Bei längeren Fastenzeiten dringt man also viel tiefer in die Ablagerungsbereiche des Körpers vor. – Freilich, es ist nicht immer leicht, ein längeres Fasten in seiner Jahresplanung unterzubringen.

Ein Fastentag jede Woche ist aber auch ein nicht zu unterschätzender

Gewinn. Das wären 52 Fastentage im Jahr! Freilich, unsere hartnäckigen Schlacken und Gifte bekommen wir damit kaum aus dem Körper. Aber auf diese Weise entlasten wir jede Woche einen Tag unsere Verdauungsorgane. Das bedeutet für diese eine große Erholung, denn nun werden sie entschlackt und können immer wieder ausheilen, um daraufhin mit umso größerem Schwung wieder zu arbeiten. Ja, unser gesamter Körper kann sich nun regelmäßig von den täglich anfallenden Schlacken reinigen. Ich selber praktizierte dieses Einen-Tag-Fasten vor Jahren und wählte dafür den Freitag, weil er in unserer Kultur der traditionelle Fastentag ist. Die Folge war jedoch, daß ich an den Wochenenden umso mehr aß. Daraufhin wechselte ich auf den Montag als Fastentag. Das hatte den Vorteil, daß ich während der Aufbauphase durch meine damalige Tätigkeit als Lehrer abgelenkt war und nicht ständig an die Futterkrippe ging.

Eine empfehlenswerte und lohnende Form des Fastens ist auch das Morgenfasten. Bei diesem Fasten beginnt man mit der ersten Mahlzeit erst recht spät, vielleicht um zehn, elf oder zwölf Uhr. Manche Kinder können und wollen früh nichts essen. Die Angehörigen stopfen ihnen dann aber oftmals mit der Begründung, daß sie doch in der Schule etwas leisten müßten, den Mund voll. Diese Sorgen der Erwachsenen sind jedoch, wie wissenschaftliche Untersuchungen gezeigt haben, völlig unbegründet. Die Natur scheint es wohl so eingerichtet zu haben, daß man früh eigentlich keinen Hunger hat, sondern erst gegen Mittag. Diese Kinder stehen also noch voll in dieser instinktmäßigen Tradition, und man kann ihnen nichts Besseres tun, als sie in ihrem Rhythmus zu bestärken. – Verschiedene Orden und Völker haben dieses morgendliche Fasten praktiziert. – Wenn der Engländer in seiner ihm eigenen Weisheit das Frühstück Fasten-Brechen (breakfast) nennt, ist er sich wenigstens darüber bewußt, daß auch die nächtliche Enthaltsamkeit bereits ein Fasten ist.

In den Morgenstunden, etwa von 5 bis 11 Uhr, versucht sich der Körper nämlich zu entschlacken und zu reinigen, und es wäre schade, wenn diese Selbstreinigung durch eine schwer verdauliche Mahlzeit unterbrochen würde.

Erfreut war ich, als uns im Frühjahr 1993 der Chefarzt der Buchinger Klinik in Überlingen, Dr. Kuhn, erklärte, daß es für unsere Bevölkerung äußerst wichtig sei, sich wenigstens zehn bis zwölf Stunden in der Nacht jeglicher Nahrung zu enthalten. Wer seinen Verdauungsapparat ständig in Anspruch nehme, überfordere und zerstöre ihn.

3. Die verschiedenen Arten zu fasten

Da der Begriff Fasten nicht als Fachausdruck festgelegt ist und lediglich soviel wie Enthaltung bedeutet, gibt es die verschiedensten Formen des Fastens. Die Kulturen und Religionen haben die eigenartigsten Varianten entwickelt. Diese alle vorzustellen, sehe ich in diesem Zusammenhang jedoch nicht als meine Aufgabe an. Auch interessiert uns jetzt die Aktion "40-Tage-ohne", wo man vom Auto-, Schokoladen-, Zigaretten- und Fernsehfasten redet, nicht. – Wenn ich das Wort Fasten verwende, denke ich gewöhnlich an den fast vollständigen Verzicht auf Nahrung.

Das reine Wasserfasten bzw. das reine Teefasten kann wohl von allen Fastenformen als der stärkste und intensivste Eingriff in den menschlichen Körper angesehen werden. Der Körper ist bei dieser Art von Fasten total auf die Selbstversorgung angewiesen und baut deshalb auch am intensivsten und schnellsten überflüssige Pfunde und Schlacken ab.

Nehmen wir während des Fastens z.B. Säfte zu uns, so dürfen wir ihre Menge nicht mit einer entsprechenden Saftmenge während der Zeit der Ernährung gleichsetzen. Während des Fastens lernt der Körper nämlich, wesentlich sparsamer und ökonomischer mit der zugeführten Nahrung umzugehen. Wir müssen davon ausgehen, daß jetzt ein Glas Saft dem Körper möglicherweise soviel an Stoffen zuführt wie vielleicht sonst eineinhalb Gläser.

Manche sind empört, daß auf meinen Wanderungen ein wenig Honig gereicht wird. Für die Verbrennung von einem Löffel Honig, so rechnen sie uns vor, muß man eine Stunde länger gehen. Sie haben leider recht. Wollen wir also möglichst zügig an das "Eingemachte" heran, so lohnt es sich, während des Fastens auf alle kleinen Genußmittel zu verzichten.

Wie böse sind freilich einige, wenn ihnen ungesüßter Tee zugemutet wird. Gesüßte Getränke gehören aber einfach nicht zu einem strengen Fasten. Bei Gelegenheit süßen aber auch wir Tee mit Honig.

Zu Anfang meiner Gruppen-Fasten-Wanderungen stellte ich zum Süßen des Tees Honig auf den Tisch. Damit habe ich aber sehr schnell wieder aufgehört, denn die Verführung, viel zu viel zu nehmen, war für einige sehr groß. Einmal habe ich beobachtet, wie einer ein ganzes Glas verputzte.

Viele Tees haben auch eine ganz natürliche Süße, z.B. der Holunderblütentee. Mir ist es immer, als sei er mit Honig gesüßt.

Eine Variante zum Wasser/Tee-Fasten ist das Saftfasten. Leibold schreibt dazu: »Beim Saftfasten verzichtet man zwar auch auf feste Nahrung, führt aber im Gegensatz zum strengen Fasten mit den Säften doch Kalorien zu. Deshalb wirkt diese Kur auch nicht so tiefgreifend wie totales Fasten und wird deshalb meist auch etwas länger durchgeführt. Zur Selbsthilfe eignen sich Saftfastenkuren wegen der milderen Wirkung besonders gut« (S. 77). Er empfiehlt: »Grundsätzlich gibt man jeden Tag mindestens je 1 Sorte Obst-, Gemüse- und Kräutersaft, und zwar je 300 g Obst- und Gemüsesaft und 150g Kräutersaft. Die Säfte verteilt man auf 3 - 5 Portionen über den Tag« (S. 79).

Am besten sind für das Saftfasten unmittelbar schonend gepreßte Säfte, weil sie noch weitgehend alle Vitalstoffe der Früchte und des Gemüses enthalten. Schon Licht und Sauerstoff haben eine sehr zerstörende Wirkung auf die Vitamine und die verschiedensten Vitalstoffe, besonders aber Hitze. Deshalb sollten Säfte aus dem Handel nur im Notfall verwendet werden.

Als ich noch nichts davon wußte, daß Säfte durch Erhitzen haltbar gemacht werden, bot ich meinen Gruppen auch die handelsüblichen Säfte aus biologischem Anbau an. Das konnte ich später aber nicht mehr verantworten und griff deshalb auf Gemüsesäfte, die über die milchsaure Gärung haltbar gemacht wurden, zurück. Diese kannte ich vom Sauerkraut-Herstellen und wußte, daß dabei die Veränderungsprozesse fast ausschließlich fermentativer Art sind. Aber nach und nach kam ich dahinter, daß die milchsauer gegorenen Säfte durch Erhitzen zusätzlich haltbar gemacht werden. Das zog wiederum eine Umstellung nach sich. Wir schafften uns Saftpressen an. Nur dann, wenn das Saftpressen zu große Schwierigkeiten bereitet wie z.B. bei unserer Norwegentour, führen wir Flaschensaft mit uns. Es wird freilich darauf geachtet, daß er aus biologischem Anbau stammt. Vermieden werden sollten möglichst Säfte, die aus Konzentraten hergestellt bzw. gesüßt sind.

Sicherlich wird der Heilpraktiker Gerhard Leibold seine guten Gründe haben, wenn er obige Empfehlungen gibt. Ich meine jedoch, wir als Faster sollten uns nicht von Büchern abhängig machen, was viele leider tun. Wir sollten es vielmehr lernen, unseren Körper und seine Reaktionen zu beobachten und immer wieder unsere Bedürfnisse sprechen zu lassen. Weil ich mich z.B. gestern früh nicht ganz wohl fühlte, stieg ich in ein Fasten. Zum reinen Wasserfasten aber hatte ich keine Lust, und das Teekochen liegt mir nicht. Da wir jedoch z. Zt. genügend Äpfel zu Hause haben, presse ich jeden Morgen einen Liter und verdünne ihn auf 8 l.

Neben meinem Schreibtisch habe ich nun ständig eine Buntglasflasche mit diesem Apfelsaft stehen und trinke, wenn ich Lust dazu habe, davon. – So kann ich tagelang mit Vergnügen fasten und steigere dabei auch noch meine Leistungsfähigkeit. – Daß dieser Fastentrank nicht jedem zuzumuten ist, ist mir klar, denn manche bekommen ja schon Schwierigkeiten, wenn sie nur einen Apfel essen.

Wenn Carmen, meine Mitarbeiterin, während der Arbeitszeit fastet, hat sie immer eine Wasserflasche neben ihrem Schreibtisch stehen. Oft fügt sie ihrem Wasser frisch gepreßte Zitronen hinzu. Dadurch soll die Entschlackung besonders gefördert werden. Zweimal am Tag preßt sie zusätzlich frische Apfelsinen und trinkt deren Saft verdünnt.

Als ich mit dem Fasten vor 14 Jahren begann, habe ich für mich das Saftfasten strikt abgelehnt, weil ich Angst hatte, Hunger zu bekommen. Möglicherweise hätte ich, weil ich Angst davor hatte, ihn auch bekommen. Heutzutage praktiziere ich jedoch das Saftfasten völlig problemlos.

Eine weitere Fasten-Variante wäre das Buchinger-Fasten. Dr. Otto Buchinger (1878 - 1966), einer der großen Fastenpioniere, beobachtete bei manchen seiner Teefasten-Patienten, daß bei ihnen gewisse Stoffe, z.B. Mineralstoffe, Vitamine und Eiweiß, recht bald aufgebraucht waren. Damit sie sich jedoch nicht schlapp fühlten oder auf Präparate zurückgreifen mußten, versorgte er sie während des Fastens ein wenig, und zwar mit Säften, Honig und Gemüsebrühe.

Helga Dürselen, die selbst verschiedene Fastenkuren bei Dr. Buchingers Sohn in Bad Pyrmont gemacht hat, beschreibt die Buchinger-Methoden in ihrem Buch "Heilfasten" folgendermaßen: »Morgens: 1 Kännchen Kräuter-Obstschalen- oder milder Schwarztee mit 10 g Milchzucker. Mittags: 1/4 l Gemüsebrühe. – Nachmittags gegen 15 Uhr: 1 Kännchen schwacher Schwarztee mit 1 - 2 Teelöffeln Honig oder Kräutertee. Abends: 1/4 l Obstsaft (wechselnde Sorten) nach Wahl. Zusätzlich 1 Glas Kanne-Brot-Trunk (Reformhaus, Bioläden), zwischendurch immer wieder reichlich Mineralwasser trinken. – Saft und Gemüsebrühe sollten ganz langsam zu sich genommen, regelrecht "gekaut" werden« (S. 22).

Etwas vorsichtiger ist Dr. Lützner bei der Empfehlung von Honig. Früh und nachmittags gestattet er je einen halben Teelöffel, ergänzt jedoch einschränkend: »eventuell« und »soweit gewünscht.« – In seiner Tabelle (S. 32) unter der Überschrift: »Das dürfen Sie zu sich nehmen« erläutert er, wie man die Fasten-Verpflegung zu sich nimmt: »Alle Fastengetränke schluckweise trinken! Jeden Schluck "kauen", – das heißt: im Mund vorwärmen oder kühlen. Genießen! Langsam trinken!« – Für Personen mit niedrigem Blutdruck gestattet er jedoch auch zwei Löffel Honig, über den Tag verteilt. – Auch beim Buchinger-Fasten gibt es also verschiedene Varianten.

Bekannt geworden ist auch das Milch-Semmel-Fasten bzw. das Mayr-Fasten, bei dem größter Wert auf die Darmreinigung und die Kauschulung gelegt wird. Wer aus dem Mayr-Fasten kommt, kaut hinterher gewöhnlich viel bewußter, langsamer und intensiver. Das hat gesunderhaltende Wirkung. – Ingrid Olivet, die Rad-Fasten-Wander-Spezialistin aus Heide/Holstein, ist

Mayr-Ärztin und fühlt sich dieser Fastenart verpflichtet.

Erwähnung verdient auch die Schroth-Kur, bei der Trockentage und Weintage eingelegt werden. Durch beides soll sicherlich die Entschlackung gefördert werden.

Wir sehen, es gibt viele Fasten-Möglichkeiten. Sie ließen sich beliebig vermehren. Es erscheint mir angebracht, um sie zu wissen, damit man sich überlegen kann, welche für einen selbst die beste sein könnte. Entsetzt war ich etwas, als Helga Kolz, eine treue Schülerin von Frau Dr. Ingrid Olivet, vor allen Versammelten bekannte: »Wie schön ist euer Fasten-Wandern. Ich bin begeistert. Vier Jahre lang habe ich immer brav angenommen, das Mayr-Fasten sei die einzige Art zu fasten.«

Auch wenn es verschiedene Fasten-Möglichkeiten gibt, ist doch zu empfehlen, sich der Fastenordnung der Gruppe, für die man sich angemeldet hat, anzuschließen. Das erleichtert einem selbst das Fasten und dem Betreuer die Arbeit. – Ich habe in meinen Gruppen viele dabei, die aus dem Mayr-Fasten kommen und begeistert darüber berichten. Ich habe aber nie erlebt, daß jemand bei mir das Mayr-Fasten praktizierte.

In einem gewissen Rahmen kann das Fasten jedoch variiert werden. So gibt es einige, die verzichten auf den Honig, den Saft oder die Gemüsebrühe, – entweder weil sie konsequent fasten möchten oder weil es ihnen nicht bekommt. – Es ist freilich nicht einfach, in unseren "Fasten-Schlemmer-Gruppen" bewußt und konsequent ein Wasserfasten durchzuführen. Es gibt aber manche, die halten dies eisern durch.

4. Die Entschlackung

Viele kommen zum Fasten, weil sie, wie sie sagen, entschlacken möchten. Sie wollen die Rückstände und Gifte, die sich im Körper eingelagert haben, wieder loswerden.

Empfindlich getroffen oder gekränkt könnte jetzt der eine oder andere fragen: Was soll ich denn für Schlacken in meinem Körper haben? Ich esse doch nur Qualitätsnahrung und fühle mich außerdem pudelwohl. Nun – gut, daß du dich wohlfühlst! Das schließt jedoch nicht aus, daß in deinem Körper vieles eingelagert ist, was eigentlich nicht dort hineingehört.

Daß vieles in uns eingelagert ist, was nicht hineingehört, nehmen wir u. a. an den Düften wahr, die von uns ausgehen. Eigentlich müßte nicht nur unser Körper von oben bis unten duften, sondern ebenfalls unser Stuhl und unser Urin. – Nur: Wie riechen unsere Füße! Und wie duften wir unter den

Achselhöhlen und aus dem Mund! Da stimmt doch etwas mit uns nicht! Einmal kommen von außen viele Stoffe in unseren Körper hinein, die nicht hineingehören. Über die Luft und das Wasser nehmen wir Schwermetalle in uns auf. Dann darf ich an Koffein, Tein und Nikotin, aber auch an die vielen Medikamente erinnern, die viele von uns zu sich nehmen. Wir bekommen aber auch über unsere Nahrung in Hülle und Fülle Fremdstoffe und Gifte zugeführt, die unser Körper nie gekannt hat, mit denen er nichts anzufangen weiß und die ihm gefährlich werden können. Es ist ja nicht so, daß die winzigen Stoffe, die wir in uns aufnehmen bzw. die sich im Körper bilden, soweit nicht benötigt, einfach wieder ausgeschieden werden. Nein, viele bleiben im Körper und lagern sich überall, z. B. in den Muskeln und im Binde- und Fettgewebe, ab.

Das Gift im Knollenblätterpilz und beim Schlangenbiß ist etwas Natürliches. Hierfür hat der Körper der Säugetiere durchaus Gegenreaktionen und Ausscheidungsmechanismen entwickelt. Gegen die vielen künstlichen Chemikalien, die in den Heilmitteln und in der Nahrung drinstecken, hat unser Körper aber nie gelernt, Beseitigungsmechanismen zu entwickeln. Ich erinnere an die vielen chemischen Spritzmittel in unserer Landwirtschaft, die in den Boden gelangen und von den Wurzeln der Pflanzen aufgenommen werden. So gelangen sie in unsere Nahrung. Aber auch die Geschmacksstoffe, Haltbarkeitsmittel und Verschönerungssubstanzen sind weitgehend chemische Zusatzstoffe, die sich als Fremdkörper in uns ablagern.

Daneben produziert der Körper selbst auch eine Fülle von Schlacken. Jeder Zellkern ist eine Chemiefabrik, in der Rückstände anfallen. Sie werden "einfach vor die Tür geschmissen" und sollen dann in den Morgenstunden abtransportiert werden. Weil sich aber gleich früh um 7 Uhr unser Körper auf Hochverdauung einstellen muß, kommt er nie dazu, die Abfallstoffe zwischen den Zellkernen wirklich einmal gründlich zu beseitigen.

Da bei unserer Mangel-Ernährung häufig wichtige Substanzen bei den Verdauungsprozessen fehlen, bleiben außerdem an vielen Stellen im Körper halbfertig zubereitete Ernährungsstoffe unvollendet liegen. Hinzu kommt, daß wir in unseren Ängsten, in unserer Wut und in unserem Haß Hormone produzieren, die auch als Gefahrenpotential für den ganzen Körper gelten müssen. Nicht zuletzt werden auch viele Krankheitserreger, die uns befallen oder die sich in uns vermehrt haben, nicht wieder ausgeschieden. Sie können jederzeit wieder zum Ausbruch der betreffenden Krankheit führen.

An Schlacken ist unser Körper voll, gewöhnlich übervoll. Wir müssen wohl vom Dreck der Jahrzehnte reden. – Es erscheint mir aber angebracht, bei dem Begriff "Schlacken" ein wenig zu differenzieren, und zwar zwischen den hartnäckigen Giften und den einfachen Schlacken.

a) Die einfachen Schlacken

Die Abfallprodukte bei der Verdauung und beim Stoffwechsel dürften für unseren Körper eigentlich nicht sehr gefährlich sein, weil sie körpereigen und ihm insofern vertraut sind. Das gleiche dürfte für die halbfertigen Stoffe, die abgelagert werden, gelten. Wenn der Körper jedoch über Jahre und Jahrzehnte nicht dazu kommt, diese einfachen Schlacken abzutransportieren, verstopfen sie nach und nach unsere Zwischenzellsubstanz und unseren gesamten Organismus. Bedingt dadurch bleiben allmählich wesentlich leichter immer mehr gefährliche Substanzen wie Giftstoffe und Krankheitserreger überall im Gewebe haften und bedrohen unsere Gesundheit. Die Versorgung der Zellkerne ist dann kaum noch gewährleistet. Wenn unsere Zellen diese Abfallstoffe nicht mehr verkraften können, versagen sie möglicherweise.

Daß der Mensch fastet, registriert meiner Meinung nach der Körper sehr schnell. Der Mechanismus, der früh um etwa fünf Uhr eintritt und täglich für die Selbstreinigung des Körpers sorgt, schaltet sich auch – so sehe ich es – sehr bald ein, wenn gefastet wird.

Wie schnell der Organismus registriert, daß gefastet wird, bekommen besonders Frauen zu spüren. Manchmal, gegen jede Regel, treten Blutungen bereits am ersten Fastentag auf. Lützner schreibt: »Ähnliche Selbstreinigungstendenz haben die Schleimhäute der Scheide. Während des Fastens kann sich vorübergehend ein verstärkter Ausfluß einstellen« (S. 39).

Anstatt sich über diese Blutungen Sorgen zu machen, sollte man sich darüber freuen, daß der Körper noch so gesund ist, daß er sofort auf das Fasten reagieren kann. – Frauen, die für die Erhaltung des Lebens wichtiger sind als Männer, haben die große Gnade, immer wieder über diese Blutungen ihre Körper gründlich zu reinigen. Männern ist das vorenthalten. Dafür haben sie aber umso mehr Schweißdrüsen.

Grundsätzlich gilt: Wenn während des Fastens einmal etwas Unvorhergesehenes eintritt, sollten wir es erst einmal als ein Geschenk, als eine Gnade betrachten. Unser Körper weiß besser, was ihm gut tut, als unser Verstand.

Wegen derartiger Ausscheidungen ist bei unseren Fasten-Wanderungen selten jemand zu Hause geblieben. Wenn jemand nicht darauf vorbereitet ist, Bettnachbarinnen sind zur Stelle, um liebevoll und umsichtig zu helfen.

Der Abtransport der einfachen Schlacken, die wegen ihrer Menge unseren Körper sehr stark belasten und unsere Gesundheit in einem Höchstmaß gefährden können, beginnt beim Fasten gewöhnlich recht bald. Sehr stark unterstützt werden dürften diese Reinigungsvorgänge durch den durch das viele Trinken angeregten Wasserfluß im Körper, durch die Bewegung, durch die äußeren Temperaturreize, durch die Sonne, durch den Regen, durch den Wind und durch körpereigene Steuerungsmechanismen.

Sollen die einfachen Schlacken abtransportiert werden, lohnt sich auch schon eine kurze Fastenzeit. Bereits das morgendliche Fasten wäre ein großer Gewinn für unsere Körpersäuberung, für unser Wohlbefinden und für unsere Gesundheit.

Fahrner, ehemaliger Chefarzt der Buchinger Klinik in Überlingen, bezeichnet auch die hochwertigen Nahrungsstoffe, die auf den Weg geschickt wurden, aber nicht zu ihrem Bestimmungsort gelangten, als Schlacken.

Es ist ja so, daß nicht nur unser Körper als ganzer, sondern auch jede einzelne Körperzelle ernährt werden will. Wenn sie Hunger hat, fordert sie Nachschub an. Obwohl sich der Organismus nun bemüht, diesen Nachschub zu organisieren und zur Zelle hinzutransportieren, ist es nicht gesagt, daß er auch zu seinem Bestimmungsort hingelangt. Wie oft ist der Weg dorthin in irgendeiner Weise verstopft. Z.B. sind die ursprünglich einmal durchlässigen Aderwände oftmals mit einer Schicht von Ablagerungen dick belegt. Dann können die Lebensstoffe verständlicherweise nicht durch, bleiben hängen und verstopfen unseren Körper noch mehr. – Diese Stoffe nun holt sich der Körper, sobald wir mit dem Fasten beginnen.

Fahrner erläutert den Abbau dieser Schlacken folgendermaßen: »Der therapeutische innere Verdauungsprozeß (gemeint ist wohl das Aufbrauchen der Schlacken. Verf.) setzt im Fasten schneller ein als bei jeder – auch unterkalorischen – Diät. Verständlicherweise werden die mit dem Blut zirkulierenden Nahrungsüberschüsse an Zucker, Eiweiß und Fetten sowie deren Primärablagerungen an den Netzstrukturen der Gefäß- und Kapillarwände wie der Grundsubstanz zuerst abgeholt. So kommt es schon relativ früh – nämlich in der ersten und zweiten Fastenwoche – zur Normalisierung der überhöhten Blutzucker-, Blutfett- bzw. Cholesterin- und Globinwerte« (S. 28).

b) Die hartnäckigen Gifte

Um hartnäckige Gifte wie Koffein, Tein, Nikotin, Schwermetalle, Chemikalien, Medikamentenrückstände und Krankheitskeime wieder aus dem Körper herauszubekommen, müssen wir uns jedoch wesentlich mehr Zeit zum Fasten nehmen, ebenso für die Ausscheidung von sehr starken Naturgiften, ich denke da hauptsächlich an Schlangen- und Pilzgifte.

Da der Körper die Gefahren dieser hartnäckigen Gifte kennt, versucht er auf seine Weise, sie unschädlich zu machen. Fahrner erklärt: »Wahrscheinlich sind diese Ablagerungen durch die vorangehende Leberpassage bereits chemisch entschärft worden und damit nicht mehr allgemein wirksam (z. B. durch Bindung an Mineral- bzw. Aminosäuren oder durch Veresterung, Methylierung etc.)« (S. 28).

Zimmermann sieht das so: »In der Hetze des Alltags versucht der Körper in Notwehr viele Gift-, Krankheits- und Abfallstoffe vorerst festzulegen, einzukapseln und dadurch unschädlich zu machen« (S. 22). Auch dürfte er bemüht sein, sie dort abzulagern, wo sie versteckt liegen und die Körpervorgänge am wenigsten beeinträchtigen.

Wer also die hartnäckigen Gifte aus seinem Körper los werden möchte, nehme sich etwas Zeit und faste mehrere Wochen, vielleicht drei oder vier. Es dauert ja bereits einige Tage, bis der Körper überhaupt an diese Gifte herankommt und sie zur Ausscheidung aktiviert.

Ich stelle mir die Abbauarbeit im Körper und damit auch die Giftentsorgung wie die Arbeit in einem Bergwerk vor: Mühsam arbeitet sich der Körper immer tiefer ins Gewebe und baut dort zugleich mit den Reserven nach und nach auch das ab, was sich dort an hartnäckigen Schlacken abgelagert und versteckt hat. Fahrner beschreibt das so: »Mit der Umkehr des Konzentrationsgefälles entsteht bei fortgesetztem Fasten ein zunehmender Sog in Richtung Blutbahn, der nicht nur Flüssigkeit und Minerale, sondern auch vieles andere, was auf der Transitstrecke liegengeblieben war, sowie ältere Ablagerungen mit sich zieht, sofern diese nicht schon zu sehr verhärtet oder verkalkt sind« (S. 28). Er meint damit wohl: Jetzt werden nicht Reserven angelegt, sondern herausgezogen. Und bei diesem "Sog in Richtung Blutbahn" werden die Stoffe, die einmal liegengeblieben sind, einfach wieder ins Blut zurückgezogen. Er weist in diesem Zusammenhang aber auch darauf hin, daß manche Schlacken durch Fasten kaum noch mobilisiert werden können, z.B. wenn sie in "verödeten" Fein-Adern abgelagert sind (Fahrner S. 28).

Der Körper, der sich während des Fastens sehr stark auf die Reinigung konzentriert, schafft die Entschlackung gewöhnlich in hervorragender Weise. Es kann jedoch auch zu Komplikationen kommen, wenn durch das Fasten zu gründlich im Körper aufgeräumt wird. Zimmermann schreibt: »So können manche Leiden, die scheinbar längst verheilt waren, wieder ausbrechen, für kurze Zeit, um nun erst von Grund auf ausgeheilt zu werden durch wirkliche Entfernung aller verborgenen Herde. Eiterlager unter toten Zähnen und in kranken Mandeln sind die bekanntesten Gefahrenherde. All das führt zu Erscheinungen der Rückvergiftung. Reinigende Schübe kommen oft stoßweise und verursachen dann während Stunden oder Tagen Krisen, die meist bald wieder abklingen und, die wissend, mit überlegenem Humor durchzuhalten sind« (S. 22f).

Gelegentlich spürt man fürcherliche Schmerzen in jahrealten Narben. Noch abgelagerte Schlacken sind dann dort aktiviert worden und werden nun herausgearbeitet. – Manchmal hat man auch die gleichen Empfindungen und Gefühle, die man vor Jahren bei einer bestimmten Krankheit hatte. Offenbar steckten noch Krankheitskeime im Organismus, die jetzt in Bewegung geraten sind.

Vor einer Fastenwanderung hat sich die gesamte Gruppe von Dr. Buchinger jun. in Bad Pyrmont untersuchen lassen. Unter den Teilnehmerinnen war eine Dame, die sich in Indien eine Tropenkrankheit aufgelesen hatte. Diese hatte sie in Deutschland ohne ärztliche Betreuung auf eigene Faust ausheilen lassen. Dr. Buchinger zu mir: »Diese Dame dürfen Sie auf keinen Fall mitnehmen! Wer weiß, ob nicht noch Krankheitskeime in ihr stecken und während des Fastens frei werden! Wie wollen Sie dann helfen? Diese Krankheit kann bei ihrem Ausbruch jetzt noch ärger werden als damals in Indien! Außerdem wäre niemand da, der sich auf ihre Behandlung verstünde.«

Dr. Buchinger jun. lehnt es auch, soweit ich ihn verstehe, strikt ab, Personen mit toten Zähnen bei sich fasten zu lassen. Unter toten Zähnen sammelt sich gewöhnlich Eiter, weil der Körper eine Schutzschicht aus weißen Blutkörperchen gegen das eingeführte Amalgam bildet. Über 90 % unserer Eiterherde sollen unter toten Zähnen liegen! Wenn sich der Körper jetzt beim Fasten bis an den Eiterherd herangearbeitet hat, kann es passieren, daß schlagartig aller Eiter ins Blut stürzt und wir uns der Gefahr einer Vergiftung aussetzen. – Gewöhnlich lagert der Körper den freiwerdenden Eiter an anderen Stellen sofort wieder ab. Es soll aber Jahre dauern, bis diese abgelagerten fauligen Substanzen von dort wieder abtransportiert werden. Wer zu Dr. Buchinger jun. zum Fasten geht, muß sich deshalb, so verstehe ich ihn, erst die toten Zähne ziehen lassen.

Dieses Beispiel von dem durch das Fasten angezapften Eiterherd scheint mir anschaulich, einleuchtend und beeindruckend zu sein. So also geht die Entschlackung und Körperreinigung vor sich!

Freilich, wenn während dieser Reinigungsprozesse Schwierigkeiten auftreten und wir uns nicht wohlfühlen, sollten wir nicht auf das Fasten schimpfen, sondern uns sehr darüber freuen, daß wir wieder rein und heil werden und unser Leben noch einmal beginnen kann.

5. Die Reinigung durch die Organe

a) Die Leber

Alles Blut wird etwa 30mal am Tage durch die Leber geleitet und dort gesäubert. Auch das vom Darm kommende Blut muß erst einmal durch die Leber, um dort überprüft zu werden. Diese Reinigungsarbeit ist gerade während des Fastens sehr anstrengend, und kein Organ ist während dieser Zeit einer größeren Mehrbelastung ausgesetzt. Es ist jedoch nicht auszuschließen, daß bei einem sehr hohen Giftspiegel im Blut immer wieder eine Fülle von Giftstoffen die Leber passiert und unser Wohlbefinden beeinträchtigt.

Um das jedoch möglichst zu vermeiden, ist im Körper folgender Mechanismus eingebaut: Ist die Leber überlastet, wird im Menschen das Empfinden geweckt, daß er sich nicht wohl fühlt. Er spürt das Bedürfnis, sich hinzulegen. Tut er dieses, so kann jetzt die Leber um wohl 40 %, also um fast die Hälfte, mehr leisten.

Verstärkt werden kann die Leberaktivität noch durch den sog. Leberwickel. Man legt, wenn man im Bett liegt, ein feuchtes Tuch über die Leber, kalt oder warm, und darauf eine Wärmflasche. Weil die Leber mittags gegen ein Uhr verhältnismäßig intensiv arbeitet, wählt man gewöhnlich diese Zeit dafür und verbindet diese Unterstützung der Blutreinigung mit dem Mittagsschlaf. In Fastenkliniken und anderen Fastengruppen gehört das zum Tagesprogramm. Wir praktizieren in unseren Gruppen dieses Leber-Wickel-Ritual jedoch nicht, weil wir tagsüber unterwegs sind. Kommen wir aber abends von den Wanderungen nach Hause, so legen sich einige einen Leberwickel auf, besonders wenn sie sich nicht ganz wohlfühlen. Dabei schlafen sie ein. Wenn sie aufwachen, so hört man immer wieder, fühlen sie sich wie neu geboren.

b) Die Niere

Während die Leber, laienhaft ausgedrückt, das Fettorgan ist, ist die Niere das Wasserorgan. Ihre Aufgabe ist es u. a., das Blut von allen schädlichen wasserlöslichen Stoffen zu reinigen. Die in der Niere herausfiltrierten Stoffwechselschlacken, vor allem die stickstoffhaltigen Abbauprodukte und Salze, gelangen im Urin über die Harnblase nach außen.

Alle Endprodukte der Eiweißverbrennung müssen, um ausgeschieden werden zu können, von beträchtlichen Mengen Wasser gelöst werden. Das gleiche gilt für die sonstigen mannigfaltigen Stoffe, die auf dem Wege über die Nieren entfernt werden sollen, z.B. für die verhältnismäßig großen Mengen Kochsalz, von denen der Mensch fast das Zehnfache des tatsächlichen täglichen Bedarfs zu sich nimmt.

Jetzt dürfte verstärkt verständlich werden, warum das Trinken während des Fastens so äußerst wichtig ist! Je weniger man trinkt, desto mehr giftige Schlacken behält der Körper in sich zurück. Außerdem geizt er dann sehr bei der Wasserausscheidung und speichert dies unter den Augen und an anderen Stellen. Bei dem, der viel trinkt, gibt der Körper dagegen das Wasser gerne und reichlich ab.

Unter den Trockensubstanzen des Urins nimmt der Harnstoff die erste Stelle ein. Er wird gewöhnlich in täglichen Mengen von etwa 30 g ausgeschieden. Riedlin, der Fastenpionier zu Anfang dieses Jahrhunderts, zählt eine dreifache Herkunft auf: 1.) abgelagerte Harnsäure, 2.) Harnsäure als Verbrennungsprodukt der weißen Blutzellen und 3.) Harnsäure durch Verbrennung der Zellkerne eingeschmolzener Gewebe (Zimmermann S. 21). Heute dagegen dürfte die Harnsäure wohl hauptsächlich aus der Verbrennung unserer uns angegessenen Eiweißüberschüsse stammen.

Damit uns der Verlauf des Eiweißabbaus bewußt wird, liefert Zimmermann folgende Beobachtung: »Zeigt sich bei Beginn der Fastenkur ein Harnsäuregehalt von 0,4 Gramm auf einen Liter Urin, so steigt er im Laufe einer Woche auf 2 - 3 Gramm; doch ist die wesentlich verringerte Tagesmenge Urin während des Fastens in Rechnung zu ziehen. Gegen Ende des Fastens klärt sich der trübe, lehmwasserartige Urin mit dem Bodensatz wie Ziegelmehl, und der Gehalt an Harnsäure vermindert sich von Tag zu Tag, um am Schluß einer richtig durchgeführten Fastenkur unter 0,2 Gramm zu fallen« (S. 21f).

Wenn frühmorgens beim ersten Wasserlassen der Urin also recht dunkel ausschaut und penetrant riecht, sollten wir froh darüber sein, denn jetzt dürfen wir erleben, daß der Körper seine krankmachenden Substanzen ausscheidet. – Ist der Urin sehr dunkel, so ist das gewöhnlich auch ein Zeichen dafür, daß zu wenig getrunken wird. Ist das der Fall, so muß man darauf achten, daß man mehr trinkt.

c) Der Darm

Der Darm ist das bekannteste Ausscheidungsorgan. Was der Körper an Abfällen los werden will, transportiert er gewöhnlich über das Blut in den Darm. Über den After stößt dieser den Stuhl ab. Ausführlich behandeln wir den Darm im Kapitel über die Darmreinigung.

d) Die Haut

Das größte Ausscheidungsorgan ist die Haut. Über ihre Poren kann der Körper Wasser, Salze, Fett, Gase und körperfremde Stoffe ausscheiden. Was alles über die Haut hinausgeht, ahnen wir, wenn wir gelegentlich einmal unangenehm riechen.

Damit kommen wir zum Thema Hautpflege. Diese ist während des Fastens – und vielleicht gerade da – besonders zu empfehlen. Zum Glück ist es bisher nur ein einziges Mal vorgekommen, daß die Mitbewohner eines Gruppenschlafraumes zu mir kamen und sich beschwerten, daß sich ein junger Knabe nicht waschen wollte.

Man kann die äußere Körperpflege, meine ich, jedoch auch ein wenig übertreiben. Ich verstehe es immer noch nicht, warum sich einige endlos in den Waschräumen aufhalten. Ihnen scheint die Hautpflege ein Seelenbedürfnis zu sein. Meine gesamte Morgenwäsche einschließlich des Zähneputzens und Rasierens dauert lediglich ganze neun Minuten.

Einmal abduschen – ohne Seife, dürfte, meine ich, völlig reichen. Da ich aber niemandem seine Freude an der Hautpflege nehmen möchte, verzichte ich darauf, hier meine eigenen Vorstellungen zum besten zu geben, und lasse lieber jemanden zu Worte kommen, der offenbar mehr Verständnis für solche hat, die ihre Haut gerne streicheln.

Dr. Hellmut Lützner schreibt bezüglich der Körperpflege in seinem Buch "Wie neugeboren durch Fasten": »Waschen, Duschen und Baden werden dem Faster Bedürfnis sein – vor der Sauna oder dem Schwimmen sind sie hygienische Notwendigkeit. – Die Haut des Fastenden trocknet etwas aus. Darum bedarf sie täglicher Pflege mit pflanzlichen Ölen nach jedem Waschen, Baden, Duschen – zum Beispiel mit Diaderma, Weleda, Wala oder ähnlichen Präparaten. – Benutzen Sie in der Fastenzeit niemals Cremes, Schminke, Farbpuder – diese Mittel verstopfen die Poren und hindern so die Haut am Atmen und Ausscheiden. – Gehen Sie sparsam um mit desodorierenden Mitteln, damit es nicht zu Hautreizungen kommt. – Das Wichtigste: Freuen Sie sich darauf, wie zart und glatt Ihre Haut nach dem Fasten sein wird!« (S. 38).

Über den Gewinn für die Haut durch Fasten schreibt er an anderer Stelle: »Für den Fastenarzt ist es immer wieder eindrucksvoll zu erleben, wie sich das Gesicht eines Fasters verändert: Das gedunsene, blau-rote "Vollmondgesicht" (der Laie hält es für gesund) mit hektisch roten Flecken beginnt bereits nach 5 Fastentagen sich zu entspannen und die charaktereigenen Konturen zurückzugewinnen. Die trüben Augen werden klar, der unstete Blick wird fest.

Die vom Tabakteer braun-graue Haut des Rauchers hellt sich auf und bekommt frische Farben. Die schwammige, großporige Haut des Alkoholikergesichts strafft sich und blaßt ab. Aus den Zügen ist zunehmendes Selbstbewußtsein zu lesen. Das übermüdete, resignierte und blaßgraue Gesicht des Erschöpften kehrt sich zunächst nach innen, wird still und fällt ein wenig in sich zusammen. Dann aber füllt es sich auf, bekommt Frische und Zartheit. Die Augen beginnen zu leuchten. Nach dem Aufbau fällt die straffelastisch zarte Haut auf; Unreinheiten sind verschwunden, Fältchen sind geglättet.

Bei jedem Menschen erschlaffen im Laufe des Lebens die elastischen Fasern der Haut, der Unterhaut und des Stütz- und Bindegewebes; die Haltefasern werden dick und unbeweglich, weil sich Wasser, Salze und körpereigener "Abfall" dazwischen einlagern. Solch verschlacktes und meist gestautes Gewebe ergibt beim Zusammenschieben die sogenannte Apfelsinenhaut; beim Kneifen kann es sogar ziemlich schmerzen (Cellulitis).
Weit tiefer als eine Oberflächenkosmetik helfen hier das entschlackende

Fasten, die sportliche Bewegung und das durchblutungsanregende Bürsten und Ölen nach einer Wechseldusche. Sie vermögen Ihre Haut und das darunterliegende Bindegewebe in kurzer Zeit zu verjüngen, schmerzfrei zu machen und zu straffen.

Gleiches geschieht auch im Inneren Ihres Körpers. Wer abnimmt, fürchtet meist, daß nun alles schlaff werde. Dies erleben Sie allenfalls während der Fastenphase; nach dem Kostaufbau kommt es glücklicherweise zu einer Straffung aller Gewebe, auch der inneren Organe. Bei der körperlichen Begegnung mit Ihrem Partner werden Sie dies beide mit Freude feststellen können.

Nach längerem Fasten berichten viele: ich fühle mich um fünf Jahre jünger« (S. 56f).

Auch ich staune immer wieder, wie sehr sich die Teilnehmer verjüngen. Wie oft habe ich zu Anfang einer Veranstaltung den Eindruck, lauter alte und verbrauchte Personen um mich zu haben. Nach wenigen Tagen bin ich von denselben Leuten begeistert, und es fällt mir schwer, von ihnen Abschied zu nehmen.

Indem man Hautpartien der frischen Luft und der Sonne aussetzt, steigert man den Ausscheidungseffekt. Immer wieder laufen in unseren Gruppen erfreulicherweise einige recht leicht bekleidet herum.

Da die Wäsche die Ausdünstungen aufnimmt, wenn sie saugfähig ist, sollte man darauf achten, daß wir die Kunstfaser meiden und Naturfaser tragen. Verschwitzte Kunstfaser kann beträchtlich stinken, Naturfaser dagegen gibt ab.

e) Die Zunge, der Mundgeruch und die Körperausdünstungen

Besonders stark scheidet während des Fastens der Körper über die Zunge aus. Offenbar ebenso wie in Eiterpickelchen auf der Haut werden Körperschlakken auch auf der Oberfläche der Zunge gesammelt. Einige reden von Pilzen, die hier wachsen. Das ist sicherlich richtig. Wie auf Wiesen und Waldböden Pilze die Bodenschadstoffe aus der Erde ziehen, so werden auf der Zungenoberfläche, besonders auf der Zungenwurzel, Ablagerungen des Körpers zusammengezogen. Es ist deshalb kein Wunder, wenn die Zunge während des Fastens belegt ist. Pelzig empfinde man sie, wird immer wieder geschrieben und erzählt, obwohl ich selbst dieses Gefühl noch nie hatte.

Je intensiver man fastet, desto mehr scheidet der Körper verständlicherweise auch über die Zunge aus. Sie färbt sich gewöhnlich grau, manchmal braun, gelegentlich sogar grün oder schwarz, offenbar je nachdem, was sie gerade sammelt. Von ihr kann ein unangenehmer Geruch ausgehen.

Ich selber hatte während des Fastens nie die geringsten Probleme mit meiner Zunge und glaube, zu ihrer Reinigung müßte es eigentlich reichen, wenn man mit den scharfen Schneidezähnen auf ihr entlangfährt. Ich beobachte aber immer wieder, wie Teilnehmer mit einem Holzstäbchen oder einem Löffel ihre Zunge frühmorgens, wenn sie verständlicherweise am belegtesten ist, abkratzen.

Sehr schnell färbt sich die Zungenoberfläche beim Fasten, und an ihr kann man gewöhnlich beobachten, wie stark und intensiv die Körperausscheidungen sind. Sind alle Gifte ausgeschieden, was man kaum erleben dürfte, oder hört man mit dem Fasten auf, so normalisiert sich die Zungenfarbe wieder.

Es wird gesagt, daß Fastende sehr aus dem Munde riechen. Früh, wenn die Teilnehmer aus dem Bett springen und mir noch vor dem Waschen einen Guten Morgen wünschen, merke ich es auch manchmal. Sonst kenne ich dieses Phänomen aber eigentlich kaum. Nun, meine Geruchssinne mögen sehr unterentwickelt sein, aber ich meine, daß das Geruchsbelästigungsproblem in unseren Fasten-Wander-Gruppen längst nicht so groß ist, wie immer wieder gesagt wird und wie die Fastenbücher uns einreden wollen. Es wird bei unseren Veranstaltungen immer wieder bestätigt, daß man hier erstaunlicherweise nichts rieche. Nur von sehr wenigen tut eine gewisse Distanz gut. Ich habe aber den Eindruck, daß diese Personen auch sonst, ohne Fasten, ihre Ausdünstungen abgeben. – Brunhilde, Krankenschwester einer Fastenklinik, bekannte: »Bei uns, da hält man es vor Gestank nicht aus, aber hier merke ich gar nichts!«

Daß die Fastenbücher uns eine solche Angst vor dem Mund- und Körpergeruch einjagen, hängt wohl damit zusammen, daß sie von Ärzten geschrieben werden. Ärzte aber haben hauptsächlich mit kranken Personen zu tun. Zimmermann schreibt z. B.: »Der fastende Mensch riecht meist widerlich, ohne es selber zu merken. Zunge und Mundhöhle sind belegt, oft pappig dick, Mundgeruch und ausgeatmete Luft können faulig sein, ebenso die Ausdünstungen der ganzen Haut« (S. 15).

Die tollsten Geschichten über Geruchsbelästigung kann die früher krebskranke Anna erzählen, die sich zweimal sehr lange im Waerland-Sanatorium in Rickenbach im Schwarzwald aufhielt. Sie berichtet, daß die Krankenschwester ihr manchmal genau sagen konnte, was sie gerade ausschied: »Jetzt ist der Todesgeruch vorbei. – Jetzt kommen die und die Medikamente heraus.«

Große Probleme mit ihr hatten der Masseur und die Masseurin, die sich beide weigerten, sie zu massieren. Das Duschen vor dem Massieren reichte nicht. Ein Einbalsamieren wäre notwendig gewesen, um mit Wohlgerüchen den Gestank zu verdrängen. Da Anna aber nicht wußte, wie sie die Masseure belastete, kam sie gar nicht auf einen derartigen Gedanken.

Die Nonne im Nebenzimmer ließ sich sogar verlegen, weil sie es vor Geruchsbelästigung nicht mehr aushielt. Die Toiletten der beiden Zimmer waren wohl durch eine gemeinsame Lüftung ein wenig miteinander verbunden. Gerade aber in der Toilette wusch Anni immer ihre Schweißtücher aus.

Kein Wunder, wenn bei solchen Erfahrungen uns die Ärzte einen Geruchsschock und ein Gestankstrauma einjagen. Aber woher sollten sie, bevor wir mit unserer Idee des Fasten-Wanderns kamen, wissen, daß es auch anders geht. Selbst die Gesunden, die zu Hause oder während der Arbeit fasten, riechen gewöhnlich übler als wir in unseren Gruppen. Noch erschüttert von den Vorfällen früh in der Schule berichtete mir eine Lehrerin entsetzt: »Einer meiner Schüler fragte mich heute: "Warum riechen Sie denn so unangenehm aus dem Mund", aber...,« so fuhr sie fort: »hier merkt man überhaupt nicht, daß jemand riecht.«

Woran könnte es liegen, daß der übliche Fastenausscheidungsgeruch in unseren Gruppen kaum wahrgenommen wird? Was ist denn bei uns anders? Unsere Ausscheidungen sind doch wegen der großen Anstrengungen bestimmt noch intensiver als z.B. bei den Haus- und Bettfastern! Unser Vorteil aber ist wahrscheinlich der, daß wir viel, sehr viel Sauerstoff zur Verfügung haben. Kira aus St. Petersburg erzählte mir vor ein paar Tagen am Telephon: »Bei euch im Schwarzwald habe ich zum ersten Male in meinem Leben bewußt die frische Luft und den Sauerstoff erlebt. Ich kannte immer nur die Luft von St. Petersburg und anderen Großstädten, in die ich mit meinen Einkaufsgruppen fuhr.« Kira hat also ganz deutlich empfunden, daß in unseren Wandergebieten eine ganz andere Luft ist als in den Wohnbereichen der Menschen, besonders in den Großstädten.

Sauerstoff bindet möglicherweise die Geruchsstoffe oder neutralisiert sie, sowohl im Körper wie auch beim Austritt aus der Haut. Aber auch, wenn wir uns in unserem Quartier aufhalten, haben wir merkwürdigerweise mit Geruchsbelästigungen so gut wie nie etwas zu tun. Offenbar bringen wir in unserem Körper soviel Sauerstoff mit nach Hause, daß weiterhin alle Geruchsstoffe neutralisiert werden können. Es kommt freilich manchmal vor, daß jemand in den mit dreißig Personen besetzten Raum ruft: »Macht mal die Fenster auf, das ist ja hier nicht mehr auszuhalten!« Aber das ist recht selten.

Freilich, wenn man während der Arbeitszeit fastet und nicht diese Fülle an Sauerstoff zur Verfügung hat, sollte man sich wegen der möglichen Geruchsbelästigung durchaus einige Gedanken machen. Kundenberaterinnen haben da verständlicherweise etwas mehr zu überlegen als Telephonistinnen. Ihre Ausdünstungen könnten geschäftsschädigend wirken.

Wenn eine Lehrerin mit 25 Kindern die Luft eines Raumes teilen muß, ist es kein Wunder, wenn sie unangenehm auffällt, wenn sich bei Pausenbeginn die Kinder mit ihren Fragen um ihren Tisch drängeln. Leichter hat es wahrscheinlich eine Mutter, die ihrer Familie offen erklärt: »Wenn ihr wollt, daß eure Mutti wieder ganz gesund wird, müßt ihr es einige Zeit in Kauf nehmen, daß sie evt. manchmal etwas übel riecht.«

Wir sollten uns wegen des Körpergeruchs aber nicht verrückt machen lassen. Wer auf Körperreinheit, täglich frische Wäsche, etwas Zitrone, das offene Fenster nachts und etwas Distanz achtet, dürfte kaum Schwierigkeiten bekommen. Wenn sich Raucher mit ihrem ständig üblen Geruch unter die Menschen trauen, warum nicht vorübergehend auch Faster. Schon gar nicht sollten wir uns aus Geruchsgründen abhalten lassen, zu geselligen und kulturellen Veranstaltungen wie Kegelabenden, Gesangsstunden, Gottesdiensten, Theatervorstellungen und Konzerten zu gehen. Gerade diese können Erlebnishöhepunkte während einer Fastenkur werden.

f) Die Ausscheidung durch die Atmung

Atmung bedeutet ursprünglich nur das Ein- und Ausatmen von Luft infolge der Lungen- und Brustkorbbewegungen. Die Entdeckung des Kohlendioxyds in der Ausatmungsluft und die Aufklärung der Verbrennungsvorgänge haben jedoch die Bedeutung des Atmungsbegriffes erweitert. Heute bezeichnet man die Luftzufuhr und -abgabe als äußere Atmung und die in den Zellen ablaufenden Oxydationsvorgänge als innere Atmung oder Zellatmung.

Sauerstoff wird durch die roten Blutkörperchen bis zu den entlegensten Zellen in den Ohren und Zehenspitzen transportiert und dort während der Stoffwechselvorgänge verbraucht. Das Abfallprodukt ist Kohlendioxyd, das postwendend wieder aus dem Körper hinaustransportiert werden sollte. Der Schöpfer hat im Menschen und in den Tieren dafür die verschiedensten Mechanismen eingebaut. Das Ausatmen selbst ist nur einer von ihnen, denn dadurch werden lediglich die Lungenflügel zusammengepreßt und das Kohlendioxyd ausgestoßen. Viel problematischer aber als das Ausatmen von Kohlendioxyd ist, daß dieses erst einmal in die Lungenflügel gelangt. Das aber dürfte zum großen Teil durch unsere Bewegung, durch die unterschiedlichen Temperatureinwirkungen auf die Haut und durch den Sonnenschein geschehen.

Bei uns Zivilisationsmenschen funktionieren diese Mechanismen jedoch nicht mehr so recht. Deshalb bleiben auch viele der später beim Austritt aus dem Körper gasförmigen Schlacken im Gewebe hängen und belasten es. Beim Fasten nun und besonders beim Fastenwandern wird der Körper aktiviert, diese beim Transport festen Abfallstoffe wieder in die Lunge zu befördern, von wo sie ausgeatmet werden können. – Es dürften jedoch nicht nur gasförmige Abbauprodukte sein, die der Mensch ausatmet. Wie er Pollen und viele andere feste Stoffe der Luft mit einatmet, so dürfte er auch viele feste Stoffe wieder mit ausatmen.

Je intensiver nun ausgeatmet wird, desto mehr kann über die Lungen hinaustransportiert werden. Das mit einem Atemzug eingeatmete Luftvolumen beträgt unter Ruhebedingungen etwa 500 Kubikzentimeter. Bei körperlicher Belastung vermag die Lunge darüber hinaus noch 2000 Kubikzentimeter mehr aufzunehmen, genauso wie sie über die gewöhnliche ruhige Ausatmung hinaus noch ungefähr 2000 Kubikzentimeter mehr abgeben kann, bevor die Grenze der Ausatmungsmöglichkeit erreicht ist.

Spüren wir jetzt, welche Gnade es ist, daß wir bei unseren Wanderungen gefordert werden und die Berge erklimmen dürfen! Durch diese Anstrengungen erhöht sich nämlich unser Ausatmungsvolumen, und wir können Unmengen an Schlacken ausstoßen. Gleichzeitig nehmen wir aber auch viel mehr reinere und sauerstoffhaltigere Luft als gewöhnlich in uns auf, wodurch viele Schlacken verbrannt werden können.

Durch das Ein- wie auch durch das Ausatmen wird unser Körper also in wunderbarer Weise gereinigt. Durch eine tiefe Bauchatmung werden außerdem unser Brust- und Bauchraum sorgfältig massiert, so daß auch auf diese Weise viel mehr abgelagerte Schlacken als üblicherweise frei werden und abtransportiert werden können.

Manchmal hört man, daß während des Fastens unser Atem faulig riecht. Zimmermann schreibt: »Mundgeruch und ausgeatmete Luft können faulig sein« (S. 15). Daß wir aus dem Mund wegen der Gase, die sich im Darm und im Magen bilden können, leicht unangenehm riechen, ist klar. Ob man über die ausgeatmete schlackenangereicherte Lungenluft jedoch faulig riecht, entzieht sich meinen Kenntnissen.

g) Weitere Ausscheidungsmöglichkeiten

Der Körper scheidet aber auch über die Augen und die Ohren aus. Während des Fastens ist man z.B. eher fähig zu weinen als sonst. Es kann auch passieren, daß man während des Fastens auf einmal kaum noch etwas hören kann, weil die Ohrengänge infolge der Ausscheidungsvorgänge völlig verstopft sind.

Besonders gerne scheidet der Körper über die "Körperhöhlen" Magen und Nase aus. Bei verstärktem Schnupfen und auftretenden Magenbeschwerden sollten wir deshalb nicht den Eindruck haben, daß das Fasten uns nicht bekomme oder uns evtl. sogar schade. Nein, das Gegenteil geschieht hier gerade. Der Körper räumt auf und schmeißt hinaus. Grundverkehrt wäre es, die Schneuze wieder zurückzuziehen. Damit ziehen wir Schadstoffe, die der Körper los sein möchte, wieder in ihn hinein.

Manche Teilnehmer bekommen bei unseren Veranstaltungen Schwierigkeiten mit ihrem Magen. Es zwickt und beißt sie, und manchmal reißt es sie auch unerträglich. Einige bekennen, sie haben öfter mit derartigen Magenbeschwerden zu tun, andere wiederum behaupten, daß sie nie Probleme mit ihrem Magen gehabt hätten. Ein gesunder Magen würde nicht solche Schmerzen verursachen. Es könnte aber sein, daß bei den betreffenden der Magen bzw. seine Anhangdrüsen krank waren, ohne daß sie es merkten. Drüsen haben möglicherweise ihre Tätigkeit noch nicht eingestellt und leiten weiterhin Verdauungssäfte in den Magen, Geschwüre geben verbrauchte Zellen und Eiter ab, Schleimhäute lösen sich. Das alles führt zu einem sauren Milieu und verursacht das Magenreißen.

Demjenigen, der sich nicht übergeben kann, um den den Schmerz verursachenden Mageninhalt loszuwerden, empfehlen wir Heilerde. Heilerde ist in jeder Apotheke erhältlich. Ein Löffel gemahlenes Vulkangestein wirkt Wunder, weil es die Gifte und Schlacken bindet. Gleiche Wirkung hätte aber sicherlich auch saugfähige saubere Gartenerde. – Diese Heilerde speicheln wir nun im Mund gut ein, bevor wir sie herunterschlucken, oder wir rühren sie in ein Glas Wasser und trinken sie.

Am Starnberger-See lag mir jemand drei Tage lang im Bett, konnte nichts trinken und redete immer wieder vom Sterben. Nach verschiedenen anderen Versuchen empfahl ich ihm Heilerde. Er faßte sich an den Kopf und fragte sich, warum er nicht selber schon darauf gekommen sei, da er auch sonst bei Magenbeschwerden Heilerde verwende. – Alle Beschwerden waren schlagartig weg. Er konnte auch wieder trinken.

6. Die Fastenkrisen

Viele sind im Fasten sofort drin, und gewöhnlich läuft dieses auch völlig problemlos ab. Manche haben jedoch während der ersten Tage einige Schwierigkeiten.

Will man den Fastenurlaub voll genießen und die Naturwunder und Mitwanderer optimal erleben, so ist es ratsam, in das Fasten bereits zwei oder drei Tage vor dem gemeinsamen Beginn einzusteigen. Wenn man nämlich die Umstellungsbeschwerden bereits hinter sich hat, ist man für das Erleben des Neuen viel wacher.

Da die, für die alles neu ist, aber auch Altfaster, möglicherweise in den ersten Tagen etwas aufgeregt, überempfindlich und aggressiv reagieren, können diese Tage für eine Fastengruppe zu einer Belastungsprobe werden. Da sind dann die gefragt, die die Ruhe weg haben, ausgleichend wirken und die Erregten besänftigen. Deshalb ist es für die Gruppe als ganze sehr viel vorteilhafter, wenn möglichst viele ihre Einstiegstage bereits hinter sich haben.

Wirklich problematisch wird es bei den einzelnen Teilnehmern eigentlich nie. Was sollen denn auch für Krisen auftreten? Wir sind ja nicht im Krankenhaus, wo ein ganz anderes Publikum verkehrt. In unseren Gruppen haben es die Leute im allgemeinen früh lediglich mit dem Kreis auf und dem Magen zu tun, oder sie klagen über zu wenig Schlaf und Kopfschmerzen. Sobald wir jedoch draußen an der frischen Luft sind, sind gewöhnlich alle Beschwerden weg und vergessen. Nur sehr wenige klagen noch nach Tagen über ein Hungergefühl und über Kopfschmerzen. Aber mit beidem sollte man durch gezielte Darmreinigung schnell fertig werden.

Daß gelegentlich einmal jemand für einen Tag zu Hause bleibt, weil er sich angeblich nicht wohl fühlt, liegt auf der Hand. Wenn dieses aber, wie bei unseren Schweden- und Norwegentouren, nicht möglich ist, geht es komischerweise auch niemandem schlecht.

Die Bewegung, die Sonne und die frische Luft bringen uns so in Schwung, daß unsere Fasten-Wanderer normalerweise keine Beschwerden oder Fastenkrisen in größerem Ausmaß kennen. Selbst der Einstieg verläuft im allgemeinen völlig unproblematisch. Ich selbst stelle z.B. bei mir gewöhnlich kaum Veränderungen fest. Nur nachträglich, am dritten oder vierten Fastentag, merke ich dann, daß selbst mein Körper sich wieder neu an das Fasten hat gewöhnen müssen. Im nachhinein fallen mir nämlich manchmal einige nicht so glückliche Reaktionen ein, und ich stelle fest, daß mir nun, nach einigen Tagen, das Aufstehen und Laufen viel leichter fallen als zu Anfang der Veranstaltung. Außerdem rege ich mich jetzt über manches nicht mehr so auf.

Es ist aber angebracht, in unseren Gruppen ein wenig auf die Fastenkrisen einzugehen, denn wir wollen euch ja dazu ermuntern, alleine oder mit euren Freunden zu Hause oder in der freien Natur selbständig ohne unsere Hilfe zu fasten. Dafür aber ist es angebracht, ein wenig über die Fastenkrisen zu wissen.

Lützner schreibt: »Fastenkrisen kommen beim Kurzzeitfasten selten vor, schon eher bei einer Fastenkur von 20 und mehr Tagen, selten bei gesunden, häufiger bei kranken Fastern. Fastenkrisen kommen wie aus "heiterem Himmel". Der Faster fühlt sich flau, gereizt oder schwermütig. Alte Beschwerden flackern auf. Er fühlt sich, als wäre er krank – wie bei einer Grippe zum Beispiel. – Es sind die Stunden und Tage, in denen Krankhaftes und Abgelagertes besonders intensiv aus den Geweben herausgelöst wird und durch den Körper kreist. Sobald diese Stoffe ausgeschieden sind, ist die Krise so komplett verflogen, als wäre sie nie gewesen« (S. 48).

Die Krisen beruhen wohl hauptsächlich auf einem erhöhten Giftspiegel im Blut. Weil zu viel Gift im Blut kreist, fallen wir in ein Loch. Dieses Gift kommt entweder aus dem Darm, worüber wir beim Thema Darmreinigung sprechen werden, oder es wird im Gewebe frei. – Es wäre töricht, nun anzunehmen, daß das Fasten uns nicht bekomme, und damit aufzuhören. Jetzt ist es gerade wichtig, weiterzumachen.

Typisch für das Fasten ist, daß wir uns gelegentlich einmal an den Kopf fassen und uns fragen, ob wir noch ganz richtig seien. Auch das ist bereits eine Krise. Bearbeiten uns aber dann zusätzlich noch andere und wollen uns vom Fasten abbringen, so ist möglicherweise unsere Gesundheitskur ein wenig gefährdet.

Anders werden wir mit derartigen Krisen in den Fastengruppen fertig, in denen es sowieso nichts zu essen gibt und in denen man sich gegenseitig Mut zum Durchhalten macht.

Nach der Krise, die oftmals nur eine Stunde dauert, kann man meist gar nicht mehr verstehen, warum man überhaupt Ängste hatte, verzweifelt war oder aufgeben wollte. Die Welt ist nicht nur wieder heil, sondern noch viel schöner geworden. Unsere Leber hat es geschafft, die Gifte auszuscheiden.

Als kleinere Krisen, die uns möglicherweise Sorgen und Ängste bereiten, treten gelegentlich Konzentrations-, Reaktions-, Gedächtnis- und Sehschwächen auf.

Manche stellen während des Fastens fest, daß sie einen Satz zu sprechen beginnen und ihn nicht zu Ende bringen können. Auch können sie sich auf einmal nicht mehr an den Namen des Nachbarn oder an den Hochzeitstag erinnern.

Weil unser Gedächtnis gewöhnlich sehr belastet ist, nutzt, so denke ich es mir, der Körper im Fasten die Gelegenheit, es einmal in Urlaub zu schicken. Wie ein überstrapazierter Körper gelegentlich einmal Ruhe benötigt, so auch unser arg geschundener Kopf. – Freilich, gewöhnlich ist unsere Gedächtniskraft während des Fastens wesentlich stärker als sonst.

Auch unsere Augen sehnen sich manchmal während des Fastens nach dem Nichtstun. Wie sehr werden sie doch von uns zweckentfremdet! Sie waren dazu geschaffen, Nahrung zu entdecken, Gefahren rechtzeitig zu erkennen und uns über die herrliche Schöpfung zu freuen. Leider dienen sie aber vielen nur noch für das, was die Natur überhaupt nicht kennt und vorgesehen hat: Betonklötze zu betrachen, Zeitung zu lesen, fern zu sehen und in den Computer zu starren. Kein Wunder, wenn sie sich einmal erholen möchten und wir nun alles nur verschwommen sehen können. Der Augendruck hat sich ein wenig verändert. Aber keine Sorgen, sobald wir mit dem Fasten aufhören, kommt auch die alte Sehkraft wieder. – Mir war während meines ersten Fastens das Gegenteil passiert. Ich, der ich kurzsichtig bin, freute mich, daß ich auf einmal auch in der Ferne alles klar sehen konnte. Als aber das Fasten vorbei war, war es auch mit der klaren Fernsicht wieder aus.

Ebenso stelle ich bei mir gelegentlich auch Konzentrations- und Reaktionsschwächen fest, z.B. wenn wir aus einem Wald treten und plötzlich vor einer stark befahrenen Straße stehen. Ich muß mich dann manchmal direkt zwingen, stehen zu bleiben, und mich innerlich auf die Verkehrssituation einstellen. Wegen dieser Erfahrung habe ich mir zur Pflicht gemacht, bei Straßenübergängen alle Teilnehmer zu beobachten und zu warten, bis auch der letzte die Fahrbahn passiert hat.

Ich ermuntere deshalb auch niemanden, während des Fastens Auto zu fahren. Nach einer Fasten-Woche ist z.B. eine Würzburgerin mit mir in ihrer Heimatstadt bei Rot über eine Kreuzung gefahren. Das kann passieren. – Freilich, wer sich während des Fastens vornimmt, Auto zu fahren und sich innerlich darauf einstellt und freut, wird keine Schwierigkeiten dabei haben. Notfalls legt er sich eine Flasche Saft oder ein Glas Honig auf den Beifahrersitz. Weil Konzentrations- und Reaktionsschwächen bei Fastenden nicht ausgeschlossen werden können, biete ich auch keine Fahrrad-Fasten-Wanderungen an.

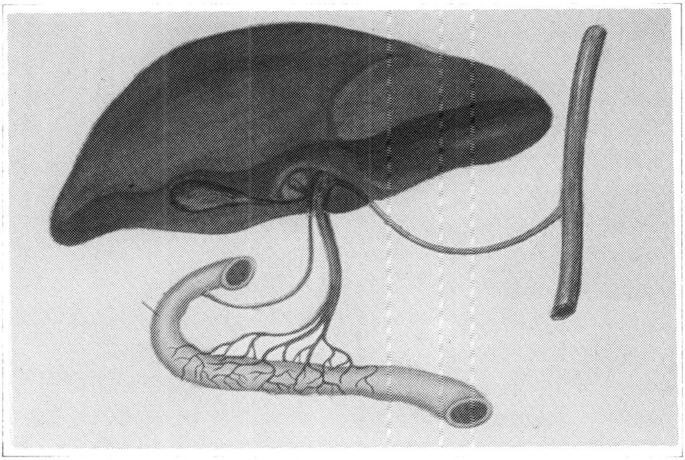

Das Blut, das die Nährstoffe vom Darm in den Körper transportiert, wird von der Leber gereinigt. Auf diese Weise werden die Gifte, die vom Darm ins Blut dringen, ausgeschieden.

Der Darm

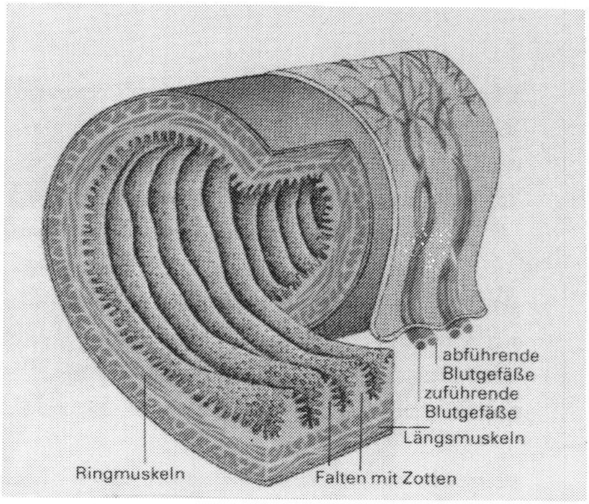

Querschnitt durch den Dünndarm
(Pfandzelter, R.: Menschenkunde, Bay. Schulbuch Verl., S. 82)

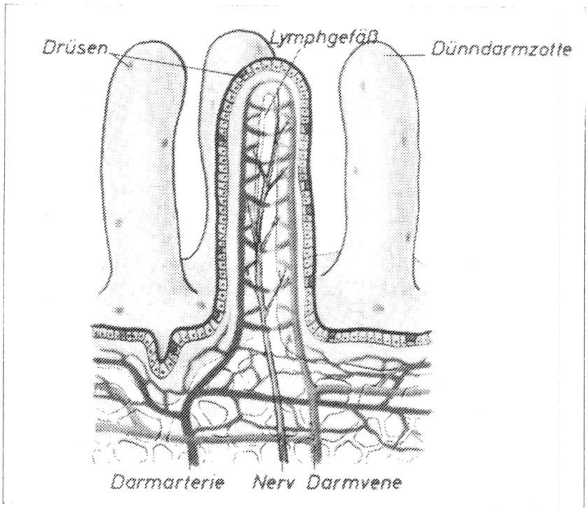

Querschnitt durch eine Darmzotte
(Garms, H.: Lebendige Welt, Westermann Verl., S. M/28)

Kapitel III

DIE DARMREINIGUNG

Bevor ich manche zu Anfang einer Veranstaltung überhaupt begrüßen kann, überfallen sie mich regelrecht, gelegentlich sogar etwas aggressiv, mit der Frage: »Und wann wird die Darmreinigung durchgeführt?« Wenn ich dann lächelnd antworte: »Das hat Zeit!«, fühlen sie sich bestätigt und wissen es: »Der hat keine Ahnung vom Fasten.« Lautstark betonen sie nun, so daß es alle hören müssen: »Die Darmreinigung ist aber das allerwichtigste!«

Manche terrorisieren zu Anfang einer Veranstaltung mit diesem Thema regelrecht die Gruppe, so daß wir erst einmal zu kaum etwas anderem kommen, als über dieses Thema zu reden, obwohl gerade jetzt über vieles andere gesprochen werden müßte. Hat denn der recht, der behauptet, das wichtigste beim Einsteigen in einen Zug sei die Fahrkarte? Der Zug nimmt einen auch ohne Karte mit. Wie oft steige ich aus den verschiedensten Gründen ohne Billett in die Bahn. Irgendwann wird sich das Bezahlen schon erledigen lassen. Ganz ähnlich verhält es sich auch beim Fasten mit der Darmreinigung.

Wie kommt es nun, daß einigen die Darmreinigung so wichtig erscheint? Vielleicht liegt es an den Fastenbüchern, die sie so stark betonen. Ich vermute aber, daß der Grund eher darin liegt, daß einige etwas Scheu davor haben und diese deshalb möglichst schnell hinter sich bringen möchten.

Als ich 1979 zum ersten Male fastete – gleich 28 Tage –, wußte und verstand ich von der Darmreinigung noch nichts. Ich überlebte auch, obwohl ich es mir vielleicht hätte ersparen können, die Zeit vom 10. bis zum 18. Tage weitgehend im Bett zu verbringen. Erst in meinen Gruppen begriff ich nach Jahren, daß und warum ein sauberer Darm während des Fastens und immer wünschenswert ist.

Wichtiger als die Zeremonie der Darmreinigung erscheint mir aber das

Wissen darum, warum der Darm sauber sein sollte. Die Mentalität, etwas zu tun, weil es befohlen wird, möchte ich nicht unbedingt noch unterstützen. Mir liegt vielmehr daran, daß wir in das, was wir tun, auch Einsicht haben. Deshalb möchte ich jetzt erst einmal über unseren Darm etwas ausführen. Kaum ein Organ ist uns nämlich so fremd wie gerade er.

1. Wie der Darm arbeitet

Die Aufgaben des Darmes kann man, meine ich, in zwei Bereiche unterteilen, in die Versorgung des menschlichen Körpers und in seine Entsorgung. Die Entsorgung ist uns nicht fremd. Daß der Darm aber eines unserer wichtigsten Versorgungsorgane ist, ist uns weitgehend unbekannt.

Wenn wir etwas essen, z.B. Äpfel oder Mohrrüben, nehmen wir Stoffe in uns auf, mit denen unsere Zellkerne nicht versorgt werden können. Erst in aufwendiger und mühevoller Kleinarbeit gelingt es, die pflanzlichen Naturstoffe in Nahrungsstoffe für die menschlichen Zellen umzuwandeln. Dieser Umbauprozeß beginnt bereits im Mund und setzt sich im Magen und Darm fort. Im Mund findet hauptsächlich die Aufschließung von Kohlenhydraten, im Magen die von Eiweiß und im Zwölffingerdarm die von Fett statt. Im Zwölffingerdarm findet außerdem noch eine Fülle weiterer Umwandlungsprozesse statt.

Der Nahrungsbrei wird vom Magen durch den Pförtner in den etwa 20 cm langen Zwölffingerdarm gepreßt. Anschließend schiebt er sich durch den Dünn- und wesentlich kürzeren Dickdarm. Der Dünndarm sondert dabei Tagesmengen von mehr als drei Liter Darmsaft für die weitere Zerlegung und Aufschließung der Nahrungsbestandteile ab. Er saugt aber auch mit Hilfe einer Unzahl feiner, in das Darmrohr vorgestülpter Zotten die Nährstoffe aus dem Speisebrei auf.

Der Darm ist beim Menschen etwa das, was für die Pflanze und den Baum die Wurzeln sind. Weil die Wurzeln im Erdreich verankert sind, ist eine Pflanze kaum in der Lage, sich fortzubewegen. Würde der Baum seine Wurzeln aber in den Stamm hineinverlegen und sich Beine wachsen lassen, so könnte er gehen. Es dürfte deshalb nicht überraschen, wenn ich behaupte, daß der Wurzelbereich des Baumes und der Darm des Menschen sich sehr ähneln. Es gleichen nämlich nicht nur die Zotten den Wurzelhaaren und der Darmbrei dem nahrungsspendenden Erdboden, nein, auch die Bakterien, die die Nahrung zubereiten, sind beide Male ganz ähnliche.

Wenn wir diese Parallelen zwischen Mensch und Pflanze entdecken, gewinnen wir möglicherweise mehr Verständnis sowohl für die uns umgebende Pflanzenwelt wie auch für unsere komplizierten Verdauungsvorgänge. Wie bekanntlich die Erdbodenbakterien, diese winzigen Zubereiter der für die Pflanze notwendigen Nahrungsteilchen, durch Umgraben, Düngen und Spritzgifte kaputt gehen, so geht auch unsere Darmflora kaputt, wenn Stoffe in den Darm eindringen, die die Bakterien nicht vertragen. Und wie von der Pflanze über die Wurzeln die Bodengiftstoffe aufgenommen werden, so saugen ebenfalls die Darmzotten die winzigen Giftpartikelchen, die im Darmbrei schwimmen, ins Blut.

Der Darminhalt, so könnte man laienhaft sagen, besteht aus viererlei, nämlich aus den für den Körper lebensnotwendigen Nahrungspartikelchen, aus den Umbaustoffen bzw. Bakterien, aus den Abfallprodukten, die der Körper über den Darm wieder ausscheiden möchte, und aus den in der Nahrung nicht zu verwertenden Stoffen, z.B. den Faserstoffen. Wollen wir uns Faserstoffe vorstellen, so sollen wir an Stroh, Heu, Holz und Baumrinde denken. Beim Obst fallen uns die Faserstoffe besonders auf, wenn wir es auspressen.

Da unsere gescheite Ernährungswissenschaft auf einmal begriff, daß der menschliche Körper die Faserstoffe so gut wie nicht auswerten kann, anders als z. B. Hasen oder Rehe, hat man sie für überflüssig erklärt und abfällig als Ballaststoffe bezeichnet. Eine Konsequenz war nun, daß man sich sagte: Warum soll denn der menschliche Körper überhaupt erst mit diesem Ballast belastet werden? Laßt ihn uns schon vor dem Verzehr aus der Nahrung entfernen. Es ist deshalb kein Wunder, wenn unsere Nahrung kaum noch Faserstoffe enthält.

Ich las einmal, daß Naturvölker fünfmal soviel Faserstoffe zu sich nehmen wie wir. Ich kann das kaum fassen, will es aber auch nicht ausschließen, denn sehr vieles von dem, das wir zu uns nehmen, enthält so gut wie keine Faserstoffe, z.B. die Säfte, der Zucker und das fein ausgemahlene Weißmehl. Allen daraus hergestellten Nahrungsmitteln fehlen deshalb ebenfalls die Faserstoffe, z.B. den Broten, den Torten, den Nudeln, den Soßen. Zu erwähnen sind besonders auch die verschiedenartigen Süßigkeiten und die sogenannten Erfrischungsgetränke, die eine Unmenge Zucker enthalten. Keine Faserstoffe enthalten aber auch alle Fleisch- und Milchprodukte, von denen ich schon aus diesem Grunde annehme, daß sie so gut wie nicht zur menschlichen Nahrung gehören.

Der Mensch wollte in seiner Schlauheit einmal wieder gescheiter sein als der liebe Gott und dachte: »Helfen wir dem da oben einmal ein wenig nach. Alles wird dann besser, und unsere Erde kann sich endlich zum Paradies entwickeln.« – Der Mensch aber irrte sich, denn der Schöpfer in seiner Weisheit und Liebe hat keinen einzigen Fehler begangen. Er wußte auch, warum er die Nahrung des Menschen in Faserstoffe einbaute. Diese sind nämlich für den Weitertransport des Darminhaltes äußerst wichtig.

Peristaltische Bewegung nennt man die Art, in der der Darm seinen Inhalt weiterschiebt. Folgendermaßen stelle ich mir diese vor, auch wenn meine Sicht möglicherweise etwas laienhaft und korrekturbedürftig ist: Die klein zerkauten Faserstoffe im Darm saugen sich mit Flüssigkeit voll und dehnen den Darm. Daraufhin ziehen die vielen Muskelschichten, die das Darmrohr umgeben, den Darm in einer weiterlaufenden Wellenbewegung wieder zusammen. Durch dieses in weiterlaufender Wellenbewegung sich vollziehende ständige Dehnen und Zusammenziehen, Dehnen und Zusammenziehen wird der Darminhalt weitergeleitet. Für diesen Transport sind freilich auch die Mineralstoffe und vieles andere sehr wichtig. Entscheidend aber dürften doch die Faserstoffe sein.

Wehe uns nun, wenn dieser Transport nicht funktioniert und der Darminhalt stehen bleibt! Wir reden dann von Stuhlverstopfung, zu der über 70 Prozent aller Bundesbürger neigen. Die Stuhlverstopfung ist nicht nur deshalb äußerst unangenehm und gefährlich, weil unser Darm immer mehr gedehnt und unsere Bauchdecke immer mehr gespannt werden. Sie ist auch deshalb für uns bedrohlich, wenn die Gifte, die in den Darm abgegeben werden bzw. sich dort durch Gährungs- und Fäulnisprozesse bilden, wieder in den Blutkreislauf zurückkehren können.

Der Körper schickt normalerweise über das Blut seine Abfallstoffe und Gifte in den Darm, damit sie über diesen möglichst unverzüglich ausgeschieden werden. Eigentlich sollte man entsprechend jeder Mahlzeit Stuhlgang haben. Bei uns wäre das dreimal am Tage. Wer aber kann das schon vorweisen? Begnadet ist bei uns schon der, der täglich einmal seinen Darm entleeren kann.

Wer während des Fastens recht viele Äpfel auf einmal nascht, macht wahrscheinlich die großartige Erfahrung, daß ihre Faserstoffe bereits nach drei bis vier Stunden wieder ausgeschieden werden. So schnell müßte es eigentlich immer gehen! Mit den Faserstoffen kommen dann gleichzeitig alle Schlacken mit hinaus, die das Blut in das Darmrohr geleitet hat.

Die Natur hat in ihrer Weisheit im Dünndarm Steuerungsmechanismen eingebaut, die dafür sorgen, daß die Schlacken und Giftstoffe, die in ihn abgegeben werden, unverzüglich in den Dickdarm weitergeleitet werden. Offenbar führen winzige Begleitstoffe die Körperabfälle aus dem Dünndarm hinaus, ähnlich wie wir Besucher bei der Verabschiedung zum Gartentor begleiten. Wenn aber ein voller Dickdarm nichts mehr aufnimmt, ist die Gefahr, selbst wenn wir sehr zurückhaltend essen, äußerst groß, daß die angestauten Schlacken und Giftstoffe wieder durch die Darmwände zurück ins Blut flutschen.

Besonders gravierend dürfte das Problem, daß die Schadstoffe wieder ins

Blut dringen, während des Fastens sein. Während dieser Zeit werden die Schlacken, weil keine peristaltische Bewegung stattfindet, ja kaum weiter in den Dickdarm geleitet.

Der Mechanismus der Abgabe von Lebensstoffen an das Blut ist dem Darm einprogrammiert. Wenn sich nun aber während des Fastens keine Nährstoffe in ihm befinden, lassen die irritierten Darmwände möglicherweise besonders leicht Abfallstoffe hindurch.

Man redet in diesem Zusammenhang von Rückvergiftung, denn das Gift, das der Körper gerade los werden wollte, kehrt zurück in die Blutbahn und gefährdet unser Wohlbefinden und unser Leben aufs neue.

Was einmal im Dickdarm und Mastdarm gelandet ist, sollte dem Menschen eigentlich nicht mehr schaden können. Der Dickdarm, der hauptsächlich für die Stuhlbereitung und Ausscheidung zuständig ist, ist nämlich mit einer Art Klappenventil, das den Rückfluß verhindert, vom Dünndarm getrennt. Aber bei wem dürfte dieses Ventil schon perfekt funktionieren! Insofern müssen wir davon ausgehen, daß selbst die im Dickdarm abgelagerten Schlacken und Gifte eine Gefahr für uns werden können, wenn wir sie nicht unverzüglich ausscheiden. Das gilt sowohl für die Zeit des Essens wie auch für die des Fastens.

Gescheite Leute erklären nun freilich: Wenn ich nichts esse, kann ja auch nichts im Darm sein. Nun – so gescheit sie auch sein mögen – recht haben sie nicht, denn die Versorgung der Zellkerne findet ja weiter statt. Dadurch entstehen jeden Tag vier bis fünf Gramm Stoffwechselschlacken, die an den Darm abgegeben werden und ausgeschieden werden wollen. Außerdem wirft der Darm, der nun während des Fastens Zeit zum Erholen und zum Ausheilen hat, viele eigene Abfallprodukte, z.B. verbrauchte Schleimhäute, in das Darmrohr. Vom Magen her können ebenfalls Rückstände in den Darm dringen. Besonders viel Unrat entsteht aber durch die Auflösung der Kotreste und Kotsteine, die sich im Laufe der Jahrzehnte in den Ecken und Winkeln des Darmrohrs und zwischen den Zotten gebildet haben.

Wir können uns vorstellen: Wenn wir eine Woche lang keinen Stuhlgang haben, setzt sich vieles an der Darmwand fest, verwächst im Laufe der Zeit mit der Schleimhaut und wird hart. Die Verkrustung der Darmwände muß bei einigen ein ziemliches Ausmaß angenommen haben. Zimmermann schreibt: »Der Neuling wird staunen, was das tägliche Darmbad auch nach zwei, drei Wochen völliger Nahrungsenthaltung noch an Unrat und widerlichem Geruch zu Tage fördern kann. Bester Anschauungsunterricht!« (S. 15). – Es ist leider nicht so, daß sich diese Krusten und Platten während des Fastens sehr schnell lösen. Nein, man muß viel Geduld mit sich haben.

Diese verkrusteten Darmpartien sind für die Nahrungsversorgung vorübergehend oder, wenn sie nicht gereinigt werden, für immer wertlos. Wenn die wenigen gesunden und noch aktiven Darmteile dann die Versorgung des Körpers nicht mehr schaffen, werden manche Menschen trotz großer Nahrungsmengen einfach nicht mehr satt.

Beim Mayr- bzw. Milch-Semmel-Fasten bemüht man sich besonders um die Darmreinigung und um eine gründliche Kauschulung. Herausfordernd formulierte Mayr: »Der Tod steckt im Darm.« Er meinte damit wohl, daß unser Wohlbefinden, unsere Gesundheit und unsere Lebenserwartung vom Darmzustand abhängen. Da der Darm mit allen anderen Organen in unmittelbarer Verbindung steht, beeinflußt er verständlicherweise auch deren Gesundheitszustand. Ist er gesund, entlastet er die anderen Organe, ist er aber krank, überträgt er seine Aufgaben an die anderen Organe und überlastet diese damit. Besonders aber beeinflußt er ihren Gesundheitszustand durch die Giftmengen, die er an den Körper abgibt.

Alle seine Patienten, obwohl sie mit den verschiedensten Krankheiten zu ihm kamen, hat Mayr angeblich nur auf den Darm hin behandelt. Und siehe, nicht nur die Krankheiten, deretwegen sie gekommen waren, heilten ebenso schnell aus wie in jeder anderen Klinik, nein, die Patienten wurden durch diese Behandlung auch ganzkörperlich viel gesünder.

Eine Besonderheit des Mayr-Fastens ist das Glas Glaubersalz an jedem Morgen, damit etwas mehr Flüssigkeit in den Darm kommt als gewöhnlich. Durch dieses Mehr an Flüssigkeit sollen sich die Kotreste leichter von der Darmwand ablösen. Außerdem gibt es eine spezielle Mayr-Darm-Massage, bei der sich der Masseur bemüht, die in der Darmschleimhaut festgewachsenen Kotbrocken zu lockern und herauszuarbeiten.

Zum Glück sortiert die Leber die Gifte, die aus dem Darm wieder in den Körper dringen, aus, sonst wären wir längst vergiftet.

Aber nicht alle Stoffe, die vom Darm ins Blut dringen, werden von der Leber geprüft. Das vom Mastdarm aufsteigende Blut kann, ohne gefiltert zu werden, bis in den Kopf dringen. Auf diese Weise kann es zu Kopfschmerzen kommen. – Es ist also wichtig, darauf zu achten, daß sich während des Fastens kein Stuhl zu lange im Mastdarm staut.

Wenn Giftstoffe in den Organen und im Gewebe abgebaut werden und im Blut kreisen, um ausgeschieden zu werden, sollten wir froh sein. Vom Darm her aber brauchten keine zusätzlichen Giftstoffe in das Blut zu dringen! Selbst wenn wir von selbst keinen Stuhlgang haben, ist das nicht notwendig. Mit den Techniken der Darmreinigung können wir dieses leicht in den Griff bekommen.

2. Die Techniken der Darmspülung

a) Das Glaubersalz

Zu Anfang des Fastens wäre es ratsam, den Darm von oben bis unten mit Wasser durchzuspülen. Doch wie bekommt man Wasser in den Darm? Der Körper, entsprechend der ihm eigenen Ordnung, läßt nämlich nicht mehr Wasser in den Darm als vorgesehen, selbst wenn wir eimerweise Getränke in uns hineinkübeln würden. – Wir müssen also einen anderen Weg als über das Trinken finden, um Flüssigkeit in den Darm zu bekommen.

Nun weiß man, Salz bindet Wasser. Wenn wir also Salz in den Darm bekämen, würde es Wasser aus dem Körper abziehen können. Mit diesem Wasser würde dann der Darm durchgespült werden. – Doch – wie soll man Salz in den Darm bekommen? Naschen wir an Mutters Salztopf, so ziehen es die Körperzellen gleich in sich hinein, – in den Darm gelangt jedoch nichts. Wir müssen deshalb ein Salz entdecken, das der Köper ablehnt und sofort in den Darm weiterleitet.

Solche Salze gibt es: Glaubersalz, Bittersalz, Karlsbader Salz usw. Schon der Geruch stößt einen ab, erst recht der Geschmack. Aber so schlimm, wie viele behaupten und tun, ist es nun auch wieder nicht, besonders wenn man etwas Zitrone beimischt oder während des Trinkens zwischendurch etwas Tee oder Gemüsebrühe zu sich nimmt. Normalgewichtige sollten 30 g Glaubersalz in einem halben Liter handwarmem Wasser auflösen und dieses innerhalb von 15 Minuten trinken, leichte Personen nehmen etwas weniger, vielleicht 20 g.

Wenn wir von der Wanderung des ersten Vo ltages in unser Heim zurückkehren, setze ich gewöhnlich das Glaubersalz an und reiche es denen, die bereit sind, es zu trinken. Das sind gewöhnlich 20 Prozent der Teilnehmer. Die anderen haben entweder zu Hause schon abgeführt oder ziehen den Sauerkrautsaft vor, der eine ähnliche abführende Wirkung hat. – Sauerkrautsaft, der den meisten phantastisch schmeckt, ist jedoch ein Nahrungsmittel und deshalb während des Fastens nicht so geeignet. – Unserer Erfahrung nach muß wenigstens eine halbe 0,7 Liter-Flasche getrunken werden, wenn er wirken soll. Lützner empfiehlt nur ein Glas.

Bei der Einnahme von Glaubersalz und Sauerkrautsaft ist freilich darauf zu achten, daß der Körper genügend Flüssigkeit zur Verfügung hat, um auch bereit zu sein, etwas an den Darm abzugeben. Kommen wir von unseren Wanderungen nämlich ausgeschwitzt nach Hause und kippen sofort unsere Darmreinigungsgetränke in uns hinein, so saugen sich die durstenden Körperzellen erst einmal begierig mit dem Wasser vom Glaubersalz und vom Sauerkrautsaft voll. In den Darm geht jedoch nichts. Das wäre sehr schade, da das Glaubersalztrinken doch immer etwas mit Überwindung verbunden ist. – Daß der ausgeschwitzte Körper kein Wasser an den Darm abgibt, ist verständlich, denn er möchte erst einmal seine Zellen neu auffüllen. Er steuert seine Vorgänge ja nicht nach dem, was wir uns wünschen, sondern nach dem, was für ihn wichtig ist.

Kommen wir im Heim an, so müssen wir uns deshalb also erst einmal mit Wasser, Tee oder Gemüsebrühe vollaufen lassen, ehe wir mit unseren Reinigungszeremonien beginnen.

Nach einer halben Stunde geht es dann gewöhnlich mit der Darmentleerung schon los, und wehe dem, der nicht weiß, wo die nächste Toilette ist. Es ist also wichtig, alle Toiletten im Hause zu kennen. Und wenn es drängt, ist es, meine ich, völlig unwichtig, wie die Toiletten beschildert sind, wenigstens sie sind frei. – Ich ärgere mich sowieso immer wieder darüber, besonders wenn die Zeit etwas drängt, daß vor einer Damentoilette möglicherweise zehn Frauen anstehen, während das Herren-WC frei ist.

Wenn wir nicht aufpassen und nicht schnell genug sind, kann es in die Hosen gehen. Wir könnten die tollsten Geschichten darüber erzählen. Besonders aber sollten wir aufpassen, wenn wir nach dem Darm-Trank oder auch sonst während des Fastens Luft lassen müssen. Da mußte schon so manche Unterhose gewechselt werden.

Peinlicher aber noch ist, daß einige in ihrer Entleerungs-Freude überhaupt nicht registrieren, daß nicht nur der Klosettdeckel von unten, sondern auch der Wasserkasten und vielleicht sogar noch die Rückwand bespritzt sind. – Der eine geht erleichtert aus dem Klo. Der nächste aber, der die entstandene Schweinerei nun zu sehen bekommt, kippt rückwärts wieder hinaus. Es gibt kaum eine Gruppe, in der es in dieser Beziehung keine Schwierigkeiten gibt. Besonders unangenehm ist es, wenn die gleichen Toiletten noch von anderen Gästen, die nicht zu unserer Gruppe gehören, benutzt werden. – Achtet also bitte darauf, daß ihr die Toilette so hinterlaßt, wie ihr sie vorzufinden wünscht.

Freilich, mit einer einzigen Darmentleerung ist es meistens nicht getan. Wenn ich abends um neun Uhr das Glaubersalz einnahm, mußte ich gewöhnlich vor der Bettruhe noch dreimal gehen. Normalerweise hatte ich darauf immer eine problemlose Nacht. Bei einigen rumort aber auch der Bauch, sie können nicht einschlafen und müssen mehrfach laufen. – Am nächsten Morgen kam dann bei mir gewöhnlich in ein oder zwei Schüben der Rest noch nach. Dann war der Reinigungsprozeß abgeschlossen. Einmal, weil ich das Glaubersalz zu konzentriert zu mir genommen hatte, mußte ich am nächsten Tage während der Wanderung noch etwa 15mal laufen. Das war für mich sehr anstrengend. Zum Glück merkte die Gruppe nicht allzu viel davon. – Ich rate jedem, früh vor der Wanderung weder Sauerkrautsaft noch

Salzwasser zu trinken, es sei denn lediglich ein Glas – entsprechend der Mayr-Methode.

An welchem der ersten Fastentage wir die Glaubersalzreinigung durchführen sollten, ist eine Ermessensfrage. Ich wüßte gerne, wo die Hektik einiger Teilnehmer in dieser Angelegenheit herrührt. Richtig ist, daß gewöhnlich gesagt wird, daß die Darmreinigung am ersten Fastentage durchgeführt werden solle. Es ist jedoch zu berücksichtigen, daß in Kliniken und vielen Fastengruppen vorgefastet wird. Fahrner schreibt z.B.: »Ein diätetisch abgestufter Übergang im Verlauf von drei Tagen gewährleistet den reibungslosen Einstieg in das Fasten« (S. 65). Er empfiehlt für diese Zeit hauptsächlich pflanzliche Rohkost, besonders Obst, und fährt fort: »Diese zellulose- und pektinreiche Nahrung wirkt durch ihre Quellfähigkeit wie ein Besen und Schieber zugleich, die den Transport und die Ausscheidung des Darminhaltes intensivieren und beschleunigen. Danach findet das Glaubersalz des ersten Fastentages quellfähiges Substrat, um auf Anhieb den größeren Teil des Enddarms in voluminösen Entleerungen von Ingesta (Nahrungsstoffen, Verf.) befreien zu können« (S. 65).

Obwohl ich grundsätzlich den Einstieg ebenso wie Fahrner empfehle, nämlich mit einigen vorausgehenden Obsttagen, erwarte ich von meinen Teilnehmern jedoch nicht, daß sie ihn bereits zu Hause in dieser Weise praktizieren. Ich weiß, daß vielen der Einstieg zu Hause, selbst wenn es sich um Obsttage handelt, recht schwer fällt und sie am Abend gelegentlich wieder Hunger bekommen. Das, worauf sie tagsüber heldenhaft verzichtet haben, wird dann möglicherweise doppelt nachgestopft. Dabei kommen sie sich als Versager vor und meinen, sie würden es niemals aushalten, eine Woche lang auf das Essen zu verzichten.

Um die Teilnehmer vor dieser Frustration und dem möglichen Verzicht auf die Fastenwoche zu bewahren, halte ich mich mit der Empfehlung eines abgestuften Überganges ins Fasten meistens sehr zurück und rate diesen Einstieg nur denen, die ihn sich problemlos zutrauen. Mir ist es letztlich egal, wie vor- bzw. unvorbereitet der einzelne kommt.

Mein geliebter Freund Karl Bürk erzählt rückblickend etwas beschämt von seinem ersten Einstieg ins Fasten: »Damit ich die drei Fastentage über Pfingsten 1984 nicht zu hungern brauchte – davor hatte ich etwas Angst –, aß ich zu Hause die doppelte Portion. Auf der Hinfahrt nach Freudenstadt im Schwarzwald kehrte ich vorsichtshalber noch einmal in einem Wirtshaus ein und stopfte mich zum zweiten Male voll. Wohlgerüstet konnte ich mich nun in die Veranstaltung trauen. Aber – es war eine Quälerei! – Der aufgedunsene Bauch machte mir furchtbar zu schaffen, und ich konnte kaum gehen.« – Er ist sicherlich nicht der einzige, dem es so geht. Ich weiß auch von mir, daß ich mir am Tage vor dem Fasten oft noch einen kleinen Leckerbissen gönne, anstatt mich auf eine strenge Obst-Diät einzulassen.

Den abrupten Einstieg halte ich nicht für problematisch, ja, ich glaube sogar, daß er für viele unserer Teilnehmer einfacher ist. Da sie sich ja sowieso nicht weiterhin in ihrem gewohnten Umfeld bewegen, sondern mehr oder weniger schlagartig einer völlig neuen Situation ausgesetzt sind, dürfte es ihnen auch nichts ausmachen, zusätzlich noch auf das Essen zu verzichten.

Tiere und Natur-Menschen, weil sie gewöhnlich nicht freiwillig fasten, werden auch oft schlagartig in eine völlig neue und unerwartete Situation hineingestellt. – Da sie bereit sind, diese anzunehmen, stellt sich ihr Körper psychisch auch so um, daß sie den plötzlichen Fastenbeginn problemlos verkraften können. – Der abrupte Einstieg erscheint mir persönlich wenigstens viel viel besser als ein verkrampftes Vorfasten, bei dem man ständig ans Essen denkt und fortwährend Hunger hat.

Wer ohne jede Vorbereitung ins Fasten geht, tut seinem Körper nicht unbedingt etwas Gutes an, wenn er zu früh – möglicherweise noch am Anreisetag – das Glaubersalz zu sich nimmt. Wie soll es wirken und den Darm durchputzen, wenn dieser noch total voll ist. In solchen Fällen zeigt die Glaubersalzeinnahme möglicherweise keinerlei Erfolg, sondern wirkt eher als Belastung. Darüber sind dann die am meisten erstaunt oder sogar empört, die es mit der Darmreinigung besonders eilig hatten. Besser ist es schon, erst einmal abzuwarten, bis sich der Darm noch einmal oder zweimal von selbst, auf natürliche Weise, entleert hat.

Bei mir in den Gruppen eilt die Glaubersalzverabreichung deshalb auch nicht so. Das wird mir von einigen Teilnehmern stark verübelt. Demonstrativ nehmen sie am Ankunftstag oder am nächsten Abend gleich das Glaubersalz und versuchen, andere davon zu überzeugen, daß sie es auch nehmen müssen. Sollen sie! Jeder muß seinen Weg finden.

Ich meine jedoch, daß es besser ist, wenn Anfänger vor dem Salztrunk erst einmal eine umfangreiche Aufklärung bekommen, damit sie auch wissen, warum eine Darmreinigung empfohlen wird, auf was sie sich da einlassen und was diese für Wirkungen hat. Erst dann sollten sie zur Tat schreiten.

Wenn jedoch jemand, so jedenfalls empfiehlt es Lützner, magen- oder darmempfindlich ist und zu Leibweh neigt, sollte er das Glaubersalz meiden. Das gelte auch für hagere, schlanke Menschen. Statt dessen empfiehlt er den – wie er sagt – ebenso wirksamen aber schonenden Einlauf (S. 31).

b) Das Einlaufgerät

Da der Körper jeden Tag Abfallstoffe in den Darm transportiert, wäre es wünschenswert, auch jeden Tag Stuhlgang zu haben. In den seltensten Fällen tritt dieser bei einem strengen Fasten jedoch von selber ein. Das Glaubersalz in der empfohlenen Menge von 3o g aber häufiger zu nehmen, wird gemeinhin abgelehnt. Obwohl das Glaubersalz die Verdauungsorgane eigentlich völlig in Ruhe läßt, anders als z. B. der Sauerkrautsaft, nimmt es doch möglicherweise aus dem Darm recht viel an Schleimhäuten, Darmflora und Mineralstoffen mit hinaus.

Ich selbst hatte das während der vielen Jahre meines Fastens eigentlich nie so recht registriert. Lediglich im vorigen Jahr, als ich aus Solidarität mit den Opfern des Jugoslawien-Krieges zwei Wochen lang ein reines Wasserfasten durchführte, fühlte ich mich am Tage nach der Glaubersalzeinnahme recht schwach und hatte nicht die geringste Lust, reines Wasser zu trinken. Deshalb wich ich für diesen Tag auf Zitronenwasser aus. – Da ich mir zu viel Glaubersalzwasser zubereitet hatte, trank ich den Rest vier Tage später. Wieder fühlte ich mich schwach und mußte Zitronenwasser trinken, um Lust und Energie für die Büroarbeit zu bekommen. So ergeht es offenbar manchem. Es gibt Fastenleiter, die empfehlen deshalb nach der Glaubersalzeinnahme eine Mineraltablette. Ich bin für diese Tablettenzufuhr jedoch nicht ganz zu haben und empfehle bei Bedarf lieber Tees oder etwas Gemüsebrühe.

Da die Glaubersalz-Einnahme nicht wiederholt werden soll, greift man zum Einlaufgerät. Dieses besteht gewöhnlich aus einem Ein-Liter-Behälter mit einem einen Meter langen Schlauch, der mit Hilfe eines kleinen Röhrchens in den Darm eingeführt wird! Wir spülen unseren Darm dieses Mal also nicht von oben nach unten durch wie mit Glaubersalz und Sauerkrautsaft, sondern begnügen uns damit, hinten in den Enddarm einen halben oder einen Liter handwarmes Wasser einlaufen zu lassen.

Vor einer größeren Operation und vor der Geburt eines Kindes wird gewöhnlich der Darm in gleicher Weise geleert, damit sich die mögliche Stuhlentleerung in Grenzen hält.

Als ich Kind war, hatten wir auch ein solches Gerät zu Hause. Ich erfuhr aber nie, wozu es verwendet wird. So mag es vielen gehen. – Einige jedoch erzählen, daß sie als Kinder bei Erkältungen, bei Fieber und bei anderen körperlichen Beschwerden mit diesem Instrument "gefoltert" wurden.

Mit Hilfe dieses Gerätes wird hauptsächlich der Mastdarm, teilweise auch der absteigende Dickdarm, mit handwarmem Wasser gefüllt, dem Kamillentee, Spuren von Kernseife, aber auch Glaubersalz beigegeben sein können.

Gewöhnlich bekommt man kaum mehr als einen Liter hinein. Sollte es dabei ein wenig Bauchkneifen geben, so lege man sich ins Bett und packe die Wärmflasche auf den Leib, so jedenfalls empfiehlt es Lützner (S. 31).

Ist der Darm durch das Wasser genügend gedehnt, so ziehen die Darmmuskeln ihn in einer Art Gegenreaktion wieder zusammen. Gnade uns Gott, wenn wir dann keine Toilette finden. Das kann peinlich werden.

Wenn das Wasser nun durch den After aus dem Mastdarm wieder hinausgedrückt wird, schießen gleich alle Abfallstoffe und der für die Ausscheidung bestimmte Stuhl mit hinaus. Oft reicht eine Entleerung, manchmal sind es auch drei. Aber dann ist, nach im ganzen etwa 15 Minuten, die Prozedur von Einlauf und Entleerung abgeschlossen. Deshalb kann diese Art von Darmreinigung in unseren Gruppen durchaus am Morgen noch praktiziert werden. Eine Reihe von Teilnehmern zieht sich dazu vor dem allgemeinen Aufstehen in den Duschraum oder die Toiletten zurück.

Wenn diese Enddarmreinigung stattgefunden hat, können erst einmal von hier aus kaum noch Gifte ins Blut dringen – einfach, weil kaum noch welche da sind. Außerdem kann der Darminhalt nachrücken. So wird durch den Einlauf der gesamte Darm entlastet.

Damit ich jetzt nicht über die Durchführung des Einlaufs zu sehr ins Erzählen komme, wie es mir leider leicht passiert, bringe ich hier lieber die knappen Worte von Lützner: »Klistierbehälter oder -beutel im Badezimmer mit körperwarmem Wasser füllen (1 Liter), Probelauf ins Klo oder Waschbecken, bis keine Luftblasen mehr im Schlauch sind. Schlauch abklemmen, knicken oder, falls vorhanden, Hähnchen schließen. Darmrohr am Schlauchende etwas einfetten. Gefüllten Einlaufbehälter an die Türklinke hängen. Lagern Sie sich mit Knien und Ellbogen auf den Boden und führen Sie das eingefettete Darmrohr so tief wie möglich in den After ein – pressen Sie dabei ein wenig dagegen.

Während Sie das Wasser langsam einlaufen lassen, unverkrampft knien, Bauchdecke locker lassen, ruhig atmen. Nach 2 bis 5 Minuten treibt Sie ein heftiges Drängen aufs Klo; 2- bis 3mal "schießen" Wasser und Darminhalt befreiend heraus. – Mit einem Klistiergummiball kann man sich notfalls auch helfen. Sie müssen ihn nur 3- bis 4mal füllen und in den Enddarm entleeren, zuletzt sehr gut ausspülen.

Der Einlauf mag antiquiert erscheinen – er ist aber nach wie vor die schonendste und ergiebigste Darmpflege; er trägt wesentlich zum Wohlbefinden des Fasters bei und hilft rasch bei Hungergefühlen, bei Kopf- und Gliederschmerzen. Es lohnt sich, ihn kennenzulernen; er bleibt eines der wichtigsten Hausmittel für die ganze Familie bei Fieber und allen Unpäßlichkeiten« (S. 36f).

Wenn ich in den Gruppen darüber spreche, habe ich das Einlaufgerät bei mir und führe alles genau vor. Ich knie mich z.B. hin und demonstriere die empfohlene Haltung, so daß jeder eine anschauliche Vorstellung davon bekommt, welche Stellung er einnehmen sollte.

Den Einlauf kann jeder für sich durchführen. Einfacher ist es freilich, wenn man sich helfen läßt. Davor braucht man keine Scheu zu haben, denn dieses ist durchaus eine äußerst saubere Angelegenheit, besonders wenn man vorher die Afterregion ein wenig wäscht. Wer Hemmungen hat, sich helfen zu lassen, sollte nicht meinen, diese Gefälligkeit sei unzumutbar. Er soll sich vielmehr fragen, warum er niemanden an seinen Körper heranlassen will, und seine möglichen Hemmungen abbauen.

Einmal sollte ich einem Manne helfen, der seinen Darmausgang nicht fand. Das kann passieren, wenn man zu wenig Körpergefühl hat. Da ich aber meinte, daß es für diese Person wichtig sei, ihren Körper zu entdecken, ließ ich ihn unter meiner Aufsicht selber das Darmrohr einführen. Er freute sich, daß ich ihn dabei beriet und ihn wissen ließ, wieviel Wasser jeweils schon ausgeflossen war.

Was Dr. Lützner über die Anwendung des Einlaufgerätes schreibt, ist sicherlich alles richtig. Vieles läßt sich aber auch anders handhaben, und es klappt trotzdem wunderbar. Ich staune immer wieder, mit wieviel Ideen sich unsere Fastenden in den oft für solche Zwecke ungeeigneten Gruppenunterkünften zu helfen wissen. – Einmal bekam ich sogar einen Todesschrecken. Da streckte sich eine Hand unter der Tür der Duschkabine hindurch. Ich dachte, es sei jemand ohnmächtig geworden, und wollte die Tür gewaltsam aufdrücken. Da hörte ich eine kraftvolle Stimme rufen: »Was ist denn los? Laß mich doch den Einlauf machen!«

Ich weiß nicht, wieweit Buchzeilen uns dazu anregen, das Einlaufgerät anzuwenden. Ich glaube eher, daß uns dazu die lebendige Begegnung mit anderen Menschen anspornt. Deshalb möchte ich Sie anregen, sich an die zu wenden, die etwas von dem Umgang mit diesem Gerät verstehen, z.B. die Sanitätshausverkäufer, die Fastenerfahrenen und die Fastengruppen. Mit Begeisterung werden sie Sie in die Technik dieser Art von Darmspülung einführen und können Ihnen sicherlich dabei noch einiges Anregende und Erheiternde erzählen. Während des Fastens wird nämlich über kaum so viel gelacht wie über Einlaufgeschichten. Meine Darmreinigungsvorträge ziehen sich auch deshalb gewöhnlich so in die Länge, weil es so viel Lustiges zu berichten gibt.

Es ist freilich nicht auszuschließen, daß das Wasser nicht wieder aus der Darmöffnung zurückkehrt. Sind wir nämlich völlig ausgetrocknet, so freut sich der Körper über das Wasser, das ihm von hinten zugeführt wird, saugt es sofort in sich auf und verteilt es auf die Zellen. Passiert das, weiß man, daß man wesentlich mehr trinken sollte.

Der Einsiedler Bruder Hermann, ein vor wenigen Jahren verstorbener deutscher katholischer Priester, hat sich während seines "Dürstens", wie er es nannte, jedes Mal auf diese Weise über eine ganze Woche mit Flüssigkeit versorgt. Man sagt zwar, wer drei Tage nichts trinke, müsse sterben. Manche aber trinken wochenlang nichts und bleiben trotzdem am Leben, weil sie dem Körper von hinten Flüssigkeit zuführen. Freilich, sie verzichten, und das tun sie offenbar absichtlich, auf den belebenden Gaumengenuß, den man während des Trinkens hat.

Hier darf ich kurz einen Fastenversuch vom Februar 1994 erwähnen: Sieben Tage lang fastete und dürstete ich total, weitere sieben Tage fastete und dürstete ich in der Form von Bruder Hermann, also mit Einläufen. Erstaunlicherweise hatte ich während dieser 14 Tage weder Hunger noch Durst und empfand den Gaumenverzicht nicht als belastend. Obwohl einige Unpäßlichkeiten auftraten, überlebte ich dieses Experiment problemlos. Ich möchte jedoch niemendem raten, es mir nachzumachen.

Wem die Anwendung des Einlaufgerätes, das im Sanitätsgeschäft gewöhnlich billiger ist als in der Apotheke, zu kompliziert ist, nehme das Einmalklistier, das es in jeder Apotheke zu kaufen gibt. Der schlauchförmige Hals dieser kleinen Plastikflasche wird hinten eingeführt. Da im Wasser dieses Fläschchens Glaubersalz enthalten ist, das Wasser aus dem Körper zieht, wird trotz der wenigen Flüssigkeit doch recht viel aus dem Darm hinausbefördert. Außerdem enthält es Weichmachmittel für verhärteten Stuhl. – Noch winziger sind die Mini-Klistiere, die wir mit uns nehmen, wenn wir unser Gepäck über die Hochebene von Norwegen schleppen müssen.

Freilich, diese Zeremonien und Umstände mit dem Darmeinlauf haben manche nicht gerne. Es ist deshalb verständlich, wenn sie zur Sauerkrautflasche greifen oder – wie ich gelegentlich – in bezug auf die Darmreinigung gar nichts unternehmen. – Während ich diese Seiten schreibe, bin ich gerade wieder seit einer Woche in einem Saftfasten. Während dieser Zeit, außer zu Anfang, hatte ich keinen Stuhlgang. Da ich mich wohlfühle, jeden Morgen ausgeschlafen um zwei Uhr aufstehe und voller Schaffensdrang bin, sehe ich auch keine Notwendigkeit, mich dieser Säuberung zu unterziehen, obwohl es mir dann vielleicht noch besser gehen könnte.

Da ich es mit der Darmreinigung in meinen Gruppen auch heute noch nicht so todernst nehme, wird nach der Wichtigkeit der Darmpflege gelegentlich gefragt, wenn wir Fastenkliniken oder -ärzte aufsuchen. Erstaunt war ich, daß selbst die Chefin der Buchinger-Klinik in Überlingen, Frau Dr. Wilhelmi, uns erklärte: Wer einigermaßen gesund ist und keinerlei Schwierigkeiten während des Fastens hat, kann auch auf die klassischen Darmreinigungs-Methoden verzichten.

Verzichten kann man besonders, wenn man von selbst Stuhlgang hat. Während eines strengen Fastens tritt dieser gewöhnlich jedoch nicht von selbst ein, auch wenn man, wie bei unseren Fastenwanderungen, sehr viel Bewegung hat.

In unseren Gruppen, wo wir uns bei unserer Heimkehr immer auf die Gemüsebrühe freuen, hatten gewöhnlich einige ganz von selbst Stuhlgang, wenn sie recht viel gesalzene zu sich genommen hatten.

Ich weiß es von mir. Bei mir wirkt die gesalzene Gemüsebrühe ebenso wie das Glaubersalz, denn ich muß nach ihrem Genuß gewöhnlich dreimal laufen. – Nach der Tagestour kam ich, wenn ich mitfastete, meistens recht ausgezehrt nach Hause. Eigentlich brauchte ich jetzt erst einmal Ruhe und eine Schlafpause. Aber da will der eine dies, der andere das, und Telephonanrufe sind auch noch zu erledigen, ganz zu schweigen davon, daß die Bücher endlich ausgelegt werden müssen und ein Engländer die Darmreinigung in Englisch erklärt haben möchte.

Ich weiß, daß ich nicht vorbildlich handelte, aber manchmal lief es leider einfach so: Ich kippte einige Tassen gesalzene Gemüsebrühe in mich hinein, um wieder in Schwung zu kommen. Offenbar nahm ich jetzt zu viele Salze in mir auf, die der Körper nicht alle so schnell unterbringen konnte. Diejenigen, die ihm zu viel waren, leitete er deshalb gleich in den Darm, um sie los zu sein. Dort aber zogen sie Wasser aus dem Körper und banden es. Im Grunde wirkte das Koch- bzw. Meersalz jetzt ebenso wie das Glaubersalz.

Am Ende jedes Vortrags über die Darmreinigung fragt trotz all dieser Erläuterungen bestimmt einer, wieweit es denn nötig sei, sich an dieses Reinigungsritual zu halten. Entweder hat diese Person nicht zugehört, oder sie möchte sich davor drücken, es zu praktizieren, oder sie steckt noch immer tief in dem Denken: »Kaiser, befiehl, wir folgen.« Letzteres wäre schade.

Unsere Fastenveranstaltungen möchten uns nämlich auch dazu anregen, unseren Körper und seine Sprache zu entdecken und uns nach dem zu richten, was er uns sagt. Fühlen wir uns während des Fastens und Fastenwanderns rundum wohl, so können wir auf die tägliche Darmentleerung verzichten, obwohl sie eine Entlastung der Leber und eine unerwartete Steigerung des allgemeinen Wohlbefindens mit sich bringen könnte. Fühlen wir uns aber unwohl oder haben wir sogar einige Beschwerden wie Kopfschmerzen, Schlafstörungen, Hungergefühl, Unterkühlung, allgemeines Unbehagen, schlechte Laune, Depressionen, Weltuntergangsstimmung usw., so sollten wir uns auf alle Fälle an die Darmreinigung erinnern.

Vielleicht hilft es in vielen Fällen auch schon, wenn wir etwas trinken.

Trinken während der Fastenkrisen ist das A und O und wirkt oft Wunder, denn die Gifte, die uns wahrscheinlich zu schaffen machen, beginnen dadurch weiter- und herauszuwandern. Außerdem wird die Nierentätigkeit angeregt.

Die nächste Empfehlung bei Beschwerden ist der Leberwickel, der die Giftausscheidungen der Leber unterstützt. Nützt der aber auch noch nichts, so wende man eine Darmreinigungsmethode an, möglichst den Einlauf. – Es wäre gut, wenn jeder Teilnehmer ein eigenes Einlaufgerät oder wenigstens Darmrohr dabei hätte! Ein Darmrohr sollte nämlich nicht von mehreren Personen verwendet werden, weil fremde Bakterien übertragen werden könnten.

Selbst ein hartnäckiges Hungergefühl verschwindet gewöhnlich nach der Darmreinigung. Fahrner macht darauf aufmerksam, daß oft gerade bei Personen, die zu früh ihren Darm reinigen wollen, noch Kotreste zurückbleiben, die leicht Hunger verursachen können. Über das Hungergefühl führt er aus: »Die Hungergefühle halten meist nicht lange an, lassen sich durch das Trinken von Kräutertees oder Wasser überbrücken oder durch eine ablenkende Tätigkeit vergessen. Mit Abschluß der vegetativen (inneren, Verf.) Umschaltung und der Darmentleerung treten sie im weiteren Fastenverlauf so gut wie gar nicht mehr auf. Persistierende (beharrliche, Verf.) Hungergefühle sind verdächtig auf einen ungenügend entleerten Enddarm und daher Anlaß zu entsprechenden Reinigungsmaßnahmen« (S. 57f).

Unsere Darmreinigungstechniken sind zwar etwas künstlich, die Darmreinigung an sich ist jedoch etwas ganz Natürliches. Zweimal erlebte ich beeindruckend, wie schnell mein Körper mit einer Entleerung reagierte. Einmal wollte ich ein Wildkraut ausprobieren und unterlag dabei einer Verwechslung. Sofort mußte ich mich etwa 15mal übergeben, bis wieder alle Schadstoffe aus dem Magen heraus waren. Ein anderes Mal aß ich etwas von einem, wie mir glaubhaft versichert wurde, Steinpilz. Aus irgendwelchen Gründen, ich weiß nicht warum, bekam er mir jedoch nicht. Vielfach würgte ich, konnte mich aber nicht übergeben. Es dauerte aber nur wenige Minuten, da mußte ich zweimal meine Hosen herunter reißen, denn urplötzlich entleerte sich der Darm mit Durchfall. Offenbar versteht es der Körper, Stoffe zu produzieren, die den bereits eingedickten Kot wieder flüssig machen und dafür sorgen, daß die Giftstoffe sofort durch den langen Darm geführt und ausgeschieden werden.

Tiere haben auch ihre Darmreinigungsmethoden. So fressen z. B. Hunde und Katzen, ehe sie zu fasten beginnen, noch Gras, um zu erbrechen und abzuführen. Selbst während des winterlichen Fastens reinigen die Hasen und Rehe ihren Darm, indem sie Baumrinde fressen. Sie soll sicherlich nicht nur der Stillung des Hungers dienen, sondern auch den Reinigungszweck erfüllen. Faserstoffe fördern bekanntlich den Stuhlgang.

Kapitel IV
NATURNAHRUNG IST HEILNAHRUNG

Das, worauf wir verzichten, macht uns gesund.
Was wir aber essen, fördert unsere Krankheiten.
Christoph Michl

1. Gesundheit, eine Selbstverständlichkeit bis ins hohe Alter!

Unsere Fastenkuren können unseren Gesundheitszustand nicht langfristig entscheidend verbessern, wenn wir gleich anschließend an sie wieder in die üblichen Eßgewohnheiten unserer Gesellschaft zurückfallen. Deshalb ist für uns, wenn es um die Gesundheit geht, langfristig gesehen das Thema Ernährung entscheidender als das Thema Fasten. Das Fasten ist wie eine Vollbremsung beim Autofahren. Diese Vollbremsung ist bei unserem Gesundheitszustand manchmal notwendig. Entscheidend ist jedoch, daß wir es lernen, mit viel Umsicht und Weisheit mit unserem Lebensfahrzeug, dem Körper, umzugehen.

In den Ländern der Dritten Welt erlebte ich wiederholt, wie man Autos herunterwirtschaften kann. Das brauchte aber nicht zu sein. Man könnte für sie auch ein Gespür entwickeln und sie ständig liebevoll pflegen. Dann würden sie auch nach Jahrzehnten noch elegant fahren.

Wie der Urwald-Eingeborene mit dem Auto, so gehen wir ständig mit unserem Körper um, und wir kommen gar nicht auf den Gedanken, auf seine Bedürfnisse einzugehen und ihn so, wie er es benötigt, zu pflegen.

Wir, die wir uns vielfach völlig heruntergewirtschaftet haben, bekommen jetzt durch das Fasten wieder ein Gespür dafür, was alles an Energie und Schaffenskraft in uns drin steckt. Wir beginnen zu ahnen, wie wir uns ständig fühlen könnten und wie uns der Schöpfer gedacht haben müßte. Uns wird auf einmal bewußt, daß wir bis ins hohe Alter voller Lebenskraft und Schwung, voller geistiger Vitalität und schöpferischer Dynamik, voller Begeisterung und Lebensfreude sein könnten. Wir können jetzt auch nachempfinden, mit welcher Einsatzbereitschaft in den Sturmflutnächten jung und alt

Sandsäcke herbeischleppten, um die vom Wasser herausgerissenen Löcher in den Deichen wieder notdürftig zu füllen! Mit welcher Begeisterung mag früher der Bauer seine winterlichen Ideen bei den ersten warmen Sonnenstrahlen in die Tat umgesetzt haben! – Wir bekommen jetzt ebenfalls eine Ahnung davon, mit wieviel Hingabe und Energie auch die ägyptischen Fellachen ihre Pyramiden und die Mayas ihre Tempel errichtet haben.

Manchmal können wir Menschen begegnen, die noch im hohen Alter einen elastischen und festen Schritt haben oder wie die Gemsen herumspringen. Vielleicht betrachteten wir sie bisher als Exoten, so wie wir auch Künstler einstufen. Auch bei ihnen kommen wir nicht auf den Gedanken, daß wir einer von ihnen sein könnten!

Mir fiel dieses Unvermögen, sich etwas zuzutrauen, besonders auf, als ich in 15 Tagen wasserfastend von der Nordsee zu den Alpen zog. Ich wollte mit diesem Marsch meinen Zeitgenossen zeigen: Fasten-Wandern ist nicht schwer, das kann jeder. Es reagierte aber kein einziger auf die Berichte, die überall in der alten Bundesrepublik in den Tageszeitungen erschienen, anstatt sich anregen zu lassen, etwas ähnliches zu wagen.

Während die Gipfelbesteigungen von Reinhold Messmer wohl die Taten eines Gnadenbegabten sind, ist das Fasten-Wandern, ja selbst eine Fasten-Deutschland-Durchquerung, etwas, was eigentlich jeder Mensch schaffen können müßte. 1991 haben z.B. sieben Personen diese Strecke problemlos fastend zurückgelegt. Diese Leistungen werden aber offenbar, wenn man sie überhaupt glaubt und ernst nimmt, ebenso wie die von Reinhold Messmer in die Welt des für einen selbst Unmöglichen abgedrängt.

Wir erleben nicht nur die schwachen Alten, sondern müssen immer mehr registrieren, daß bereits unsere Schüler und Jugendlichen weitgehend kaum noch belastbar sind. Anstatt, daß nun Regierungen und Ärzteschaft der Bevölkerung klarmachen, daß wir bis ins hohe Alter hinein voller Schaffensdrang und Lebensfreude sein könnten, werden die heruntergewirtschafteten Zeitgenossen in ihrer Dekadenz auch noch bestärkt. Ihnen wird beigebracht, daß ihre Verfallserscheinungen ganz natürlich seien. Ärzte erwecken z.B. in einem den Eindruck, daß Rheuma mit dreißig völlig normal sei. Ja, in seiner Verblendung stellt man die Wahrheit sogar auf den Kopf und behauptet: »Wenn wir alt werden wollen, müssen wir es auch in Kauf nehmen, mit Beschwerden zu leben«, anstatt immer wieder zu betonen, daß keiner von uns bis ins hohe Alter Beschwerden zu haben und krank zu werden brauchte.

Regierungen und Gewerkschaften müßten das gesellschaftliche Leben und die Arbeitswelt eigentlich so regeln und gestalten, daß alle Bürger gesund bleiben. Statt dessen sehen sie fast ausnahmslos tatenlos zu, wenn die Zeitgenossen immer weiter herunterkommen, und setzen lediglich für die

Behinderten eine Erleichterung nach der anderen durch. Nicht anders verhalten sich die Kirchen. Sie akzeptieren weitgehend, daß alles verwahrlost, und kehren anschließend mit dem diakonischen Besen auf.

Es ist nun einmal so, daß der Mensch mit einem Übermaß an Vertrauen ins Leben eintritt. Dieser Vertrauensüberschuß ist gottgewollt und hat in dieser Schöpfung seinen guten Sinn. Wie könnten Kinder überhaupt Erwachsene werden, wenn sie nicht ihrer Familie und dem heimischen Umfeld blind vertrauen würden. Durch dieses Vertrauen zur Umwelt kann das Kind in eine Ordnung hineinwachsen, die es trägt. Es ist erstaunlich, wie anpassungsfähig Kinder sind. Selbst die Bunker während des letzten Weltkrieges und die KZ-Erlebnisse machten manchen Kindern nichts aus. Ihre Welt war ihnen selbstverständlich und heilig.

Es ist deshalb kein Wunder, wenn man dann auch in den späteren Jahren als Politiker, geistiger Führer, Gelehrter, Wissenschaftler oder Priester weiterhin ein blindes Vertrauen zur eigenen Ordnung hat. Viele Menschen sind einfach nicht in der Lage, zu erkennen, daß ihr Bewußtsein fehlgesteuert ist, oder sie wollen dieses nicht wahrhaben, weil sonst für sie selbst eine Welt zusammenbrechen würde. Ich kenne diese Gutgläubigkeit, geistige Beharrlichkeit und Starre von mir selber. So behütet und vertrauensselig wie ich wuchs wohl kaum ein Kind auf. Es gehörten dann in reiferen Jahren ein unwahrscheinlicher Mut und eine Energie ohnegleichen dazu, die ins Herz eingeimpften Vorstellungen ehrlich zu überprüfen und von nicht tragbaren Abschied zu nehmen.

Es müßte uns doch klar sein, daß unser heutiger Gesundheitszustand eine Katastrophe ist. Da gibt es bereits Kinderkliniken für Diabetiker und Rheumatiker! – Es ist in der Seele nicht auszuhalten: In den Grundrechten wird dem Menschen das Recht auf Leben und körperliche Unversehrtheit zugesichert, gleichzeitig richtet man die Lebensbedingungen aber so ein, daß aus uns allen Krüppel werden.

Unser hoffnungsloser Krankheitszustand brauchte nicht zu sein. Er ist gesellschaftsbedingt. Wie aber läßt sich das erklären?

Ein typisches Beispiel dafür, daß unsere Krankheiten hausgemacht sind, ist die Kindersterblichkeit der vergangenen Jahrhunderte. Ihre Ursache lag nicht in der natürlichen Ordnung, sondern in der mangelnden Hygiene des Menschen. Wenn Mütter in den blutbefleckten Betten anderer Gebärenden ihre Kinder zur Welt bringen mußten, war es kein Wunder, wenn sie und ihre Kinder massenweise dahingerafft wurden.

Man beschäftige sich nur einmal mit den peinlich genau einzuhaltenden Reinigungsregeln der altorientalischen Völker oder erlebe in den Urwäldern oder bei den sog. Primitiven die nicht zu überbietende Sauberkeit bei der Stuhlentleerung. Bei uns dagegen hat man in den Städten in die Gasse gepinkelt und am nächsten Morgen seinen eigenen Urin aus dem Stadtbrunnen gezogen. Kein Wunder, daß in den letzten Jahrhunderten ganze Städte von Seuchen leergefegt wurden.

Mit großer Wahrscheinlichkeit kann man davon ausgehen, daß die Menschen der Urzeit ebenso gesund waren wie die in der freien Wildbahn lebenden Tiere. Diesen Urgesundheitszustand aber müßten auch wir heutigen Menschen erreichen können, wenn wir ebenso wie unsere Vorfahren entsprechend der natürlichen Ordnung leben würden. – Wenn wir diesen Gesundheitszustand nicht erreichen, ist es eine Sache der Redlichkeit, zu fragen, woran das liegen könnte.

Geändert hat sich in unserer Lebensweise in den letzten Jahrtausenden, besonders in den vergangenen zwei Jahrhunderten, sehr viel. Wir haben uns nämlich immer mehr von der Natur losgesagt und uns unsere eigene Welt eingerichtet. Mir ist es, als hätten wir uns in einem alle unsere Lebensbereiche umspannenden Gefängnis eingemauert, ohne es zu bemerken. Alles haben wir doch verändert: unsere Wohnwelt, unsere Arbeitswelt, unser Transportwesen, unsere Eßgewohnheiten und unser zwischenmenschliches Miteinander.

Eigentlich müßten wir nun jedem einzelnen Lebensbereich nachgehen. Wir würden erschrecken, wenn uns bewußt würde, wie stark wir in die natürliche Ordnung eingegriffen haben und welche Folgen dieses für unsere Gesundheit haben muß. Bei diesem Vortrag wollen wir uns aber lediglich einem einzigen Lebensbereich zuwenden, nämlich der Ernährung.

2. Alle auf der Suche nach der Heilkost

Beschäftigt sich jemand mit gesunder Nahrung, so liest er gewöhnlich die in letzter Zeit so zahlreich erschienenen Ernährungsbücher. Beim Durchstudieren dieser Literatur stellt er aber möglicherweise fest, daß die Anschauungen der einzelnen Autoren sehr voneinander abweichen. Enttäuscht klappt er unter Umständen ihre Werke wieder zu und sagt sich: Die widersprechen sich ja alle! Wenn nicht einmal die, die sich intensiv mit der Ernährung beschäftigen, zu einem einheitlichen Ergebnis kommen, wie soll ich da als Neuling und Laie eine klare Linie finden. Resigniert zieht er möglicherweise den Schluß: Also bleibe ich bei Omas Küche. Ihr hat die herkömmliche Art, sich zu ernähren, auch nicht geschadet, denn sie ist über neunzig Jahre alt geworden. Wie sollte sie mir da schaden.

Hier beginnt der erste Selbstbetrug. Freilich ist Oma 90 Jahre alt geworden.

Aber sie wurde in Ostpreußen auf einem Bauernhof groß. Insofern hatte sie schon eine viel stabilere Lebensgrundlage mitbekommen als wir. Auch hat sie zeit ihres Lebens immer sehr wenig gegessen, besonders während der vielen Notzeiten, die sie durchmachen mußte. Außerdem lebte sie kaum von unserer Industrienahrung, sondern holte sich das, was sie zu Mittag aß, gewöhnlich aus dem eigenen Garten.

Daß die Ernährungsberater nicht alle das gleiche schreiben, ist doch nur zu verständlich. Sie kommen doch alle von verschiedenen Voraussetzungen und Erfahrungen her! Der eine saß am Schreibtisch und hat dort intensiv nachgegrübelt, während der andere durch eine schwere Krankheit hindurchmußte. Der eine hat über Jahre mit seiner Gesundheit experimentiert, während bei dem anderen schon die erste Ernährungsumstellung große Erfolge brachte. Der eine wohnt in einer Hochhauswohnung, während der andere einen großen Garten besitzt. Für den einen waren die Ernährungserfahrungen der Einstieg in ein neues Denken, während der andere nach jahrelangem Engagement im Umweltschutz ein neues Ernährungsbewußtsein entwickelte. Der eine überblickt große Erfahrungszeiträume, während der andere seine Erkenntnisse sofort zu Papier bringt.

Es ist doch klar, daß jeder Autor andere Erfahrungen gesammelt hat! Und will er glaubwürdig bleiben, so kann er doch erst einmal nur über den Bereich berichten, den er selbst erlebt hat und überschaut. Welche Ewigkeiten würde es dauern, bis sich alle Ernährungsexperten einig sind! Würden sie sich erst miteinander abstimmen, kämen wahrscheinlich kaum Bücher auf den Markt. Das wäre schade.

Schade ist es aber auch, daß du meinst, es könnte nur eine einzige richtige Ernährungslehre geben. Wie kommst du zu dieser Überzeugung? Spielt da deine religiöse bzw. weltanschauliche Erziehung vielleicht eine entscheidende Rolle, die dir ins Herz eingepflanzt hat, daß es nur eine einzige Wahrheit geben kann! Und jetzt erwartest du, daß dir die Ernährungs-Wahrheit vorserviert wird, ohne daß du bereit bist, dich auf den Weg zu machen, sie zu suchen. Du kannst die Wahrheit nicht finden, wenn du nicht ein Leben lang bereit bist, sie zu suchen. Verzichtest du auf das Suchen, so gehst du, wie so viele, an den Geheimnissen des Lebens vorbei und kommst innerlich keinen Schritt weiter.

Alle Buchschreiber haben etwas Neues entdeckt, das sie fasziniert und das sie dir mitteilen möchten. Sie möchten dir helfen, in deinem Entwicklungsprozeß ein wenig weiterzukommen. Deine Aufgabe wäre es nun, das, was dich anspricht und wovon du meinst, daß es für dich gut sei, in dein Leben aufzunehmen.

Weil es aber recht zeitaufwendig ist, alles auszuprobieren, wäre es wünschenswert, bei der Fülle von Möglichkeiten und Meinungen recht bald eine eigene Linie zu finden, von der aus wir die auf uns einstürmenden Vorstellungen, aber auch unsere Wünsche und Sehnsüchte, beurteilen können. Das würde es uns sehr erleichtern, durch die Literatur durchzusteigen. – Wie jedoch soll diese Leitlinie aussehen?

Ich habe nicht den Ehrgeiz, neben die anderen Ernährungslehren noch eine weitere zu stellen. Mir liegt vielmehr daran, in euch ein Verständnis für eine optimale Ernährung zu wecken und euch einen Zugang zu den verschiedensten Ernährungsanschauungen zu ermöglichen.

So ganz widersprechen sich diese unterschiedlichen Ernährungslehren doch nicht. Sie alle wenden sich nämlich von der bei uns üblichen Nahrung ab und gehen einen mehr oder weniger großen Schritt in Richtung auf die natürliche Ernährung. Die einen von uns können diesen Schritt gut nachvollziehen, anderen wiederum ist er zu klein bzw. zu groß.

Auch wenn sich viele Autoren zu widersprechen scheinen – auszuschließen ist nicht, daß jeder einzelne in seiner Erkenntnis weiterkommt und sie alle sich nach und nach einander nähern. Sollten sie heute anderer Meinung sein als damals, als sie ihre Bücher schrieben – für uns sind diese dennoch wichtig, weil viele erst einmal die Schritte nachvollziehen müssen, die die Buchautoren bereits hinter sich haben. Da jeder unserer Zeitgenossen woanders steht, muß er auch woanders abgeholt werden.

3. Auf der Suche nach der artgemäßen menschlichen Nahrung

Am leichtesten bekommen wir, meine ich, einen Zugang zur bestmöglichen Ernährung und zu den verschiedensten alternativen Ernährungsanschauungen, wenn wir bei der Urnahrung des Menschen ansetzen. Von dieser Urnahrung hat er Millionen von Jahren gelebt, und mit ihr hat er sich gesund erhalten und weiterentwickelt.

Jedes Lebewesen hat bestimmte Organe, mit denen es sich die Nahrung beschafft. Die Kuh hat ihr großes Maul und der Löwe seine Tatzen, der Vogel seinen Schnabel und das Insekt seinen Rüssel. Das Organ, mit dem sich der Mensch seine Nahrung holt, ist die Hand. Mit ihr kann er Äpfel von den Bäumen pflücken und Wurzeln aus der Erde ziehen, Tannenspitzen abzupfen und Nüsse vom Boden auflesen, Blüten abbrechen und Salatblätter abrupfen. Alles, an das der Mensch mit diesen seinen Händen herankommt, dürfte ihm, mit Einschränkung, als Nahrung zugedacht sein.

Unter diesem Gesichtspunkt ist z.B. fraglich, ob Getreidenahrung wirklich das richtige für ihn ist, da er ja keinen Schnabel wie die Vögel hat. Mit seinen Händen kann er sich freilich Körner aus den Ähren herauspulen oder herausmahlen. Bei diesen Methoden dürfte der Getreideverbrauch jedoch längst nicht so groß sein, wie er in unserer Gesellschaft üblich ist.

Auch dürften für ihn Tiere wie Hasen und Rehe, Ziegen und Schafe, Büffel und Schweine, Hühner und Gänse nicht als Nahrung gedacht sein, denn er war ursprünglich nicht in der Lage, deren Vorfahren zu erlegen. Dieses brachte er erst fertig, als sich sein Verstand und die Fähigkeit, Werkzeuge herzurichten, entwickelt hatten. Allenfalls konnte er sich, wenn er geschickt war, Fische im Bach fangen und Eier aus den Nestern der Vögel stehlen Ob er ohne alle Hilfsmittel ein Bienennest hätte plündern und diesen Insekten den Honig hätte rauben können, müßte man einmal ausprobieren.

Vieles von dem, was der Mensch leicht mit seinen Händen erreichen konnte, diente ihm trotzdem nicht als Nahrung. Das feurige Rot der Mohn- und Rosenblüten und das grelle Gelb vom Hahnenfuß sind für seine Augen Warnfarben. An derartigen Pflanzen wird sich der instinktsichere Mensch nicht vergreifen. Wie lieblich wirken dagegen die Farben des Gänseblümchens und des Löwenzahns auf das Auge.

Die nächsten Stationen, die passiert werden müssen, wenn der Mensch seinem Körper etwas zuführt, sind der Geruchssinn und die Lippen. Was übel riecht oder dem Geschmack und dem Empfinden der Lippen nicht zusagt, kommt erst gar nicht in den Mund hinein. Extrem stark mit Geschmacksnerven ausgestattet ist die Zunge, die sofort ausspuckt, was dem Körper schädlich sein könnte. Sollte dennoch wegen der Eile und Hektik etwas für ihn Gefährliches in die Speiseröhre gelangt sein, so übergibt er sich und leert seinen Magen, oder er bekommt schlagartig Durchfall und entleert seinen Darm. – Das Fazit wäre also: Der Mensch kann sich bei einer natürlichen Ernährung so gut wie nicht vergiften, weil bei der Nahrungszufuhr zu viele Sicherheitsschranken passiert werden müssen.

Wenn es in unserer Klimazone auch eine Reihe von Pflanzen gibt, an die der Mensch nicht ohne weiteres herankommen konnte oder die ihm gefährlich werden konnten – das meiste war und ist eßbar. Natürlich muß man sich immer die angemessene Jahreszeit aussuchen. Blätter z.B. schmecken, wenn sie noch ganz zart sind, Äpfel dagegen, wenn sie so reif sind, daß sie vom Baum fallen.

»Nun höre doch endlich mit deinem Gerede auf«, mag mancher denken, »wir sind doch keine Steinzeitmenschen mehr und leben erst recht nicht wie die Affen in den Bäumen oder wie die Bären in den Höhlen. Etwas muß man ja nun auf dem Teppich bleiben und darf nicht so tun, als wären wir Adam und Eva oder gar noch Tiere. Wozu haben die Menschen denn Getreide und Tiere gezüchtet und Lebensmittelfabriken und Supermärkte eingerichtet? Wir können uns doch kaum eine bessere Versorgung vorstellen!«

Wer war denn, möchte ich nun wissen, eher da, das Einkaufszentrum oder

der Mensch? Sind nicht fast alle unsere Eßwaren dem menschlichen Gehirn entsprungen! Geht doch einmal durch so einen Super-Shop. Mit Entsetzen würdet ihr dabei feststellen müssen, daß mindestens 95 Prozent aller dort angebotenen Lebensmittel durch die industrielle Fertigung ging und nicht mehr in seiner natürlichen Beschaffenheit angeboten werden. Lediglich die Obst- und Gemüseecke und das Nußregal bieten noch einigermaßen naturbelassene Nahrung an.

»Aber es schmeckt und bekommt uns doch so gut«, erklärt ihr leichtfertig und fahrt in eurer Weisheit fort: »Mußte sich der Organismus der Tiere und der Menschen nicht ständig auf neue Nahrungsmittel einstellen! Das hat er doch bisher immer großartig geschafft! Deshalb dürfte er auch keinerlei Schwierigkeiten haben, sich jetzt auf die Industrienahrung umzustellen.«

Wenn ihr euch in die Tasche lügen wollt, dürft ihr es. – Ihr wißt doch aber: Wenn jemand einen Maschinenmotor entwickelt, dann ist er auf das vorhandene Material und die zur Verfügung stehenden Energiequellen angewiesen. Ein Motor kann nur in Übereinstimmung mit den vorhandenen Möglichkeiten konzipiert und verwendet werden. Damit er lange hält, werden immer Gebrauchsanweisungen beigelegt, an die sich jeder brave Mitbürger hält. – Glaubt ihr denn, daß dieses in bezug auf den Menschen anders ist!

Hätte es vor Adam und Eva schon den Oldi-Supermarkt gegeben, ich schließe es nicht aus, daß der ewige Schöpfer auch ein Monstrum hätte entwickeln können, das auf das dortige Angebot abgestimmt wäre. Wahrscheinlich hätte es einen viermal so großen Verdauungstrakt benötigt und gliche mehr den Dinosauriern als der Krone der Schöpfung. Aber Oldi war eben damals noch nicht da. Deshalb war der Schöpfer auf die Voraussetzungen angewiesen, die es damals gab, und diese waren die Natur, die reinste Natur, sonst nichts.

4. Der menschliche Körper – auf unsere Schöpfung total abgestimmt

Der menschliche Körper ist wahrscheinlich weder vom Himmel gefallen noch von Künstlerhänden in wenigen Augenblicken geformt! Nein. Seine vorbereitende Entwicklung dürfte unvorstellbare Zeiträume gedauert haben!

Nicht erst die Säugetiere fingen nämlich an, für ihn vorzuarbeiten. Nein. Alle Entwicklung des Lebens war auch eine Vorbereitung für seine Schaffung und Existenz. Tausend- und millionenfach wurde dabei jede Einzelheit immer wieder geprüft und mußte sich ständig unter den härtesten Bedingungen bewähren, bevor sie – die Jahrmillionen über – weitergegeben wurde. Aber auch jede Weiterentwicklung im Tierreich mußte sich immer wieder erneut allen Möglichkeiten des Lebens anpassen. Dabei kam auch sie immer wieder gnadenlos auf den Prüfstein der Bewährung.

Nehmen wir einmal an, ein pferdeähnliches Wesen zog durch die meterhohen Grasbüschel einer ursprünglichen Steppenlandschaft. Es benötigte keinen Hals, denn wenn es sein Maul aufriß, drückten sich die zarten Grasspitzen ganz von selbst zwischen die Zähne. Auf einmal aber wurde die Erde – wie so oft – von einer Klimaverschiebung heimgesucht. Die Kälte eroberte sich den Lebensraum dieses Pferdewesens, und das vorher zwei Meter hohe Gras wurde nur noch zehn Zentimeter hoch. Das aber bedeutete für unser halsloses Tier den Untergang, denn jetzt kamen die Zähne nicht mehr an das niedrige Gras heran, und es mußte verhungern – wenn es sich nicht recht schnell anpaßte.

Als bei einem der mit Menschen besetzten ersten US-amerikanischen Raumschiffe ein Defekt eintrat, blieb der Welt der Atem stehen. Alle – außer meiner Wenigkeit – saßen gebannt vor dem Fernsehschirm und verfolgten das hoffnungslose Geschehen, denn kaum einer konnte glauben, daß dieses Abenteuer gut ausgehen könnte. Selbst die Fernsehanstalten der damals sozialistischen Staaten schalteten sich ein, um ihre Bevölkerung die technische Unterlegenheit des Westens hautnah erleben zu lassen. – Die Reparaturarbeiten waren aber nicht nur computermäßig eingespeichert, sondern sie klappten auch, und so landete die Raumfähre mit ihrer Besatzung sicher im Pazifischen Ozean.

Dieses damals alle Welt bannende und faszinierende Abenteuer erleben wir in ähnlicher Weise ständig in der Schöpfung. Der ewige Geist hat die Möglichkeit der Anpassung, die wir Evolution nennen, in großartigster Weise in alle seine Geschöpfe hineingelegt. So könnten sich bei unserem Pferd z. B. die Beine verkürzen. Ihm könnte aber auch ein langer Hals wachsen. Möglicherweise könnten bei ihm auch beide Veränderungen gleichzeitig eintreten.

Diese Möglichkeiten der Anpassung würden für sein Überleben aber noch lange nicht ausreichen. Nicht nur Fell, Füße und Geruchssinn müßten sich ebenfalls verändern, sondern auch der gesamte Verdauungstrakt von den Zähnen bis zum After, einschließlich der Drüsen und des vegetativen Nervensystems. Im Grunde müßte sich bei ihm alles verändern und neu anpassen.

Vielleicht war vor 15 000 000 Jahren endlich die Zeit für die ersten menschenähnlichen Wesen reif. Eigenes hatten sie zu diesem Zeitpunkt freilich so gut wie nichts vorzuweisen. Nein, alles, was sie besaßen, hatten sie von den Tieren übernommen, direkt von den Affen-Vorfahren, indirekt von allen Tieren vorher, die in den Affen/Mensch-Entwicklungsprozeß eingebunden waren. – Wo überall finden wir bei unseren Mitgeschöpfen die Vorstufen unserer Augen, unserer Füße, unseres Herzens und unseres Darmes wieder! In liebevoller Kleinarbeit war alles von ihnen äußerst sorgfältig vorbereitet worden.

Wie großartig und gütig ist der Schöpfer, der nichts, aber auch gar nichts in die Entstehung des Menschen mit einfließen ließ, das sich nicht schon millionenfach bewährt hatte. Vollkommen wie jedes andere Lebewesen ist er, ohne Fehler und Makel, total eingepaßt in diese herrliche Schöpfungsordnung und ihre Möglichkeiten und Entwicklungen.

Alles war aber nicht nur hundertprozentig aufeinander abgestimmt. Nein, es gab auch eine breite Pufferzone für jedes einzelne der Organe und für jeden einzelnen Sinn. Die jahrmillionenlange Vorbereitung hatte es möglich gemacht, daß der Mensch den extremsten Härtebedingungen gewachsen war. In jeder Situation konnte er sich bewähren.

Nach diesem faszinierenden Wurf Mensch ist der Schöpfer jedoch nicht einfach zur stupiden Serienproduktion übergegangen. Auch in dieses phantastische Wesen hat er unwahrscheinliche Entwicklungsmöglichkeiten hineingelegt. Ich persönlich glaube freilich, daß die in das pferdeähnliche Wesen hineingelegten Veränderungsmöglichkeiten, nämlich ein teilweise anderes Lebewesen zu werden, nicht mehr im Menschen einprogrammiert sind. Dafür bekam er aber, aufbauend auf der aufrechten Haltung, die Fähigkeit mit, einen Verstand zu entwickeln und sein äußeres Erscheinungsbild ein wenig zu vergeistigen.

5. In der Tierbeobachtung Anregungen für sich selber finden

Vielleicht möchte mich der eine oder andere jetzt erbost unterbrechen und mir zurufen: »Höre bloß zu reden auf! Wir bekommen ja den Eindruck, daß du meinst, wir seien Tiere.« – Richtig, zu dieser Einsicht möchte ich euch auch führen. Mir liegt bei diesem Vortrag sehr am Herzen, daß wir begreifen, daß sich unser Körper in nichts, in fast nichts, vom Körper der Säugetiere unterscheidet. Natürlich sehen wir nicht aus wie ein Schwein oder ein Hornochse. Über die Unterschiede, die uns das Biologiebuch lehrt, brauchen wir uns nicht zu unterhalten. Die akzeptiere ich auch. Es geht mir aber darum, daß wir uns neu bewußt machen, daß unser Körper ebenso funktioniert und den gleichen Lebensordungen und Gesetzmäßigkeiten unterworfen ist wie der der Tiere. Sicherlich, der Mensch ist auch für mich kein Tier. Sein Körper beherbergt eine ewige, göttliche Seele. Darin unterscheidet er sich vom Tiere! Nicht aber in bezug auf seinen Leib.

Wenn uns bewußt wird, wie sehr unser Körper dem der Tiere gleicht, wird uns auch verständlich, warum ich immer wieder auffordere: Gehe hin zu den Tieren und lerne bei ihnen, wie man sich ernährt und wohnt, wie man seine Kinder umsorgt und mit der Schöpfung umgeht. Hier bei den Tieren, besonders bei den uns verwandten Säugetieren, gibt es so viel Interessantes zu beobachten und auf uns zu übertragen, daß wir aus dem Staunen nicht mehr hinauskommen, und wir werden sicherlich vorsichtiger in der überheblichen Meinung, wir seien gescheiter als die Tiere. Nein, demütig werden wir deren Weisheit bewundern und bekennen, daß selbst unser Verstand von ihnen vorbereitet und entwickelt wurde.

Wozu haben wir denn diesen so wunderbar entfalteten Verstand erhalten? – Leider verwenden wir ihn fast ausschließlich dafür, uns eine künstliche Welt aufzubauen – in der wir dann bedauerlicherweise ersticken. Ganz sicher soll er uns aber in erster Linie tiefer in die Geheimnisse des Lebens einführen und uns ermöglichen, echte Kultur aufzubauen. Darüber hinaus dürfen wir aber auch den Schöpfer in seiner Größe und Güte besser erkennen und verstehen, als dieses den Tieren möglich ist.

Über diese ein wenig ins Philosophische und Religiöse übergehenden Überlegungen können wir uns, wenn es gewünscht wird, bei anderer Gelegenheit unterhalten. Jetzt geht es um das mehr oder weniger rein Körperliche. Freilich, rein Körperliches gibt es gar nicht. Auch die Ernährung ist keine rein körperliche Angelegenheit. Einmal wählen wir nämlich unsere Nahrung entsprechend unserem geistigen Bewußtsein, und zum anderen prägt das, was wir zu uns nehmen, auch unsere geistige Entwicklung. – Unser geistiges Wachstum wird leider dadurch sehr stark beeinträchtigt, daß wir die natürlichen Gesetzmäßigkeiten, besonders auch im Bereich der Ernährung, nicht beachten und so leben, als gäbe es sie nicht.

Wollen wir die uns zugedachte Gesundheit, Lebensfreude, geistige Wachheit, schöpferische Kraft und unmittelbare Gottesbegegnung erleben, so haben wir erst einmal von unserem hohen Roß herabzusteigen und uns dankbar neben die Tiere zu stellen. Ihre Lebensweise sollten wir beobachten und, soweit das möglich ist, auf uns übertragen.

Wir Menschen haben die Möglichkeit, uns optimal zu entfalten. Dieses dürfte aber nur möglich sein, wenn wir die dieser Schöpfung mitgegebenen Gesetzmäßigkeiten akzeptieren und uns nicht gedankenlos mit den uns von unserer Zivilisation aufgenötigten Ordnungen zufrieden geben.

Daß sich die Tiere und über Millionen von Jahren auch unsere menschlichen Vorfahren nur von Rohkost ernährt haben, akzeptieren wir, z.B. problemlos, was bleibt uns denn anderes übrig. Sind wir aber auch bereit, daraus folgende notwendige logische Folgerung zu ziehen: Der menschliche Körper kann nur auf die Rohkost, besonders die pflanzliche, abgestimmt sein und sich nur bei ihrem Verzehr optimal entfalten, auch wenn die Rohkost unserer Klimazone eine andere ist als die, die er damals vor Jahrmillionen aß.

Wenn ich heute ein Mercedesmodell aus den zwanziger Jahren fahre, kann ich sicherlich auch Brennstoff- und Wartungsmittel verwenden, die es damals so noch nicht gab. Sie müssen aber den Bedingungen des Uralt-Modells entsprechen, sonst richten sie Schaden an. – Auch der Mensch, der ganz sicher seinen Ursprung in den wärmeren Gebieten dieser Erde hatte, hat sich, bedingt durch seine Wanderungen, auf Nahrung einstellen müssen, die seine Urvorderen so nicht kannten. Aber alles, was er in seiner langen Entwicklung und auch später noch zu sich nahm, stammte immer nur aus der Natur, aus der er kam und auf die sein Körper und sein Organismus voll abgestimmt waren.

Erst wenn diese Gedankengänge bejaht werden und wir bereitwillig zugegeben, daß unser Körper aus dieser Schöpfung kommt und ein Teil von ihr ist, bin ich auch bereit, mich anderen Vorstellungen über die Ernährung zu öffnen, z.B. solchen, wie sie die Anthroposophen und die Makrobiotik vertreten.

6. Die Folgen des Erhitzens der Nahrung

Dank seines Verstandes konnte der Mensch nicht nur Werkzeuge entwickeln, sondern gewann auch Vertrauen zum Feuer, vor dem er vorher in panischer Angst, ebenso wie die Tiere, geflohen war.

Hätte er dieses Vertrauen zum Feuer nicht gewonnen, hätte er sich auch nicht in den unwirtlichen Klimazonen der Erde ausbreiten können. Nur weil er sich nun in den Höhlen im Winter wärmen und Schnee und Eis zu Trinkwasser schmelzen konnte, war es ihm möglich, auch hier zu überleben.

Damit ist jedoch noch lange nicht gesagt, daß er seine hochwertige Nahrung auch zerkochte. Auf diesen Gedanken kam er sicherlich erst einmal nicht. Das Erwärmen der Nahrung dürfte eine sehr späte Erfindung sein. Es wird erzählt, daß die alten Ägypter mit dem Brotbacken begannen. Wenn sie zu viel Getreide gemahlen hatten, mischten sie es mit Wasser und legten diesen Brei zum Trocknen flach gestrichen in die Sonne. Solches schonend erwärmte Brot gibt es auch heute wieder bei uns. Das übliche Brot wird dagegen im Innern bis auf 100 (Außentemperatur 180 Grad)und das Knäkkebrot bis auf 170 Grad (Außentemperatur 240 Grad) erhitzt. – Es gibt bei uns kaum ein Nahrungsmittel, das nicht erhitzt wird, selbst wenn wir es kalt zu uns nehmen wie z. B. das Speiseeis.

Natürlich kann man nun fragen, warum die erhitzte Nahrung schädlich sein soll. Sie schmecke doch viel besser und sei, wie man so sagt, bereits viel mehr aufgeschlossen als die ungekochte. Es ist wohl richtig, die Kohlenhydrate werden durch das Erhitzen "vorverdaut." Das merken wir daran, daß sie viel süßer als die in der rohen Nahrung schmecken. Aber diese Süße, die eigentlich eine Belohnung für gründliches Kauen ist, verführt u. a. dazu, wesentlich mehr als notwendig zu essen.

Die Nahrung, die die Natur uns bietet, besteht jedoch aus wesentlich mehr als nur aus Kohlehydraten. Da ist das Eiweiß, und da sind die vielen winzigen feinen Vitalstoffe wie Vitamine, Enzyme und Spurenelemente. Haben wir denn eine Ahnung davon, wie viele Millionen feinste Stoffe es in den Pflanzen und in unserem Körper gibt! Sie alle haben ihre Funktionen und sind sorgfältig aufeinander abgestimmt, die einen z. B. als Nahrungs-, die anderen als Umbau- und wieder andere als Steuerungsstoffe. Wehe uns nun, es fehlen uns welche davon! Durch das Erhitzen aber wird ein Großteil dieser notwendigen Lebensstoffe rücksichtslos zerstört.

Jeder weiß, daß der Mensch bei zu hohem Fieber stirbt, weil die Eiweißstrukturen sich verändern. Wenn die Eiweißstrukturen also schon bei 42 Grad zerstört werden, wie unverantwortlich ist es da, Fleisch und Milch, die sehr viel Eiweiß enthalten, zu erhitzen bzw. zu kochen.

Besonders verheerend ist das Erhitzen für die Vitamine und die anderen sehr feinen Lebensstoffe. Ausgezeichnet mit der Silber- oder Goldmedaille des Deutschen gastronomischen Gewerbes brachte vor Jahren einmal eine Nährwerttabelle einen Bericht über den Zerfall der Vitamine. Es hieß dort: Wenn Spinat auch nur 24 Stunden durch eine deutsche Großküche geht, bleiben von den 100 Prozent des Vitamins C nur etwa vier Prozent übrig. 96 Prozent werden also zerstört. Nicht ganz so katastrophal verhält es sich beim Vitamin B-Komplex. Da wird mit einem Erhalt von etwa 15 Prozent gerechnet.

Man stelle sich einmal vor, der Mensch würde sich wie eine Kuh ernähren. Wieviel mehr Vitalstoffe würde er in sich aufnehmen! Freilich, der Schöpfer mag großzügig bezüglich der Vitamin-Beigabe sein, vielleicht, damit die Geschöpfe sie für den Winter speichern können, vielleicht, weil sie durch Licht-, Sauerstoff- und Wärmeeinfluß sehr schnell zerfallen. Aber diese in der Nährwerttabelle angegebenen Zahlen scheinen mir doch alarmierend zu sein. Anstatt unsere Nahrung zu erhitzen, könnten wir auch gleich Stroh essen. Damit würden wir uns sicherlich nicht schlechter ernähren, nur daß es sich kaum kauen läßt und nicht ganz so gut schmeckt. – Vorsichtshalber ist in den nächsten Auflagen dieser Nährwerttabelle der Bericht über die Zerstörung der Vitamine nicht mehr erschienen. Die Bevölkerung braucht ja nicht über alles aufgeklärt zu werden.

Ist uns denn bewußt, wie kompliziert die Vorgänge sind, die im Körper ablaufen! Zur Bildung von jedem Nahrungsmolekül werden z.B. nicht nur die Stoffe benötigt, die diese Kette nach Fertigstellung enthält, sondern unzählige weitere feinste Teilchen, die u. a. für den Herantransport und den Zusammenbau dieser Stoffe zuständig sind.

Wie sollen aber unsere Verdauungsvorgänge und unser Stoffwechsel funktionieren, wenn gerade diese feinsten Teilchen, das Handwerkzeug des Körpers, fehlen. – Wie kann ein Maurer aus Sand, Steinen und Holz ein Haus bauen, wenn er nicht Handwerkszeug und Bindemittel hat?

Die Natur-Nahrung bringt für ihre Aufschließung und Verwertung schon sehr viele Stoffe, das nötige Handwerkszeug mit. Wenn diese Begleitstoffe mitgeliefert werden, können die Verdauungs- und Stoffwechselprozesse problemlos und zügig ablaufen. Bei dem, der Hamburger, Pommes frites und Konservennahrung ißt, müssen die notwendigen Hilfsmittel jedoch erst mühsam im Körper zusammengesucht werden. Das ist nicht nur ein ziemlicher Kraftaufwand, den wir uns ersparen könnten, sondern auch eine Bedrohung für unseren Körper und unsere Gesundheit.

Freilich, viele Lebensstoffe werden im Körper auch selber gebildet. Aber auch zu ihrer Bildung sind die Feinstoffe aus der pflanzlichen Nahrung unerläßlich.

Es ist kein Wunder, wenn eine Gebärende, die sich ihr Leben lang ohne viel Frischkost ernährt hat, schlapp ist und müde herumhängt. Rücksichtslos plündert nämlich der Embryo einen solchen Mutterleib aus und raubt ihm alle Vitalstoffe.

Wir sollten uns auch bewußt machen, daß durch das Erhitzen der Nahrung auf chemischem Wege Stoffe gebildet werden, die unser Körper nie kennengelernt hat, die ihm total fremd sind und mit denen er nichts anzufangen weiß. Allein beim Erhitzen der Kartoffel sollen 400 Fremdstoffe gebildet werden, die unseren Körper erheblich belasten.

Ilona, eine unserer Getränkebetreuerinnen, die uns jahrelang begleitete, berichtet, daß sie als Kind mit allen Krankheiten der Welt geschlagen war, u. a. auch mit Tuberkulose und Leukämie. In ihren nicht mehr jungen Tagen ließ sie sich später als Gesundheitsberaterin von Dr. Bruker ausbilden. Bei dieser Ausbildung begann sie zu überlegen, woran es gelegen haben könnte, daß sie sich damals als Kind zu Hause immer sterbenselend, bei der Großmutter aber gesund und fidel fühlte.

In der ihr eigenen Weisheit war sie zu folgendem Ergebnis gekommen: Die Mutter war eine Geschäftsfrau. Früh um

6 Uhr putzte sie bereits immer das Gemüse und ließ es den ganzen Vormittag über auf der heißen Herdplatte stehen. Die Großmutter dagegen setzte die Suppe erst um 12 Uhr auf, wenn um ein Uhr gegessen wurde.

Freilich, in beiden Fällen wurde die Nahrung erhitzt. Je intensiver und länger sie aber gekocht wird, desto wertloser wird sie auch. Deshalb wird dringend davon abgeraten, ein Mittagessen wieder aufzuwärmen oder nochmals zu kochen. Abzuraten ist auch von aller Nahrung, von der man nicht weiß, wie lange sie erhitzt wurde. Konservennahrung soll gelegentlich stundenlang gekocht werden.

Es ist nicht zu fassen, wie sehr sich unsere Gesellschaft in dieser Beziehung gerade an Wehrlosen und Schwachen, z.B. an Kindern, Kranken und Strafgefangenen, versündigt!

Verwundert hatte mich in Wales, daß die im Restaurant servierten Kartoffeln für unsere Begriffe noch recht hart waren. Ich fragte mich: Haben diese Menschen ein größeres Gesundheitsbewußtsein, oder wurden sie durch ihre kahle Landschaft zu diesem schonenden Erhitzen erzogen, die ihnen kaum Heizmaterial zur Verfügung stellte.

7. Fleischnahrung – Notnahrung

Wenn wir die frühen Menschen als Sammler und Jäger bezeichnen, erliegen wir einem groben historischen Irrtum, der sehr leicht nachgewiesen werden kann. Für die Urmenschen der subtropischen Gebiete wuchsen so viele wohlschmeckende Pflanzen und Früchte, daß sie es gar nicht nötig hatten, auf die mühsame und gefahrvolle Jagd zu gehen. Auch die Affen, unsere uns nächsten Verwandten, fressen ja fast ausschließlich Obst und Blätter.

Die Situation der Menschen wurde anders, als sie sich über den Erdball auszubreiten begannen. Dabei wurden sie teilweise auch in total unwirtliche Klimazonen abgedrängt wie z. B. die Eskimos. Freiwillig haben diese sich sicherlich nicht in so mörderischen Frostgebieten niedergelassen.

Das gleiche Schicksal erlebten bei der asiatisch-europäischen Bevölkerungsbewegung unsere "germanischen" Vorfahren. Da Europa bereits weitgehend bevölkert war, wurden sie in den ebenfalls recht unwirtlichen nordischen Raum abgedrängt. Hier blieb ihnen kaum etwas anderes übrig, wenn sie im Winter überleben wollten, als Tiere zu jagen, zu erlegen und zu verzehren. Insofern ist es durchaus richtig, unsere germanischen, aber auch alle anderen europäischen Vorfahren als Sammler und Jäger zu bezeichnen. Als sie dann zur bäuerlichen Kultur übergingen, züchteten sie sich Tiere und schlachteten sie.

Neben der Vertreibung in die unwirtlichen Gebiete trugen auch die Klimaverschiebungen dazu bei, daß die Menschen begannen, Tiere zu töten und Fleich zu essen. Aufgrund der Klimaverschiebungen wurden nämlich angenehm warme Gebiete kalt und fruchtbare Regionen zu Wüsten. In diesen unwirtlich gewordenen Zonen suchten die Überlebenden nun nach Möglichkeiten, ihr Leben zu fristen.

Nordafrika und der vordere Orient sollen ehemals fruchtbare Gebiete gewesen sein. Als sich nun die Halbwüste mit ihrem Steppengras dort ausbreitete, mußten die dort Lebenden weitgehend verhungern. In ihrem Einfallsreichtum erklärten sie sicherlich nach langen Überlegungen: Das Steppengras ist für uns nicht genießbar. Die Schafe und Ziegen aber fressen es. Laßt uns also Schafe und Ziegen züchten und weiden, damit sie es fressen. Anschließend schlachten und essen wir sie.

Jagd und Tierzucht liegen also nicht, meine ich jedenfalls, im menschlichen Wesen, sondern wurden aus der Not heraus geboren. Wenn sich aber erst einmal Gewohnheiten eingeschlichen haben, wird nicht mehr über ihren Sinn und Unsinn nachgedacht, sondern sie werden als artgemäß angesehen und weitergegeben. Haben sie erst einmal in einem Gebiet Fuß gefaßt, so können sie sich recht schnell über die gesamte Erde ausbreiten.

Ob der Heidelbergmensch, der vor 500 000 Jahren als erster nachgewiesener Mensch Europa besiedelte, auch bereits Jäger war, vermag ich nicht zu sagen. Die Eiszeiten verwischten im heutigen deutschen Raum seine Spuren ebenso wie die des Neandertalers. – Erst nach der letzten Eiszeit, also vor etwa 10 000 Jahren, siedelten in unserem Bereich wieder Menschen. Da die Winter damals extrem lang und kalt waren, ist es verständlich, daß sie auf Jagd gingen und später Tiere züchteten. Daraus und aus den Forschungsergebnissen über andere frühe Menschen aber zu schließen, daß das Fleischessen zur Natur des Menschen gehöre, wäre verkehrt. Vieles spricht vielmehr dagegen, daß er von Natur aus zur Jagd in der Lage ist: 1. Seine Hände, 2. sein Gebiß, 3. sein Widerwillen gegen das Töten eines anderen größeren Lebewesens.

Fleisch, wenn es einem bekommt, in geringen Mengen roh zu essen, ist noch kein Vergehen am eigenen Körper. Nur die Menge und der durch Erhitzen entwertete Zustand machen es für unseren Körper gefährlich.

Tiere zu schlachten und zu verzehren sollte aber hauptsächlich als ethisches Problem angesehen werden. Man vernichtet ja nicht nur hochentwickeltes Leben, sondern fördert auch die eigene und gesellschaftliche Abstump-fung gegenüber dem Lebendigen. Das könnte möglicherweise zur Folge haben, daß auch die Hemmungen schwinden, Menschen zu töten.

Wenn wir zu viele tierische Produkte zu uns nehmen, bilden die übermäßig vielen Eiweißablagerungen eine nicht zu unterschätzende Gefahrenquelle.

Unser Körper nimmt von Natur aus nämlich nur eine verhältnismäßig geringe Eiweißmenge in sich auf, wahrscheinlich höchstens 500 bis 1000 Gramm. Dr. Fahrner geht jedoch davon aus, daß manche Menschen fünf Kilogramm und mehr abgelagert haben (S. 21). Damit aber werden unsere Speicher übermäßig strapaziert.

Wesentlich problematischer als die Eiweißablagerungen ist jedoch der Abbau der Eiweißmoleküle. Bei diesen Vorgängen wird Harnsäure frei, die sich gerne und leicht in den Gelenken ablagert und uns dann bei unseren Bewegungen beeinträchtigt.

Die feinen, bräunlichen Harnkristalle lagern sich auch gerne an den Aderwänden ab und verengen und versteifen so die Adern. Das hat u. a. zur Folge, daß diese, wenn man sich stößt, leicht brechen und sich blaue Flecken bilden. Wenn sich die Harnsäure an den Aderwänden ablagert, hat das häufig auch zur Folge, daß die Nährstoffe, die zu den Zellen gerufen werden, ebenfalls an den Aderwänden hängen bleiben. Diese Ablagerungsschicht aber unterbindet nach und nach, daß das Zellgewebe versorgt und entsorgt werden kann. Durch derartige Versteifungen und Verengungen, besonders in der Nähe des Herzens, sind wir auch sehr stark herzinfarktgefährdet. In den engen Adern braucht sich nur ein Fettkloß festzukeilen, und schon entsteht ein Blutstau, der die Versorgung, z.B. des Gehirns, unterbindet.

Uns dürfte jetzt klar geworden sein, wie sehr wir durch unsere Eiweißmast unser Wohlbefinden, unseren Gesundheitszustand und unsere Lebenschancen gefährden.

8. Die Auszugsstoffe Mehl und Zucker

Die Natur liefert uns in der Kost, die sie liebevoll für uns bereit hält, immer harmonisch aufeinander abgestimmte Stoffe. Diese werden bei den Verdauungsprozessen im menschlichen Körper wechselseitig benötigt. Mit den Auszugsstoffen Zucker und Mehl gefährden wir dagegen unseren Körper und unsere Gesundheit.

Wenn wir Getreide bzw. Getreideprodukte essen, sollten wir das gesamte Korn zu uns nehmen und nicht nur seine Stärke, das Mehl. Diese dient nämlich lediglich als Nahrung für den Keim, der mit seiner Lebenskraft in der Lage ist, einen neuen Halm mit einer vollen Ähre wachsen zu lassen.

Wegen dieser Vitalität des Keimes ist es so wichtig, daß wir dann, wenn wir Getreide mahlen, um es zu verzehren oder zu verbacken, darauf achten, daß alles Ausgemahlene zusammenbleibt. Es ist aber ebenso zu beachten, daß alles Ausgemahlene möglichst sofort verwertet wird. Im Nu lösen sich nämlich durch die Sauerstoff- und Lichteinwirkungen sehr viele Vitamine und

Enzyme, die für unsere Verdauungsprozesse und unseren Stoffwechsel von großer Bedeutung sind, auf. Abgestandenes Vollkornmehl hat bald seine Lebenskraft verloren.

Weil das Öl im Keime ranzig wird, siebt man ihn nach dem Mahlen gewöhnlich sofort aus. Sonst würde das Mehl nicht monatelang und jahrelang lagerfähig bleiben können. Ebenfalls entfernt man vorsorglich die Randschichten, damit das Mehl blendend weiß aussieht und nicht an bräunlich-graues DDR-Mehl erinnert. Freilich, es gibt im Handel verschiedene Stufen der "Ausmahlung." Aber sie alle haben nicht den Wert des vollausgemahlenen Getreides.

Selbst beim Kauf von sogenanntem Vollkornbrot muß man sehr vorsichtig sein und darf sich nicht durch diese Bezeichnung ins Bockshorn jagen lassen. Oftmals wird dieses Brot nämlich aus dem gleichen Teig wie die Weißbrote gebacken, nur daß in diesen eine Handvoll in Wasser eingeweichter Getreidekörner hineingerührt worden ist. Wird dann noch ein wenig dunkler Sirup hinzugefügt, so wird es als Schwarzbrot angeboten.

Beim Kauf von Vollkornbroten aus voll ausgemahlenen Körnern ist es durchaus auch ratsam, sich danach zu erkundigen, ob das Mehl erst kurz vor dem Backen ausgemahlen und unmittelbar darauf dann verarbeitet wurde, oder ob es sich um Lager-Vollkornmehl handelte.

Während dem Menschen im Bäckereigewerbe also gewöhnlich die im Grunde tote Stärke als Kraftnahrung schmackhaft gemacht wird, werden die kraftvollen Keime an die Schweine verfüttert. – Besonders abartig erscheint es mir, wenn die wertvollen ausgesiebten Randschichten, die auch viele Mineralstoffe enthalten, anschließend als Kleie im Handel erscheinen, damit der Mensch seine faserstoffarme Nahrung mit Zellulose aufwerten kann, um besseren Stuhlgang zu haben.

Aus Mehl backt man nun nicht nur Brot und Kuchen, nein, daraus werden auch Nudeln, Soßen und vieles andere hergestellt. Man mache sich einmal bewußt, mit welcher Unmenge von diesen isolierten und damit äußerst schädlichen Auszugsstoffen wir uns tagtäglich vollstopfen!

Der andere sehr verbreitete und für unsere Gesundheit äußerst gefährliche Auszugsstoff ist der Zucker. Ob es sich nun um weißen oder braunen Zucker handelt, ob dieser nun aus Zuckerrohr, der Zuckerrübe, den Weintrauben oder Obst gewonnen ist, spielt dabei überhaupt keine Rolle. Mit allen Zuckerarten überfallen wir unseren Körper und plündern ihn aus. Zucker benötigt nämlich für seine Verwertung viele Mineralstoffe und viele B-Vitamine. Zu recht nennt man Zucker deshalb auch einen Mineralstoff- und Vitamin-B-Komplex-Räuber.

Verständlicherweise kann eine Druckerei nicht arbeiten, wenn kein Papier vorhanden ist. Aber es ist doch auch nicht damit getan, daß ich sie bis unters Dach mit Papier vollstopfe und auf andere wichtige Materialien wie z.B. die Druckfarben verzichte. – Selbst bei einer maßvollen Papierbeschaffung darf ich aber auch nicht wild drauflos kaufen, sondern muß sorgfältig darauf achten, daß die Papiermenge fein säuberlich auf die Wünsche der Kunden, auf die Kapazität der Maschinen und auf die Möglichkeiten des Umsatzes abgestimmt ist.

Mit den Kohlehydraten verhält es sich ganz ähnlich wie mit dem Papier. Unmengen an Kohlehydraten bedeuten noch keine optimale Ernährung. Sie können unserer Lebenserhaltung nur nützlich sein, wenn sie den Wünschen und dem ursprünglichen Verbrauch unseres Körpers angepaßt sind. Außerdem müssen alle Stoffe, die zu ihrem Umbau, Weitertransport und optimalen Einsatz benötigt werden, reichlich vorhanden sein.

Ernähren wir uns vollwertig, so brauchen aus Zähnen und Knochen nicht die Mineralstoffe geplündert zu werden. Auch wird der Körper nicht leergeputzt von den an anderen Stellen benötigten Vitaminen und Enzymen. In der pflanzlichen Rohkost sind alle notwendigen Ergänzungsstoffe großzügig vorhanden und bestens aufeinander abgestimmt, in den Auszugsstoffen dagegen fehlen sie.

Natürlich kann ein Auto auch ohne Benzin fahren, z.B. wenn man es schiebt. Aber um wievieles langsamer kommt es da voran. So ergeht es auch dem Menschen, dem die Vitalstoffe in der Nahrung fehlen. Auch ohne sie kann er lange leben, aber dieses Leben ist oftmals mehr ein Dahinvegetieren und Dahinsiechen.

Denen, die sich auf eine gesündere Ernährung umstellen wollen, wird meistens als erstes empfohlen, möglichst auf die Produkte aus Zucker und Weißmehl zu verzichten.

9. Der Verzicht darauf, verschiedene Nahrungsmittel durcheinander zu essen

Ein weiteres Problem unserer Ernährung ist dies, daß wir alles durcheinander essen. Ein Hase knappert an einer Rübe. Wenn er satt ist, legt er sich ins Gras. Sobald die Mohrrübe verdaut ist, kaut er an den Kohlblättern. Er hat bei dieser Art von Ernährung jeweils immer nur ein einziges Nahrungsmittel im Magen. Das bereitet der Verdauung am wenigsten Schwierigkeiten. Der Körper kann sich dann nämlich ganz auf die Produktion von nur wenigen Verdauungssäften konzentrieren.

Wenn wir uns mit den Augen und dem Geruchssinn bereits vor dem Zubeißen an unserer Speise erfreuen, können unsere Drüsen auch bereits vor der Essensaufnahme mit der Produktion der Verdauungssäfte beginnen. Der Anblick und der Duft der Nahrung regen diese nämlich an. Wir kennen alle die Volksweisheiten: "Mir läuft das Wasser im Munde zusammen," und "Das Auge ißt mit."

Der Mensch täte gut daran, möglichst nur jeweils ein einziges Nahrungsmittel durch den Magen gehen zu lassen, besonders bei Magenempfindlichkeit. Bei einer derartigen Ernährung verlaufen nämlich die Verdauungsvorgänge, die wir kaum spüren, äußerst schonend ab. Äpfel allein sollen etwa nur zwanzig Minuten im Magen liegen, Mohrrüben vielleicht dreißig. – Anschließend ist der Magen dann wieder leer und kann neue Nahrung aufnehmen oder sich erholen.

Unser Frühstück und Mittagessen dagegen sind wegen der vielen so schwer verdaulichen und so unterschiedlich zusammengemischten Nahrungsstoffe für unser Wohlbefinden und für unsere Gesundheit eine Zeitbombe. Wieviel weiser essen da die Franzosen mit ihren vielen verschiedenartigen Gängen, bei denen sie sich außerdem sehr viel Zeit lassen. Wir dagegen stopfen in Windeseile nicht nur total denaturierte Stoffe wie z.B. Schokolade und Konservenfleisch in unseren Pansen, sondern stellen die Nahrungsmittel auch noch in einer Weise zusammen, wie man sie so in der Natur nicht beobachtet. So gehören z.B. konzentrierte Kohlenhydrate und konzentriertes Eiweiß nicht zusammen. Entweder esse ich Kartoffeln oder Fleisch, entweder kaue ich Brot oder Käse – aber bitte nicht beides zusammen.

Eiweißhaltige (z.B. Fleisch- und Milchprodukte, aber auch Nüsse) und stärkehaltige Nahrungsmittel (z.B. Brot, Kartoffeln, Nudeln und Bohnen) sollen nicht zusammen gegessen werden, weil im Magen die Verdauungssäfte für das Eiweiß von den Kohlehydraten – so jedenfalls habe ich es verstanden – wieder neutralisiert werden. Um die Proteine (Eiweiß) aber dennoch abzubauen, müssen pausenlos – was sicherlich eine sehr anstrengende Arbeit für die Drüsen ist – Eiweiß-Verdauungssäfte produziert werden. Da diese aber immer wieder von der Stärke aufgelöst werden, kommt es kaum dazu, daß das Eiweiß aufgeschlossen und weitergereicht werden kann. Es dauert viele Stunden, beim Mittagessen manchmal acht, neun oder mehr, bis alles wieder aus dem Magen heraus ist.

Bei diesen Vorgängen spüren viele ihren Magen sehr stark, fühlen sich zur Erde gezogen, müde und vielleicht sogar unwohl. Das brauchte aber nicht zu sein. Wer zu einer Konferenz geht, dem sei deshalb geraten, zu Mittag möglichst nur rohes Obst oder rohen Salat zu essen. Wenn dann am Nachmittag alle Konferenzteilnehmer schlafen, ist er nicht nur der einzige, der argumentieren kann, sondern auch der einzige, der abstimmt.

Bei einer durchdachten Lebensmittelkombination braucht der Körper nicht so viel Energie für die Produktion der Verdauungssäfte aufzuwenden, und die aufgenommene Nahrung kann viel leichter verwertet werden. Die richtige Zusammenstellung führt auch bei Übergewicht zu Gewichtsverlust, verschafft die notwendige Energie und belebt und stärkt den ganzen Körper. Die Lebensmittel-Kombinations-Schautafel von Bionika, Ritterhude, Tel.: 04292 - 816310, bietet hierfür eine anschauliche Übersicht.

Es wird sogar empfohlen, die verschiedenen Obstsorten wegen der unterschiedlichen Obstsäuren, die jeweils einzeln verdaut werden müssen, nicht durcheinander zu essen, sondern sich nach jeder Sorte wenigstens eine halbe Stunde Zeit zu lassen, bis der Magen wieder leer ist. Rohes Gemüse kann dagegen durcheinander gegessen werden.

10. Chemische Zusatzstoffe in der Nahrung

Weitere schwerwiegende Gesundheitsschäden verursachen die chemischen Zusatzstoffe in unserer Nahrung: die Geschmacksstoffe, die Verschönerungs- bzw. Farbstoffe, die Haltbarkeitsstoffe usw.

Kürzlich sah ich einen Film über die Herstellung von Instant-Gemüsebrühe, also von Gemüsepulver bzw. von Gemüsebrühe-Würfeln, was der sogen. Geschmacksverfeinerung von Suppen und Soßen dient, was aber auch, aufgelöst in heißem Wasser, pur getrunken werden kann. Ein Brühwürfel sieht so einfach aus. Überrascht war ich deshalb über die vielen Arbeitsabläufe bei seiner Herstellung. Bei jedem Arbeitsvorgang werden nun neue, andere Geschmacksstoffe hinzugefügt, damit sich die Brühwürfel auch verkaufen lassen. Außerdem muß für die unbegrenzte Haltbarkeit vieler Naturstoffe, die darin sind, gesorgt werden. Deshalb werden die verschiedensten Haltbarkeitsmittel beigegeben. Ästhetisch sollen die Würfel aber auch aussehen. Also noch zusätzlich Farbstoffe!

So würzig und belebend eine Gemüsebrühe, schnell einmal aus einem Würfel zubereitet, schmecken mag – zu fragen ist freilich, ob es sich lohnt, die vielen beigefügten Chemikalien in seinen Körper aufzunehmen. Es sind ja wahrscheinlich alles Stoffe, die unser Körper in den Millionen Jahren seiner Entwicklung nie kennengelernt hat. Weil er sie nun nicht kennt, kann er logischerweise damit auch nicht sachgerecht umgehen.

Menschen, deren Körper diese Fremdstoffe möglichst umgehend ausscheiden, sind beneidenswert. Bei anderen lagern sie sich massenweise im Gewebe ab und belasten sowohl den Körper als ganzen wie auch die Zellversorgung und -entsorgung.

Wer wirklich total naturbelassene Nahrung zu sich nimmt, belastet seinen Körper nicht mit Stoffen, die dieser nicht kennt. Das bedeutet für den Körper aber nicht nur eine Arbeitserleichterung, sondern auch die Möglichkeit der rückstandslosen Ausscheidung. Man fragt freilich mit Recht, wo es noch total naturbelassene Nahrung geben könnte. Aber gerade dann, wenn man das Wissen darum hat, wie verseucht bereits die pflanzliche Rohkost ist, sollte man sich verstärkt vornehmen, alle Lebensmittel mit Zusatzstoffen zu meiden.

Alle Industrienahrung, obwohl sie so ästhetisch ausschaut und so verführerisch auf uns wirkt, enthält leider chemische Zusatzstoffe: das Brot, der Käse, die Würstchen, die Schokolade, die Salatsoße. Gerade wenn feierlich auf den Packungen erklärt wird: "Ohne Zusatzstoffe!", muß man besonders vorsichtig sein. Dieses Versprechen will ganz sicher nur besagen, daß die beigefügte Zusatzstoffmenge knapp unter der Deklarationsgrenze liegt.

Selbst wenn in allem, was wir essen, die Deklarationsgrenzen eingehalten werden, die Zusatz- und damit Schadstoffe summieren sich doch erheblich. Wie betrügerisch die Deklarierung ist, wurde mir an den Bemühungen eines biologisch arbeitenden Bauern besonders deutlich, der bei unseren Veranstaltungen dabei war und von seinen Erfahrungen berichtete.

Dieser Landwirt hatte sich auf den Sonnenblumenanbau spezialisiert und legte größten Wert darauf, daß seine Sonnenblumenkerne kalt gepreßt wurden, bevor ihr Öl in den Handel kam. Ein Mühlenunternehmer erklärte sich auch bereit, seine Maschinen extra für dessen Kerne zu säubern und einzustellen. Wie überrascht war unser Sonnenblumenanbauer jedoch, als er einmal den Maschinenraum betrat und dort unerwartet eine Affenhitze registrierte. Sofort besorgte er sich ein Thermometer und maß nach, mit welcher Temperatur das Öl gepreßt wurde. Erschrocken stellte er eine Hitze von 70 Grad fest. Sofort lief er zum Chef der Öl-Mühle, erinnerte ihn an sein Versprechen, die Kerne kalt zu pressen, und machte ihm Vorwürfe. Der Mühlenbesitzer aber blieb ruhig und erläuterte: Nach bundesdeutschem Lebensmittelrecht gelten Pressungen bis zu 70 Grad als kalt.

Das war natürlich eine bittere Überraschung für den Ölbauern. Er sah sich deshalb genötigt, sich selber eine Ölpresse anzuschaffen, um wirklich dem Anspruch "kaltgepreßt" gerecht zu werden, denn eine derartige Deklarierung bei 70 Grad Erhitzung sah er als reinen Betrug an.

11. Die Nahrungsumstellung

Wir müssen nun jedoch aufpassen, daß wir uns wegen der vielen Gefahren, die wir in unserer Lebensmittelversorgung entdecken, nicht verrückt machen lassen. Wichtiger, als diese alle aufzuspüren, ist es, die Möglichkeiten einer einigermaßen gesunden Ernährung zu entdecken.

Es gibt Menschen, denen fällt es leicht, ihre Ernährung von heute auf morgen umzustellen und ohne Verkrampfung und Selbstdisziplinierung ab sofort nur noch pflanzliche Rohkost zu essen. Die meisten haben damit jedoch ihre Schwierigkeiten. Bei einigen können sich die Organe ohne liebevollen Übergang gar nicht so schnell der pflanzlichen Rohkost anpassen. Für die meisten aber gehören das Brot, das Fleisch, das Gekochte, die Schokolade und das Bier so selbstverständlich zur Ernährung, daß für sie ein Wertgefüge zusammenbräche, wenn sie von diesen Nahrungsmitteln Abschied nehmen müßten. Der Verzicht darauf bedeutet für sie wohl dasselbe wie der Verzicht auf das Auto. Man könnte mit Rohkost wohl überleben, ebenso wie man ohne Auto überleben würde, davon ist man überzeugt. Aber einem wäre so zumute, als müßte man auf alle Errungenschaften und Freuden des Lebens verzichten.

Wir wollen uns nichts vormachen! Das Gekochte und die Industrienahrung sind für die meisten von uns doch ein ungeheurer Gaumenschmaus. Ist nicht unser Geschmack von Kindesbeinen an so auf das Brot, das Fleisch und den Käse fixiert, daß wir richtig süchtig danach sind! Wie stark unsere Abhängigkeit ist, stellen wir erst fest, wenn wir auf bestimmte Genußmittel verzichten sollen oder müssen. Unser Geschmacksempfinden dürfte aber nicht die einzige Ursache für derartige Süchte sein. Daß unser Körper nach toter Nahrung verlangt, dürfte bereits ein Zeichen dafür sein, daß wir ernsthaft krank sind.

Darauf, wie sehr unsere Lebensmittelindustrie mit ihren Verführungskünsten, z.B. durch die Babynahrung, an dieser Entwicklung schuld ist, wollen wir jetzt nicht eingehen. Fest steht für mich aber, daß wir aus dem Dschungel dieser Verführungen und Süchte wieder herauskommen müssen.

Das erste, was immer empfohlen wird, um die Verdauungs- und Stoffwechselprozesse zu erleichtern und um die Arbeit der Organe zu entlasten, ist, auf Produkte, die aus Auszugsmehl und Industriezucker hergestellt sind, möglichst zu verzichten, z.B. auf das handelsübliche Brot, auf handelsübliche Nudeln, Torten, Schokoladen usw. Hierfür finden wir leicht gesünderen Ersatz.

Unser Prinzip sollte grundsätzlich erst einmal sein, das wegzulassen, was uns leichtfällt. – Ich hatte z. B. vor etwa 20 Jahren nicht die geringsten Schwierigkeiten, von heute auf morgen auf Fleisch- und Wurstwaren zu verzichten, – als stiller Protest gegen die Massentierhaltung. Dagegen schaffe ich es immer nur vorübergehend, mich vom Käse loszusagen.

Das andere noch wichtigere Prinzip aber ist, immer dann Rohkost zu essen, wenn sie uns anlacht bzw. wir Lust danach verspüren. Damit wir aber auch in diese verlockenden Situationen kommen, erscheint es mir notwendig, daß wir immer pflanzliche Rohkost in größeren Mengen zu Hause vorrätig haben.

Bei mir selber sieht es z.B. so aus, daß ich dann, wenn ich zu Hause bin, ständig ein kleines Rohkost-Büfett in der Küche stehen habe. In ein kleines fahrbares Tragegestell lassen sich drei viereckige Plastikkörbe hineinschieben. Im obersten befinden sich Obst, Südfrüchte und Gemüse. Im mittleren habe ich z. Zt. links Haselnüsse, in der Mitte Mandeln und rechts Walnüsse. Im Korb darunter befinden sich Feigen, Datteln und Sonnenblumen- und Kürbiskerne.

Will ich etwas essen, so setze ich mich an den Tisch, weide mich an meinen Auslagen und greife zu dem, was mich im Augenblick besonders anspricht. Daß ich meinen Ernährungsvorstellungen nicht immer ganz treu bin und gelegentlich auch ein Stück Brot, Pellkartoffeln, eine Scheibe Käse oder ein Stück Schokolade esse, will ich gar nicht bestreiten. Aber wenn mein kleines Vorratslager gefüllt ist, dann ist die Verführung für mich längst nicht so groß.

Mir ist durchaus bewußt, daß es ein Alleinstehender in seiner Ernährungsumstellung viel leichter hat als jemand, der in eine Familie oder in eine Lebensgemeinschaft eingebunden ist. Aber ich glaube, daß man bei gegenseitigem guten Willen und bei gegenseitiger Rücksichtnahme auch in einer Familiengemeinschaft die Möglichkeit hat, seinen Ernährungsweg zu gehen, ohne daß es zu Differenzen und Spannungen kommen muß. Man stellt sich nach gegenseitiger Absprache z.B. einfach sein Rollgestell-Büfett in die Küche und packt sich bei den Mahlzeiten den Teller mit dem voll, worauf sich das Herz freut. Zum "Kaffeetrinken" kann man diesen Ständer auch in die Wohnstube tragen und sich dort mit Apfelsinen und Walnüssen nach Herzenslust versorgen.

Wir werden staunen, auf wieviel Interesse unser Rohkostbüfett bei den Familienangehörigen und Freunden stößt. Nachdem sie sich darüber genügend amüsiert haben, werden sie auch probieren wollen und feststellen müssen, wie abwechslungsreich und köstlich unser Speiseplan ist.

Überhaupt wäre nun ratsam, die Schalen und Dosen, in denen vorher Kekse, Waffeln, Salzstangen, Weihnachtsgebäck und Schokoladen-Konfekt lagen, mit Rosinen, Pistazien, Pinienkernen und besonders mit dem jahreszeitlichen Obst wie Kirschen, Birnen und Pflaumen, aber auch mit Erd-, Johannis- und Stachelbeeren zu füllen.

Sicher ist es nicht angebracht, andere bezüglich unserer neuen Verpflegungsart überreden oder gar immer wieder überzeugen zu wollen. Wir werden durch ein derartiges Verhalten wahrscheinlich nur einen Graben aufreißen, Spannungen aufbauen und gegenseitiges Mißtrauen wecken. Die Ernährung sollten wir vielmehr als unser ganz privates Hobby betrachten, das wir mit einem Schleier des Geheimnisses umhüllen.

Erfahrungsgemäß ist der Eindruck unserer neuen Eßgewohnheiten bei anderen am größten, wenn wir nicht viel darüber reden, sondern sie ganz einfach praktizieren, wenn wir nicht missionarischen Eifer entwickeln, sondern den anderen seinen eigenen Weg gehen lassen. Wir selber haben doch auch Jahre und Jahrzehnte benötigt, um zu den Erkenntnissen zu kommen, die uns heute so viel bedeuten. Jeder muß seinen Weg selber finden und darf sich nicht bevormundet fühlen.

Ohne daß wir die Privat-Sphäre des anderen stören, ergeben sich in der Familie meistens so viele unauffällige Möglichkeiten, den anderen zum Nachdenken anzuregen und ihm gesündere Eßgewohnheiten beizubringen, daß wir diese erst einmal entdecken und nutzen sollten.

Auch Kinder werden mitziehen, wenn sie erleben, daß diese Gesundkost dem Vati bzw. der Mutti etwas bedeutet. Man sollte jedoch vermeiden, ihnen etwas zu gebieten bzw. ihnen etwas zu verbieten. Kinder reagieren darauf oft sehr empfindlich.

Für unsere Partnerin bzw. unseren Partner sollten wir erst einmal weiterhin das Schweineschnitzel und die Sahnetorte zubereiten, ihn bzw. sie aber vielleicht durch liebevoll angerichtete vollwertigere Speisen möglichst zusätzlich optimal versorgen. Der bzw. die andere braucht ja nicht unbedingt unsere Fürsorge zu merken. So erzählen in unseren Gruppen z.B. Frauen, daß ihre Männer es jahrelang nicht gemerkt haben, daß ihnen statt Fleisch Sojabratlinge, also etwas rein Vegetarisches, und statt Bohnenkaffee Getreidekaffee vorgesetzt wurden.

Ich selber muß leider oft auch ein wenig zu mehr Konsequenz gedrängt werden. So esse ich z.B. von mir aus viel zu wenig Salatblätter und Gemüse. Wenn mir aber jemand liebevoll einen Salatteller zubereitet und hinstellt, dann stürze ich mich begeistert darauf und verzehre alles bis zum letzten Blatt. – Vielleicht gehen unsere Angehörigen auf unsere Ernährungsvorstellungen eher ein, wenn wir liebevoll unsere Phantasie walten lassen.

12. Einzelheiten, Nachträge und Zusammenfassung

Viele Ernährungskundige behaupten, man solle möglichst keine Südfrüchte und tropischen Früchte zu sich nehmen, sondern nur die Nahrung aus der eigenen Klimazone. Da ist sicherlich sehr viel Wahres dran. Ich selbst tendiere auch zu dieser Überzeugung. Unser Vorfahren konnten ja auch nur dort ihre Früchte sammeln, wo sie sich aufhielten. Es ist ja wohl so, daß eine umspannende harmonische Beziehung zwischenMensch, Klima und Inhalt der Natur-Nahrungsmittel besteht. In der Hitze der Tropen benötigen die Lebewesen z. B. andere Stoffe als in der Kühle des Nordens. Deshalb legt es sich nahe, mit dem übermäßigen Genuß von Süd- und Tropenfrüchten vorsichtig zu sein. – Für die Zeit des Überganges sollte man jedoch nicht allzu gesetzlich sein.

Eingegangen bin ich kaum auf das Getreide und die Getreidegerichte. Damit betreten wir ein umstrittenes Feld. Die ganze sog. Naturkostszene bekennt sich zum Getreide, während von einigen wie Helmut Wandmaker das Getreide als ständige Nahrung entschieden abgelehnt wird, weil es die Zwischenzellsubstanz "verkleistere". Auch erinnert er an die Naturordnung. Wir seien keine Vögel mit Schnäbeln, sagt er, für die das Getreide gedacht ist. Dafür akzeptiert er jedoch angekeimtes Getreide, weil da bereits die Stärke in Eiweiß und die verschiedensten Vitalstoffe umgewandelt worden ist. – Freilich, wenn man nicht das ganze Jahr über Getreide zu sich nimmt, sondern es lediglich als winterliche Vorratskost betrachtet, ist dagegen sicherlich nicht viel einzuwenden. Bei uns aber ist ja das Getreide zur Dauernahrung geworden, die wir das ganze Jahr über, besonders in Form von Frischkornbrei, Brot und Nudeln, im Speiseplan haben. Das aber dürfte nicht im Einklang mit der Schöpfungsordnung stehen.

Besonders Geschäftsreisende malen oft sehr bildhaft die Schwierigkeiten aus, die sich beim Essen in Restaurants ergeben. Nun, wenn man sich etwas Mühe gibt, findet man in der Speisekarte oder im Gespräch mit dem Kellner gewöhnlich auch etwas, das den eigenen Vorstellungen nahekommt. Aber wie wäre es, wenn wir unser Rohkost-Büfett immer im Auto bzw. in der Aktentasche bei uns hätten! – Wer ständig zu Geschäftsessen eingeladen ist, kann, ohne sich zieren zu müssen, oft viel Vegetarisch-Rohes finden. Manche erklären auch einfach, ihr Arzt habe sie auf Diät gesetzt, und bestellen nur Salat. Das wird komischerweise überall ohne peinliche Kommentare akzeptiert.

Würde nicht ich, sondern Anna diese Ernährungsinformationen geben, so würde sie sicherlich auf tausend Einzelheiten eingehen. Bei ihren Vorträgen kommt es nämlich gewöhnlich zu Gesprächen, wo dann eine Frage die andere ablöst. Da wollen Frauen wissen, ob Margarine oder Butter zu bevorzugen sei und welches das beste Öl ist. Da interessiert es sie, wie Brot gebacken wird und wie man selber das Salat-Dressing zubereitet.

Ich bin in der Weise begnadet, daß ich mich für alles das kaum interessiere, einmal weil ich es für meine Person nicht benötige, zum anderen, weil ihr es in den vielen Büchern, die sich mit Rezepten überbieten, nachlesen könnt. – Aber wir können, wenn wir Zeit haben, noch eine abendliche Sitzung ansetzen, in der Anna über ihre Ernährungserfahrungen berichtet und während der ihr sie mit Fragen löchern könnt.

Vielleicht ist uns inzwischen auch klargeworden, warum jedes Ernährungsbuch sein eigenes Konzept hat und sie nicht alle in jeder Beziehung übereinstimmen können. Der eine hat diese Erfahrungen, der andere wurde jenen Erkenntnisweg geführt, der eine möchte die ansprechen, die noch gar nichts von gesunder Ernährung wissen, der andere die Fortgeschrittenen, der eine ist eine kämpferische Natur, der andere ein Leisetreter.

Ich glaube, daß sie alle uns ein kleines Stück weiterhelfen können. Wir müssen uns freilich bemühen zu erkennen, was für die einzelnen Autoren wichtig ist, z.B. für Dr. Bruker, für die Anthroposophen und für die Makrobiotik, und wir dürfen uns nicht an Nebensächlichkeiten festbeißen. Wenn wir so die großen Ideen von Bircher-Benner, Waerland, Kollath, Sommer, Wandmaker und Chrysostomos (Konz) entdecken, werden wir sehr starke Impulse für unser eigenes Leben bekommen.

Meine Anregungen, wenn es um die Ernährung geht, möchte ich so zusammenfassen: 1. Unsere Nahrung sollte möglichst biologisch angebaut worden sein. 2. Alles sollten wir so naturbelassen wie möglich essen. 3. Bei unserer Nahrungsauswahl sollten wir uns möglichst an die einheimischen Pflanzen und an die Erzeugnisse der Jahreszeit halten. 4. Sich Zeit lassen beim Essen, gründlich kauen und gut einspeicheln. 5. Möglichst wenig in den Mund nehmen und erst dann zum nächsten greifen, wenn das, was man im Munde hat, total flüssig geworden ist. 6. So wenig wie möglich essen und bei einem leichten Sättigungsgefühl aufhören. 7. Sich darüber freuen, daß man essen darf, und dem danken, der uns seine guten Gaben schenkt.

Obstmarkt in Bozen

Kapitel V
WIR ESSEN WIEDER - DIE AUFBAUPHASE

»Fasten kann jeder Dumme. Aus dem Fasten wieder richtig auszusteigen bleibt jedoch den Weisesten vorbehalten.« Dieses ist ein geflügeltes Wort unter Fastenden. So überheblich es auch klingen mag – es beinhaltet eine große Wahrheit. Wie leicht einem das Fasten fällt, erleben wir hier alle, – und solange wir noch im Fasten sind und uns stark fühlen, erfüllt uns auch die feste Überzeugung, daß uns der Übergang ins Essen gut gelingen wird

Viele können nach dem Fasten gar nicht viel essen. Sie sind die Begnadeten. Egal, was sie an Nahrung zu sich nehmen – sie werden in der Aufbauphase keine Probleme haben. Anders sieht es jedoch mit denen aus, die dann, wenn sie wieder zu essen beginnen, ein nie gekannter Heißhunger überkommt. Alles, was ihnen an Eßbarem in die Hände kommt, stopfen sie sich in den Mund, und jede Schaufensterscheibe könnten sie einschlagen, bloß um an die Auslagen heranzukommen.

Nach unserer ersten Überland-Wanderung 1984 von Horneburg nach Bad Pyrmont schrieb mir einer der Teilnehmer: »Christoph – alles war so schön! Nur darf sich das, was mir zu Hause nach dem Fasten passierte, nicht noch einmal wiederholen. Zwei Tage und zwei Nächte lag ich mit Magenkrämpfen im Bett.« – Bis heute weiß ich die Ursache dieser Beschwerden nicht. Ich vermute jedoch, daß Thomas nach seiner Rückkehr entweder Mutters Kühlschrank in Windeseile ausgeräumt oder im Übermaß erhitztes Fleisch, Wurst oder Käse gegessen hat.

Aber Thomas ist nicht der einzige, der nach dem Fasten Schwierigkeiten

mit der Aufbauphase hatte. So einige der Teilnehmer bekommen Probleme. Ich selber bin auch selten über meine Aufbauphasen glücklich. Bis heute habe ich es kaum fertiggebracht, so in die Wieder-Nahrungsaufnahme einzusteigen, wie ich sie den anderen predige. Den idealen Übergang habe ich, wenn ich durch Naschen aus dem Fasten herauskomme. Dann esse ich nämlich immer nur ganz wenig.

Um die sich beim Fastenbrechen ergebenden Probleme zu verstehen, müssen wir uns bewußt machen, daß unsere Verdauungsorgane nicht nur zur Ruhe kommen, sondern ihre Muskelbestandteile auch reduziert werden. Die Muskeln, die der Körper nicht benötigt, baut er nämlich ab. Wenn nun die Muskeln der Verdauungsdrüsen weniger geworden sind, können diese kaum noch Verdauungssäfte produzieren. Gerade sie sind aber für die Aufschließung unserer Nahrung äußerst wichtig.

Es gibt Schlangen, die können ganze Schafe in sich hineinziehen und diese durch ihre Verdauungssäfte vollständig auflösen. Auch uns Menschen sind keine Hackmaschinen im Körper eingebaut, sondern wir sind bei den Aufschließungsvorgängen ebenso ganz auf unsere Verdauungssäfte angewiesen. Bei fleischfressenden Tieren sollen diese zehnmal so intensiv wirken, aber auch unsere reichen für die uns von der Natur vorgegebene Nahrung.

Wir haben schon vernommen, daß die menschliche Verdauung in drei Stufen erfolgt. Im Mund werden die Kohlehydrate, im Magen das Eiweiß und im Zwölffingerdarm das Fett aufgeschlossen.

Die Produktion der Verdauungssäfte im Mund, des Mundspeichels, wird während des gesamten Fastenvorgangs nicht unterbrochen, auch wenn dieser im Laufe der Zeit recht zähflüssig wird. Insofern stört es die Fastenvorgänge und das Fastenerlebnis kaum, wenn wir ein wenig Kohlehydrate während dieser Zeit zu uns nehmen. Sie werden bereits im Munde weitgehend aufgeschlossen und können sofort ins Blut gehen. Es ist deshalb kein Scherz, wenn ich beim Austeilen von Säften, Honig und Gemüsebrühe immer wieder betone: »Gründlich kauen, gut einspeicheln!« Es ist wichtig, daß diese Fastennahrung, die so gut wie kein Eiweiß und keine Fette enthält, bereits im Munde vollständig verdaut wird, damit andere Partien des Verdauungstraktes nicht angeregt werden zu arbeiten.

Besonders unangenehm ist es, wenn sich während des Fastens die Bauchspeicheldrüse zu regen beginnt. Wenn sie Verdauungssäfte in den Zwölffingerdarm absondert, kommt es nämlich zum Hungergefühl. Deshalb ist es während des Fastens auch angebracht, auf Kaffee, Schwarzen Tee und Zigaretten zu verzichten, denn durch Koffein, Tein und Nikotin könnte die Aktivität der Bauchspeicheldrüse angeregt werden. Es ist freilich ein Unterschied, ob wir sie bei einem häuslichen Fasten anregen oder unterwegs bei unseren Wanderungen. Während wir uns zu Hause der Gefahr aussetzen, noch eine Tasse Kaffee bzw. Tee oder sogar ein halbes Brötchen zu uns zu nehmen, wird sie sich bei einer Reizung während unserer Touren unterwegs in den Wäldern und beim Bergangehen sehr schnell wieder beruhigen.

Weil sämtliche Verdauungsdrüsen mehr oder weniger zur Ruhe kommen, ist es nach dem Fasten besonders ratsam, auf tierische Produkte zu verzichten, da diese, abgesehen vom Wasser, das sie enthalten, hauptsächlich aus Eiweiß und Fett bestehen. Für Eiweiß und Fett aber hat der menschliche Körper zu dieser Zeit die notwendigen Verdauungssäfte, z.B. die Gallenflüssigkeit, noch nicht vorrätig. Auch kann er diese nicht in Windeseile produzieren.

Wenn ich Holz sägen oder einen Baum fällen möchte, kann ich doch auch nicht einfach zu meinem Freund Fritz, der ein halbes Jahr lang krank im Bett lag, gehen und ihn auffordern, mir zu helfen. Seine Arm- und Beinmuskulatur ist während dieser Zeit durch das Liegen abgebaut worden. Deshalb können seine Gelenke erst einmal nichts leisten. – Ebensowenig können die Drüsen, deren Muskeln auch abgebaut worden sind, etwas leisten. Vorsichtig, langsam und liebevoll müssen sie erst einmal wieder angeregt und in Gang gebracht werden.

Aus diesen Gründen ist es nicht ratsam, nach dem Fasten zu viele erhitzte Fleischprodukte zu sich zu nehmen. Bei der Besetzung Deutschlands sind Tausende von Häftlingen in den Lagern umgekommen, als von den Siegermächten die Gulaschkanonen eingefahren wurden. Den äußerst geschwächten Körpern war diese schwerverdauliche Nahrung (tinned meat, Dosenfleisch) einfach zu viel. Eine Holländerin, Corry ten Boom, die aus dem KZ Bergen-Belsen 1944 entlassen worden war, erzählt, daß eine süddeutsche Krankenschwester ihre Rettung war, weil sie ihr eingebleut hatte, nur ganz ganz wenig zu essen. – Besser als die Engländer und US-Amerikaner verstanden es aber leider auch die deutschen Mütter und Frauen nicht. Zu Tausenden kamen ihre aus der Kriegsgefangenschaft entlassenen Söhne und Ehemänner nach dem Fleischverzehr zu Hause mit Magenkrämpfen um, so daß über den Rundfunk ernsthaft davor gewarnt wurde, Heimkehrer zu schnell mit Fleisch zu versorgen.

Ein einziges Mal erlebte ich selber, wie unangenehm sich die zu frühe Aufnahme erhitzter tierischer Produkte nach dem Fasten auswirken kann. Zehn Tage lang hatte ich auf der Wanderung von Florenz nach Rom mehr schlecht als recht mitgefastet. Auch hatte ich bereits vier Tage wieder gut gegessen. Da wollte mir meine Mutter zu Hause eine Freude bereiten und brachte mir eine geräucherte Makrele mit. Ich überlegte hin und her, ob ich sie verspeisen sollte, denn ich wußte wohl, was ich den Fastenden rate. Aber dann entschied ich mich doch, die gesamte Makrele auf einmal zu essen, denn ich sagte mir, daß sie vom Herumliegen auch nicht besser werde. Das Bußgeld war sehr hoch. Neun Tage lang spürte ich den Fisch, der mir wie eine Bleikugel im Bauch lag. Ein solches unangenehmes Gefühl hatte ich weder vorher noch hinterher jemals gehabt.

Warnend berichtet auch der Arzt Eberhard Sievers: »Den bisher einzigen lebensbedrohlichen Zwischenfall in 37 Jahren Fastenpraxis sah ich, als ein Mann, zehn Tage nach Schluß des Fastens, meinte: Nun kann mir doch nichts mehr passieren. Er aß ohne Vernunft. Wer einmal die Folgen solcher Tat sah, hat kein Verlangen, so etwas je wieder zu erleben« (S. 12).

In jedem Fastenbuch wird deshalb vor dem Verzehr von Fleisch- und Milchprodukten unmittelbar nach dem Fasten eindringlich gewarnt. Die Schreiber dieser Bücher unterscheiden jedoch – wahrscheinlich aus Unwissenheit und Gedankenlosigkeit – nicht zwischen erhitzten und rohen tierischen Produkten. – Da Anna und ich davon überzeugt waren, daß das Naturbelassene viel leichter als das Erhitzte und Behandelte vom Körper aufgenommen und verdaut werden kann, wollten wir ausprobieren, ob diese Warnung auch für tierische Rohprodukte gilt. Und so aßen wir dreimal nach längerem Fasten entweder nur rohen Fisch oder nur rohes Fleisch, und zwar in nicht ganz vorsichtigen Mengen, sondern aus Versuchsgründen gleich pfundweise. Wie Pudding zerschmolz uns der wohlschmeckende Fisch auf der Zunge und bereitete uns keinerlei Probleme. Das gleiche muß vom Fleisch gesagt werden. – Dr. Lützner, der gerade beim Fastenbrechen mit Fisch nach dem 1000 km Marsch von der Ostsee bis zum Bodensee dabei war, war über diese Art des Fastenbrechens überrascht. »Geben Sie mal her,« sagte er, »ich habe noch nie rohen Fisch gegessen.«

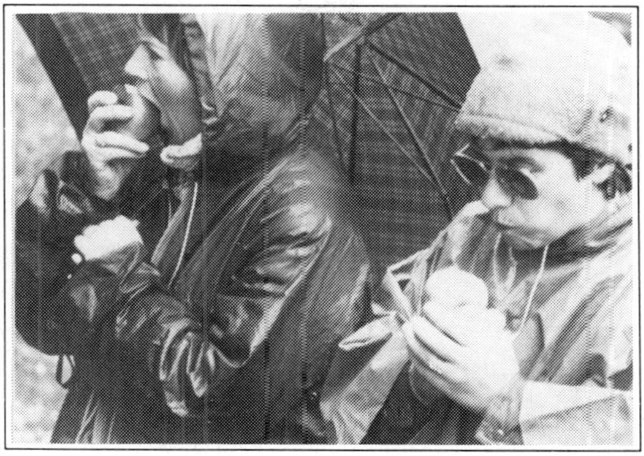

Wir legen als Vegetarier natürlich nicht den geringsten Wert darauf, nachzuweisen, daß man nach dem Fasten auch rohen Fisch und rohes Fleisch essen kann. Wir wollten lediglich in einer für uns angeblich lebensbedrohlichen Situation den Nachweis bringen, daß Unbehandeltes und Ungekochtes vom Körper viel leichter aufgenommen und verdaut werden kann als das Erhitzte und Gekochte. Dieser Nachweis ist uns am Beispiel der tierischen Produkte wider Erwarten unwahrscheinlich gut gelungen! Freilich, unsere vegetarischen Freunde haben wir ein wenig verärgert.

Wenn sich einer kurz nach dem Fastenbrechen im nächstbesten Restaurant Schweineschnitzel mit Pommes frites hineinzieht und danach Schwierigkeiten bekommt, so ist es ratsam, sich zu übergeben und einen Einlauf zu machen. Notfalls muß sogar der Magen ausgepumpt werden. – Bei Fastenpatienten, die sich wider ihren Willen der Nahrung enthalten, soll so etwas gelegentlich vorkommen. Bei den Fasten-Wanderern, die den Nahrungsverzicht freiwillig auf sich nehmen, ist es aber auch nicht ganz auszuschließen.

Das Fastenbrechen ist im Grunde eine recht einfache Angelegenheit, und ich begreife nicht, warum manche Fastenbücher reihenweise Rezepte für die Aufbauphase bringen. Hält man denn die deutschen Frauen für so bescheuert, daß man ihnen auf das Gramm genau angeben muß, was und wieviel sie wann zu sich nehmen dürfen! Oder liebt es möglicherweise sogar der

Deutsche, so bevormundet zu werden? Ich glaube es fast. Immer wieder erlebe ich ja, daß einzelne Teilnehmer Anweisungen bis ins Detail möchten und über mich verärgert schimpfen, wenn ich ihnen rate, einmal nachzudenken und sich selber die Antwort zu geben.

Es ist ein wesentliches Ziel unserer Veranstaltungen, die Teilnehmer von ihrer naiven Gläubigkeit wegzubringen, die allen Unsinn schluckt, wenigstens er steht in einem Buche oder er stammt von einem schwarzen Talar oder einem weißen Kittel. – Stattdessen möchten wir unseren Teilnehmern helfen, ihre Körpersprache zu entdecken und zu verstehen. Instinktiv wird uns nämlich in den meisten Fällen eingegeben, was zu tun das richtige ist. Anna wird noch erzählen, daß sie nach ihrem ersten Fasten eine Woche lang nur Tomaten aß, weil diese gerade im Garten reiften und sie anlachten. Ein anderes Mal drängte es sie, mit rohen Kartoffeln das Fasten zu brechen.

Anstatt ganze Wälder für die Aufbau-Rezepte zu fällen, reichen, meine ich, drei Ratschläge, die ich euch mit auf den Weg gebe und die euch eine optimale Aufbauphase ermöglichen:

1. Sich Zeit lassen beim Essen und gründlich kauen und gut einspeicheln.
2. Nicht allzu viel essen. Bei einem leichten Sättigungsgefühl bereits aufhören.
3. Erst einmal auf größere Mengen tierischer Produkte verzichten.

Die ersten beiden Regeln, die mit dem gründlichen Kauen und die mit dem rechtzeitigen Aufhören, gelten immer und sollten ein fester Bestandteil unserer Eßkultur sein. Die dritte Regel, die vom Verzicht auf tierische Produkte nach dem Fasten, soll kein Plädoyer für den Vegetarismus sein. Sie ist aus Sicherheitsgründen aufgestellt, da davon auszugehen ist, daß man gewöhnlich erhitzte Fleisch- und Milchprodukte zu sich nimmt. – Empfehlenswert wäre es aus verschiedenen Gründen freilich, nach einer Fastenreinigung ganz auf tierische Produkte zu verzichten.

Was können wir denn da überhaupt noch essen, fragen einige verzweifelt, wenn für uns für die Zeit nach dem Fasten Fleisch und Wurst, Milch, Käse und Joghurt tabu sind. Ich muß etwas lächeln. Der Tisch unseres Schöpfers ist so reichlich gedeckt – und wir merken es nicht! Alle pflanzlichen Produkte, die der Mensch sonst auch ißt, sind für das Fastenbrechen eigentlich ausnahmslos geeignet! Es ist ja unwahrscheinlich, daß jemand pfundweise die fetthaltigen Nüsse zu sich nimmt. Es bliebe freilich zu fragen, ob die pflanzliche Nahrung gekocht oder roh verspeist werden soll. Wer sie erhitzt verzehrt, bei dem fängt der Verdauungstrakt ebenfalls allmählich wieder an zu arbeiten. Für seine Gesundheit würde er freilich mehr tun, wenn er sich nach dem Fasten – weil es einem dann verhältnismäßig leicht fällt – möglichst weitgehend auf die pflanzliche Rohkost umstellt.

In Deutschland ist das Fastenbrechen mit einem Apfel üblich, weil er die Verdauungsdrüsen besonders gut anregen soll. Wir in unseren Gruppen essen diesen Apfel nach einem einwöchigen Fasten gewöhnlich am letzten Wandertag nachmittags irgendwo draußen im Freien auf einem geeigneten und schönen Platz. Bei Kälte und Regen eignen sich aber auch eine Scheune oder ein Gasthof.

Für die Einleitung ins Fastenbrechen haben wir ein bescheidenes Ritual entwickelt: Bevor ich die Äpfel selber verteile, trage ich gerne ein wenig meditativ einige Gedanken über das Reifen des Apfels vor, die ich dann mit den Worten abschließe: »Alles blickt sehnsüchtig auf dich und wartet darauf, daß du ihnen ihre Speise zur rechten Zeit gebest. Wenn du ihnen gibst, so sammeln sie, wenn du deine milde Hand auftust, so werden sie mit Gutem gesättigt.« – Gewöhnlich dauert es dann eine halbe Stunde, bis die letzte Person mit dem Kauen fertig ist. – Wer weiter fastet, und das ist manchmal die Hälfte der Teilnehmer, wird mit einem Glas Saft versorgt bzw., wenn man so will, entschädigt.

Natürlich gibt es immer wieder Auseinandersetzungen wegen der Äpfel. Besonders Krankenschwestern behaupten, daß viele einen Apfel nicht vertragen können. Vor dem Apfelessen wissen dieses die meisten jedoch noch nicht, und sollte ihnen ein ganzer Apfel nicht bekommen, so nehmen sie eben nur einen halben. – Wer weiß, daß sein Magen den Apfel nicht annimmt, der lasse sich von Anna Mohrrüben geben oder eine Haferschleimsuppe richten.

Am Abend gibt es dann in unseren Gruppen einen Salatteller. Den haben wir eingeführt, weil uns die Rohkost immer wichtiger wurde und weil in unseren Gruppen immer einige sind, die speziell deshalb zum Fasten kommen, weil sie sich wieder eine bessere Eßkultur angewöhnen möchten. Gerade für sie bedeutete es einen Rückschlag, wenn wir jetzt, wie sonst überall üblich, mit einer Gemüse- oder Kartoffelsuppe aufwarten würden. Freilich, es gibt auch Gelegenheiten, z. B. wenn es eisig kalt ist, wo wir auf Wunsch der Gruppe mit einer Suppe aus dem Fasten hinausgehen. Aber meistens sind die Teilnehmer am Rohkostessen recht interessiert, und sie warten gespannt auf das, was sich Anna für das Abendessen hat einfallen lassen. Neben Salatblättern und Mohrrüben-, Rote-Rüben- und Rettich-Schnitzen finden sie auf ihren Tellern auch Kichererbsen, Dinkel und Kresse, die Anni an den Tagen zuvor bereits hat keimen lassen. Außerdem hat sie im Mixer frische Kräutersoße mit gemahlenen Sonnenblumenkernen, Haselnüssen und Mandeln zubereitet. Die Phantasie kennt da bei der ehemaligen Gastwirtsfrau keine Grenzen. Begeistert fragen die Teilnehmer während des ganzen Abendessens, obwohl sie eigentlich schweigen sollten: »Anni, wie hast du dies und das gemacht?«

Diese erste Mahlzeit beginnen wir auch mit einem kleinen Ritual. Wenn niemand aus der Gruppe uns die Einleitung abnimmt, singen wir gemeinsam ein Lied oder einen Kanon. Anschließend habe ich in letzter Zeit meistens folgenden Text aus dem Buch des Bulgaren Aivanhov "Yoga der Ernährung" gelesen: »Ich will euch erklären, wie ein Eingeweihter die Ernährung auffaßt. Da er immer versucht, die besten Bedingungen zu schaffen, um die in den Laboratorien der Natur bereiteten Elemente aufzunehmen, besinnt er sich erst einmal, verbindet sich mit dem Schöpfer, und vor allem unterhält er sich nicht beim Essen. Er ißt in tiefem Schweigen. Er kaut den ersten Bissen bewußt und so lange wie möglich, bis er sich im Mund auflöst, ohne daß er ihn schlucken muß. Es ist außerordentlich wichtig, in welchem Zustand man den ersten Bissen zu sich nimmt, denn dieser erste Bissen setzt alle möglichen Mechanismen in uns in Gang. Man muß sich also vorbereiten, um die bestmöglichen Voraussetzungen dafür zu schaffen. Ihr dürft nie vergessen, daß der wichtigste Moment einer Handlung ihr Beginn ist.(S. 14)« Anschließend reichen wir uns die Hände, Anna spricht ein Gebet, und wir wünschen uns einen guten Appetit.

Am nächsten Morgen vor der Abreise gibt es einen Obstteller, angereichert mit Nüssen, Datteln, eingeweichten Feigen und einem aus Naturkost liebevoll zubereiteten Energiebällchen.

Wir sehen bereits an diesen Beispielen, wie reich gedeckt der Gabentisch Gottes ist. Tausend andere Varianten gäbe es noch. Wir brauchen also keine Angst davor zu haben, zu Hause während der Aufbauphase zu verhungern.

Die Heider Fastenärztin Ingrid Olivet deckt ihren Fastenbrechtisch längst nicht so reichlich. Eine Woche bzw. vierzehn Tage lang sollen ihre Patienten nach dem Fasten nur Obst essen, womit sie auch vierzehn Tage lang ins Fasten einsteigen. Den Wert des Obstes hat diese Fastenspezialistin großartig erkannt, und bedeutungsvoll flüstert sie mir ins Ohr: »Christoph, eigentlich brauchte ich meine Leute gar nicht fasten zu lassen. Obst bewirkt im Grunde das gleiche.«

Ganz unrecht hat sie nicht. – Wer sich in den Tagen nach dem Fasten auf Obst beschränkt, fastet in gewisser Weise weiter. Er nimmt nämlich nicht nur immer noch ein wenig ab, sondern entschlackt auch weiterhin seinen Körper. Das Obst ist nämlich nicht nur Heizmaterial, sondern regt durch seine Enzyme und sein Wasser auch vorzüglich die Ausscheidung an.

Das ideale Fastenbrechen kann man in der Natur beobachten. Unsere Vorfahren, die während der kalten Jahreszeit kaum etwas zu esen hatten, wurden aus dem winterlichen Fasten nicht durch "Kraftnahrung" herausgeführt. Wenn die Sonne zu Ostern den Schnee zum Schmelzen brachte und die Aktivität der Pflanzen wieder anregte, sprossen zuerst Gräser, Blüten, Blätter und Tannenspitzen. Mit dieser Kost, die sich die Menschen auf der Wiese pflückten und von den Sträuchern und Bäumen abrupften, mußten sie erst einmal vorliebnehmen. Diese Sprößlinge sind die beste Übergangsnahrung. Das eiweißhaltige Grün füllt schnell die leeren Eiweiß-Depots, und die Blüten spenden reichlich Vitamine und Mineralstoffe. Bei dieser Kost durften unsere Vorfahren außerdem über Wochen und Monate weiter entschlacken, und sie erhielten eine Frische, Vitalität, Kraft und geistige Beweglichkeit, von der wir nur träumen können.

Wer sich dagegen wieder vielseitig ernähren und zu den alten Eßgewohnheiten möglichst schnell zurückkehren möchte, sollte etwa halb so lange, wie er gefastet hat, mit größter Umsicht und Zurückhaltung essen. Wer also zehn Tage lang gefastet hat, tut gut daran, fünf Tage auf seine Übergangskost zu achten, bevor er wieder in der üblichen Küche landet.

Hätten wir es bei unseren Gruppen nur mit Personen zu tun, die nach dem Fasten sowieso nicht viel essen können, würden diese Zeilen reichen. Manche überfällt jedoch, wenn sie das erste gegessen haben, ein unbändiger Heißhunger, und sie bekommen während der Aufbauphase ihre großen Schwierigkeiten.

Soweit sie alleinstehend sind, kann ich ihnen nur raten: Kauft jeden Abend nur so viel ein, wie ihr am Abend und am folgenden Morgen benötigt, nicht mehr. Ihr solltet nichts zu Hause haben, was euch verführen könnte. Wenn ihr es dann einmal nicht mehr aushaltet und ins Restaurant zum Naschen geht, hält sich die Verführung wenigstens in Grenzen.

Schwerer haben es die, die in eine Lebensgemeinschaft eingebunden sind, in der ständig Essensvorräte herumstehen. Sie tun – auch wenn sie ihre Ernährung nicht umstellen wollen – gut daran, sich bei ihrem Herzen zu schwören, für eine oder zwei Wochen nur pflanzliche Rohkost zu essen. Dabei können keine allzu gravierenden Fehler gemacht werden. Bei der so schwer verdaulich gekochten Nahrung fehlen uns dagegen meistens die eingebauten Maßhalte-Instinkte, und wir essen möglicherweise, weil es uns nach dem Fasten besonders gut schmeckt, solange, bis wir voll sind.

Im gastronomischen Gewerbe gilt z.B. die Regel, daß für angemachten Salat dreimal soviel verwendet wird wie für ganz rohen. Da können wir uns vorstellen, wieviel mehr wir erst zu uns nehmen, wenn wir anfangen, Erhitztes zu essen. – Gewöhnlich bleibt es dann leider auch nicht nur bei Brot und Pellkartoffeln. Wir sind es gewöhnt, diese mit Butter, Quark, Käse und Wurst zu ergänzen.

Allmählich wird uns jetzt wahrscheinlich auch verständlich, warum so sehr vor dem Verzehr von tierischen Produkten nach dem Fasten gewarnt wird. Wer kaum etwas ißt, dem seien ruhig ein halber Joghurtbecher und eine Scheibe Wurst gegönnt. Wen aber ein Heißhunger überkommt, der merkt es oft gar nicht, daß er ein halbes Pfund Butter und zehn Bratwürste auf einmal verdrückt. Darin liegt die große Gefahr.

Informativ und warnend schreibt Lützner in seinem Kapitel über die Aufbauphase: »Essen Sie jetzt nicht einfach auf, was man Ihnen vorgesetzt hat, sondern bestimmen Sie selbst Ihr verträgliches und verdaubares Nahrungsmaß für jeden Tag und für jede Mahlzeit neu! – Der im Fasten gereinigte Körper sendet "Signale". Sie werden deutlicher wahrgenommen als je zuvor. "Ich bin satt" heißt: Mein Hunger ist gestillt. Mehr brauche ich nicht. Ich höre auf – wichtig! – und lasse den Rest stehen. "Ich bin voll" bedeutet: Mein Magen ist voll gefüllt. Es ist mehr, als ich verdauen kann. Halbverdaute Nahrung macht Beschwerden wie Völlegefühl, Blähungen; ich fühle mich nicht wohl. "Ich kann nicht mehr" meint: Der Magen ist jetzt überdehnt. Die Verdauungsfähigkeit ist weit überzogen« (S. 70).

Der Körper stellt sich gewöhnlich leichter auf das Fasten ein als auf die erneute Nahrungsaufnahme. Es ist z.B. möglich, daß die körperliche Leistungsfähigkeit in den ersten beiden Aufbautagen ein wenig absinkt und man sich nach den Mahlzeiten etwas müde fühlt. Beim Essen fließt nun nämlich eine beträchtliche Blutmenge in den Bauchraum und steht deshalb vorübergehend dem Kopf und der Muskulatur nicht mehr zur Verfügung.

In den ersten Aufbautagen benötigt der ein wenig "ausgetrocknete" Organismus zusätzlich etwa einen Liter Wasser. Das Wasser wird für die Verdauungssaftproduktion und zur besseren Befeuchtung aller Schleimhäute gebraucht. Auch hilft es, den Kreislauf, der spätestens am dritten Tage wieder ganz stabil ist, und den Darm, der es für einen weichen, fülligen Stuhl benötigt, aufzufüllen. Ohne daß wir es beabsichtigen, nehmen wir also an Gewicht wieder zu. Es ist deshalb – wollen wir nicht zu schnell wieder zu unserem alten Gewicht kommen –, nötig, möglichst auf alles Salz bei der Zubereitung der Speisen zu verzichten, denn Salz bindet Wasser (nach Lützner S. 71). Auch unsere Nährstoffspeicher im Blut und in der Leber füllen sich wieder.

Bewußt geworden ist uns in dieser Fastenwoche sicherlich, daß sich im Fasten die Geruchs- und Geschmacksnerven verfeinern und wir alles intensiver riechen und schmekken. Möglicherweise entdecken wir nun auch, wie sehr wir durch die übliche Handelsware betrogen werden, denn uns wird auf einmal bewußt, wie fade Obst und Gemüse schmecken.

Vielleicht bekommen wir durch diese Erfahrung den Sprung zum biologischen Anbau, wo Äpfel, Tomaten und Mohrrüben nicht nur viel wertvoller sind, sondern auch wesentlich intensiver duften und schmecken. Über einiges Anstößige in den Naturkostläden laßt euch bitte aufklären. So werden z.B. Möhren gerne mit der noch daran hängenden Erde verkauft, während die Mohrrüben in den Supermärkten durch die Waschanlagen gegangen sind und zum Hineinbeißen sauber aussehen. Aber mit dem Waschen sind auch schon viele der wertvollen wasserlöslichen Inhaltsstoffe verlorengegangen.

Bedacht werden will auch, daß durch das Fasten unser Körper unsere Nahrung besser auszuwerten versteht als vorher. Haben wir früher drei Äpfel gegessen, so führen uns jetzt möglicherweise bereits zwei die gleiche Nahrungs- und Nährwertmenge zu.

Kommen wir also zu unseren alten Eßgewohnheiten zurück, so ist die Gefahr durchaus gegeben, daß wir, wenn wir nicht aufpassen, runder werden als vorher. Der Hinweis, daß für Vielesser das Fasten erst einmal etwas gefährlich ist, ist also aus dieser Sicht nicht ganz unbegründet.

Achten wir aber auf dieses alles, so werden wir nicht nur unser Gewicht, sondern auch unsere neugewonnene Vitalität, Schaffenskraft und Lebensfreude lange erhalten. Viele berichten davon, daß sie sich nach einem einwöchigen Fastenwandern ein halbes Jahr lang topfit gefühlt haben.

Kapitel VI
WELCHE KRANKHEITEN KÖNNEN DURCH FASTEN GEHEILT WERDEN?

Wenn wir uns bewußt machen, was wir unserem Körper durch unsere ungesunde Ernährung und verkehrte Lebensweise alles zumuten, dann wundern wir uns auch nicht mehr, wenn bei uns nach und nach Beschwerden und Krankheiten auftreten.

Wenn eine Bombe ein Haus trifft, bleibt eine Ruine übrig. Um ein Haus jedoch unbewohnbar zu machen, braucht man nicht unbedingt Bomben abzuwerfen. Man kann es auch über kurz oder lang, wie man so sagt, verwohnen. Wer immer nur ins Haus hineinschafft und keine Abfälle abtransportiert, kann bald vor Gerümpel kaum noch treten. Wer ständig das Essen überkochen läßt, hat nicht nur bald einen speckigen Fußboden, sondern auch eine modrige Tapete. Und wer für Fenster und Türen kein Gefühl entwickelt, sondern ständig daran reißt und zerrt, soll sich nicht wundern, wenn sie zuletzt schief in ihren Angeln hängen.

Ähnlich wie mit dem Haus verhält es sich auch mit unserem Körper. Eine Krankheit wird nämlich gewöhnlich nicht durch eine "Bombe" verursacht, sondern "wächst" lange, sehr lange.

In meinem Vortrag über die Ernährung versuchte ich deutlich zu machen, welch ein Wunderwerk unser Körper ist. Über Jahrmillionen hat er sich unter den härtesten Bedingungen entwickelt und bewährt. Ich staune nur so, was er alles auszuhalten vermag. 40 Tage lang ohne Nahrung auszukommen, das ist schon eine beachtliche Leistung! Ebenso fasziniert es mich, daß Menschen die Antarktis durchqueren. – Wieviel haben die Menschen in den Konzentrationslagern und 1945 auf der Flucht durchgemacht und ausgehalten! Ich muß die Macht bewundern, die ihre Geschöpfe so vollendet ausgestattet hat.

Freilich, ebensowenig wie man immer fasten kann, kann man sich jahrelang in der Antarktis oder in mörderischen Strafgefangenenlagern aufhalten. Irgendwann macht unser Körper nicht mehr mit, weil er übermäßig großen ständig andauernden Belastungen doch nicht gewachsen ist. Im Ostharz besichtigte ich die Überreste einer KZ-Außenstelle. Dort starb während ihrer Existenz kein einziger Mensch. Während der Besetzung Deutschlands sind jedoch fast alle auf dem sog. "Todesmarsch" umgekommen. – Diesen Strapazen waren die erschöpften Häftlinge nicht mehr gewachsen.

Zwanzig Jahre, so sagte man jedenfalls um 1970, dauert es, bis eine Krankheit, gemeint sind wohl hauptsächlich die Zivilisationskrankheiten, akut und sichtbar wird. Länger hält unser Körper also eine allzu naturwidrige Lebensweise nicht aus. Es ist freilich nicht gesagt, daß wir ihre Vorbereitungsanzeichen rechtzeitig registrieren. Oft verdrängen wir sie auch mit Medikamenten. Das stört die Krankheit jedoch nicht, sich zu verschlimmern und evtl. sogar noch auf andere Körperbereiche überzugreifen.

1. Krankheiten, die nicht zu sein brauchten

Wie viele Kinder werden bereits mit Gebrechen geboren, die meistens nicht zu sein brauchten! – Über die Ursachen vieler angeborener Schwächen schreibt der Ernährungsforscher Dr. Schnitzer in einer kleinen Informationsbroschüre unter der Überschrift: "Warum werden wir krank?": »Dabei fand er (Prof. Gottschewski, Verf.), daß der Embryo (noch ungeborene Leibesfrucht, Verf.) auf direkte Gifteinwirkungen relativ unempfindlich ist. Er reagiert aber sehr empfindlich auf Störungen des Stoffwechselgleichgewichts der Mutter« (Schnitzer S. 14).

Wenn es so weit ist, daß sich beim Embryo bestimmte Anlagen entfalten wollen, kann es also sein, daß ihre Entstehung durch die meistens wohl ernährungsbedingten Stoffwechselstörungen bei der Mutter beeinträchtigt wird. »Während der Störung Versäumtes kann später nicht mehr nachgeholt werden« (S. 14). – Es hängt also von der Art und vom Zeitpunkt der Störung ab, ob eine ungenügende Gehirnentwicklung, eine zu geringe Zahl an Muskelzellen oder Schwächen anderer Organe die Folge sind. »Zur Störung können ein Glas Saft (Blutzucker- und Insulinstoß!), medikamentöse Verabreichung isolierter B-Vitamine, relativer Sauerstoffmangel z.B. durch eine Fahrt ins Hochgebirge, oder starkes Erschrecken (Adrenalinstoß) genügen« (S. 14).

Wie viele kranke und verkrüppelte Kinder brauchten nicht zu sein, wenn liebevoller auf das Stoffwechselgleichgewicht der Mütter geachtet würde!

Ebenso brauchten aber auch viele Unfälle keine Folgen zu haben. Der eine fällt beim Pflücken vom Baum und steht wieder auf, während das Knochenskelett des anderen ein Scherbenhaufen ist. Wenn ich nicht genügend Mineralstoffe in meiner Nahrung zu mir nehme, brauche ich mich verständlicherweise darüber nicht zu wundern.

Ebensowenig wie viele angeborene und durch Unfälle verursachte Gebrechen notwendig wären, ebensowenig wären auch die üblichen Zivilisationskrankheiten, besonders die ernährungsbedingten, notwendig.

Eine Krankheit wie Diabetes und als Folge Blindheit und Absterben der unteren Gliedmaßen brauchte in unserer Gesellschaft nicht zu sein. Krebs, Herz- und Kreislauferkrankungen, verdickte Gefäßwände, verengte Blutkapillaren, ausgeweitete Venen (Krampfadern, Hämorrhoiden), erhöhte Blutcholesterin- und Harnsäurewerte, erhöhter Blutdruck, erhöhte Gerinnungsneigung des Blutes, Blutpfropfbildung (Embolie), Gefäßverschlüsse, Herzinfarkt und Hirnschlag wären unter uns ebenfalls nicht notwendig. Das jedenfalls meint Schnitzer (S. 8 - 10).

Wahrscheinlich leiden 30 Millionen Bundesbürger – über ein Drittel der gesamten Bevölkerung – an Rheuma, das sich durch die hohe Zahl an Krankheitstagen und durch ca. 300 000 Frühinval den zur teuersten Volkskrankheit entwickelt hat. Nur etwa 15 Prozent der chronischen Rheumatiker werden geheilt. 85 Prozent werden bis an ihr Lebensende von Schmerzen und fortschreitender Beeinträchtigung ihrer Bewegungsmöglichkeiten geplagt (frei nach Schnitzer, S. 12).

Zahnkaries und Paradontose haben nahezu die gesamte Bevölkerung befallen. Bereits 1976 beliefen sich die Gesamtausgaben für zahnärztliche Behandlung in der alten Bundesrepublik auf rund 10 Milliarden Mark. Von den Drei- bis Fünfjährigen muß sich fast jeder zweite behandeln lassen. Neu ist, daß jetzt schon fast 90 Prozent der Erwachsenen von Erkrankungen des Zahnbetts (Paradontose) befallen sind, die in noch größerem Umfang zum Zahnverlust führen als Karies (nach Schnitzer, S. 12).

»Diese Aufzählung«, so schrieb Dr. Schnitzer bereits 1981, »ist noch lange nicht vollständig. Sie könnte um mehrere hundert weitere Krankheiten ergänzt werden, z.B. um die jährlich rund 22 000 Todesfälle durch Leberzirrhose, ..., um die zahllosen Magen- und Darmerkrankungen, die Skelettveränderungen, Zahnfehlstellungen« und um Übergewicht (Schnitzer, S. 12 f).

Unerwähnt lassen darf man in diesem Zusammenhang auch die angebliche Aids-Krankheit nicht, die nach Angaben vieler vertrauenerweckender Forscher lediglich eine extrem starke Abwehrschwäche des Immunsystems ist.

Alle diese Zivilisationskrankheiten, die sich langsam an uns herangeschlichen haben, werden auch wieder gehen, wenn wir unserem Körper die Möglichkeit der Erholung geben. Fasten ist für den gesamten Organismus eine wunderbare Entspannung. Nicht nur kommen die Verdauungsorgane wie Magen, Darm und Bauchspeicheldrüse endlich einmal zur Ruhe und können ausheilen, es wird auch eine Fülle von Ablagerungen und Giften abgebaut, die die Zellkernversorgung beeinträchtigen und die Gelenke kaputtmachen. Gleichzeitig aber werden die Selbstheilungskräfte, besonders durch die Kombination von Fasten und Wandern, in wunderbarer Weise aktiviert.

2. Krankheiten, die sich durch Fasten heilen bzw. lindern lassen

In seinem Bericht "Erfahrungen mit dem Heilfasten bei 50 000 Fastenkuren" schreibt Dr. Fahrner, ehemaliger Chefarzt der Buchinger-Klinik in Überlingen: »Das Fasten dient nicht nur der regelmäßigen Gewichtsabnahme und vorbeugenden Entschlackung, sondern auch der Behandlung vieler Krankheiten und Zivilisationsschäden. Dazu gehört vor allen Dingen die Überfettung des Blutes, der Gewebe und Organe und der hohe Blutdruck, der langsam aber sicher normalisiert wird. Das überforderte, müde und kranke Herz wird entlastet, stabilisiert und besser durchblutet. Deshalb fühlen sich Patienten mit Angina pectoris und nach Herzinfarkten bald wesentlich besser und leistungsfähiger. Gichtiker und Rheumatiker profitieren von der Entschlackung des Bindegewebes durch bessere Durchblutung und Ausleitung, vor allen Dingen der Harnsäure. Stauungen im Leber-Galle-Bereich werden entleert, nicht selten unter Abgang von Gallensteinen. Besonders die Verstopften kommen zu einer ausgiebigen Reinigung des Dickdarms, der danach wieder besser funktioniert. Verständlicherweise werden auch die müden, venös und lymphatisch gestauten Beine durch die Ausleitung im Fasten entlastet. Hautausschläge bilden sich meist zurück. Gelegentlich können diese als Zeichen einer vermehrten Hautausscheidung sich verstärken. Reichliche Flüssigkeitszufuhr ist nötig, um die Ausscheidung über die Nieren zu fördern. Insgesamt kommt es zu einer Steigerung der Abwehrkraft gegenüber Bakterien.

Bei all diesen Krankheiten und Symptomen können Fastenkrisen auftreten. Diese sind Ausdruck der selbstheilenden und reinigenden Anstrengungen des Körpers, der sich von seinen Schlacken befreit. Dabei kann der Atem übelriechend, die Zunge dick belegt und die Begeisterung gelegentlich gering sein. Aber dies sind nur kurze Phasen, die rasch vorübergehen und uns immer in einen besseren Zustand versetzen, als er vorher war.

Fasten ist eine Übung, der man sich nicht erst unterziehen sollte, wenn man bereits krank geworden ist. Besser ist es, vorbeugend, in regelmäßigen

Abständen, am besten einmal jedes Jahr zu fasten.«
Auf über 80 Seiten beschreibt Fahrner in seinem Buch "Fasten als Therapie" die verschiedensten Heilungsverläufe. Wer medizinisch ein wenig versiert ist, wird mit Interesse diese wissenschaftliche Arbeit studieren und mit Erstaunen vernehmen, wieviele Krankheiten durch das Fasten gelindert und geheilt werden können.

Eine einfache Übersicht über Krankheiten, bei denen Fasten hilft, bietet das Samariter-Werk in 78269 Volkertshausen, Tel.: 07774-7304, das besonders für solche geeignet ist, die sich noch nicht in unsere Fasten-Wander-Gruppen trauen.

1. **Stoffwechselkrankheiten:** Fettsucht, Übergewicht wie Untergewicht, Gelenk- und Muskelrheuma, Ischias, Zuckerkrankheit.
2. **Herz- und Kreislaufkrankheiten:** Herzasthma, zu hoher wie zu niedriger Blutdruck, Venenentzündung und Thrombose, Kreislaufstörungen, Arterienverkalkung, verschiedene Altersbeschwerden.
3. **Blutveränderungen,** die entstanden sind durch Mandel- und Zahnwurzelentzündung, durch Mittelohreiterung, Vollblütigkeit und Blutungsneigung infolge von Vergiftungen, Folgen von Nikotin-, Alkohol-, Arsen-, Quecksilber-, Morphium-, Schlafmittel- und Medikamentenmißbrauch.
4. **Hautkrankheiten** – wie Schuppenflechte, Ekzem, Nesselsucht, Geschwürneigung, Akne, Furunkulose, Gürtelrose und Pilze verschiedenster Art.
5. **Krankheiten der Verdauungsorgane:** Magen- und Darmkatarrhe, Appetitlosigkeit, Leber- und Gallenblasenkrankheiten, Stuhlverstopfung, Durchfälle.
6. **Krankheiten der Atmungsorgane:** chronischer Rachen-, Luftröhren- und Nasenkatarrh, Erkältungen, Bronchialasthma, Lungenentzündung, Rippenfellentzündung.
7. **Nieren- und Blasenkrankheiten:** wie Nieren- und Nierenbeckenentzündungen, Blasen- und Nierensteinleiden, Nieren- u. Blasenblutungen, Schrumpfniere.
8. **Frauenkrankheiten:** Wechseljahresbeschwerden, chronische Gebärmutterentzündungen, Eileiter- und Eierstockentzündungen, Regelstörungen, Schwangerschaftserbrechen und Neigung zu Fehlgeburt.
9. **Nervenleiden** (keine Geisteskrankheiten): nervöse Erschöpfungszustände, Erschöpfung nach schwerer Krankheit, Migräne, Neuralgien, Kopfschmerzen, Nervenentzündungen, Schlaflosigkeit, sexuelle Schwäche oder Überreizung.
10. **Drüsenstörungen,** z.B. Eierstöcke, Schilddrüsenunterfunktion, Störungen des vegetativen Nervensystems.

11. Augenkrankheiten: chronische Regenbogenhautentzündung, Netzhautentzündung, Grüner Star.
12. Zahnkrankheiten: Parodontose, Zahnfleisch-, Zahnwurzel- und Kieferentzündungen.

Das Samariter-Werk ergänzt:
Vom Fasten raten wir ab bei Geisteskrankheiten, Krebs im vorgerückten Stadium, Tuberkulose, Magen-Darm-Geschwür und bei totalen Erschöpfungszuständen.

3. Die Wirkungen des Fastens auf verschiedene Krankheiten

Für Laien recht verständlich ist das Buch "Das Heilfasten" von Dr. Otto Buchinger sen., in dem er – wohl bereits 1935 – auf etwa 20 Seiten die Wirkungen des Fastens auf verschiedene Krankheiten beschreibt:

1. Stuhlverstopfung

Wollte einer sagen: Alles Unheil beginnt mit Stuhlverstopfung, so wäre das natürlich eine leicht und billig angreifbare Übertreibung. Und doch steckt hinter diesem rhetorisch überspitzten Satz eine jedem alten Arzt bekannte schwerwiegende Tatsache. Man bedenke, daß beinahe jeder dritte innerlich Kranke "verstopft" ist. Und welches sind die Folgen dieser mit allen Mode-Laxantien (Abführmitteln, Verf.) "bekämpften" chronischen Verstopfung? Der Darm wird schließlich zum schlaffen Wind- und Wassersack. Die auf Gedeih und Verderb mit dem Darmrohr verbundene Leber kommt aus ihrem biologischen Rhythmus. Die sich immer wieder stauenden Kotmassen geben über die kranke Leber an die Galle und alle Säfte des Organismus Fremd-, Krankheits- und Ekelstoffe ab, von denen nur die Indikan-Reaktion (Nachweis von Indikan im Harn, zeigt Fäulnis im Darm an, Verf.) und beim Fasten die aus der Zellverankerung sich entspeichernden Ekeldüfte ein leicht angedeutetes Zeugnis geben. Und das nächste Zeugnis gibt dann die Präkanzerose (Zustand, der die Entstehung eines Krebses begünstigt, Verf.).

Die chronische Obstipation (Stuhlverstopfung, Verf.) heilt unter einem gründlichen Fasten in vielen Fällen gut und dauerhaft, wenn die Küche sofort umgestellt wird auf das Fundament von Lahmann, Bircher-Benner und Kollath. Die Stuhlverstopfung heilt nicht, wenn sie neurotischen Ursprungs ist.(S.79)

2. Arteriosklerose, Blutdruckkrankheit; Angina pectoris und Stenokardie (Herzbeklemmung, Verf.)

Zu den besten Indikationen (Heilanzeigen, Verf.) für das Heilfasten zählen übrigens auch alle Fälle von Arteriosklerose (Verhärtung der Schlagadern. Verf.), von Angina pectoris, Aortenerweiterung und verwandten Zuständen. Schon nach wenigen Fastentagen wagen es die Stenokardie-Kranken, die früher alle 100 Meter stehen bleiben mußten, einen Weg von 2000 Metern zu gehen, ohne Anfall, ohne Krampf. Und schon nach einer Woche werden Spaziergänge von einer Stunde in leidlich flottem Tempo gemacht. Der Zustand bessert sich dann von Tag zu Tag, um nach dem Fastenbrechen und nach Überwindung des leichten Rückstoßes sich auf einer Höhe zu halten, die dem durchschnittlichen Stenokardiker seine gewohnte Arbeit wieder gestattet, z.B. leichte Gartenarbeit, die trotz "Jodbädern" schon jahrelang nicht mehr möglich war.

Die erhebliche Besserung bei der Angina pectoris hat natürlich auch etwas mit der steten und gründlichen Blutdrucksenkung zu tun. Daher bildet eine weitere gute Indikation für das Fasten: die Blutdruck-Krankheit, die essentielle Hypertonie! Meist senkt sich unter dem Fasten der Blutdruck prompt und hebt die jeweils bestehenden Beschwerden auf. Doch gibt es auch Fälle, in denen der Blutdruck merkwürdig hartnäckig hoch bleibt und sich nur um etwa 10 - 20 Striche senkt. Sehr bezeichnend aber ist, daß auch in solchen Fällen unter dem Fasten wenigstens die Hypertonie-Beschwerden verschwinden. (S. 80)

3. Asthma

Gute Heilergebnisse sehen wir auch bei allen Asthmafällen. Sowohl das gewöhnliche Bronchial-Asthma als auch die Formen des Asthma nervosum werden durch methodisches Fasten in jedem Stadium erheblich gebessert, mitunter auch restlos geheilt. Relativ am schwersten zu beeinflussen sind noch die rein allergischen Asthmafälle. Eine Besserung erreicht man aber in jedem Falle. (S. 80)

4. Hautkrankheiten (S. 80)

Hautkrankheiten antworten fast ausnahmslos prompt auf jedes längere Fasten mit Rückgang von Schuppung, Entzündung und Juckreiz, so die Schuppenflechte und die chronischen Ekzeme. Die Psoriasis (Schuppenflechte. Verf.) verlangt mindestens 2 - 3 lange, strenge Fastenkuren innerhalb 1 - 2 Jahren. Über den ganzen Körper sich erstreckende große Herde werden kleiner und verschwinden auch teilweise ganz. Kleine Herde da und dort aber bleiben hartnäckig zurück, so, als wollte die Krankheit noch ein kleines Fünklein auf dem Herde des großen Immunisierungsorgans Haut glimmen lassen, weil es so für die Sicherheit des Organismus nötig sei. Man achte solche glimmenden Reste.

5. Leber- und Pankreaserkrankungen
Leberschwellungen der verschiedensten Art und Herkunft bilden sich im Fastenzustand schnell zurück. Bauch-Plethora (Überfülle, Verf.) und Druckgefühl verschwinden.

Alles spricht dafür, daß auch die beginnende Leberzirrhose (Wucherung im Bindegewebe eines Organs mit nachfolgender Verhärtung und Schrumpfung, Verf.) durch das methodische Heilfasten geheilt wird. Man mache aber fastende Leberkranke darauf aufmerksam, daß ihr Fasten wahrscheinlich mit stärkeren "Krisen" verlaufen wird, zumal, wenn durch Atophan, Atophanyl und andere allopathische (herkömmliche, schulmedizinische, Verf.) Mittel dieses Stoffwechselzentralorgan drangsaliert ist.

Kein Organ unseres Körpers wird im Fastenzustand derart in Anspruch genommen wie die Leber. Das leuchtet jedem ein, der die Rolle der Leber bei einem so gewaltigen Abbau- und Ausscheideprozeß sich vorstellt. Dies vielgeschäftige, gewaltige Organ soll ja doch in unserem Falle nicht nur "auf höhere Touren" gebracht werden, um Überarbeit zu leisten (daher die mittägliche "Leberpackung"), es soll sich auch zugleich selber regenerativ heilen. Die betreffenden Störungen (Übelkeit, Erbrechen, Kopfschmerz, Schwäche, Druckgefühl) können so groß werden, daß man mitunter gezwungen ist, die mittägliche Packung, welche ja die Hyperämie (vermehrte Blutfülle, Verf.) bewirkt, wegzulassen. (S.85)

6. Migräne
Die Migräne, diese therapeutische Crux, macht während des Fastens meist eine lange wohltätige Pause. Dann pflegt mitunter ein gründlicher Rückstoß die Patientin (es sind ja viel öfter Frauen als Männer) aufs Lager zu werfen. Und in der Folgezeit treten die Anfälle ausnahmslos seltener und leichter auf. Mehrfach habe ich auch vollständige Heilungen erlebt, allerdings nur bei solchen, die eine lebensreformerische Metanoia (Gesinnungsänderung), eine innere und äußere Neuordnung ihres Lebens fertigbrachten. Kurzum: Migräne aller möglichen Formen hat wirklich im langen methodischen Heilfasten die relativ erfolgreichste aller Behandlungsmethoden gefunden. (S. 86)

7. Fastenmärsche gegen den Willen des Arztes
Auf den Seiten 152 bis 161 seiner 21. Auflage (1987) bringt Buchinger auch eine Reihe von Heilungsbeispielen. Er schreibt dort unter anderem von einem Patienten, der gegen seinen Willen jeden Tag Fastenmärsche in den Bergen durchführte.

"Herr G. L. aus E., 58 Jahre alt, Ingenieur i. R., litt seit 1913 zunehmend an Bronchial-Asthma, das sich im letzten Jahre derart verschlimmerte, daß er pensioniert wurde. Er kam am 27. Juli 1934 zur Kur und fastete 20 Tage unter

Abnahme von 25 Pfund. Am Schluß der Kur machte der Patient (übrigens gegen die Erlaubnis des Arztes) fünf Stunden lange Märsche in den Bergen. An den Lungen hörte man keine Geräusche mehr. Er wurde in bestem Zustande entlassen am 22. August 1934" (S. 155).

4. Heilungsbeispiele

Das Samariter-Werk bringt auch einige Heilungsbeispiele

1. Wie ich durch Fasten gesund wurde

Ich kam nach Volkertshausen, um durch Fasten eine Migräne, die mir oft das Leben vergällte und die vier Ärzte und viele Tabletten nicht heilen konnten, zu bessern; auf Erfolg wartete ich schon nicht mehr. Die Migräne kam regelmäßig alle 8 bis 14 Tage, und zwar so heftig, daß nur Liegen und Dunkelheit mir einige Linderung brachten. Tage vorher, Tage nachher war mein Kopf nie recht klar, und ich war unlustig zu jeder Arbeit. Anschließend verbrachte ich oft Tage, die voller Weltschmerz und Melancholie waren. Das Leben schien grau, trostlos, unsinnig.

Ich suchte die Ursache der Kopfschmerzen nicht im Körperlichen, sondern im Seelischen. Es war eine ganz neue Erfahrung für mich, daß auch alles seelische Kranksein im Körperlichen begründet liegt.

Nach dem neuntägigen Fasten war mir so wohl, so leicht, wie noch nie in meinem Leben. Ich aß von diesem Tage an kein Fleisch mehr, lebe hauptsächlich von Obst, Salaten, Gemüsen, Getreidefrüchten, Kartoffeln und Pflanzenölen, meide übermäßiges Zuckern und Salzen.

Der leichte, freie Zustand, die Freude am Leben, die Arbeitslust, die sich anschlossen, das alles ist bis heute nicht von mir gewichen. Es ist mir wie ein Wunder, daß ich, die ich schon so viel an Krankheit gelitten hatte und die geradezu eine Anlage zur Schwermut in sich trägt, seit 2 Jahren nicht 1 Stunde krank war, Migräne nicht mehr kenne und mich jeden Abend zur Ruhe lege mit dem dankbaren Gefühl, daß ein Morgen folgt mit neuen, schönen Gelegenheiten. Jetzt weiß ich, daß man einfach gesund sein muß, wenn man glücklich sein will. H. W.

2. Keiner konnte helfen

Eine Postbeamtin (40) neben mir zeigt mir ihre Hände nach einer Woche Fasten. Die Finger seien so dick geschwollen gewesen, daß sie sie nicht mehr habe bewegen können. Kein Arzt habe ihr helfen können. Von der Schwellung war zwar noch etwas zu sehen, doch ihre Finger konnte sie wieder recht gut bewegen und gebrauchen.

Auf der anderen Seite sitzt ein älterer Herr, der gerade in Rente gegangen ist. Eine Kriegsverletzung an einem Bein und Rheuma im Bewegungsapparat hatten ihn auf Krücken nach Volkertshausen kommen lassen. Jetzt, nach einer Woche, hatte er eine Krücke bereits beiseite gelegt. »Ich fühle mich pudelwohl, wie neu geboren. Das hätte ich nie gedacht. Und von meinem Übergewicht sind auch schon sechs Kilo runtergepurzelt«, erzählt er strahlend, während er seinen Fruchtsaft löffelt.

3. Gelenkrheuma,
in chronische Form übergehend, mit Muskelschwund, vergrößerter Leber und wiederkehrenden Gallenblasenentzündungen verhieß eine traurige Zukunft. Nach dreiwöchigem Fasten aber wurden die Glieder frei. Eine spätere 2. Fastenkur befreite mich dann auch von meinen Gallenanfällen. Seitdem bin ich stets gesund geblieben.

4. Chronisches Ekzem
Mehrere Jahre hatte ich an beiden Händen darunter zu leiden. Die Kunst der besten Ärzte war vergeblich. Ich war daran, meinen Beruf und mein Geschäft aufzugeben. Durch Zufall erfuhr ich vom Samariter-Heilfasten. Das war meine letzte Hoffnung. Nach 10tägigem Fasten trat der Erfolg ein, der bis heute angehalten hat. Das lästige Jucken ist weg, und die Haut hat wieder ein gesundes Aussehen. – Ich glaubte schon nicht mehr daran, jemals wieder so gesunde Hände zu erhalten.

5. Eine Geschwulst,
über sechs Jahre alt, hart wie Stein, einfach durch Fasten wegzubekommen, das ist einfach wunderbar.

6. Nierensteine
Plötzlich bekam ich schwere Nierenkoliken und hatte blutigen Urin. Operieren oder Fasten. Ich fastete. Nach und nach gingen die Steinchen ab. Seit meiner Fastenkur ist auch meine Darmträgheit gewichen.

Fastenerfolge von Dr. Sievers

1. Hautausschlagbehandlung bei einem Kind
Der Fastenarzt Dr. Sievers aus Recklinghausen berichtet: »Mein jüngster Fastenpatient war 4 1/2 Jahre alt. Er hatte einen ausgedehnten eitrigen Hautausschlag, der auf diesem Wege (über Fasten. Verf.) ohne chemische Arznei und ohne die sonst übliche Hautbehandlung geheilt wurde. Äußerlich wurden nur Umschläge mit Honigwasser gemacht (Sonderdruck, Dr. E. Sievers: Fasten, S. 2).«

2. Chronischer Gelenkrheumatismus

In dem gleichen Sonderdruck (S. 15f) berichtet Dr. Sievers: »Eine jetzt 39 Jahre alte Patientin litt seit 1956 an einem chronischen Gelenkrheumatismus in zahlreichen Gelenken. Sie war bisher etwa fünfzehnmal in Krankenhäusern und Sanatorien und hatte dort sehr viel Cortison-Präparate erhalten. Am 23. April 1971 kam sie in meine Behandlung. Seitdem wurden alle stark wirkenden Arzneimittel absetzt. Gleichzeitig hielt die Patientin seit dieser Zeit eine strenge Reformdiät im Sinne Bircher-Benners ein.

Trotz intensiven Einsatzes von Naturheilverfahren wurde keine ausreichende Besserung erreicht. Am 16. März 1973 war der Befund: Körpergewicht 40 kg bei 156 cm Körpergröße. Das rechte Kniegelenk so stark geschwollen, daß die Patientin sich nur mühsam bewegen konnte. Sie mußte sich auf alle Möbelstücke stützen, die sie mit den Händen erreichte. Jeder Schritt machte starke Schmerzen. Auch die Finger, beide Schulter- und Ellbogengelenke schmerzten. An den Fingern sah man die Gelenkschwellung, wie sie für chron. Rheuma typisch ist.

In dieser Lage begann die Patientin mit einer radikalen Fastenkur (nur Tee und Gemüsesäfte). Bereits am ersten Tag erfolgte eine allgemeine Schmerzlinderung. Am 2. Tag: Leichte Kopfschmerzen, mehrmals Erbrechen, im übrigen nur sehr wenig Schmerzen. Auch am 3. Tag bestand noch das Erbrechen und ein geringer Kopfschmerz. Aber die Schultern waren jetzt völlig schmerzfrei, Finger und Knie waren wesentlich besser beweglich; dort nur noch wenig Schmerzen. Das Gewicht war auf 37 kg zurückgegangen.

Am 5. Fastentag konnte die Patientin die linke Hand fast zur Faust schließen, was vorher monatelang nicht mehr möglich gewesen war. Am 6. Fastentag: Körpergewicht 36 kg, Puls 120 p/Min. Zulage von frischgepreßtem Orangensaft, mit Tee verdünnt. Am 7. Fastentag war das Gewicht auf 35 1/2 kg zurückgegangen. Im übrigen war der Erfolg sehr gut. Daher überlegten Arzt und Patientin gemeinsam von Tag zu Tag. Jedesmal wurde noch *ein* weiterer Fastentag hinzugefügt. Das Gewicht blieb nun für die nächsten sieben Tage auf 35 1/2 kg stehen. Erst am 15. Fastentag erfolgte eine neue Gewichtsabnahme auf 35 kg. Daraufhin wurde das Fasten am 30. März abgebrochen.

Der Ernährungsaufbau erfolgte jetzt Schritt für Schritt nach den gebotenen Regeln. Die Patientin nahm bald wieder auf 37 kg zu. Am 10. Tag nach dem Fasten konnte sie die Arbeit wieder aufnehmen.«

Heilungen durch Fasten-Wandern

Über ganz ähnliche Heilungserfolge während der Fasten-Wanderungen könnten auch wir berichten. Besonders wenn wir unsere Vorstellungs- und Abschlußgespräche führen, sind immer wieder einige dabei, die ganz begeistert davon berichten, wie viele Beschwerden und Krankheiten einfach verschwunden sind, seitdem sie fasten und sich hauptsächlich von Rohkost ernähren.

Ich hatte leider weder den Ehrgeiz noch die Zeit, mir die Wunder, die an unseren Mitfastern geschehen sind, aufzuschreiben, und der Bitte, die eigenen Erfahrungen zu Papier zu bringen, ist kaum jemand nachgekommen. Lediglich folgende, recht anschauliche Beispiele hat man mir aufgeschrieben:

1. Rückwärts die Berge hinauf. Frank aus Zweibrücken mußte in den Alpen die ersten Tage rückwärts die Berge hinaufgeführt werden. Seine Kniegelenke knirschten richtig. Ab dem 4. Tage konnte er wieder springen wie ein Reh.

2. Keine Migräneanfälle mehr. Hermann aus Hameln genoß es so, endlich ohne tägliche Migräne zu leben, daß er einen ganzen Monat fastete. Daraufhin hatte er ein halbes Jahr lang keinen Migräneanfall mehr.

Helga aus Alzenau berichtet: Lange Zeit litt ich unter starker Migräne mit heftigen Kopfschmerzen, Kreislaufbeschwerden, Erbrechen usw. Meistens trat dies an Wochenenden und Feiertagen auf. Die Fastenwanderung war ein guter Zeitpunkt, eine Änderung meiner Eßgewohnheiten vorzunehmen. Seit ca. 15 Monaten ernähre ich mich nun überwiegend von Rohkost und habe während dieser Zeit keine Kopfschmerzen mehr gehabt. (9.6.93)

3. Schmerzen im Schulter- und Nackenbereich. Zu Beginn der Alpenfastenwanderung 1993 hatte ich starke Schmerzen im Schulter-Nackenbereich, besonders in der linken Seite.

Nach drei Fastenwandertagen schmerzte es noch unter den Schlüsselbeinen, was ich auf das Rucksacktragen zurückführte. Allmählich aber spürte ich auf den langen Wanderungen eine befreiende Kraft – gewissermaßen aus der Erde – in meinen Körper aufsteigen.

An den Abenden darauf fiel mir meine aufrechte Haltung auf. Auch mein Gang hatte sich verändert. Am 6. Tag waren meine Schmerzen völlig verschwunden. Das wurde mir bei unserer Abschlußgesprächsrunde bewußt. Gitta aus Berlin, 36 Jahre.

4. Alle 6 - 8 Wochen brach die Hornhaut im Auge.
Frances aus Füssen berichtet: Bei einem Unfall im November 1991 wurde die Horn- und Netzhaut meines linken Auges verletzt. Die Ärzte rechneten damals mit einer Heilung, doch alle 6 - 8 Wochen brach die Hornhaut wieder auf, und für 1 - 2 Tage hatte ich große Schmerzen.

Obwohl die Ärzte mir Kortison gaben, verschlechterte sich nach einer kurzen Besserung der Zustand doch sehr, und bald brach die Hornhaut in meinem linken Auge alle zwei Wochen auf.

Bei der Fasten-Wanderung im Juli 1993 in Schweden meinte Carmen, ich solle zu Hause weiterfasten und meine Ernährung auf Rohkost umstellen.

Während der vier Fasten- und der folgenden vier Rohkostwochen bis zur Routineuntersuchung Anfang September 1993 brach meine Hornhaut nicht wieder auf. Auch konnte der Arzt an meinem linken Auge nichts mehr feststellen. Horn- und Netzhaut waren verheilt.

5. Angina Pectoris. Bei meiner letzten Fastenwanderung bin ich restlos eine sehr unangenehme Angina Pectoris losgeworden. In den Jahren danach habe ich weder Tabletten nehmen müssen noch irgendwelche Symptome dieser Art mehr gespürt. Dies ist für mich der Beweis für die wunderbare Wirkungsweise einer Entschlackung der Gefäße. – Edgar aus Berlin, Restaurator, 25.12.93.

6. Myom wurde kleiner. Mir ist das Fasten im nachhinein sehr gut bekommen. Das Myom (gutartige Geschwulst des Muskelgewebes. Verf.) wurde kleiner – meine Energie mehrte sich. – Heidi aus Köln. 22. 9. 93.

5. Der Begriff Heilfasten

Obwohl wir unsere Fasten-Veranstaltungen öffentlich als ein Fasten für Gesunde deklarieren müssen, dürfen wir sie, so meine ich, doch auch als Heilfasten verstehen. Wir erleben ja immer wieder, um wieviel gesünder unsere Teilnehmer aus diesen Kuren nach Hause fahren! Manchmal bekomme ich zu Anfang der Veranstaltungen einen regelrechten Schrecken, wenn ich so viele graue, verbrauchte, alt wirkende Gesichter sehe. – Nach einer Woche Fasten-Wandern aber ist soviel Frische und Leben in die Teilnehmer eingezogen, daß man sie kaum wiedererkennt.

Fastenärzte tun uns also unrecht, wenn sie den Begriff des Heilfastens nur für das Fasten unter ärztlicher Aufsicht reserviert wissen möchten.

Zu dem Thema Heilfasten schreibt Dr. Lützner, ehemaliger Chefarzt der Überlinger Kurparkklinik, in seinem Buch: "Wie neugeboren durch Fasten": »Vorbeugen wird zur Therapie (zum Heilen), wenn es darum geht, die Vorboten lebensbedrohender Krankheit erfolgreich und schnell abzubauen. Herzinfarkt, Schlaganfall, Erkrankungen der Hirn- oder Beingefäße sind nur sinnvoll zu behandeln, indem man sie verhindert. Mit viel Geduld wäre dies zwar auch durch langfristige Ernährungsumstellung und regelmäßigen Sport zu erreichen. Wer aber ist wirklich bereit, seinen bequemen Lebensstil grundlegend zu ändern? Nichts vermag den Willen und die innere Kraft zu einer Änderung nachhaltiger zu fördern als ein Fasten. Allein das Heilfasten ist imstande, in kurzer Zeit sowohl die gefährlichen Risikofaktoren abzubauen als auch den gefährdeten Menschen so tief zu beeindrucken, daß Ernährungskorrektur und Genußmittelverzicht dauerhaft gelingen. Je größer die gesundheitliche Belastung, je fester die Abhängigkeit von Konsumgewohnheiten und je drohender die Krankheit, desto länger muß das Heilfasten dauern, aber auch die begleitende Ernährungs- und Verhaltensschulung. Dafür ist ein Aufenthalt von mindestens 4 Wochen in der Fastenklinik mit speziell ausgebildetem Personal unumgänglich.

Heilfasten ist aber mehr als das. Seine Wirkung geht gleichzeitig an die Wurzel der Erkrankung, ist kausale Behandlung. Was bedeutet das? Hier ein Beispiel:

Ein 43jähriger Monteur leidet seit zehn Jahren unter Diabetes; er ist zuckerkrank. Bedingt dadurch kam es zu tiefen Geschwüren in beiden Fußsohlen; seit einem Jahr ist er deshalb arbeitsunfähig. Trotz bester Hautbehandlung der Geschwüre und guter medikamentöser Einstellung der Zuckerwerte besserten sich die Geschwüre nicht. Durch ein 21tägiges Heilfasten, Umstellung der Ernährung auf eine vitalstoffreiche Vollwertkost und Neueinstellung des Diabetes gelingt die Heilung der Fußsohlengeschwüre innerhalb von vier Wochen. Der Mann ist voll arbeitsfähig.

Nach zwei Jahren kommt er erneut in die Klinik; die Heilung hat nur ein Jahr gehalten! Grund: Gewichtsanstieg; Lebensstil und Diabetes sind "verwildert". Erneutes Auftreten von Fußsohlengeschwüren, in Universitätskliniken sorgfältige Behandlung mit Diät, Insulin und modernen Medikamenten; ein Jahr Arbeitsunfähigkeit – Krankheitskosten 30 000 DM.

Ein zweites Heilfasten, Dauer 21 Tage, mit anschließendem Kostaufbau bringt eine Gewichtsabnahme von 14 Kilogramm und eine Senkung der hohen Blutfettwerte, den Abbau der Bluteindickung (Polyglobulie), die Normalisierung der Blutzuckerwerte trotz Verzichts auf Insulin und andere Medikamente. Die Geschwüre heilen ab. Mit der neuen Ernährung und wenig Diabetesmitteln geht es dem Mann so gut, daß er einen Montageauftrag im Ausland annimmt.

Gasthauskost und Langeweile am Abend – Gift für ihn – führen zu neuerlichem Gewichtsanstieg, zur Entgleisung des Diabetes und damit des gesamten Stoffwechsels, zu Ablagerungen in den kleinsten Blutgefäßen (Kapillaren), besonders an den Füßen; das dicke Blut fließt zäh; die Durchblutung ist gestört, Geschwüre, die nicht heilen, sind die Folge. Neun Monate Arbeitslosigkeit – weitere Krankheitskosten 38 000 DM.

Das dritte Heilfasten, Dauer 25 Tage, mit 15 Tagen Ernährungstraining bringt Heilung wie vorher. Wodurch? Korrektur der Stoffwechselentgleisung, Verflüssigung des Blutes, Abbau der krankhaften Veränderung der Kapillaren - welch anderes Heilverfahren könnte das erreichen! (6 Wochen für rund 6 000 DM.)

Intensive Gruppen- und Einzelgespräche, Diabetikerberatung und Lehrküche, gestufte Bewegungstherapie – mit diesen Maßnahmen wird versucht, das Verhalten des Patienten dauerhaft zu verändern.

Heilfasten geht an die Wurzel der Erkrankung und an die Wurzel persönlichen Verhaltens. Langes Fasten von 18, 24, 32 Tagen und länger ist ein tiefer Eingriff in den Stoffwechsel des Kranken. Diese "Operation ohne Messer" hat einem chirurgischen Eingriff gegenüber erhebliche Vorteile: Nichts muß verletzt werden, gleichzeitig wird jede Zelle in jedem Organ erreicht, jedes kleinste Blutgefäß, jeder "Winkel" im Bindegewebe, in dem Krankheitsstoffe abgelagert sein können. Ein Eingriff dieser Art betrifft den vollbewußten Menschen, dessen Heilung von wichtigen Einsichten, sogar von wachsendem Wohlbefinden begleitet wird« (S. 83f).

Zusammenfassend schließt Lützner mit den Worten: »Heilfasten ist ein jahrtausendealtes Heilmittel. In der Hand des erfahrenen Fastenarztes in einer Fastenklinik ist es ein ungefährliches, dennoch tiefwirkendes Heilverfahren. Es gehorcht natürlichen, in der Natur des Menschen begründeten Gesetzen. Sein wissenschaftlicher Nachweis ist längst erbracht« (S. 85).

Es ist durchaus angebracht, das Fasten in der Klinik als Heilfasten zu bezeichnen, denn auch dort werden Menschen geheilt. Aber auch in unseren nicht von Ärzten geleiteten Fasten-Wander-Gruppen heilen Menschen von den verschiedensten Leiden. Deshalb ist auch das Fasten, das wir anzubieten haben, ein Heilfasten.

Bei dem Streit um den Begriff Heilfasten sollte man sich darüberhinaus bewußt sein, daß "Heil" nicht nur ein medizinischer, sondern wahrscheinlich in erster Linie ein religiöser Ausdruck ist. Ein Heilfasten schließt für mich deshalb auch immer die Aufarbeitung der menschlichen Ängste und Probleme, die Versöhnung mit den Mitmenschen, die Suche nach der Harmonie im Alltag und das Erkennen der Güte der göttlichen Mächte mit ein.

Die Ärzte ausschließlich als die Spezialisten für das Heilen und das Heil anzusehen, dürfte sowieso ein wenig abwegig sein. Sie dürften vielmehr, was man leider sagen muß, die einzelnen, die Bevölkerung und die gesamte Gesellschaft mit ihren sogenannten Heilmethoden immer kränker machen. Deshalb dürfte es ratsam sein, sich nicht, wenn man sich nicht ganz gesund fühlt, blind den weißen Kitteln anzuvertrauen. Vielmehr sollte man solche Fachleute aufsuchen, die uns helfen, daß die Selbstheilungskräfte in uns aktiviert werden.

6. Die Betreuung bei Zwischenfällen

Daß man während des Fastens normalerweise auf einen Arzt bzw. auf einen Betreuer verzichten kann, dürfte nach all den in diesem Buche gemachten Ausführungen auf der Hand liegen. Muß man sich denn beim Atmen, Schlafen, Essen und Gehen einem Fachmann anvertrauen? Sicherlich wäre es gut, sich in diesen Bereichen von einem Sachkundigen beraten zu lassen, da wir ja auf diesen Gebieten sehr vieles verkehrt machen. Wenn wir es jedoch nicht für notwendig ansehen, uns beim Atmen, Schlafen, Essen und Gehen einem Spezialisten anzuvertrauen, dürfte dies auch beim Fasten nicht notwendig sein, es sei denn, man ist extrem krank bzw. total unwissend bezüglich des Fastens. Wenn man sich dennoch an einen Fachkundigen halten möchte, kommt es nicht darauf an, daß er Arzt ist, sondern daß er Fasten- und Menschenerfahrung hat.

Man findet kaum einen Arzt, der, wenn man vom Fasten redet, einen nicht wenigstens darauf aufmerksam macht, daß das nur unter ärztlicher Leitung geschehen könne. Infolgedessen sind auch große Teile der Bevölkerung bezüglich des selbständigen Fastens sehr verunsichert. Entschließen sie sich trotzdem dazu, tun sie dies deshalb auch lieber in Kliniken als mit Menschen, die gesundheitsbewußt leben und ihrem Körper etwas zumuten.

Ich aber frage, was denn während des Fastens oder einer Fastenwanderung passieren soll? Bei 6 000 Teilnehmern während der letzten zehn Jahre holten wir zweimal einen Arzt, und beide Male aus Gründen, die mit dem Fasten direkt nichts zu tun hatten. Die gleichen Schwierigkeiten, nämlich keine Luft zu bekommen, traten bei diesen Personen auch sonst auf.

Wenn man sich während unserer Fasten-Wanderungen in kritischen Augenblicken vertrauensvoll hinlegt und Wasser, Tee, Säfte, Honig, Mineraltabletten oder Gold-, Herz-, Kreislauf- oder Bach-Nottropfen zu sich nimmt, beheben sich die meisten Schwierigkeiten ganz von selber. Gewöhnlich sind aber auch Krankenschwestern, Heilpraktiker und Ärzte als Teilnehmer in unseren Gruppen dabei . Ein Teil der Anbieter stammt sogar aus diesen Berufssparten.

Die eigentlichen Probleme während der Fasten-Wanderungen hängen gewöhnlich gar nicht mit dem Fasten zusammen, sondern mit den Füßen, den Gelenken und der Kondition. Die gleichen Schwierigkeiten würden bei Wanderungen mit Verpflegung ebenso, wahrscheinlich in noch stärkerem Maße, auftreten.

Gesundheitlich leicht angeschlagene Menschen sollten sich beim Fasten entweder sehr gut beobachten können, damit erst gar keine Probleme auftreten, oder aber fastenerfahrenen Mitmenschen anvertrauen. In unseren Gruppen sind so viele Fastenerfahrene, daß die auftretenden Fasten-Schwierigkeiten meistens bereits in den Zimmern behoben werden.

Um uns die Angst vor dem Fasten zu nehmen, schreibt Dr. Sievers, der selbst zweitausend Faster betreute, in seiner Kleinschrift "Fasten": »Nehmen wir aber an, es komme tatsächlich ein Fasterzwischenfall vor, etwa eine Ohnmacht mit Erbrechen. Was tun? Der Fastende wird sofort ins Bett gebracht. Meist ist er auch noch imstande, allein ins Bett zu gehen. Häufig friert er. Eine Wärmflasche ist dann nötig, aber nur so lange, bis er gründlich erwärmt ist. Gewöhnlich folgt ein tiefer Schlaf. Danach sind in der Regel die Beschwerden so weit gebessert, daß er wieder aufstehen kann. Allerdings sind gerade in dem Augenblick, in dem man sich erhebt, Schwindel und Ohnmachtsneigung nicht selten. Wenn man bewußt langsam aufsteht und sich in den ersten zwei Minuten festhält, ist der Schwindel vorbei. Danach kann man meist überraschend gut gehen und – fastet weiter.

Weitaus die meisten Zwischenfälle ereignen sich in den ersten Fastentagen. Danach wird der Zustand in der Regel besser. Länger dauernde Bettruhe ist also während des Fastens nicht notwendig oder sogar unzweckmäßig. Viele Fastende machen weite Spaziergänge« (S. 2).

7. Gegenanzeigen und Klinikempfehlungen

Es gibt sicherlich Menschen, denen von einem Fasten abzuraten ist. Da aber die Ärzte, obwohl sie oft selbst keine Fastenerfahrung haben, voreilig vor dem Fasten warnen, bin ich in bezug auf das, was Ärzte über das Fasten sagen, sehr vorsichtig geworden.

Zu Anna, die Brustkrebs hatte und von der wir noch berichten werden, sagten Ärzte: »Durch Fasten ist weder Besserung noch Heilung möglich«, und » In einem halben Jahr sind Sie nicht mehr.« – Auch ein äußerst bekannter Fastenarzt riet ihr, sich erst einmal ihr Krebsgeschwür herausoperieren zu lassen und dann anschließend zu fasten. Trotzdem lebt sie, wahrscheinlich gerade weil sie bereit war, ihren eigenen Weg konsequent zu gehen, auch heute, zehn Jahre später, noch und ist die vitalste und aktivste Frau, die ich kenne.

Vor Irrtümern ist aber auch kein Faster sicher. Bevor sich deshalb jemand auf das Fasten einläßt, ist es ratsam, die Warnungen und Gegenanzeigen von zwei mutigen naturorientierten und erfahrenen Fastenärzten im Herzen zu bewegen.

Dr. Sievers schreibt beratend in seinem Artikel "Fasten" unter der Überschrift: »In welchen Fällen darf *nicht* gefastet werden?« (S. 10 - 12):

1) Akutes Leberversagen, chron. Leberentzündung, fortgeschrittene Le-

berschrumpfung. Man müßte zunächst versuchen, die Leber durch Diät und Arznei wieder ins Gleichgewicht zu bringen. Danach kann die Fastenkur mit Erfolg durchgeführt werden. Denn im übrigen vertragen chronische Leberschäden – etwa eine harte, vernarbte Leber, oder eine Fettleber ohne besondere Entzündungserscheinungen – das Fasten durchaus gut.

2) Menschen, die viele starkwirkende Chemikalien zu sich genommen haben, müssen vor dem Fasten eine andere Stoffwechselreinigungskur durchmachen. So sah ich z.B. einen Asthmatiker, der massenhaft die üblichen Asthmamittel einnahm. In dergleichen Fällen ist das Fettgewebe oft sozusagen vollgestopft mit chemischen Produkten. Im Fasten wird Fett abgebaut. Die gesundheitsschädlichen chemischen Rückstände verlassen jetzt die Körpergewebe und überschwemmen das Blut. Das hält sich oft in erträglichen Grenzen. Aber in dem erwähnten Sonderfall mußte der Arzt das Fasten vorzeitig abbrechen.

3) Mangel an Intelligenz und Einsicht. Dies kommt ja auch bei sonst intelligenten Menschen vor. Vielleicht ist es ein Mißtrauen oder eine Angst, die der Betreffende nicht einmal sich selbst eingesteht, die aber rein sachliches Denken verhindert.

4) Zwölffingerdarmgeschwüre sollen vor dem Fasten ausgeheilt werden.

5) Mit aktiver Tuberkulose darf man selbstverständlich nicht fasten, ebenso nicht mit

6) Krebs. Dagegen wirkt bei Krebsgefährdung, solange die Untersuchung noch keine Geschwulst ergibt, das Fasten oft sehr gut; es stärkt dann die körpereigene Abwehrkraft.

7) Höhere Grade von Schilddrüsen-Überfunktion, bis hin zur Basedowschen Krankheit. Aber in leichteren Fällen dieser Art ist das Fasten durchaus möglich; und diese sind in der Praxis viel häufiger.

8) Normalerweise sinkt das Körpergewicht in den ersten Tagen durch Wasserverlust sehr rasch. Später geht es langsamer. Wenn aber nach dem 4. Fastentag ein weiterer Gewichtssturz von mehr als 1 1/2 kg in 24 Stunden erfolgt, muß man mindestens täglich kontrollieren. Es läßt sich nicht genau angeben, wieviel Gramm Verlust (im Tag) noch tragbar sind. Oft pendelt sich ein neues Gleichgewicht im Laufe der Fastentage ein. Daß ein bedrohlicher Gewichtssturz den Abbruch des Fastens notwendig macht, soll vorkommen. In der Praxis habe ich es aber noch nie gesehen.

9) Vor dem Fasten sollten eitrige Zahnherde entfernt, vereiterte Nasennebenhöhlen ausgespült werden. Es ist dies zwar nicht immer unbedingt nötig, aber das Fasten hilft doch nicht so gut, solange eine derartige Herderkrankung weiter besteht. Dagegen werden allergisch bedingte Nebenhöhlenentzündungen, wie sie besonders bei Heuschnupfen vorkommen, durch längeres Fasten sehr gut beeinflußt.

10) Zuckerkrankheit spricht oft vorzüglich auf das Fasten an. Man muß dann aber alle Arzneien, die den Blutzucker senken, während der Kur weglassen. Fortlaufende Blutzuckerkontrolle ist nötig.

11) Ein erheblicher Befund an Herz und Kreislauf kann fast immer durch eine vorausgeschickte Reiskur wenigstens soweit beseitigt werden, daß sich das Fasten mit Erfolg durchführen läßt.

12) Sicher ist, daß viele Hindu – auch Gandhi selbst – trotz sehr erheblichem Untergewicht mit bestem Erfolg gefastet haben.

Zusammenfassend nennt Lützner als Gegenanzeigen:

1) Menschen ohne Reserven: Schlecht ernährte, körperlich und nervlich erschöpfte Menschen (nach langer Krankheit oder schwerer Operation). Kranke, bei denen ein Gewichtsabbau eingesetzt hat – zum Beispiel bei Tuberkulose und Krebs.

2) Geisteskranke, weil sie nicht selbstverantwortlich handeln können. Unter fachärztlicher Leitung wurde allerdings auch bei Schizophrenien und Depressionen Gutes beobachtet.

3) Seelisch schwer Belastete, weil sie die innere Ruhe und Sicherheit nicht haben. Bei Neurosen ist psychotherapeutische Begleitbehandlung erforderlich.

4) Nervlich und körperlich Überforderte sollten erst acht Tage Urlaub machen, bevor sie ein Langzeit-Fasten beginnen.

5) Patienten, die Marcumar oder ähnliche Blutverdünnungsmittel nehmen.(S. 87)

Dagegen empfiehlt Lützner das Fasten in der Klinik in folgenden Fällen: »Heilfasten ist besonders angezeigt bei ernährungsabhängigen Stoffwechselkrankheiten, bei chronischen Krankheiten und bei Erkrankungen des Bewegungsapparates, die eng mit Stoffwechselentgleisungen verbunden sind:

- Gefährliche Fettsucht – mehr als 30 Prozent Übergewicht
- Diabetes (Zuckerkrankheit)
- Gicht
- Polyglobulie (zu viele Blutzellen)
- Fettleber
- chronische Hepatitis (Leberzellenschädigung)
- artielle Durchblutungsstörungen beispielsweise der Herzkranzgefäße, der Arm-, Bein- oder Kopfgefäße
- Bluthochdruck
- Herzinfarktgefährdung
- alle Erkrankungen mit chronisch gestörtem Gewebestoffwechsel, wobei Entschlackung und eine Umstimmung der Reaktionslage notwendig sind,

zum Beispiel bei Weichteilrheumatismus und Gelenkrheumatismus, Bandscheiben- und Gelenkschäden (Spondylarthrosen, Osteochondrosen, Arthrosen)
– chronische Hauterkrankungen (Ekzeme, Schuppenflechte)
– venöse Durchblutungsstörungen mit offenen Beinen
– allergische Krankheiten der Haut und der Schleimhäute.
Scheinbar unheilbare oder unbeeinflußbare Krankheit konnte durch Fasten und eine naturgemäße Zusatzbehandlung zur Heilung oder zum Stillstand geführt werden – so zum Beispiel:
– Migräne, chronischer Kopfschmerz
– Glaukom
– Porphyrie, Polyarthritis und Bechterew, Morbus Reiter, Morbus Crohn im Frühstadum.
Nicht zuletzt vermag langes Fasten Eßverhaltensstörungen und süchtige Bindungen zu unterbrechen und ist damit neben der Psychotherapie eine entscheidende Hilfe bei
– Freßsucht, Zuckersucht, Bulimie
– Suchtgefährdung durch Alkohol, Nikotin, Tabletten« (S. 85 - 87).

Warnend beginnt Dr. Lützner sein Buch mit der Bemerkung: »Wichtiger Hinweis! Fasten (selbständig, Verf.) dürfen nur wirklich gesunde Menschen. Wenn Sie sich insoweit nicht sicher sind oder sich in ärztlicher Behandlung befinden, müssen Sie zunächst einen Arzt fragen.

Wenn Sie chronisch krank sind, Medikamente nehmen, sich nicht gesund fühlen oder wegen irgendwelcher Beschwerden in ärztlicher Behandlung stehen, so dürfen Sie nicht selbständig fasten. Sie sollten sich einer Fastenklinik anvertrauen.

Bitte suchen Sie sofort einen Arzt auf, wenn während der Fasten- oder der Nachfastenzeit Beschwerden auftreten« (S. 2).

Damit Lützner nun die Leser seines Buches, die sich von einem Fastenarzt beraten lassen möchten, nicht alleine läßt, führt er auf den letzten Seiten knapp 200 »Ärzte, die bereit sind, Fastende zu beraten«, auf. Außerdem gibt er etwa 30 »Häuser, in denen Heilfasten angeboten wird« und etwa ebensoviele Kontaktadressen von »Fastenwochen für Gesunde« an.

Kapitel VII

TROTZ KREBS – DIE VITALSTE ALLER FRAUEN

Die Vorträge bei meinen Veranstaltungen halte ich meistens selbst. Sobald aber jemand aus der Gruppe bereit ist, unterwegs oder an den Abenden über ein gesundheitliches Thema zu sprechen, bin ich überglücklich. Denn zum einen kennt ja die Hälfte der Teilnehmer bereits meine Vorstellungen von früheren Veranstaltungen. Zum anderen können gar nicht genug unterschiedliche reformerische Impulse weitergegeben werden.

Außer mir spricht auch Anna Preisler regelmäßig bei unseren Veranstaltungen. Anna ist seit 1989 ständig in meinen Gruppen und sorgt dort für die Getränke, die medizinische Betreuung, die Lebensberatung und den Zusammenhalt der Gruppen unterwegs, denn sie geht gewöhnlich als letzte.

Die ehemalige Naturkost-Gastwirtin übernimmt möglichst in jeder Gruppe einen Beratungsabend, an dem sie aus ihrem reichen Erfahrungsschatz im Ernährungsbereich berichtet und auf viele Gesundheitsfragen eingeht. Da die Informationen, die sie gibt, in den verschiedensten Büchern nachgelesen werden können, haben wir in dieser Schrift auf eine Zusammenstellung ihrer Ratschläge verzichtet. Was aber nirgends geschrieben steht, ist Annas ermunternde Gesundheitsgeschichte. Möglichst schon in den ersten Tagen stellt sie sich vor und erzählt, wie sie mit ihren vielen Krankheiten und Beschwerden fertig geworden ist. Ich lege sehr großen Wert darauf, daß Anna darüber berichtet, denn sie übermittelt dadurch sehr viele wichtige Fasteninformationen. Außerdem ermuntert sie den einen und anderen dazu, sie anschließend um Rat zu bitten oder es ihr nachzutun.

Hier ihr Bericht: Ich bin die Anna und wurde 1935 in der Steiermark in Österreich geboren. Dort wuchs ich recht naturverbunden heran und sprang in meiner Kindheit viel in den Bergen herum. Was die Ernährung anging, hatte ich einen Ekel vor Fleisch und aß möglichst nur Rohkost aus dem Gemüseladen meiner Mutter. Dafür mußte ich viel Schläge einstecken, denn meine Mutter bestand darauf, daß wir Gekochtes aßen. Das aber schmeckte mir nicht.

Da ich Lust zum Gaststättengewerbe hatte, ließ ich mich in der Gastronomie ausbilden und arbeitete in dieser Branche anschließend in der Schweiz und in Deutschland. Mit meinem Mann und den Kindern, die inzwischen zur Welt gekommen waren, zog ich 1961 nach Bingen am Rhein. 1975 übernahmen wir dann einen kleinen Hotel- und Gaststättenbetrieb außerhalb der Stadt Kaiserslautern, im Eselsbachtal im Pfälzer Wald gelegen.

Im Gaststättengewerbe wird normalerweise die natürliche Ordnung sehr stark auf den Kopf gestellt. Nach und nach gewöhnte ich mich leider an vieles, was mir vorher fremd war, z.B. an die gesellschaftsübliche Ernährung. Was für mich persönlich jedoch besonders schlimm war, daß ich, anstatt mich mit den Vögeln ins Bett zu legen, fast tagtäglich bis tief in die Nacht hinein arbeitete.

Wegen dieser Mißachtungen der Naturordnungen ist es deshalb kein Wunder, daß es mir während dieser vielen Jahre nie wirklich gut ging, ja, als junger Mensch sah ich bereits furchtbar elend aus. Im Laufe der Jahre wurden dann meine Verdauungsorgane immer kränker: Mein Magen und mein Darm arbeiteten kaum noch, die Schilddrüse produzierte zu wenig, und die Bauchspeicheldrüse versagte. Außerdem bekam ich, wohl vom vielen Stehen, Krampfadern und Thrombose, und auf meinem linken Bein bildete sich ein riesiger schwarzer Fleck, so daß mir mein Arzt prophezeite, daß es absterben würde.

Mein Zustand war so schlimm, daß ich mich schützend zur Seite drehen mußte, wenn meine Kinder an mir hochsprangen. Mein Bauch hielt derartige Erschütterungen nicht mehr aus. Selbst wenn sie am Sonntagmorgen zu mir ins Bett krochen, krümmte ich mich vor Schmerzen. Schon bei der Geburt der Carmen, bei der ich 21 Jahre alt war, entdeckte ich, daß sich eine unerfreuliche Magenschleimhautentzündung eingeschlichen hatte. Beim Essen hatte ich seither immer furchtbar zu leiden. Trotzdem bemühte ich mich gewissenhaft - ohne meinen Mann, der in einer Autofirma arbeitete, - um unseren Gaststätten- und Hotelbetrieb und zog meine fünf Kinder, für die ich leider recht wenig Zeit hatte, groß.

1976, als ich 41 Jahre alt war, ging es mir bereits so hundsmiserabel, daß meine damals zwanzigjährige Tochter Carmen mir ans Herz legte, ins Krankenhaus zu gehen, um mich gründlich untersuchen und ausheilen zu lassen. – Ich war bereit, auf ihren Wunsch einzugehen, denn auch ich erkannte, daß es so mit mir nicht weitergehen konnte und ich endlich einmal etwas für meine Gesundheit tun müsse. Da ich aber instinktiv eine starke Aversion gegen die Schulmedizin und die Krankenhäuser hatte, schlug ich der Carmen folgendes vor: »Wenn ihr Kinder euch um das Hotel und die Gastwirtschaft kümmert, dann könnte ich auch zu Hause eine Fastenkur durchführen.«

Tageweise hatte ich, wenn es mir schlecht gegangen war, auch schon vorher gefastet, jedoch nie über einen längeren Zeitraum. Da ich nun aber völlig am Ende war, hoffte ich, daß ein längeres Fasten mich kurieren könnte, ja, ich sah im Fasten meine einzige Rettung. Die Anregung dazu hatte ich einem alten Gesundheitsbuch entnommen, aus dem schon meine Mutter ihre medizinischen Weisheiten hatte. Mit diesem Buche hatte sie mir, als ich etwa ein Jahr alt war, wahrscheinlich mein Leben gerettet.

Als ich damals Diphtherie hatte, brannten an meinem Bettchen bereits die Sterbekerzen. – Vorsorglicherweise hatte mein Vati dieses Buch versteckt, weil er befürchtete, daß ich noch schneller stürbe, wenn meine Mutter die empfohlenen Anwendungen durchführen würde. – Meine Tante erklärte meiner Mutter schlichtweg, daß sie mit keinem ihrer vier Kinder das machen würde, was sie da ihrem einen zumute. Meine Mutti ließ sich aber von ihrem Vertrauen zu dem Buch "Weg zum Glück" von Dr. Johannes Maier aus München und von ihrem Glauben an die heilenden Kräfte in der Natur nicht abbringen. Kurzerhand vertrieb sie die Verwandten, die um mich herum knieten und beteten, heizte die Küche stark ein und holte von der Quelle am Berge zwei volle Eimer mit eiskaltem Wasser. Damit wusch sie mich immer wieder blitzschnell am ganzen Körper, und zwar zum Herzen hin, damit die Durchblutung gefördert würde und der Dreck, die Schlacken, die Gifte und die Bakterien besser aus dem Körper hinaustransportiert werden konnten. Anschließend wickelte sie mich in heiße Windeln. – Am Abend schon gratulierte unser Hausarzt der Mutti und meinte, daß ich über den Berg sei.

Während andere Kinder in den Märchenbüchern und in Karl May blätterten und lasen, interessierte mich immer wieder der Inhalt dieses Buches. – Meine eigenen fünf Kinder habe ich später bei ihren Krankheiten auch nach diesem Buche behandelt.

In ihm wird bei großen gesundheitlichen Schwierigkeiten bereits das längere Fasten empfohlen. Es heißt dort freilich, so wie es damals allgemein verbreitet war, daß der Fastende viel Ruhe brauche und hauptsächlich im Bett liegen solle.

Während meiner drei Fastenwochen habe ich getan, was ich konnte, um meinen Körper zu entschlacken und zu rein gen. So folgte eine Schwitzkur der anderen, und Carmen legte mir wiederholt Heublumensäcke auf den nackten Körper, damit durch die Pollen und andere Blütenstoffe die Ausscheidung über die Haut aktiviert würde.

Bei diesem ersten Fasten kam ich mir recht schwach vor. Trotzdem war es mir sehr gut bekommen, denn ich fühlte mich während dieser Tage und anschließend wesentlich wohler als vorher. Dafür war ich sehr dankbar.

Nach 21 Tagen beendete ich dieses Fasten instinktiv mit Rohkost. Verführerisch lachten mich damals die Tomaten im Garten an, über die ich mich eine Woche lang mit wachsender Begeisterung stürzte.

Bereits auf unserer ersten Überlandwanderung 1984 war Anna dabei

Während meiner Fastenkur und auch hinterher noch bemühte sich Carmen, aus der Bibliothek und woher immer sie konnte, möglichst viel Literatur über das Fasten herbeizuschaffen. Dabei entdeckte sie in einer Gesundheitsillustrierten einen interessanten Fastenbericht, den sie mir vorlas. Er handelte von zwei jungen Ehepaaren, die ihre Speisekammern und Kühlschränke leergeräumt hatten und zwei Wochen lang während des Urlaubs zu Hause fasteten. An den Wochenenden suchten sie beim Spazierengehen auch Ausflugslokale auf, wo sie sich köstlich darüber amüsierten, mit welcher Gier und Hast die anderen Gäste ihre Kuchenstücke in den Mund hineinschoben, während sie selbst mit ihrem Mineralwasser zufrieden waren.

Wenn diese Ehepaare während des Fastens nicht im Bett liegen, warum sollte ich es tun, dachte ich. Außerdem kam ich auf den Gedanken, daß es doch möglich sein müsse, auch während der Arbeitszeit zu fasten. – Als ich später wieder Lust zum Fasten bekam, wollte ich es dieses Mal während der normalen Tagesbeschäftigungen ausprobieren. – Mein Hausarzt, dem ich mein Experiment erzählte, bekam es jedoch mit der Angst zu tun und erklärte mir in ernstem Tone, daß ich unter allen Umständen mit dem Fasten aufhören müsse, da mein Kreislauf dieses nicht durchstehen würde. Zumindest müsse ich jeden Morgen etwas Müsli essen.

Diese Art zu fasten war mir wesentlich leichter gefallen als mein Bett-Fasten. Leider übertrug sich jedoch die Angst des Arztes auf mich, und ich fing an, früh etwas Frischkornbrei zu essen. Dadurch aber kam ich wieder aus dem Fasten.

Seit dieser Zeit fastete ich jährlich dreimal eine Woche lang. Meine Fastenzeiten plante ich jedoch nicht lange im voraus, sondern fing immer dann damit an, wenn ich das Bedürfnis danach verspürte. Rückblickend muß ich sagen, daß ich wohl immer im Frühjahr, im Hochsommer und im Herbst gefastet habe. Während des Fastens fühlte ich mich gewöhnlich topfit. Erst wenn ich wieder aß, fing es an, mir wieder schlecht zu gehen.

Sichtbar gesünder wurde ich während dieser Fastenjahre nicht, immerhin wurde mein Zustand aber auch nicht schlechter. Recht und schlecht konnte ich es gerade aushalten.

1984 sollte in unserer Gastwirtschaft eine größere Hochzeit gefeiert werden. Alles war bereits gerichtet. Während das Personal scherzend auf die Gäste wartete und der Bierfahrer sich verabschiedete, entdeckte ich auf einmal, daß die ältere Kaffeemaschine tropfte. Diesen Defekt wollte ich mit einem kurzen Druck gegen einen Hebel beheben. Dummerweise drückte ich ihn jedoch, wahrscheinlich weil ich abgelenkt war, in die verkehrte Richtung. Da schoß mir der Großteil des bereits kochenden Kaffees direkt ins Gesicht.

Meine Tochter Carmen reagierte blitzschnell und drückte mir meinen Kopf am Büfett in das kalte Wasser. Gleich darauf ließ sie aus dem Erste-Hilfe-Kasten das Johannisöl holen, tränkte einen Lappen damit und tupfte ihn vorsichtig auf mein feuerrot glühendes Gesicht. Daraufhin wurde ich, weil nun durch das Portal die Hochzeitsgesellschaft eintrat, schnell aus der Wirtsstube hinaus in eines der Hotelzimmer geführt.

Während dieser ersten Hilfsmaßnahmen hatte das Personal auf Anweisung von Carmen fleißig Kartoffeln gerieben, die mir jetzt laufend eine halbe Stunde lang, gemischt mit kleingeschlagenen Eisstückchen, auf die Gesichtshaut aufgelegt wurden.

Nachdem ich den ersten Schrecken überwunden hatte, spürte ich besonders stark, wie sehr das Gesicht brannte und schmerzte. Da drängte Frau Clos, unsere Bedienungsaushilfe, daß ich zum Arzt ginge.

Verbrennungen ersten Grades beschränken sich auf die äußere Hautschicht. Die Haut ist gerötet, berührungsempfindlich und schmerzt. Verbrennungen zweiten Grades sind durch Brandblasen gekennzeichnet. Bei Verbrennungen dritten Grades ist die Haut tief zerstört, verkohlt oder bei Verbrühungen weiß und leblos. In einem Lexikon heißt es dazu: Verbrennungen dritten Grades sind langwierig und vielfach nur durch Hauttransplantation auszugleichen, wenn Kontrakturen und ungünstige Narbenbildungen vermieden werden sollen.

Diese wären wahrscheinlich auf mich zugekommen, wenn meine Tochter nicht so schnell reagiert hätte. Durch den starken kochenden Kaffeestrahl war nämlich ein Übermaß an Hitze in mein Gesicht eingedrungen. Diese arbeitet sich gewöhnlich sehr schnell tief in den Körper hinein und zerstört überall die Eiweißstrukturen und damit das Gewebe.

Wichtig bei Verbrennungen ist es, die Hitze sofort wieder aus dem Körper herausziehen, damit nicht weiteres Gewebe angegriffen und zerstört wird.

Wasser, Eis und Kartoffelauflagen sind dafür bewährte Hausmittel.

Auf Kartoffeln waren meine Kinder gekommen, weil ich ihnen häufig erzählt hatte, daß in der Nachbarschaft meiner österreichischen Heimat ein kleiner Junge barfuß über das bereits verglühte Osterfeuer gelaufen war und sich dabei fürchterlich die Füße verbrannt hatte. Die Kartoffeln, die zum Garen in die Asche gelegt und dann gegessen werden sollten, schnitt man, weil man keine anderen Hilfsmittel dabei hatte, in aller Eile auf und legte sie ihm gleich auf die Fußsohlen. So konnte der Junge damals vor größerem Schaden bewahrt werden.

Mein Sohn Werni hatte inzwischen einen Schnorchel besorgt. Über ihn sollte ich Luft bekommen, wenn ich mein Gesicht ins Waschbecken tauchte. Das klappte jedoch nicht. Deshalb legten meine Kinder mich in die Badewanne und kühlten mein Gesicht mit einer kalten Dauerbrause. Das hielt ich jedoch nicht lange aus und bekam Schüttelfrost. Wieder legten sie mir eine Stunde lang geriebene Kartoffeln ins Gesicht. Jetzt aber begannen meine Augen, gefährlich anzuschwellen, und ich war bereit, zum Arzt zu gehen, der uns am Telephon versprach, mich sofort dranzunehmen.

Zum Glück hatte ich einen Eimer Wasser zum Kühlen des Gesichts mitgenommen, denn der Doktor ließ mich eine halbe Stunde warten. Darauf verabreichte er mir wegen der Schmerzen eine Spritze, strich Brandsalbe über das rötlich angeschwollene verwundete Gesicht und schickte mich sofort zur Augenärztin. »Glück gehabt! Die Augen haben schnell reagiert und sich rechtzeitig geschlossen,« sagte diese freundlich und freute sich mit mir. Trotzdem konnte ich einige Tage lang kaum etwas erkennen und muß unmöglich ausgesehen haben, denn die Kinder betonten täglich: »Du schaust heute schon viel besser aus als gestern.«

Wie bedauernswert ich ausgesehen hatte, bestätigten mir hinterher die Mitglieder meines Bibelkreises, durch die mir während dieser Zeit viel Kraft, Mut und Hoffnung zuteil geworden war. Sie erklärten: »Anna, wir haben Gott gebeten, daß er dir das Augenlicht erhält. Daran, daß deine Haut jedoch noch einmal schön werden könnte, hat niemand von uns gedacht.«

Während dieser Erlebnisse mußte ich oft an das Sterben denken, Angst vor dem Tode hatte ich jedoch nicht. Mehr Angst hatte ich vor den Ärzten, und ihnen vertraute ich mich wegen dieser Verbrennungen nicht noch einmal an. Dafür aber fastete ich sehr streng sieben Wochen lang, bis in den Juli. Danach war von der Gesichtsentstellung nichts mehr zu merken.

Einige Wochen später entdeckte ich einen taubeneigroßen Knoten in meiner rechten Brust. Daß das Brustkrebs sein sollte, kam mir zuerst gar nicht in den Sinn. Ich brachte dieses Geschwür vielmehr mit meiner Verbrennung in

Zusammenhang und dachte: »Da hast du wohl doch nicht lange genug gefastet!« Deshalb bemühte ich mich, wieder ins Fasten einzusteigen, was mir aber nicht so recht gelang. Ich erwischte mich immer wieder beim Naschen.

Carmen beobachtete, daß ich schon wieder fastete, und wollte wissen, warum ich dieses tat. Ich aber wich aus und erklärte ihr, daß ich mich während des Fastens einfach wohler fühlte. – In der Tat ging es mir während des Fastens immer blendend, wenn ich mich ernährte dagegen schlecht. Selbst Äpfel, Zwiebeln und Knoblauch konnte ich nicht vertragen.

Carmen nahm mir diese Begründung aber nicht ab, da ich gerade so lange gefastet hatte, und fragte bei einer späteren Gelegenheit: »Oder hast du etwas Ernsthafteres?« – Jetzt konnte ich meiner so fürsorglichen Tochter, die mich bei meiner Verbrennung dank ihrer Umsicht vor Schlimmerem bewahrt hatte, den drei bis vier Zentimeter großen Tumor nicht mehr verheimlichen und zeigte ihn ihr. Carmen begriff sofort, daß es sich um Brustkrebs handelte, und fragte bestürzt: »Und was willst du dagegen tun?« Leichtfertig antwortete ich wieder: »Fasten!«

Viele mögen denken: Wer so oft und lange gefastet hat wie ich, der dürfte doch eigentlich keinen Krebs bekommen. Diese Annahme ist aber nicht ganz richtig. Hätte ich freilich von Kindheit an nur naturgemäß gelebt, so wäre der Brustkrebs in der Tat merkwürdig. Da ich aber, wie ich vermute, kein sehr stabiles Erbgut mitbekommen habe und bereits fast dreißig Jahre lang mehr oder weniger ungesund gelebt hatte, war es kein Wunder, wenn meine Krankheiten in einem Kebsgeschwür gipfelten. Meine Fastenkuren hatten offenbar nicht gereicht, die Selbstheilungskräfte zu aktivieren und meinen sehr stark verschmutzten Körper zu reinigen.

Ich kann von Glück sagen, daß sich der Krebs bereits jetzt meldete. Das dürfte, wenigstens sehe ich es so, mit dem siebenwöchigen Fasten zusammenhängen. Durch das Fasten machen sich nämlich viele Krankheiten, die sich in uns anbahnen, schneller bemerkbar. Ihnen kann man dann oftmals noch rechtzeitig zu Leibe rücken. Wäre der Krebs erst fünf Jahre später zum Ausbruch gekommen, so hätte es für eine Heilung zu spät sein können. Insofern kann ich dem Himmlischen Vater sehr dankbar dafür sein, daß ich mein Gesicht verbrühte, war doch dadurch dieses sehr lange Fasten ausgelöst worden. Während dieser Zeit konnte das Krebsgeschwür reifen und sich melden. – Zu beachten ist, daß uns eine solche Krankheit auch nicht aus heiterem Himmel überfällt, sondern, bevor sie ausbricht, möglicherweise schon zwanzig und mehr Jahre in uns steckte.

Seine Gifte scheidet der gesunde Körper hauptsächlich über die Leber und die

Niere aus. Schafft er dieses über diese Organe jedoch nicht mehr, so benutzt er zusätzlich verstärkt die Haut. Wir bekommen dann möglicherweise Ekzeme oder gar Neurodermitis. Schafft dann die Haut diesen Ausscheidungsprozeß auch nicht mehr, oder ist sie, wie in meinem Fall, zum Ausscheiden gar nicht mehr fähig, so folgt darauf als dritte Stufe der Tumor.

Ich selbst hatte seit meinem 20. Lebensjahr nicht mehr schwitzen können und bekam auch keine Erkältungen und zusätzlich auch kein Fieber mehr.

Möglicherweise war durch den vielen Zuckerkonsum in der Kindheit mein Stoffwechsel schon recht früh gestört. Dadurch dürften die Funktionen der Leber und der Niere recht stark beeinträchtigt worden sein. Als dann die Ausscheidungen über die Haut auch nicht mehr funktionierten, sammelte sich wahrscheinlich der Dreck über die Jahrzehnte in mir an und blieb liegen. Mein Körper muß so degeneriert gewesen sein, daß trotz des vielen Fastens die Selbstreinigungskräfte nicht genügend angeregt werden konnten. Deshalb war es also kein Wunder, wenn in dem total verschlackten und sicherlich auch verklebten Körper die Zellen verrückt spielten und wucherten.

In seinem Anfangsstadium, wo er gewöhnlich auf natürliche Weise noch heilbar ist, will der Krebs die letzte Warnung sein.

Unser Zellenchaos ist immer, meine ich jedenfalls, das Spiegelbild unseres Lebenschaos, das wir meistens leider gar nicht als ein solches empfinden. Erst wenn in unser Leben eine saubere Ordnung, orientiert an den Naturgesetzen, eintritt, kann auch in unserem Körper nach und nach wieder Ordnung geschaffen werden.

Ich jedenfalls hatte den Brust-Tumor als letzte Warnung vernommen und nahm mir nun noch ernsthafter als jemals zuvor vor, auf eine gesunde Ernährung und Lebensweise zu achten. Außerdem wollte ich mich bemühen, möglichst alle eingelagerten Schlacken, Gifte und Eiterherde auszuscheiden. Das konsequente Fasten war mir jedoch leider von dem Augenblick an kaum noch möglich, wo ich wußte, daß ich es unbedingt brauchte.

Gerade zu diesem Zeitpunkt entdeckte ich in Kaiserslautern in unserem Naturkostladen einen Aushang. Ein Christoph Michl lud für Anfang September 1984 zu einem zehntägigen 550 km langen Fasten-Marsch von Nürnberg nach Hannover ein. Ich war hellauf begeistert, denn so etwas, sagte ich mir, hat ja, wenn ich durchhalte und es schaffe, den Wert von einem wenigstens zwei bis drei Monate langem normalen Fasten. – Erstaunlicherweise war ich auf einmal wieder voll im Fasten drin. – Sofort rief ich Angelika Schwartz an, die mit Christoph damals zusammenarbeitete. Sie sagte mir nicht nur sofort zu, sondern schien auch gar keine Bedenken bezüglich meiner Krebskrankheit zu haben. Am Mittwoch darauf erhielt ich die Wanderunterlagen.

Nun ergab sich freilich die Schwierigkeit, diesen Plan meinen Kindern, die noch alle in der Ausbildung waren, beizubringen. Am Sonnabend sollte es ja bereits losgehen! Und während meiner Abwesenheit hätten sie Restaurant und Hotel alleine weiterführen müssen.

Beim Mittagessen zeigte ich Carmen erregt die Unterlagen und war gespannt, wie sie reagieren würde. Die aber schaute mich erstaunt an und fragte: »Willst du da etwa mit?« »Ich möchte schon«, antwortete ich begeistert, »dieses ist für mich bestimmt der beste Einstieg in ein erneutes langes Fasten, nur...« Hier stockte ich. – »Was heißt nur?«, wollte Carmen wissen, – »du meinst, wenn wir dich ziehen lassen.«

Nach mehreren Unterredungen unter den Kindern setzte sich Carmen am Nachmittag wieder zu mir und sagte: »Mutti, unter zwei Bedingungen lassen wir dich mit. Du mußt dir erstens einen Befund bei einem Arzt holen, und zweitens mußt du eine deiner Töchter mitnehmen.«

Daraufhin ging ich zum ersten Male mit meinem Brustgeschwür zu meinem Hausarzt. Der jedoch, nachdem er mir umständlich und zeitaufwendig beigebracht hatte, daß ich Krebs habe, schickte mich zu einem Spezialisten wegen einer Mammographie. Eine Mammographie ist eine röntgendiagnostische Methode zur Untersuchung der weiblichen Brust, vor allem zur Feststellung bösartiger Geschwülste. Dieser Arzt versuchte nun ebenfalls, mir schonend beizubringen, daß ich Brustkrebs in bereits fortgeschrittenem Stadium habe, und für ihn gab es keine andere Möglichkeit, als mich sofort in eine Klinik zwecks einer Operation zu überweisen. Darauf legte ich aber keinen Wert. Ich wollte mir nicht an dem Körper, den mir der liebe Gott geschenkt hatte, herumschneiden lassen. Was natürlich gekommen ist, das muß auch wieder natürlich gehen, war meine Devise.

Anna 1985 auf dem Marsch von Hannover nach Nürnberg neben ihrem "Lebensretter" Horst Greim

Dieser Fastenmarsch, zu dem ich mich angemeldet hatte, ging nicht, wie ursprünglich geplant und von mir angenommen, von Nürnberg nach Hannover, sondern lediglich von Horneburg bei Hamburg, dem Heimatort von

Christoph, nach Bad Pyrmont ins Weserbergland, hin zur Buchinger-Fasten-Klinik. Es wurden zum Leidwesen der eifrigsten Marschierer auch keine 550 km in zehn Tagen, sondern nur etwa 250 km in 7 Tagen zurückgelegt.

Als sich nun alle 26 Teilnehmer im Hause von Manfred Bäse in Horneburg trafen, war meine sehr verständliche Sorge, ob Christoph mich auch wirklich mitnehmen würde. Der war zwar an meiner Krankheit sehr stark interessiert und bat mich, vor allen Teilnehmern darüber zu berichten. Meinen Befund aber sah er sich nicht an, und Bedenken schien der damals 38jährige auch nicht zu haben. Auch Angelika, die ich daraufhin vorsichtshalber noch einmal ansprach, winkte nur ab und meinte: »Wie ich Christoph kenne, nimmt er dich auf alle Fälle mit.« Das beruhigte mich erst einmal. So waren Vorbereitungen und Anreise nicht vergeblich gewesen.

Am Abend ging es noch zu der besonders reizvollen kleinen Feldsteinkirche in Bliedersdorf, wo Freunde von Christoph ein Konzert zu Ehren der Fastenwanderer gaben. Der Aufenthalt in dieser ehemaligen Burgkapelle, die einen wunderbaren Frieden ausstrahlt, gab mir jedoch die Gewißheit, daß ich mich den richtigen Menschen anvertraut hatte.

Obwohl Bliedersdorf nur etwa fünf Kilometer entfernt lag, war ich nach dieser Einlauf-Übung jedoch völlig fertig und hatte einen nie gekannten Muskelkater. Auch war ich an den ersten Tagen immer die letzte, und nach den Pausen kam ich kaum wieder in die Gänge. Das bereitete mir Sorgen. Ich ließ mir deshalb am dritten Tage von Angelika, die das Begleitfahrzeug fuhr, ein Einlaufgerät besorgen und entleerte damit am Abend und nochmals am nächsten Morgen meinen Darm. Von da an fühlte ich mich wohler. Gleichzeitig rutschte ich, völlig unbeabsichtigt, an die Spitze der Gruppe. Dieses tat mir in doppelter Weise gut: Erstens hatte ich jetzt nicht mehr das Gefühl, den anderen zur Last zu fallen, und zweitens ging es sich erstaunlicherweise vorne viel leichter als hinten. Deshalb rate ich jetzt bei unseren Touren allen, die Schwierigkeiten haben, mitzukommen, vorne zu gehen. Da hängt man nicht so durch, sondern geht einfach sicherer und schneller und belastet sich nicht mit unnötigen schweren Gedanken.

Dieser Marsch quer durch die norddeutsche Tiefebene und das Weserbergland machte mich einmalig fit. Ich hätte anschließend die über 400 km bis Kaiserslautern noch problemlos weitermarschieren können. Er wurde mir aber auch insofern zur Schicksalswende, als ich Horst Greim und seinen Geschäftsführer Hans-Otto Helwig kennenlernte. Horst und Hans-Otto waren nämlich nicht nur selbst sehr fastenerfahren, sondern betreuten in ihrem Sanatorium auch viele Fastenpatienten. »Anna, was du da tust, finde ich ausgezeichnet,« erklärte mir Horst. »Ich lade dich zu uns zu einer Kur ein, egal wann und unter welchen Umständen du kommst.« Und Hans-Otto ergänzte: »Anna, du mußt kommen. Alleine wirst du es mit deiner Krankheit nicht schaffen. Krebs ist eine allzu tief sitzende und hartnäckige Angelegenheit. Aber bei uns im Sanatorium sind die Heilungsbedingungen äußerst günstig.« Obwohl ich durch diesen Marsch wieder gut ins Fasten gekommen war und auch zu Hause noch einige Tage problemlos durchhielt, – sehr lange blieb ich jedoch nicht standhaft. Immer wieder naschte ich. Entschuldigend sagte ich mir, daß dieses nicht so schlimm sei, da ich am nächsten Tage ja wieder mit dem Fasten beginnen könne.

Bei diesem inkonsequenten Fasten beobachtete mich Carmen und sagte mir eines Tages: »Ich glaube, du kannst nicht mehr fasten!« Das aber wollte ich nicht wahr haben und widersprach. Da entgegnete sie: »Mama, ich habe doch gesehen, daß du das Brötchen mit in den Keller genommen hast,« und dann kamen ihr die Tränen – und mir auch.

Nun schüttete mir Carmen ihr Herz aus und klagte: »Diese Situation ist für uns Kinder unerträglich! Du glaubst immer, du könntest dich durch Fasten heilen. Aber es gibt niemanden, der mit dir der gleichen Meinung ist und deine Überzeugung bestätigt. Als du auf der Wanderung warst, rief unser Arzt an und hat uns gebeten, dich zu beeinflussen, daß du dich operieren läßt. Auch Dr. Buchinger aus Bad Pyrmont, wo du nach dem Marsch untersucht wurdest, schreibt dir, daß du dich zuerst operieren lassen solltest. Dann wolle er dich fasten lassen. – Wenn du uns doch nur einen einzigen Menschen nennen könntest, der deine Einstellung bestätigt. Dann wäre es für uns wesentlich leichter, deine Überzeugung zu teilen und dich auf deinem Wege zu begleiten. Aber so ...«

Diese Worte schnitten mir ins Herz. Carmen hatte recht. Es wurde den Kindern sehr schwer gemacht, meine Überzeugung zu begreifen und mich zu unterstützen. Aber wie sollte ich jemanden aus dem Boden stampfen, der ebenso dachte wie ich. Unser Hausarzt unterstützte mich leider nicht.

Die Begegnung mit ihm unmittelbar nach unserer Fastentour hatte ich wieder lebendig vor Augen. Ich war damals zu ihm gegangen, um bei ihm den Mammographiebefund abzuliefern. Vorsichtig und schonend redete er nun auf mich ein, um mir meine Situation bewußt zu machen, und seine Worte gipfelten in dem Befehl: »Sie müssen so schnell wie möglich ins Krankenhaus!« »Nein«, erwiderte ich standhaft, »das tue ich nicht. Ich werde weiter fasten.« Jetzt geriet der Arzt etwas außer sich und schrie mich aufgeregt an: »Sie mit ihrem Fasten! Sie haben wohl nicht alle Tassen im Schrank! Begreifen Sie denn nicht, wie ernst es um Sie steht! Verstehen Sie nicht, in einem halben Jahr sind Sie nicht mehr!« Entschlossen konterte ich: »Das werden wir ja sehen, Herr Doktor! Einer wird recht behalten, entweder Sie oder ich!«

Um mein Herz doch zu erreichen, erinnerte er mich noch an meine fünf Kinder, die er alle kannte, malte mir ihr Schicksal vor Augen und fragte besorgt: »Was wird aus ihnen, wenn sie keine Mutter mehr haben?« »Um sie geht es mir ja gerade,« erwiderte ich, «meine Kinder können mit einer dahinsiechenden Mutter nichts anfangen. Sie brauchen eine gesunde, vitale Mutter, und ich muß jetzt zusehen, daß ich mir meine mir von Gott zugedachte Gesundheit wieder erwerbe.«

Der Arzt spürte, daß er mich nicht auf seine Seite ziehen konnte, und er ließ sich deshalb unterschreiben, daß er mich aufgeklärt habe und daß ich um die Gefahren und Folgen wisse, wenn ich mich nicht operieren lasse. Daraufhin nannte er mir noch einige Beispiele von Patienten, deren Zögern bei seiner Meinung nach notwendigen Operationen mit dem Tode geendet hatte, und er erklärte mir, daß er mich, falls ich es mir überlegte, lieber heute als morgen in die Klinik einweisen würde. – Ich dagegen hätte ihm eine Fülle von Krebsoperierten nennen können, die ein halbes Jahr nach diesem chirurgischen Eingriff auch unter der Erde lagen. Aber ich wollte ihn nicht noch mehr aufregen.

Während ich mich an diese Begegnung mit meinem Hausarzt erinnerte, fiel mir Dr. Becker, der damals älteste deutsche Fastenarzt, wieder ein. Er hatte nämlich bei uns in der Gaststube einmal einen Vortrag über Fasten, sein Lieblingsthema, gehalten. Zu Carmen sagte ich deshalb: »Weißt du, ich werde Dr. Becker anrufen und ihn fragen, was er mir rät.« – Und nach einer längeren Pause fuhr ich fort: »Vielleicht ist es doch das beste, zu Horst Greim ins Sanatorium zu gehen, um dort eine längere Kur anzutreten. Aber was soll während dieser Zeit aus unserem Lokal und dem Hotel werden? Ich kann doch nicht einfach so lange wegbleiben!« – Carmen, der immer noch die Tränen kamen, sprach daraufhin die Worte, die mir nie wieder aus dem Sinn gehen werden: »Mutti, du mußt unbedingt gehen. Wir werden es schon auch ohne dich schaffen. Es ist besser, du gehst und kommst wieder, als du gehst und kommst nimmer.«

Der damals neunzigjährige Dr. Becker in Berchtesgaden erinnerte sich an mich, machte mir Mut und meinte: »So wie ich Sie kenne, schaffen Sie es auch. Nur«, so schränkte er ein, »werden die Krankenkassen nicht mitziehen.« – Als ich am nächsten Morgen bei der Krankenkasse einen Kurantrag stellen wollte, wurde mir erklärt, daß nur ein zugelassener Arzt diesen stellen könne. Vorsichtshalber fragte ich noch zurück: »Und wenn er es nicht tut?« »Dann gehen Sie einfach zu einem anderen«, wurde mir großzügig erklärt.

Mein Hausarzt war über mein Kommen hocherfreut und fragte erleichtert: »Haben Sie es sich nun doch überlegt?« »Nein, Herr Doktor«, antwortete ich, »ich möchte nur eine Kur in einem Fasten-Sanatorium machen. Könnten Sie für mich bitte einen Antrag stellen.» Etwas enttäuscht antwortete er mir: »Frau Preisler, das ist das wenigste, was ich für sie tun kann.« Daß er so reagierte, rechne ich ihm hoch an, denn er hätte seine Unterstützung auch verweigern können.

Mir war von meiner Krankenkasse versprochen worden, daß mein Antrag im Eilverfahren behandelt würde, doch dann rief sie bei mir an und erklärte, daß der Vertrauensarzt meinen Therapievorstellungen nicht zustimmen könne. – Bei einer nochmaligen Untersuchung, dieses Mal von der Krankenkasse selbst durchgeführt, wurde ich darauf aufmerksam gemacht, daß es für eine Kur zu spät sei und daß nur noch eine sofortige Operation in Frage käme. Ich erklärte dem Vertrauensarzt, daß ich den Körper als ein Geschenk Gottes betrachte und deshalb nicht daran herumschneiden lasse. Da ich an die dem Menschen verliehenen Selbstheilungskräfte glaube, sähe ich durchaus noch Heilungschancen. Der Arzt teilte zwar nicht meine Meinung, respektierte aber meinen Standpunkt, und die Kasse zahlte die dreimonatige Kur. Zusätzlich wurden mir zwei Ergänzungswochen von Greims geschenkt.

Das Waerland-Sanatorium am Südhang des Schwarzwaldes macht einen sehr gepflegten und einladenden Eindruck. Mit seinen nur vierzig Betten vermittelt es außerdem eine sehr familiäre Atmosphäre. Mit ihren Bergen, Wäldern, Wasserfällen und Schluchten ist seine Umgebung außerdem zum Wandern phantastisch geeignet.

Ich war glücklich, daß Horst und Hans-Otto mich in meinen Therapie-Vorstellungen verstanden und ermutigt hatten und ich von ihnen eingeladen worden war. Womit ich jedoch nicht gerechnet hatte, war, daß der Sanatoriums-Arzt in meinem Falle auch gegen eine Fasten-Kur war. Zum Glück ging er jedoch bald in Urlaub. Seine Vertreterin dagegen akzeptierte meine Vorstellungen und Wünsche, u. a. auch, daß ich Präparate wie Vitamin- und Mineralstoffzugaben ablehnte. Es tat mir freilich leid, daß ich auch die Gemüsebrühe nicht anrührte, aber sie bekam mir einfach nicht. Dafür hatte ich jedoch meine Freude an den Frischsäften.

Den gesamten Aufenthalt nutzte ich ausgiebig für Anwendungen. Was mir aber besonderen Spaß machte und mir äußerst gut tat, das waren die vielen Wanderungen während der 58 Fasten- und der sich anschließenden Aufbautage.

Sehr elend muß ich während dieser Zeit ausgesehen haben, denn ich wurde bei dem Personal und unter den Patienten immer mehr zum Tagesgespräch. Verspätete ich mich, so vermutete man, daß ich im Walde umgekippt oder mit dem Fahrrad gestürzt sei. Selbst Frau Greim wartete sehnsüchtig darauf, daß ich mit dem Fasten wieder aufhöre. Nur der betagte Seniorchef Heinz Papke beruhigte die Gemüter immer wieder: »Laßt sie doch fasten, solange sie das Gefühl hat, es sei für sie der richtige Weg. Was kann denn schief gehen?«

Die Sorgen waren freilich nicht ganz unbegründet, denn ich hatte bis auf vierzig Kilo abgenommen. Trotzdem fühlte ich mich sehr wohl, wenn ich auch hin und wieder von trockenem Brot träumte. – Inzwischen begann ich erfreulicherweise, die Gemüsebrühe zu vertragen, und bis zum Fastenende nahm ich wieder vier Kilo zu. – Die Geschwulst war fast nicht mehr zu sehen.

Eine Erleichterung war es für das gesamte Personal, als ich nach 58 Tagen zu Weihnachten 1984 am Geburtstag von Brigitte Greim mit dem Fasten aufhörte und nun mit einer sechswöchigen Aufbauphase im Sanatorium begann. Mein Ziel war es, nur noch pflanzliche Rohkost zu essen und mich auf diese Weise weiter zu heilen. Die Vertretungsärztin bezweifelte jedoch, daß mein Magen und mein Darm diese vertragen und verarbeiten würden.

Seit einigen Jahren hatte ich mich schon weitgehend von dem, was es in Naturkostläden zu kaufen gibt und was man gemeinhin Vollwertkost nennt, ernährt. Auf der Fasten-Wanderung nach Bad Pyrmont erklärte mir jedoch Hans, der Marathonläufer, daß ich mit gekochter Nahrung niemals gesund werden würde. Bei meinem gesundheitlichen Zustand käme nur Rohkost in Frage, und er empfahl mir das Buch von Walter Sommer: "Das Urgesetz der natürlichen Ernährung." Ich verstand seine Argumente, beherzigte seine Worte und nahm mir deshalb bereits damals vor, streng rohköstlerisch zu leben. Aber erst jetzt in der Aufbauphase bemühte ich mich, dieses konsequent in die Tat umzusetzen.

Das war anschließend in unserem Gaststättenbetrieb recht schwierig. Um mir zu helfen, aßen meine Kinder bei den gemeinsamen Mahlzeiten und überhaupt in meiner Gegenwart nur noch Rohkost. Zu meiner großen Überraschung hatten sie bereits während meines Sanatoriumsaufenthaltes in unserer Restauration am Mittwoch und Sonntag ein Rohkostbüffet eingerichtet. Als sie nämlich bei einem Besuch im Waerland-Sanatorium das Rohkostbüffet kennengelernt hatten, waren sie davon sehr angetan.

Vor Annas Hotel im Pfälzer Wald 1987.
Beginn der Wanderung "Leben in freier Natur"

Eineinhalb Jahre lang ging es mir verhältnismäßig gut. Während dieser Zeit, 1985, machte ich auch den 550 km langen Mammut-Fasten-Marsch von Hannover nach Nürnberg ohne jede Schwierigkeiten mit. Selbst den bekannten Hundert-Kilometer-Marathon von Biel in der Schweiz schaffte ich, zu dem mich Hans-Otto eingeladen hatte. Vor und während dieses Laufes hatte ich mir vorgenommen zu fasten. Hans-Otto gab mir jedoch von seinem belegten

Vollkornbrot und meinte, daß das in den Stunden bis zum Beginn des Laufes verdaut sei. Da ich mich nicht widersetzte, sondern aß, wurde dieser Marathon für mich zur Tortur.

Im Herbst 1986 wäre ich gerne wieder zu Greims zur Kur gefahren, weil ich mich nicht mehr so wohl fühlte und mein Hausarzt mir auch angedeutet hatte, daß der Tumor wahrscheinlich wieder im Wachsen sei. Weil wir aber große finanzielle Probleme hatten, konnte ich nicht von zu Hause weg. Außerdem war unser Heizkessel kaputt gegangen.

Als ich endlich im Januar 1987 Zeit für eine Kur hatte, war das Geschwür bereits faustgoß. Die Krankenkasse lehnte sie deshalb mit der Erklärung, daß bei dieser Tumorgröße weder Besserung noch Heilung möglich seien, strikt ab. Daraufhin rief ich die Greims an, um abzusagen. Horst und Brigitte aber befahlen mir: »Anna, du kommst!«

Die neue Ärztin, die das Sanatorium nun leitete, war nicht sehr glücklich über mein Kommen, und sie riet mir, in ein gewisses Kurheim in der Schweiz zu gehen, da die dortigen Ärzte gute Erfahrungen mit Krebstherapien hätten. Wie aber hätte ich diese Behandlung finanzieren sollen? Eigentlich wollte ich doch hauptsächlich nur fasten. Die Ärztin erklärte mir nun, daß sie sich gerade deshalb nicht in der Lage sehe zu helfen. Der Tumor sei einfach zu groß. Deshalb käme ein Fasten von höchstens drei Wochen in Frage, da sonst zu viele Gifte im Körper frei und ins Blut gelangen würden. Ein so kurzes Fasten aber könne in meinem Falle keine entscheidende Heilung bewirken.

Neben dem Fasten und den täglichen Wanderungen liefen bei dieser Kur, ebenso wie bei der ersten, wieder eine Reihe von Anwendungen. Z.B. wurde, um die Krebszellen absterben zu lassen, durch Überwärmungsbäder künstlich Fieber erzeugt. Das war eine sehr gute, ja notwendige Maßnahme, denn schon seit über 20 Jahren hatte ich kein Fieber mehr bekommen. Auch mußte ich jeden Tag eine Stunde lang zur Entgiftung unter die Dauerbrause.

Außerdem wurden mir Lymphdränage und Massage verschrieben. Einmal wurden sogar Blutegel angesetzt. Gelegentlich wurden mir auch Heublumensäcke aufgelegt.

Alle waren während dieser Maßnahmen von meinem Aussehen entsetzt, und keiner glaubte, daß bei mir Heilungsprozesse eintreten würden. Selbst die gläubige Schwester Hanna, die mir bereits bei meiner ersten Kur zu einer Freundin geworden war, erklärte: »Ich spüre, Gott hat noch etwas Großes mit dir vor, entweder in diesem oder in jenem Leben.«

Mein Brustknoten wollte sich zum Leidwesen aller überhaupt nicht verändern. Da erinnerte ich mich daran, daß ich einmal einer meiner Tanten, die damals gerade in ärztlicher Behandlung war, mit Quarkwickeln sehr geholfen hatte. Weil sie Asthma hatte, konnte sie fast nicht mehr sprechen. Auch schaffte sie es kaum noch, die Treppe hinaufzusteigen. Sie bat mich deshalb, in demselben Gesundheitsbuch, nach dem sich auch meine Mutter immer gerichtet hatte, nachzuschauen, was gegen ihre Leiden empfohlen würde.

Ich entdeckte nun in dem Buch von Dr. Maier ein Kapitel, in dem es hieß, daß durch Lehm- und Quarkwickel der Körper am intensivsten gereinigt würde. Deshalb legte ich ihr sieben Tage lang Lehmwickel auf. Anschließend folgten noch drei- oder vier Quarkwickel.

In der ersten Nacht verschlimmerte sich verständlicherweise ihr Zustand kolossal. Deshalb entschloß ich mich auch, diese Art der Behandlung nicht weiterzuführen, wollte ich doch an einer Verschlechterung ihres Krankheitszustandes nicht schuld sein. Mit ausschlaggebend für diese Entscheidung war auch, daß meine Schwester, die die Nachtwache gehalten hatte, mir vorhielt: »Warum hast du das nur mit der Tante gemacht!« Am Abend aber flehte diese mich inständig an, ihr noch einmal einen Lehmwickel aufzulegen. Das wiederholten wir daraufhin jeden Abend.

Allmählich ging es ihr besser, und nie wieder hatte sie in ihrem Leben so starkes Asthma. Selbst eine Wallfahrt nach Lourdes, die sie bereits abgesagt hatte, konnte sie nach diesen Anwendungen wieder durchführen.

Als ich der Ärztin diese Möglichkeit, Gifte aus dem Körper herauszuziehen, vorschlug, verschrieb sie mir für jeden Tag drei Pfund frischen Quark aus biologischer Tierhaltung. Eine Schwester legte mir diesen, wenn ich abends im Bett lag, kalt auf die Brust. Zusätzlich packte sie noch einige Wärmflaschen auf mich. – Nach etwa einer Stunde hatte sich unter den Tüchern, die fest um mich herum geschlungen waren, eine solche Hitze entwickelt, daß es für das Herz sehr anstrengend wurde. Nachts oder früh entfernte ich dann die Quarkwickel. Dabei stand in meinem Bett das Wasser, so schwitzte ich.

Den Patienten und dem Personal kam ich wieder wie ein Exot vor, besonders da ich dieses Mal noch hinfälliger wirkte als bei meinem letzten Kuraufenthalt, und die Gespräche drehten sich nun noch intensiver um mich als damals. Horst Greim ordnete sogar an, daß ich immer angeben müsse, wo ich hinginge, damit man mich fände, falls mir etwas passiere. Ich aber fühlte mich stark.

Die Ärztin, der ich möglichst aus dem Wege ging, erfuhr von Schwester Hanna immer alles, was ich unternahm. Wegen meiner Roßkur stellte sie mich deshalb nach einer Woche Quarkwickel zu Rede und erklärte mir: »Frau Preisler, gut, daß ich Sie treffe. Ich habe mit Ihnen noch ein Hühnchen zu rupfen.«

Weil ich mir keiner Schuld bewußt war, erläuterte sie: »Sie machen zu viel. Die vielen Anwendungen und die Sauna, das Radfahren und das Schwimmen, das ist für Ihr Herz zu viel. Bei Ihnen folgt ja eine Behandlung nach der anderen!« Ich flehte sie an: »Nur eine Woche lang möchte ich diese Anwendungen und Maßnahmen noch ganz intensiv durchführen, dann höre ich auf alle Fälle mit den Quarkwickeln auf.« – Die Frau Doktor ließ mich gewähren.

Am selben Tage sprach mich Hanna an: »Du gehst doch in einen Gebetskreis. Hast du den Teilnehmern eigentlich schon erzählt, wie schlecht es um dich steht? Die sollten einmal auch für deine Heilung beten.« – Am Tage nach dem Gebetsabend stieg ich wieder ins Überwärmungsbad, bei dem immer der Bademeister zur Beobachtung dabei war. Überrascht, sprachlos und voller Dankbarkeit stellte ich dieses Mal fest, daß man die Brustwarze, die sich in den Busen hineingezogen hatte, wieder sehen konnte.

Mein Sohn Bobby war für die Führung unseres Restaurants während meiner Kur von der Bundeswehr freigestellt. Da er nun eine Verlängerung benötigte, ging ich am gleichen Tage mittags noch zur Ärztin. Beim Eintreten erzählte ich: »Frau Doktor, ich habe eine Überraschung für Sie. Meine Brustwarze ist wieder da!« Ich machte die Brust frei. Erstaunt hob die Ärztin ihre Hände in die Höhe und rief ganz entzückt: »Ja Frau Preisler, das ist ja nur noch die Hälfte!« – Ab jetzt konnte ich machen, was ich wollte. Die Ärztin

äußerte sogar einmal, daß sich die Rollen zwischen ihr und mir vertauscht hätten: »Sonst bestimmt der Arzt, was der Patient zu tun hat. Hier aber erklärt Frau Preisler, was ich machen soll.«

Offenbar hatten hauptsächlich die Quarkwickel die Ausscheidung über die Haut angeregt. Während dieser Tage äußerte auch Hanna überrascht: »Deine Ausdünstungen haben sich verändert. Der Todesgeruch ist nun vorüber.« Etwas später erklärte sie mir: »Jetzt scheinst du deine Medikamente auszuscheiden, es riecht so metallen.«

Während dieser Zeit muß ich furchtbar gestunken haben. Die Masseurin wollte nämlich mit dem Masseur tauschen. Doch dieser lehnte ihr Ansinnen ab. Das Duschen vor jeder Massage hatte offenbar nichts gebracht. Als ich von diesen Schwierigkeiten erfuhr, rieb ich mich deshalb mit einem intensiv duftenden Mittel ein. Besonders viel an übelriechenden Stoffen muß ich unter der Dauerbrause ausgeschieden haben.

Meine Ausdünstungen waren so schlimm, daß man sie sofort roch, wenn man das Sanatorium, besonders frühmorgens, betrat. Die Nachbarin im Nebenzimmer ließ sich sogar umlegen, weil sie diesen Gestank nicht mehr ertragen konnte. Wahrscheinlich war durch ein gemeinsames Lüftungsrohr beim Waschen der Wickeltücher der Geruch zu ihr hinübergezogen.

Ich war überglücklich über diese eingetretenen Heilungsprozesse, und es war für alle Beteiligten unfaßbar und ein Wunder, daß der faustgroße Tumor sich zurückgebildet hatte und nur noch taubeneigroß war.

Nach 72 Fastentagen drängte es mich nach Hause, denn die Kinder hatten finanzielle Probleme und kamen im Betrieb nicht mehr ganz zurecht. Eigentlich hätte ich im Sanatorium noch abfasten müssen. Da sich aber zu Hause alles überstürzte, nahm ich mir vor, erst einmal weiter zu fasten und zu Greim zum Abfasten zurückzukehren. Als ich aber erst einmal wieder daheim war, bekam ich auch wieder Lust zu essen. Außerdem kam ich verständlicherweise nicht mehr von zu Hause weg.

Während des Abfastens machte ich dieses Mal leider sehr viele Fehler. Es ging mir jedoch den Umständen entsprechend gut.

Weil sich mein Tumor wesentlich gebessert hatte, ging ich auf Anraten von Bekannten noch einmal zum Vertrauensarzt der Krankenkasse, um zu zeigen, daß sich diese Kur für mich doch gelohnt hatte. Man sprach mir jedoch ab, beurteilen zu können, daß eine Besserung eingetreten sei. Gerade diesen Besserungsprozeß, so argumentierte ich, möchte ich ja von einem Fachmann geklärt und bestätigt wissen. Trotzdem wurde ich nicht zum Vertrauensarzt vorgelassen. Mir wurde vielmehr vom Direktor der Kasse die Tür gewiesen, und ich mußte unverrichteter Dinge gehen.

Seitdem ging ich wiederholt mit Christoph mit und fastete fünf Jahre lang verteilt übers Jahr immer etwas mehr als vier Monate. Während des Fastens ging es mir verständlicherweise immer am besten, denn meine Verdauungsorgane machten mir nur dann, wenn ich aß, schwer zu schaffen. Erst seitdem ich überwiegend Obst zu mir nehme, habe ich beim Essen keine Beschwerden mehr. Seit dieser Zeit faste ich auch nicht mehr so viel.

Während dieser Jahre wurde meinen Kindern und mir bewußt, daß es höhere Werte als die Arbeit gibt. Dadurch hat sich, besonders in unserem Familienleben, vieles geändert. Vorher war für uns wichtig, daß das Geschäft lief. Nun aber nehmen wir uns wesentlich mehr Zeit füreinander.

Als mich mein Hausarzt nach meiner ersten Kur, bei der sich mein Zustand sehr gebessert hatte, sah, sagte er ein wenig kritisch: »Wenn das alles so leicht ginge! Leben Sie erst einmal noch drei Jahre, dann will ich der letzte sein, der ihre Methode nicht zu würdigen weiß.« –

Als ich dann nach etwa sechs Jahren wieder bei ihm war und die Leberwerte untersuchen ließ, erklärte er mir bewundernd: »Es muß einmal gesagt sein: Was Sie da gemacht haben, ist ein einmaliges Beispiel für die Schulmedizin. Ich hätte nicht gedacht, daß Sie es schaffen. Frau Preisler, ich gebe Ihnen recht. – Nur: Ihre Methode kann man nicht verordnen. Sie muß aus der Überzeugung und aus dem Herzen kommen.«

Nachruf

Vierzehn segensreiche Jahre waren Anna geschenkt worden. Im Alter von 63 Jahren starb sie aber dann doch an den Folgen ihrer Krebs-Krankheit. Ob das notwendig war? Anna konnte sich nicht schonen. Je mehr Ideen entwickelt wurden, desto begeisterter engagierte sie sich und ließ sich von niemandem bremsen.

Als es zu spät war, verringerte sie ihre Aktivitäten, bis es wenige Monate später gar nicht mehr ging. Fünf Monate lebte sie noch zu Hause und ließ sich von ihren Kindern in der Hoffnung, wieder gesund zu werden, pflegen und behandeln. Kurz vor ihrem Tod erklärte sie: „Trotz aller Heilungserfolge und trotz aller Lebensfreude war ich ein kranker Mensch, und das hätte ich mehr berücksichtigen müssen."

Ihr Heimgang am 2. April 98 war ein Verlust für uns alle, die wir sie liebten. Aber wir freuen uns, daß wir Anna erleben, sie begleiten und von ihr profitieren durften.

Naturkost für ein kurdisches Lager

Kapitel VIII

NATURKOST-HILFSAKTIONEN IN KATASTROPHENGEBIETEN – EINE PIONIERARBEIT INNERHALB DER FASTEN-WANDER-BEWEGUNG

1. Statt Industrienahrung – lebenserhaltende Kost

Da es unserer Bewegung nicht allein um die Durchführung von Fasten-Wander-Veranstaltungen, sondern hauptsächlich um die Erhaltung und Förderung der menschlichen Gesundheit geht, ist es verständlich, daß wir auch darauf hinwirken, daß in den Familien, den Restaurants, den Kantinen, den Mensen, daß von den Krankenhaus- und Gefängnisküchen und daß bei Katastrophenhilfseinsätzen mehr pflanzliche Rohkost angeboten wird.

Es schmerzt uns, daß von den großen Hilfsorganisationen in den Katastrophengebieten fast ausschließlich entnatürlichte, wertlose und krankmachende Nahrung an die Betroffenen verteilt wird. Man braucht sich nur die Inhaltsangaben der Hilfspakete, die Lebensmittelager der großen Hilfsorganisationen und die Küchen der Flüchtlingslager anzusehen, um einen Eindruck davon zu bekommen, was geschwächten und hinfälligen Kriegs- und Katastrophenopfern zugemutet wird: Konservendosen, Fertiggerichte, Brot, Mehl, Nudeln, Reis, Milchpulver, Zucker, Kekse, Schokolade, Tee und Kaffee. Selbst wenn die Versorgung äußerst großzügig ist – Naturnahrung wird diesen Leidenden oft über Jahre nicht angeboten. – Nein, in derartige Hilfsaktionen wollte ich die Überschüsse meiner Fasten-Wander-Veranstaltungen nicht fließen lassen. Das konnte ich nicht mehr verantworten.

Noch während des Golfkrieges entschlossen sich Anna und ich deshalb, selber ein Hilfsprogramm auf die Beine zu stellen. Folgendermaßen soll es durchgeführt werden: Wir reisen in die Katastrophengebiete, kaufen dort vor Ort oder in der Nähe frisches Obst und Gemüse und bringen es selbst zu den Lagern bzw. zu den Verteilstellen. Elfmal sind wir inzwischen im ganzen bei den vom Golfkrieg betroffenen Kurden, bei den Kroaten, Serben und bosnischen Moslems und in Indien gewesen, obwohl uns von vielen Seiten, besonders auch von den Betroffenen selbst, wiederholt erklärt wurde, daß sie zuerst einmal Reis, Mehl, Brot, Milchpulver und Zucker benötigten.

Weil die Verantwortlichen der Hilfsorganisationen so sehr auf die tote und tötende Kost fixiert sind, haben wir uns auch zur Aufgabe gemacht, die großen Hilfsorganisationen wie z. B. die UNO, das Rote Kreuz, den Caritasverband und das Diakonische Werk anzuregen, über ihre Ernährungsvorstellungen ein wenig nachzudenken und wenigstens einen gewissen Naturkostanteil mit in ihr Programm aufzunehmen. – Auch bemühen wir uns bei den Betroffenen, soweit das möglich ist, um Ernährungsaufklärung.

Hier im Einsatz in Kroatien und Bosnien — Leider ist Harry, unser Förderer und aktiver Mitarbeiter, 1993 bei einem Trekking im Himalaya tödlich verunglückt

2. Wir wollen nach Sarajevo

Über unseren Einsatz in Kroatien und Bosnien vom 8. - 16. November 1992 folgt ein Bericht als Beispiel für unsere Aktivitäten.

Als Vjeko Mihanovic, ein gebürtiger Kroate, am Mittwochabend von seiner Reise ins ehemalige Jugoslawien zurückgekehrt und in Kaiserslautern wieder eingetroffen war, rief er sofort seine Schwägerin Anna Preisler an und berichtete: »Ihr könnt problemlos bis Split fahren. Dort erfahrt ihr bei der UNO, wie ihr am besten nach Sarajevo kommt.« – In der gleichen Nacht noch klingelte Anna mich aus dem Bett und erklärte: »Probleme, nach Sarajevo zu fahren, gibt es nicht mehr«, und sie fragte: »Wofür wollen wir uns jetzt entscheiden?«

Wir hatten vor, noch vor Einbruch des Winters eine Naturkost-Hilfsaktion durchzuführen, entweder in St. Petersburg in Rußland oder in den Ostkarpaten in Rumänien, wo die Menschen besonders arm sein sollen, oder in Sarajevo, der Hauptstadt von Bosnien-Herzegowina. Nun stand unser Entschluß fest. Es hatte uns sowieso schon seit langem am meisten zu den in

Sarajevo Eingeschlossenen hingezogen. Wir hatten jedoch bis zuletzt nicht geglaubt, in diese Stadt hineinzukommen.

Nach der Entscheidung telephonierten wir wiederholt mit der UNO in Split. Je öfter wir jedoch anriefen, desto verworrener wurde das Bild von der Lage: »Es ist unmöglich, nach Sarajevo zu kommen«, wurde uns zuerst gesagt, »alles wird eingeflogen.« Der nächste, Hans, ein Norweger, erzählte uns, daß von Split jeden Tag ein Konvoi nach Sarajevo ginge, dem wir uns problemlos anschließen könnten. »Nein«, erfuhren wir bei einem weiteren Gespräch, »von Split nach Sarajevo gibt es keine Konvois, es fahren aber von anderen Städten täglich Konvois dorthin, die euch bestimmt gerne mitnehmen.«

Als Anna, ihre Tochter Carmen und ich am Sonntag losfuhren, waren wir gespannt auf das, was uns erwarten würde.

Am nächsten Vormittag in Split angekommen, schlichen wir mit unserem kleinen Mercedestransporter hinter einem UNO-Fahrzeug her, um in dem Straßengewirr der Stadt das UNO-Hauptquartier am Hafen zu finden.

Derartige private Hilfsaktionen sind offenbar recht unbekannt, denn lange mußten wir erklären, was wir wollten, ehe man uns verstand. Daraufhin führte man uns zu einem hoch gewachsenen Dänen, der sich alles noch einmal erzählen ließ und uns dann erklärte: »Wenn ihr zu den vom Kriege am meisten betroffenen wollt, dann geht zu den Flüchtlingen. Flüchtlinge in dieser Region gibt es in Dalmatien und Bosnien.«

Da wir von der Küste weg weiter ins Landesinnere Richtung Sarajevo, von wo immer neue Flüchtlingsströme kamen, wollten, markierte er uns auf unserer Karte im Gebirge drei bosnische Städte, wo jeweils etwa 15 000 Flüchtlinge untergebracht sein sollten: Listica, Posusje und Tomislavgrad. »Die Menschen hier«, sagte er vertrauenserweckend, »sind am schlimmsten dran.« Carmen jedoch bohrte: »Und wie sieht es in Sarajevo aus? Von dorther kommen doch so viele Flüchtlinge. Dort muß es doch am schlimmsten sein. Können wir auch dorthin fahren?« »Unmöglich«, erklärte der Däne, »da können Sie nicht hin, da wird noch geschossen. Bis Sarajevo kommt niemand.«

Nun schaltete ich mich ein: »Könnten Sie uns vielleicht bescheinigen, daß wir eine Hilfsaktion durchführen. Wenn wir unterwegs überprüft werden, könnten wir eine solche Bescheinigung benötigen.« Der Herr lachte laut: »Was wollen Sie damit? Die Lagerverwaltungen sind dankbar, wenn Nahrung angeliefert wird.« Der Däne hatte mein Problem wohl nicht ganz verstanden. Deshalb fragte ich noch einmal etwas präziser: »Wie sieht es mit den Kontrollen unterwegs aus?« »Die lassen Sie durch«, war die Antwort.

3. Mit einem Lastwagen voller Äpfel in die Flüchtlingslager

Hier wird in Adana in der Türkei ein Lastwagen mit Äpfeln, Orangen und Mohrrüben für die Kurden im Irak beladen.

Am Montagnachmittag noch ging es zum Obst- und Gemüse-Großmarkt, den Anna von einem früheren Verwandtenbesuch her kannte, denn ein Neffe ihres Schwagers handelt dort mit Tee. An ihn wandten wir uns vertrauensvoll. Er konnte uns einige wichtige Informationen besorgen. Auch war es in seinem Verkaufsraum möglich, Telephongespräche zu führen. So waren wir den vielen Händlern nicht ganz schutzlos ausgeliefert. Vorsichtshalber hatten wir uns jedoch bereits in der Stadt auf dem Wochenmarkt die Verkaufspreise für Äpfel, Birnen, Kiwis, Mandarinen, Walnüsse, Feigen, Weintrauben und Bananen geben lassen.

Unser Wunsch ist es, solche Naturwaren zu kaufen, die auch roh gegessen werden. Bei unseren Golfkriegseinsätzen konnten wir davon ausgehen, daß die Kurden nicht nur Obst und Datteln, sondern auch Gurken und Mohrrüben roh essen, denn immer wieder sahen wir einige darauf kauen. Ihnen brachten wir deshalb auch viel davon. Bei den kroatischen und bosnischen Flüchtlingen waren wir uns dagegen nicht sicher, ob sie das Gemüse auch roh essen würden. Deshalb beschränkten wir uns bei unserem Einkauf in Split auf Äpfel, Birnen, Mandarinen und Nüsse.

Nachdem wir bei jedem Großmarktstand die Preise eingeholt hatten, schien es uns angebracht, 4000 kg einheimische ungespritzte Äpfel in Netzsäcken zu kaufen und sie noch am gleichen Abend von dem Lastwagen, auf dem sie lagen, hinauf in die Berge zu den Flüchtlingslagern fahren zu lassen. Zusätzlich luden wir noch 1000 kg Mandarinen und acht Säcke Walnüsse auf.

Nur mühsam schob sich der Laster, dem wir mit unserem Mercedes-Bus folgten, die Bergstraßen nach Listica hinauf, wo wir erst gegen 21 Uhr eintrafen. Nachdem wir das Magazin, von dem aus 8000 Flüchtlinge versorgt wurden, gefunden hatten, entschieden wir uns, hier am nächsten Morgen ein Drittel unserer Ladung zu lassen.

In der nächsten Stadt, in Posusje, waren auch 8000 Flüchtlinge untergebracht, davon 600 in einer Schule. Es lag nahe, sich an die Versorgungsküche in der Schule zu wenden. Als wir dem Küchenchef unser Obst anboten, bat uns dieser, es im Zentrallager der Stadt abzuliefern Die Flüchtlinge, die in der Schule einquartiert waren, bestürmten uns jedoch »Verteilt das Obst gleich, sonst bekommen wir es nie!«

Um den Wünschen der Flüchtlinge entgegenzukommen, baten wir die Küchenleitung, das Obst in der Schule lagern zu dürfen. Wir meinten, so könnten die Flüchtlinge, die in der Schule untergebracht waren, die Verteilung ein wenig beaufsichtigen. Mir ging jedoch später auf, daß jetzt möglicherweise nur die in der Schule Einquartierten die Äpfel und Mandarinen erhielten. Die vielen tausend anderen Flüchtlinge, die bei den Familien in der Stadt und in den umliegenden Dörfern wohnten und hauptsächlich vom Zentrallager aus versorgt wurden, bekamen dagegen möglicherweise keine. Es könnte sein, daß uns der Egoismus der Flüchtlinge ausgetrickst hat.

4. In Sarajevo soll nicht mehr geschossen werden

Aus unserem Bus waren inzwischen ziemlich viele Kleidersäcke, die wir mitgebracht hatten, ausgeladen worden. Insofern hatten wir für das restliche Obst genügend Platz, und der Lastwagen konnte wieder leer nach Split zurückfahren.

Anfang Mai 1994 kamen wir endlich zu den Moslems in Sarajevo. Der moslemische Rundfunk, untergebracht in einer Wohnung, übernahm die Verteilung in Kinderheimen und Krankenhäusern.

Eigentlich wollten wir nun noch nach Tomislavgrad. Früh lief im Hotel in Listica jedoch zufällig die Deutsche Welle und teilte in den Acht-Uhr-Nachrichten mit, daß in Sarajevo nicht mehr geschossen werde und daß am heutigen Tage ein Flüchtlingstransport mit Kroaten und Moslems nach Split ginge. Anna, Carmen und ich fühlten uns nun ermutigt, es doch nach Sarajevo zu wagen.

Im Gespräch mit Polizisten, Soldaten, UNO-Konvois und Ortskundigen ging es nun immer wieder darum, zu erfahren, ob und wie wir am besten nach Sarajevo kommen. Die Auskünfte waren recht unterschiedlich und widersprüchlich. In Posusje markierte uns dann ein junger Flüchtling aus Sarajevo, der etwas deutsch sprach und am liebsten mit uns nach Deutschland gefahren wäre, die angeblich sicherste Route. Freilich: Wir hatten Glück, daß wir am Stadtrand von Mostar von der Route abkamen. Nur mühsam schoben wir uns nun auf einer unbefestigten Pistenstraße bis etwas 1800 Meter hoch. Bei jedem Schlagloch befürchtete ich, daß die Achsen unseres Wagens brechen würden. Aber wir schafften es. – Zum Glück waren wir auf dieser Piste gelandet, denn auf der Hauptstraße wurde hier, wie dann auch vor Sarajevo, noch unerbittlich gekämpft.

Ein wenig bekamen wir bei unserer Gebirgstour auch vom Kriege mit. Es knallte nicht nur wiederholt fürchterlich in der Ferne. Wir erlebten auch, wie ein gefallener Kamerad auf einem Friedhof beigesetzt wurde: Frauen heulten laut, leidenschaftlich predigte der Priester, eine Militärkapelle spielte Trauermusik, und beim Herablassen des Sarges feuerte eine angetretene Abteilung Schüsse ab.

Immer, wenn uns Lastwagen entgegenkamen, waren wir froh, denn wir fühlten, daß wir noch auf der richtigen Strecke waren. Nirgends standen nämlich Hinweisschilder oder bewohnte Häuser. Nicht einmal Militärkontrollen, wie sonst immer üblich, waren hier postiert.

Unerwartet erblickten wir auf einmal vor uns tief unten im Tal einen riesigen Lastwagenkonvoi. Nur mühsam bewegte er sich nach oben. An einer Ausweichstelle warteten wir. Auch ein Personenbus schob sich auf uns zu. Kurz vor uns stoppte er. Plötzlich rief Anna: »Das ist der Flüchtlingstransport von Sarajevo. Bringe denen mal einen Sack Mandarinen.« Carmen gleich: »Woher willst du denn das wissen?« Anna: »Siehst du nicht, die haben doch nur Plastiktüten.« – Inzwischen war ich aus unserem Wagen hinausgesprungen, um einen Mandarinen-Sack durch die Hintertür herauszuziehen. Der große Reisebus war aber bereits wieder angefahren. Mit meinem Sack lief ich noch hinter ihm her. Offenbar sah mich aber niemand. Unverrichteter Dinge mußte ich wieder zu unserem Transporter zurückkehren.

Nach drei Stunden Bergtour landeten wir endlich wieder auf der gut ausgebauten Straße, die von Mostar kam. Diese Strecke wäre nur 30 km lang gewesen.

Nun mußten wir zusehen, wie wir durch die vielen Sperren auf dem Wege nach Sarajevo kamen. Außer den Reisepässen wollten die Polizei und das Militär nämlich auch Dokumente sehen, die uns berechtigten, ins Landesinnere zu fahren. Wir hatten aber keine derartigen Papiere dabei. Stattdessen zeigten wir auf unsere Ladung. Außerdem legten wir die Bescheinigungen vor, die wir von den beiden bereits angefahrenen Lagern mitbekommen hatten. So kamen wir problemlos immer weiter bis Jablanica, wo es bereits stockfinster war. Etwas entsetzt waren wir, als wir die Stadt gespenstig voll von UNO-Militär sahen, und wir fragten uns, was das wohl zu bedeuten habe.

5. Im Polizeiquartier der Serben

Am nächsten Morgen ging es weiter in Richtung Sarajevo. Wir versuchten, so lange wie möglich auf der Hauptstraße zu bleiben, aber letztendlich ließ uns doch ein Militärposten nicht weiter und schickte uns zurück. Diese Erfahrung war für uns sehr gut, konnten wir doch nun sicher sein, gar nicht erst bis in die Gefahrenzonen vorgelassen zu werden.

Bei der nun folgenden erneuten Bergtour erlebten wir in beeindruckender Weise, welche Unmengen an Waren über die Berge transportiert wurden. Ein Konvoi kam nach dem anderen, meistens bestehend aus UNO-Fahrzeugen, aber auch Einzel-Lastwagen.

An einer Verkehrsstraße wieder angekommen, überlegte ich kurz, ob wir weiter über die Berge bis nach Visoko fahren sollten, von wo aus angeblich die UNO-Konvois nach Sarajevo gingen, oder ob wir es einfach auf der Hauptstraße probieren sollten. – Da verhältnismäßig viel Verkehr war, entschieden wir uns für die direkte Verbindung, auf der wir erst einmal keinerlei Schwierigkeiten hatten. Merkwürdig war nur, daß bald zwei Kontrollpunkte unmittelbar aufeinander folgten. Beim zweiten wurden wir gebeten, zur Seite zu fahren und zu warten.

Da die Polizei nett und entgegenkommend war, vermuteten wir nichts Arges, und eine Reporterin, die hier die einzige war, die übersetzen konnte, erklärte uns, daß uns gleich ein Begleitfahrzeug, eine Eskorte, abholen würde. Anders komme man nicht nach Sarajevo. – In der Tat dauerte es nicht lange, und die Reporterin und wir konnten mit unseren Fahrzeugen einem blauen Polizeiwagen folgen.

In einem Vorort von Sarajevo, in Ilidza, hielt der Fahrer vor der Hauptpolizeiwache und führte uns dort hinein. Überraschenderweise wurden wir hier äußerst intensiv ausgefragt und mußten erklären, was wir vorhätten. Etwas hilfesuchend wandten wir uns an die Reporterin: »Warum hält man uns denn hier fest?« »Wißt ihr denn nicht«, fragte sie uns etwas irritiert, »daß ihr bei den Serben seid?« Wir hatten keine Ahnung davon. »Ihr drei müßt doch "mad" sein«, erklärte sie uns nun, »ihr hättet euch doch vorher ausreichend erkundigen müssen.« – Weil wir nach Sarajevo Hilfsgüter bringen wollten, hatte man uns offenbar immer weiter durch die Kontrollen hindurchgelassen, und jetzt waren wir in den Händen der Serben, möglicherweise als Kriegsgefangene.

6. In der Schußlinie

Man schien uns aber zu vertrauen, denn nach mehrmaliger Vernehmung und nach wiederholter Prüfung unserer Angaben erklärte man uns, daß uns eine Eskorte weiter nach Sarajevo bringen würde. Auf halbem Wege, nicht weit vom Flugplatz von Sarajevo, hielt der Polizeiwagen, und wir wurden gebeten, alleine weiter zu fahren. Ich fragte noch: »No problems?« »No problems«, wurde mir geantwortet. So fuhren wir weiter.

Zerstörte Brücke

»Sieh dir mal die Häuser an«, sagte Anna, »alle zerschossen. Die müssen wir photographieren.« Vom Auto aus machte ich einige Aufnahmen, und weiter ging es, bis auf einmal die Straße voller Steine lag und wir vor einer Barrikade anhalten mußten. Nichts Böses ahnend stieg ich aus dem Wagen aus und schaute mich um, um zu sehen, ob es eine Möglichkeit gäbe, weiterzukommen. Unvermutet tauchten auf einmal hinter Sandsäcken an einem Hauseingang bewaffnete Soldaten auf und riefen mich. Arglos ging ich auf sie zu, denn ich nahm an, sie wären Arbeiter, steckten doch viele der Männer hier in Uniform. Plötzlich knallte es mörderisch zwischen den Häusern. Die Männer drückten sich an die Wände oder verschwanden. Als sie wiederkamen, erklärten sie mir: »Hier ist Krieg«, und: »Ihr befindet euch mitten in der Schußlinie.« Ich schlug vor, daß wir mit dem Transportfahrzeug zurückfahren. Wieder knallte es überall. »Unmöglich«, gaben mir die Männer zu verstehen. »Dann will ich wenigstens die beiden Frauen holen«, erklärte ich. »Du bleibst hier!« wurde mir befohlen. Die Soldaten hatten einen anderen Plan mit dem Fahrzeug und den Frauen. Sie deuteten an, daß der Wagen herüber zu ihnen fahren solle. Ich glaubte nicht, daß es der Mercedes-Bus über die Steine, die Balken und das Geröll schaffen würde. Carmen aber kam erstaunlicherweise über alle Hindernisse. Ich stieg ein, und nun rollten wir weiter, vorbei an Soldaten in Schießposition und an neu aufgeworfenen Barrikaden. Mir ist es ein Rätsel, wie wir hier überhaupt durchkamen.

Ein wenig hatte ich die Hoffnung, daß wir auf diese Weise nach Ilidza zurückgeleitet würden, aber plötzlich standen etwa acht bewaffnete Soldaten vor uns und hielten uns an. »Aussteigen!«, wurde uns befohlen, und Carmen wurde aufgefordert, den Autoschlüssel auszuhändigen. Zuerst weigerte sie sich entschlossen. Da legte der größte der Soldaten seine beiden Handgelenke kreuzweise aufeinander, um anzudeuten, daß er gewillt war, uns abführen zu lassen, und sagte »jail«, was ich der Carmen mit Gefängnis übersetzte. Nachdem ihm nun Carmen auf meine Bitte hin den Autoschlüssel übergeben hatte, setzte sich der lange Kommandant ans Steuer und fuhr mit uns in einen benachbarten Straßenzug. Hinter den Häusern knallte es wieder unbarmherzig.

7. Die Hilfsgüter werden uns abgenommen

Vor einer Wohnung, die als Standortzentrale eingerichtet war, machten wir halt. Von überall her tauchten nun auf einmal geisterhaft Soldaten auf. Wir wurden ins Büro hineingeführt und dort vernommen, was wegen der Verständigungsschwierigkeiten recht mühsam war. Einfacher wurde es, als ein junger Soldat kam, der englisch sprach. Ihm erzählten wir noch einmal von unserer Hilfsaktion und unserer Irrfahrt in das serbische Gebiet. Den Kommandanten schien besonders zu interessieren, ob wir nur die Kroaten und Moslems, oder ob wir auch die Serben unterstützen wollten. – Erstaunlicherweise war die Atmosphäre entspannt, und Anna, Carmen und ich waren sehr ruhig und gelassen.

Wir hatten uns nicht vorgenommen, in Sarajevo die Serben zu unterstützen, schon weil wir gar nicht damit gerechnet hatten, in ihr Gebiet zu kommen. Wir hatten hauptsächlich den Moslems helfen wollen. Dem Kommandanten aber gegenüber erklärten wir, daß es uns nicht um die verschiedenen Völker ginge, sondern um die Menschen, die unter diesem Kriege zu leiden hätten. »Solche Leute gibt es auch unter den Serben«, betonte er nun. »Im Gebiet von Sarajevo sind auch von ihnen viele eingeschlossen, und nur die UNO unterhält Kontakte zu ihnen.«

1994: Endlich sind wir bei den Moslems von Sarajevo

Nun wollte er wissen, ob wir bereit seien, für diese Menschen unser Obst, die Nüsse, die Kleidung und die Medikamente zur Verfügung zu stellen. Ich erkärte daraufhin noch einmal ganz unmißverständlich, daß es uns darum geht, solchen Menschen, die unter dem Kriege unschuldig zu leiden haben, zu helfen, und ergänzte: »Wenn Serben hungern und frieren, dann geben wir auch ihnen gerne unsere Hilfsgüter.«

Es dauerte nicht lange, da trat ein weiterer Soldat ein, der lange in Deutschland gearbeitet hatte und recht gut deutsch sprach. Bevor er aber überhaupt offiziell reden durfte, rief er ganz aufgeregt in den Raum: »Ich nicht begreifen, daß ihr noch lebt. Ich euch gesehen im Auto. Unmöglich. Geschossen wird auf jeden. Ich euch beobachten alle Zeit. Hier ist Krieg. Nur schießen. Wer sich bewegt – schießen. Ihr alle eigentlich tot.« Carmen schaltete sich ein wenig lächelnd ein: »Wir leben aber noch.« »Glück gehabt, großes Glück gehabt. Weil Tag, Soldaten euch gesehen, gedacht: Fehler. Großes Glück, großes Glück. Heute furchtbarster Tag. Viel schießen. Vor Weihnachten – jeder will Krieg gewinnen.«

Nachdem der Herr sich beruhigt hatte und daraufhin viel fließender deutsch redete, wurde noch einmal alles haarklein durchgesprochen. Dann erklärte er uns: »Soldaten haben hier alles: Kleidung, Essen. Aber: Keine Autos für Transport. Mercedes-Bus ist gut. Soll hier bleiben für Soldaten.« Mir wäre das so egal gewesen. Schon vor einer Stunde hatte ich gedacht: »Wenn wir aus dem Haus heraustreten, ist das Fahrzeug weg.« Freilich, gerne hätte ich den Wagen nicht da gelassen. Da schaltete sich Carmen ein: Das Auto ist wichtig für unsere Arbeit. Ohne Auto keine Arbeit. Christoph braucht das Auto unbedingt. Das schien der nette Serbe, der mich bat, seine Bekannten in meinem Stader Heimatkreis zu grüßen, zu begreifen.

Wir luden nun aus. Unsere persönliche Habe und etwas Nahrung wollte man uns lassen. Alles andere sollte abgeliefert werden. Außer einem Sack Äpfel, den wir für uns behalten wollten, stellte ich aber auch eine der großen Kisten mit Medikamenten beiseite, die Anna bei Ärzten in Kaiserslautern gegen die Versicherung ausgehändigt bekommen hatte, daß sie diese nur in Krankenhäusern oder bei medizinischen Zentralen abliefert. Diesen Karton aber entdeckte der Kommandant, und auf seinen Wink hin wurde auch er in die Kommandantur hineingetragen. – Wir hielten es während des gesamten Ausladens immer wieder für sehr wichtig, zu betonen: »Medikamente gefährlich für Personen – starkes Gift. Nur gut für Krankenhäuser und Ärzte.« Die Soldaten versicherten uns: »Medikamente in Hospital.«

Naturkost-Hilfe in Indien

8. Noch einmal nach Sarajevo?

Ich hatte das Empfinden, daß man uns laufen lassen würde. Sicher war ich mir jedoch nicht.

Nachdem uns nun Kaffee angeboten worden war, wurden wir auch für die Nacht eingeladen. Wir aber dankten freundlich für dieses Angebot. Daraufhin erklärte uns der Kommandant, daß er mit seinem Auto voran fahren und uns bis zur Polizeistation in Ilidza begleiten werde.

Wir durften in unseren Bus steigen und mußten noch einmal durch Barrikaden und zerschossene Straßen hindurch, und wieder knallte es um uns herum ohrenbetäubend.

Anna fragte mich während dieses Fahr-Manövers: »Hast du bei unserer Herfahrt das UNO-Hauptquartier auf dem Flugplatz bemerkt? Zwei UNO-Fahrzeuge waren von der vierspurigen Fahrbahn abgebogen und dorthin gefahren.« – Die beiden Frauen hatten dies beobachtet, als ich aus dem Auto ausgestiegen und zu den Soldaten gegangen war.

Nach vielen Überlegungen kamen wir auf den Gedanken, daß der Eskortepolizist uns vielleicht dorthin hatte schicken wollen, denn als er uns nun wieder aus dem Serben-Gebiet hinausfuhr, schien es nicht so, als hätte er uns in eine Falle locken wollen. Unerklärlich war uns nämlich auch gewesen, warum man uns auf eine Straße geschickt hatte, die gar nicht in die Innenstadt von Sarajevo hineinführte.

Wir waren heilfroh, aus dem serbischen Gebiet wieder heraus zu sein, und erinnerten uns, daß Anna bei der Morgenandacht den Psalm mit der Überschrift "In Gottes Händen geborgen" gelesen hatte, in dem es u. a. heißt: »Meine Zeit steht in deinen Händen. Errette mich von der Hand meiner Feinde und von denen, die mich verfolgen« (Ps. 31,16).

Trotz aller dieser teilweise nicht ganz schönen Erfahrungen überlegten wir uns jedoch sofort wieder, ob wir es über eine andere Einfahrtsstraße nicht noch einmal versuchen sollten, nach Sarajevo hineinzukommen, besonders da uns der Deutschsprachige bei unserem Verhör versichert hatte: »Um 24 Uhr, so ist es beschlossene Sache, beginnt der nächste Waffenstillstand.« Aber er hatte gleichzeitig etwas resigniert ergänzt: »Wer hat sich jemals daran gehalten?«

Was sollten wir jedoch noch in Sarajevo? Unsere Lebensmittel, Kleidungsstücke und Medikamente waren uns ja bereits abgenommen worden, und auf dem Großmarkt hätte es bestimmt nichts zu kaufen gegeben, hatte uns doch die Reporterin aus Ljubljana erzählt: »Vor zwei Tagen telephonierte ich mit meiner Schwester in Sarajevo, und die sagte, die Geschäfte seien total leer.« – Wir entschlossen uns deshalb, noch vor Anbruch der Dunkelheit übers Gebirge zurück nach Jablanica zu fahren.

Bauernmarkt in Jablanica

9. Ein Bauernmarkt wird leergekauft

In Jablanica angekommen, rief ich sofort Hamdo an, der mir am Abend vorher in dieser Stadt über den Weg gelaufen war. Er, der gut deutsch sprach, bot sich von sich aus an, uns in unserem Quartier zu besuchen und uns bei unserer Aktion zu unterstützen.

Am nächsten Morgen kauften wir mit seiner Hilfe alles auf, was der Bauernmarkt in Jablanica an Äpfeln, Birnen, Mandarinen und Nüssen zu bieten hatte. Bis auf die letzte Frucht wurde auch das Reservelager leergeputzt. Zusätzlich noch brachte der einzige Großhändler dieser Stadt alle Vorräte, die er zu Hause lagerte. Allzuviel war dies alles aber nicht, denn es paßte bequem in unseren geräumigen Transporter.

Auch in Jablanica sollen sich 12 000 Flüchtlinge aufgehalten haben, doppelt so viele, wie die Stadt Einwohner hat. Fast alle waren bereits in Familien innerhalb der Stadt untergebracht. Nur die, die neu aus Bosnien-Herzegowina eingetroffen waren, waren zuerst in den Kindergarten bzw. in eine der beiden Schulen eingewiesen worden. Im Kindergarten waren die Mütter mit Kleinkindern und die alleinstehenden Frauen, in den Schulklassenräumen dagegen die vollständigen Familien und die alten Männer zusammengefaßt. 30 Personen lagen jeweils auf Decken eng nebeneinander auf dem Fußboden. – Die wehrfähigen Männer waren alle im Einsatz.

Für unsere Vorstellungen ging es überall recht friedlich zu. Die Davongekommenen, die aus Foca, Gorazde und anderen Städten 14 Tage lang über die trostlosen Berge geflohen waren und nicht wußten, wie es weitergehen sollte, fügten sich offenbar recht gelassen in ihr Schicksal.

10. Die Schlacht um die Äpfel

Jablanica ist von der Küste aus verhältnismäßig einfach zu erreichen, so daß die Verpflegung der Flüchtlinge z.Z. unseres Aufenthaltes noch gesichert war. Es ist uns aber hier und in allen anderen Massenquartieren immer wieder versichert worden: »Solange dieses Lager existiert, hat es noch kein frisches Obst gegeben!« Rohes Gemüse ist sicherlich auch keines verteilt worden. – Kein Wunder also, daß sich die Flüchtlinge, groß wie klein, – wenigstens in der Hauptschule – wie die Geier auf Äpfel und Mandarinen stürzten.

Alle Kisten, die hineingetragen wurden, kamen nur mit halbem Inhalt an. Ich glaube sogar, daß ein Soldat eine Apfelkiste nur deshalb trug, um sich selber zu versorgen. Als er sie dann auf halbem Wege im Eingang der Schule abstellte, entbrannte um die darin liegenden Äpfel regelrecht eine Schlacht. Es war nur noch ein Berg von Kindern zu sehen, die neben und übereinander lagen und von denen jedes versuchte, sich soviel Äpfel wie möglich in die Taschen zu stecken. Woanders hatten wir einen solchen massiven Ansturm und eine derartige Disziplinlosigkeit nie erlebt.

Immer wieder freuen sich die Kinder, wenn sie Obst essen dürfen

Vielleicht hing dieses Chaos damit zusammen, daß auf der vorbeiführenden Straße Zigeuner lagerten, deren recht undisziplinierte Kinder sich beim Verteilen einfach unter die Flüchtlinge mischten. Unsere Anna war besonders darüber erschüttert, daß eines der Zigeunermädchen barfuß herumlief. In ihrem Koffer mußte ich deshalb ihre Hausschuhe suchen und sie der angeblich Frierenden bringen. Die aber lieferte die Fellschuhe bei ihren Eltern ab und lief weiterhin barfuß.

Wegen der Zigeunerkinder war es uns im Kindergarten, der neben der Hauptschule steht, leider auch nicht gelungen, die Kinder in eine Reihe aufzustellen und an sie Mandarinen zu verteilen. Hierdurch haben wir bei unseren Einsätzen die Kinderherzen immer wieder erfreuen können. Gerne erinnern wir uns auch daran, daß im Lager von Posusje ein junges Mädchen einen Zentner Mandarinen von einer Mauer herunter gezielt in die Hände der herumstehenden Kinder warf.

11. Drei Obstlastwagen werden geplündert

Bei diesem Ansturm auf unser Obst erinnerten wir uns an unseren zweiten Einsatz, bei dem Anna und Carmen mit drei Lastzügen in den Gebirgswüsten der östlichsten Türkei unterwegs waren. Dort hausten nämlich kurz nach dem Golfkrieg die kurdischen Flüchtlinge ohne Wasserversorgung in Zelten, und nach wochenlangen Regengüssen brannte die Sonne unbarmherzig auf sie hernieder.

Anna und ihre Tochter Carmen bei den kurdischen Flüchtilingen in der Türkei

Kaum hatten unsere Wagen den letzten Militärposten passiert und waren um die nächste Kurve gefahren, da sprang unvermittelt eine Unmenge dieser Flüchtlinge auf die fahrenden Laster. Sie hingen an ihnen wie die Trauben. Andere stellten sich den Fahrzeugen in den Weg, so daß den Fahrern nichts anderes übrig blieb, als zu bremsen.

Carmen sprang, geistesgegenwärtig wie immer, aus dem ersten Fahrzeug, rannte zum dritten Laster, in dem ihre Mutter Anna saß, zog sie heraus und rief: »Überlasse den Kurden die Wagen. Wir müssen hier weg!« – Nach einer knappen Stunde waren alle drei Lastzüge restlos geplündert. Selbst das persönliche Gepäck war verschwunden.

Lagerinsassen plündern den Wagen. April/Mai 1992

Auf alle Fälle hätten wir die Verteilung nicht so schnell geschafft. Die Bundeswehr hätte nach eigenen Angaben sogar eine ganze Woche benötigt. Diese Selbsthilfeaktion ersparte uns also viel Zeit – und wir hoffen, daß Obst, Gemüse, Gurken, Nüsse, Feigen und Datteln in die richtigen Hände gekommen sind. Jedenfalls tröstete ein österreichischer Rot-Kreuz-Funktionär Anna und Carmen mit den Worten: »Was wollt ihr denn mehr?

Diejenigen, für die ihr es gebracht habt, haben es doch nun, und gemeinsam werden sie schon darauf achten, daß es auch die Geschwächten und Kranken bekommen.«

Komisch! – Bisher war kein Lastzug überfallen worden, weder einer mit Brot noch einer mit Reis. Das gab uns zu denken! Auf Obst, Gurken, Feigen und Datteln waren die Flüchtlinge offensichtlich schärfer aus als auf alles andere. Ja, Nahrungsmittel wie Kartoffeln und Fertiggerichte lagen in diesem Lager sogar am Straßenrand herum. Offenbar legte man auf sie kaum Wert. Warum? Sicherlich, weil ohne Wasser und Feuer, was beides hier oben fehlte, diese Nahrungsmittel nicht zubereitet und genossen werden konnten. Wenn man Fertiggerichte zubereiten will, muß man außerdem auch die Gebrauchsanweisungen auf den Packungen lesen können. Dazu waren diese Menschen jedoch kaum in der Lage. Wie man aber einen Apfel oder eine Gurke oder eine Dattel ißt, das wußte jeder.

Anna und Carmen waren recht traurig, als die Reporter vom deutschen Fernsehen, die die Probleme in diesem Lager filmten, über ihre Aktion nur lächelten und erklärten, daß die Flüchtlinge soviel zu essen hätten, daß schon vieles verkomme. Ein Filmbericht über den erwähnten Überfall wäre sicherlich nicht nur äußerst spannend gewesen, sondern hätte den vielen Spendern und den großen Hilfsorganisationen auch gezeigt, wonach die ausgedörrten und kranken Menschen wirklich lechzen.

12. Das bosnische Fernsehen ist interessiert

Früh auf dem Wege zur Tankstelle war Hamdo, unser einheimischer Führer, unerwartet aus unserem Bus herausgesprungen und hinter einem überholenden Auto hinterhergejagt. Nach etwa zehn Minuten kam er keuchend zurück und erklärte überraschend, mit dem Finger Richtung Tankstelle weisend: »Der Herr dort hinten dreht Video-Filme. Wollt ihr eure Aktion filmen lassen?« Das war ein Angebot! Gefilmt hatten wir unsere Naturkosteinsätze bisher nämlich noch nie. Ich selber wäre auch gar nicht auf diesen Gedanken gekommen. Nicht einmal Photoaufnahmen kann ich bei diesen Aktionen machen, weil es mir widerstrebt, das festzuhalten und zur Schau zu stellen, was ich als Liebesdienst tue. Sagt nicht auch Jesus: »Wenn du aber Gutes tust, laß deine linke Hand nicht wissen, was die rechte tut.«

Anna denkt da anders: »Wir benötigen die Bilder, um andere anzuspornen, für diese Aktivitäten Gelder zur Verfügung zu stellen. Leute geben für gute Zwecke gerne, sie wollen aber auch wissen, wofür sie spenden.« Deshalb hat sie auch ständig eine Kamera bei sich und macht von den

Unser Kurdischer Begleiter erklärt, wie das Obst im Lager verteilt werden soll

Vorratslagern, von den Unterkünften und beim Verteilen Aufnahmen. Als in einem Hotel in Split vom Küchenchef gleich das Obst aus den Kisten an die Flüchtlinge verteilt wurde, war ihre sofortige Reaktion deshalb auch: »Schade, daß wir keinen Photoapparat dabei haben.«

Anna ist ebenso hinter Bestätigungen für die Ablieferungen her, während mir diese Zettel völlig egal sind, zumal mit ihrem Erwerb gewöhnlich ein großer Zeitverlust verbunden ist. Anna aber: »Wir müssen diese Urkunden doch den Fasten-Wanderern zeigen, und die Zeitungen wollen Dokumente.«

Wir nahmen das Angebot von Hamdo deshalb gerne an, der aber noch eine weitere Überraschung für uns hatte: »Heute früh«, sagte er, »habe ich das regionale Fernsehen angerufen. Es ist bereit, ein Gespräch mit euch zu bringen. Ein Fernseh-Journalist würde euch und den Rot-Kreuz-Chef, der für die Flüchtlinge hier zuständig ist, interviewen.« Eingeblendet werden sollten dann die Video-Filme von dem Video-Mann. – Obwohl uns dieses Interview einen Tag kostete, ließen wir uns doch darauf ein.

13. Einer Bombe entronnen

Als wir in Jablanica im Gymnasium unsere letzten Kisten und Säcke abgeliefert hatten, war es erst zwei Uhr nachmittags. Wir baten deshalb Hamdo, uns noch in die viel größere Nachbarstadt Konjic zu begleiten, um dort ebenso tätig werden zu können. Hamdo aber wehrte ab: »Nein, nach Konjic komme ich nicht mit, diese Stadt wird von den Serben aus den Bergen beschossen, und da fallen Bomben.« Nun erzählten wir ihm, daß wir gestern durch Konjic gefahren seien, ohne irgendwelche Kampfhandlungen zu bemerken. Ängstlich widersprach er aber: »Gestern, so berichtete das Fernsehen, ist Konjic bombardiert worden. Da habt ihr aber großes Glück gehabt.«

Anna erinnerte sich nun, daß wir uns bei der Fahrt durch die Stadt gewundert hatten, daß trotz der Dunkelheit weder ein Fenster erleuchtet war noch eine Straßenlampe brannte. Als wir uns später erkundigten, erfuhren wir, daß tatsächlich um 5 Uhr nachmittags eine Bombe eingeschlagen hatte. Eine halbe Stunde später müssen wir die Stadt passiert haben.

Wir waren trotzdem fest entschlossen, noch einmal nach Konjic zu fahren, und erklärten Hamdo, daß wir bei den Straßenkontrollen nachfragen sollten, ob noch geschossen werde und ob noch Bomben fielen. Hamdo willigte ein.

In der Stadt angekommen, erkundigte er sich sofort bei der Polizeiwache, wo Obst zu bekommen sei. Die erklärte ihm jedoch, daß es hier keins gebe. Wir fanden aber ein Geschäft, wo ein paar Äpfel auslagen. Zu unserer Freude hatte der Lebensmittelhändler noch vier weitere Kartons vorrätig. Auch lagerten bei ihm viele Bananen, auf die wir aber erst einmal verzichteten, weil wir weiter nach Äpfeln Ausschau halten wollten. In der Tat stießen wir auf jemanden, der uns zu einem Apfelbauern führte. Ihm kauften wir alles ab, was er hergab. Weil wir viele Flüchtlinge in dieser großen Stadt vermuteten, hätten wir gerne noch mehr Äpfel besorgt. Aber keiner, nicht einmal der Bauer, konnte uns einen weiteren Händler nennen.

Hamdo erkundigte sich nun nach Lagern, und wir waren überrascht, daß wir nur zwei verhältnismäßig kleine ausfindig machen konnten. Auf unsere Frage, warum hier keine Flüchtlinge seien, erläuterte Hamdo: »Weil diese Stadt noch zu sehr gefährdet ist, werden hier kaum Flüchtlinge untergebracht.« So konnten wir, das Auto noch halbvoll beladen, wieder nach Jablanica zurückkehren.

Kurz vor einem riesigen Tunnel erklärte Hamdo: »Hier links ist ein Lager mit Serben.« Sofort bat ich ihn, mit uns dorthin zu fahren. Er lächelte nur: »Die Serben kriegen nichts!« Ich wollte nicht unhöflich sein und ihm widersprechen, überlegte aber, ob wir am nächsten Tage nicht doch noch zu diesem Kriegsgefangenenlager – wir vermuteten, daß es so etwas sein müsse – fahren sollten. Am nächsten Morgen sprachen wir deshalb Hamdo in dieser Angelegenheit noch einmal an. »Ein Gefängnis ist es«, sagte er, »da kommt ihr nur mit polizeilicher Genehmigung hinein.«

Nun waren wir etwas unentschlossen, denn zum einen steckten uns unsere Erfahrungen in Sarajevo noch tief in den Knochen, zum anderen drängte nach dem Fernsehinterview die Zeit. Wir wollten nämlich an diesem Tage über die Bergpisten noch nach Tomislavgrad fahren, wo 18 000 Flüchtlinge untergebracht waren. Von dort sollte es weiter bis Split gehen.

Zum Glück zeigte uns Hamdo eine einfachere Bergpiste als die vom Dienstag, bei der wir nicht jeden Augenblick zu befürchten hatten, daß uns unsere Achsen brechen und daß uns unser Wagen abrutscht. In der Tat war die Dienstags-Piste nicht ungefährlich gewesen. Wir hatten z.B. unterwegs ein UNO-Fahrzeug völlig zertrümmert stehen sehen. »Total zerschossen«, war mein erster Gedanke. »Nein«, erklärte uns ein UNO-Fahrer, »gestern aus der Kurve geschleudert und überschlagen.« - Daß diese Kurve recht gefährlich war, erkannte man auch daran, daß zwei riesige Lastzüge tief unten im Tal völlig zertrümmert lagen. Überall in den Bäumen und an den Ästen hingen noch bunt gefetzt die Kleidungsstücke, die für die Flüchtlinge bestimmt waren.

14. Äpfel sind Luxus – deshalb brauchen wir keine!

In Tomislavgrad hatten wir große Schwierigkeiten, die Flüchtlingseinrichtungen ausfindig zu machen. Da wir gehört hatten, daß etwa 18 000 Personen in der Stadt und in den benachbarten Dörfern aufgenommen worden sein sollten, gingen wir wie selbstverständlich davon aus, daß viele von ihnen konzentriert untergebracht sein müßten. Außer in einem Kindergarten waren aber alle in den Familien einquartiert.

Wir erkundigten uns deshalb in den Gastwirtschaften und bei der Polizei nach den Versorgungsstellen und Magazinen. Endlich wurde uns die Caritasstation neben der Katholischen Kirche genannt. Der Priester, der deutsch sprach, fand aber die Schwester nicht, die den Lagerraumschlüssel hatte. Alle unsere Versuche, für das Caritas-Lager trotzdem Äpfel und Mandarinen da zu lassen, waren aber vergeblich. »Äpfel sind Luxus, und den benötigen Kriegsflüchtlinge nicht«, erklärte uns der Franziskaner. Mein Bemühen, ihm deutlich zu machen, daß uns der liebe Gott Äpfel und Mandarinen, nicht aber Fertiggerichte, Konservendosen, Brot und Gekochtes geschenkt habe, fruchtete nicht. Er beharrte unverständlicherweise darauf, daß Obst nicht nötig sei. Er hatte jedoch die Freundlichkeit, uns mit seinem Auto durch die verstopften Straßen zum Hauptquartier des Roten Kreuzes zu begleiten.

In einem alleinstehenden Häuschen, wo in den Räumen kaum Lebensmittel gestapelt waren, sollten wir unser Obst lassen. Anna traute dem Frieden nicht so ganz, denn sie konnte sich nicht vorstellen, daß von diesem winzigen Lager aus Tausende versorgt würden. Außerdem konnte sie nicht fassen, daß in den Schulen und Hotels keine Flüchtlinge untergebracht sein sollten. Sie machte sich deshalb dafür stark, nur 12 Kisten mit Äpfeln und einen Sack mit Nüssen hier zu lassen. Sie wollte noch einmal in der Stadt und in den Nachbarorten weitere Flüchtlingslager und Versorgungsmagazine auskundschaften. Aber jeder in der Stadt gab uns die gleiche Auskunft: Kindergarten, Caritas, Rotes Kreuz. In den Hotels und in den Schulen sei die UNO. Außerdem wurde uns erklärt: Zur Caritasstation kommen die in der Stadt Untergebrachten, das Rote Kreuz dagegen fährt täglich zu den Dörfern und versorgt die dortigen Flüchtlinge, wobei jedes Dorf nur einmal in der Woche angefahren wird. Alle Familien würden ihre Nahrung selber zubereiten.

Da es inzwischen dunkel geworden war, drängten Carmen und ich die Anna, doch zuzustimmen und die noch vorhandene Ladung dem Roten Kreuz zu überlassen, auch die Nüsse. Anna hatte nämlich Sorge, daß sie in den Kuchen kommen. Wir beide versuchten ihr aber klar zu machen: Wenn die Familienangehörigen die frischen Nüsse sehen, werden sie sich aller Wahrscheinlichkeit nach sofort darüber stürzen.

15. Weil die UNO uns keine Auskunft geben kann, müssen wir uns Informationen aus Deutschland holen

In Split fuhren wir am Abend gleich noch zur UNO, um uns nach den Lagern in dieser Stadt und in Dalmatien zu erkundigen. Weil uns noch Geld zur Verfügung stand, wollten wir es hier optimal einsetzen.

Man kannte uns noch von unserem ersten Besuch und erinnerte sich auch an unsere Ernährungsvorstellungen und Anliegen. Aber bei der wiederholt gestellten Frage, wo Flüchtlinge in Split und Dalmatien einquartiert seien, wurde uns von der uns zugewiesenen Dame aus Sri Lanka nur erklärt, daß 600 Personen in Wohnwagen lebten und daß es außerdem im Gebiet von Kastel noch Lager gebe.

Für uns war es verwunderlich, daß nur so wenige Massenquartiere für die Flüchtlinge eingerichtet worden sein sollten. Ich vermutete, daß in den Hotels und in den Schulen die UNO, das Militär und die Hilfsorganisationen untergebracht seien. Die Flüchtlinge habe man dagegen auf die Familien verteilt. Anna gab sich mit dieser Erklärung aber nicht zufrieden und rief ihre Schwester in Deutschland, die mit dem Kroaten aus Split verheiratet ist, an. Diese erzählte ihr, daß im Hotel Lav 1 600 Flüchtlinge einquartiert seien und daß von diesem eintausend weitere versorgt würden. »Alle Hotels«, so erklärte sie weiter, »sind mit Flüchtlingen vollgestopft.«

Aus Deutschland mußten wir erst diese Informationen bekommen! Zum ersten Male ärgerte ich mich bei dieser Aktion etwas. Hätte uns das nicht auch die UNO, wo unseretwegen hin und her telefoniert worden war, mitteilen können! »Du hast«, erklärte mir Anna später, »nach der Unterbringung in Lagern und Schulen und Kindergärten gefragt, nicht aber nach der in Hotels. Die Mitarbeiter denken doch oft nicht mit. Wenn du nicht nach Hotels fragst, dann kommen sie gar nicht auf den Gedanken, daß in den Hotels auch Flüchtlinge untergebracht sein könnten.« – Anna mochte recht haben.

Naturkost Hilfs-Aktion

Im Flugzeug lernten wir Herrn Roy kennen, dessen Vater (rechts) sich in Kalkutta spezi der Behinderten annimmt

Der Vater organisierte für uns Straßenspeisungen

und Schulspeisungen

in Kalkutta

Wir ließen zwei Brunnen bauen,

ließen ein fußverkrüppeltes Kind operieren

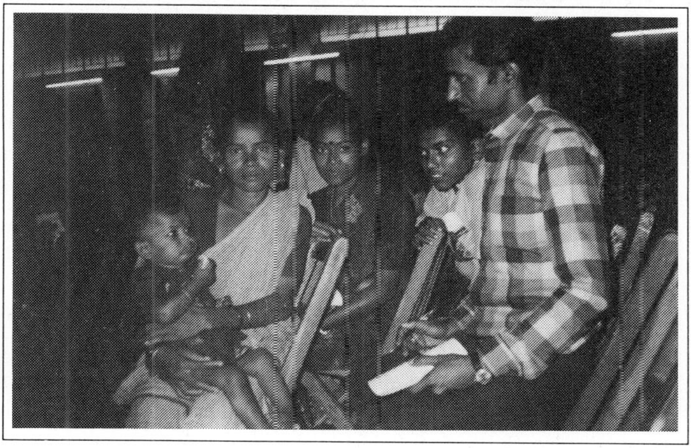

und lieferten für die Arbeit von Mutter Theresa einen Lastwagen mit Bananen und einen mit Orangen

16. 75 Geburten in einem Hotel

Spät abends kamen wir endlich dazu, die Verwandten von Anna und Carmen zu besuchen. Leider war Nada, die deutsch sprach, nicht anzutreffen. Deshalb fuhren wir zu Marianna, mit der wir schon von Deutschland aus telephoniert hatten und bei der wir bereits am Montag übernachten wollten. Sie hatte uns bis ein Uhr nachts erwartet und war dann davon ausgegangen, daß wohl etwas dazwischengekommen sei. Wie überrascht war sie nun, als wir bei strömendem Regen am Freitagabend gegen 22 Uhr bei ihr eintrafen. Freilich, der Teegroßhändler, mit dem wir uns bei ihr am Montag treffen wollten, lag an diesem Abend bereits im Bett und schlief.

Etwas enttäuscht war Marianna freilich, als sie erfuhr, daß die medizinische Hilfszentrale, in der sie arbeitete, die sechs versprochenen Medikamentenkisten nicht bekommen konnte, da sie uns von den Serben abgenommen worden waren.

Nachdem wir am Sonnabendfrüh unseren Bus wieder bis obenhin gefüllt hatten, fuhren wir zuerst zum Wohnwagen-Camp, wo wir jedoch auf keine Lagerleitung stießen. Einer der Männer, den wir auf den Campwegen ansprachen, schloß uns einen Container, in dem schon Kindergries lagerte, auf.

Von dort ging es ins Hotel Lav, wo wir nicht nur die Namen der vielen Hotels und Barackenlager erfuhren, die Flüchtlinge beherbergten, sondern wo uns von Schwester Christiana auch erzählt wurde, daß hier bereits 75 Kinder geboren worden seien bzw. in nächster Zeit erwartet würden. Stolz zeigte sie uns einen Karton mit Babykleidung, den eine Kölnerin gerade per Flugzeug geschickt hatte, und sie bat uns, bei unserem nächsten Einsatz Babysachen und Kinderpflegemittel mitzubringen.

17. Wir klären auf, warum Rohkost so wichtig ist

Der Hotelmanager von Lav, der die Kosten für die Renovierung auf sieben Millionen DM schätzte, fuhr jetzt mit uns in ein Barackenlager. Dort überließen wir den 600 Flüchtlingen den Rest unseres Obstes und fuhren wieder zum Großmarkt, um unseren Transporter noch einmal mit Äpfeln und Mandarinen zu füllen. Einer der Flüchtlinge lotste uns nun durch die Straßen von Split von Hotel zu Hotel und erklärte unsere Aktivitäten und Anliegen.

Immer wieder erzählten aber auch wir selbst den Verwaltern und dem Küchenpersonal, wie wichtig die Rohkost für die Menschen sei und daß wir es uns zur Aufgabe gemacht hätten, die Idee der Frischkost in die großen Hilfsorganisationen zu tragen.

18. Es ist schwierig, die Medien für unsere Naturkost-Aktionen zu interessieren

Zwei Hotels, das eine 15 km, das andere 30 km außerhalb von Split, konnten wir an diesem Abend leider nicht mehr beliefern, da wir beim ZDF einen Termin hatten. Weil die Tagesnachrichten aber gerade zurechtgeschnitten und nach Deutschland gefunkt wurden, zog sich das Warten endlos hin. Endlich, um 23.00 Uhr, erklärte uns der verantwortliche Redakteur, daß er unsere Aktion nicht unterbringen könne. Für einen eigenständigen Bericht sei es zu wenig, für eine bloße Erwähnung bestünde jedoch die Möglichkeit nicht mehr. Gefilmt hatte das Team am Donnerstag und Freitag in Posusje. Wir waren jedoch bedauerlicherweise bereits am Dienstag dort gewesen.

Wir sprachen auf dieser Tour noch einige andere Medien an. Mehr als an unseren Naturkosteinsätzen, um die es uns ging, waren diese jedoch an unserer Haft bei den Serben interessiert. Eine kurdische Journalistin aus Kanada löcherte uns deswegen etwa eine Stunde lang und war ganz enttäuscht darüber, daß wir nichts Schlechtes über die Serben zu berichten hatten. Ähnlich reagierte ein österreichischer Rundfunkreporter in Graz, bei dem wir uns auf der Rückfahrt gemeldet hatten. Obwohl er das Mikrophon für ein Interview bereits aufgebaut hatte, verabschiedete er uns wieder, als er erfuhr, daß unser Arrest nur etwa drei Stunden und nicht länger gedauert hatte.

19. Andere spenden auch Obst

Die Äpfel und Mandarinen, die wir noch im Auto hatten, ließen wir auf der Rückfahrt in Zagreb in drei Hotels und bei der Caritasstation, die für die Betreuung von 15 000 Flüchtlingen zuständig war.

Zu unserer großen Freude sahen wir, daß im Park-Hotel bereits Äpfel auf den Tellern lagen, und im Flur des Caritas-Büros stapelten sich Äpfel aus Österreich kistenweise. »Für den Nikolaustag«, erklärte uns Schwester Ruth, »denn wir haben allein 4 000 Kinder unter sechs Jahren.« – Wir sind also nicht die einzigen, die an Naturnahrung denken. Gott sei Dank.

20. Weitere Hilfsaktionen werden durchgeführt. Spendenkonto

Wir setzen diese Arbeit fort und helfen auf eine ähnliche Weise in vielen anderen Katastrophen- und Hungergebieten.

Lassen Sie sich bitte Informationsmaterial schicken:
Naturkost-Hilfsaktionen, Christoph Michl, Im Hagelgrund 2, D-67659 Kaiserslautern, Tel 0631-49163 und Fax 49166
Spendenkonto: Christoph Michl, Kreissparkasse Kaiserslautern, Konto 986 877, BLZ 540 202 20, Stichwort: Naturkosthilfe, - Vielen Dank.

Mit kurdischem Schäferhut sammelt eine Teilnehmerin unserer Veranstaltungen für unsere nächsten Naturkost-Hilfsaktionen

Anhang

Passendes Schuhwerk ist äußerst wichtig!

Die unangenehmsten Probleme während unserer Fasten-Wanderungen verursachen gewöhnlich die Fußblasen und die Fußunfälle. Diese ließen sich jedoch vermeiden, wenn man vorher ein wenig auf das Schuhwerk achten würde. Wir wandern ja nicht nur am Sandstrand von Sylt oder auf den leichten Sandböden der Lüneburger Heide, sondern ebenso auf Schotterwegen, an Abhängen und in steinigem und felsigem Gelände. Oft müssen wir auch über Wurzeln und Baumstämme. Gelegentlich geht es sogar über nasse Wiesen und durch Dornengestrüpp. Ebenso ist an Regen und Schnee zu denken.

Unsere Knöchel müssen besonders geschützt werden. Sie sollten z.B. beim Stoßen gegen Steine abgepolstert sein und möglichst unverletzt bleiben. Auch muß ein schnelles Ausrutschen verhindert werden. Ebenso sollte vermieden werden, sich wegen mangelnder Stützung das Fußgelenk zu verstauchen oder zu brechen. Besonders wichtig aber ist, daß die Schuhe wie angegossen sitzen.

Bei unseren Wanderungen sollten wir deshalb gewöhnlich feste Wanderschuhe (gemeint sind nicht Bergschuhe) tragen. Beim Schuhkauf bzw. Ausleihen ist auf folgendes zu achten: 1. kräftige, griffige Profilschle, 2. hoher, gepolsteter Schaft, der über den Knöchel reicht, 3. strapazierfähiges Leder als Obermaterial, 4. lange, gepolsterte Zunge, 5. eingearbeitetes Fußbett, 6. bequemes Sitzen.

Besonders wichtig ist es, darauf zu achten, daß die Wanderschuhe groß genug sind. Oftmals ist nämlich nicht nur das Tragen von zwei Paar Strümpfen empfehlenswert, sondern im Laufe des Tages und besonders im Laufe einer Woche schwillt auch der Fuß ein wenig an, so daß ein am Morgen gekaufter Schuh am Abend und erst recht nach einigen Tagen sehr unangenehm drücken kann. Meine jetzigen Wanderschuhe sind gewöhnlich zwei Nummern größer als meine Halbschuhe. Ich liebe es nämlich, wenn der Fuß Luft und Bewegungsfreiheit hat. Eine Nummer größer dürfte aber normalerweise reichen.

Beim Schuhkauf und beim Ausborgen sollten wir niemals darauf vertrauen, daß sich der Fuß den Druckstellen anpassen wird. Was nicht hundertprozentig sitzt, nehmen wir nicht! Manchmal ist es freilich sehr schwierig, geeignete Schuhe zu finden. Preislich brauchen sie nicht unbedingt teuer zu sein, besonders da man sie gewöhnlich nicht viel benötigt. Vorteilhaft ist es, wenn sie nicht allzu schwer sind. Wenn sie etwas Feuchtigkeit durchlassen, erscheint mir dieses nicht so schlimm, denn sie werden auch wieder trocken.

Heutzutage haben viele Menschen Fußschäden. Diese müssen jedoch nicht am Wandern hindern. Sehr viele Schuhmodelle werden nämlich mit einem herausnehmbaren Fußbett angeboten. Für viele Fälle dürfte das durchaus genügen.

Wenn sich jemand bei unseren Wanderungen die Sehnen reißt oder den Fuß verstaucht, verknackst oder bricht, dann liegt das bestimmt daran, daß derjenige keine Wanderschuhe trägt. In manchem Gelände dürfte ich eigentlich Personen, die keine festen Wanderschuhe tragen, gar nicht mitnehmen.

Da die Teilnehmer gewöhnlich nicht wissen, in was für Gelände wir uns aufhalten, ist es umso wichtiger, immer geeignete und passende Wanderschuhe bei unseren Wanderungen dabei zu haben.

Unzufriedenheit mit den Kranken-Versicherungen?
Statt dessen: **Gesundheits-Sicherungs-Gemeinschaften**

Sehr viele Gesundheitsbewußte bevorzugen im Krankheitsfalle die sanfte Medizin. Deshalb ziehen sie Heilpraktiker und Naturheilanwendungen den Ärzten und ihren üblichen Praktiken (z.B. Chemiepräparate und Operationen) vor.

Ungerechterweise sind die Krankenkassen und Krankenversicherungen gewöhnlich nicht bereit, diese selbstgewählten Behandlungsarten zu bezahlen.

Überall in Deutschland bilden sich deshalb jetzt auf Vereinsbasis regionale Gesundheits-Sicherungs-Gemeinschaften. In ihnen schließen sich Gesundheitsbewusste, die sich nicht pflichtversichern müssen, finanziell zusammen, damit sie im Krankheitsfall auch Zuwendungen für Heilpraktiker und Naturheilanwendungen erhalten können.

In diesen „ARTABANA-Gemeinschaften" steht die Gesundheitsfürsorge an erster Stelle. Im Krankheitsfalle kann dann jedes Mitglied den ihm angemessenen Heilungsweg (auch bei der Schulmedizin) selbst wählen.

Zwangsversicherte und Beamte können sich ggf. gegen einen abzusprechenden Monatsbeitrag im Sinne einer „Zusatz-Versicherung" ankoppeln. Ihnen können im Bedarfsfalle die von den gesetzlichen Kassen nicht erstatteten Auslagen als freiwillige „Zuwendungen" zufließen.

Diese ARTABANA-Gemeinschaften haben sich seit 1987 in der Schweiz hervorragend bewährt. Der Beitrag macht dort nicht einmal die Hälfte des früheren Kassenbeitrages aus. In Deutschland legen die Mitglieder ihren Beitrag im Einvernehmen mit der jeweiligen Gemeinschaft selbst fest.

Die „Aktuellen Informationen" sind vom gemeinnützig anerkannten „Verein für Gesundheitskultur (VGK) e.V." (früher „Verein Gesundheitskasse"), Hohbuchweg 10, D-88147 Achberg, anzufordern – Gegen A4-Freiumschlag, mit DM drei frankiert, und DM fünf in Briefmarken für Druckkosten und Versand (im Voraus). – Eine vertiefende Darstellung der Ursachen des kaum noch bezahlbaren kranken Gesundheitswesen bietet das Taschenbuch „Gesundheitskasse, statt Krankenkasse" von Paulus Johannes Lehmann, das gegen DM 20,- (Vorauskasse) portofrei von dort gleichzeitig mitbestellt werden kann.

Was zu einer Fastenwanderung mitzubringen ist:

Für die Wanderung:
Wanderschuhe
Wollsocken
Wander- bzw. Windjacke
Wollweste oder -pullover
Handschuhe und Mütze
Badekleidung (bei Bedarf)
Sonneschutz

Für das Quartier:
Haus- oder Turnschuhe
Zwei Handtücher
Wärmflasche
Einlaufgerät (falls vorhanden)
Saunahandtücher (bei Bedarf)

Für den Tagesrucksack:
Thermo- und Wasserflasche
Teelöffel (für Honig)
Becher (für Gemüse- u. Obstsaft)
Regenbekleidung bzw. Schirm

Literatur, auf die im Text Bezug genommen wird

Aivanhov, O. M.: Yoga der Ernährung, 6. Aufl., 1990, Prosveta Verlag

Bragg, Paul C.: Wunder des Fastens, 2. Aufl., Goldmann TB 13669

Buchinger, Otto (senior): Das Heilfasten und seine Hilfsmethoden als biologischer Weg, 21. Aufl., 1987, Hippokrates Verlag, Stuttgart

Dürselen, Helga: Heilfasten. Entschlackung und Entgiftung nach der Buchinger-Methode, 4. Aufl., 1991, ECON Taschenbuch Verlag, Düsseldorf

Ehret, Arnold: Vom kranken zum gesunden Menschen durch Fasten, 3. Aufl., 1990, Waldt- hausen, Ritterhude

Fahrner, Heinz: Erfahrungen mit dem Heilfasten bei 50 000 Fastenkuren (Kurzer gedruckter Bericht, ohne jegliche Angaben)

Fahrner, Heinz: Fasten als Therapie. Physiologie und Pathophysiologie; Methodik, Indikationen und Verläufe; Psychologische Aspekte, 2. Aufl., 1991, Hippokrates Verlag, Stuttgart

Lebensmittel-Kombinations-Tabelle, Waldthausen Verlag, Ritterhude

Naser, Siegfried: Fastenwandern. Mit Urlaubsfreude schnell und leicht abznehmen, 1992, Gebietsausschuß Steigerwald, Ebrach

Leibold, Gerhard: Besser leben durch Fasten, 1991, Falken-Verlag, Niederhausen/Ts.

Lützner, Hellmut: Wie neugeboren durch Fasten. Abnehmen, entschlacken, entgiften; der ärztliche Fastenführer für Gesunde; mit Tagesplänen für die Fastenzeit und Anleitungen für die Aufbautage. Neuausgabe, 3. Aufl., 1992, Gräfe und Unzer Verlag, München (GU Ratgeber Leben)

Samariter-Werk, 78269 Volkertshausen: 1. Samariter Gesund-Fasten, Termine 1993, 2. Siegbert Klein: Heilfasten aktiviert den Arzt in uns, ohne Jahr (Beides Werbe-Faltblätter)

Schnitzer, Johann Georg: Warum werden wir krank, in: Schnitzer: Das Schnitzer-System zur Wiederherstellung der natürlichen Gesundheitsgrundlagen, 15. Aufl., 1981, Schnitzer KG Verlag, St. Georgen (Schwarzwald)

Sievers, Eberhard: Fasten. Separatdruck aus "Wendepunkt" 1973, Bircher-Benner Verlag, CH-8703 Erlenbach ZH

Wendt, Lothar: Gesund werden durch Abbau von Eiweißüberschüssen, Schnitzer Verlag, St. Georgen (Schwarzwald), 4. Aufl.

Zimmermann, Werner: Heilendes Fasten. Erlebnis, Nutzen und Praxis freiwilliger Nahrungsenthaltung, 9. Aufl., 1989. Drei Eichen Verlag, Ergolding

Weiterführende Literatur (Stand und Preise 2001)

	DM	€,ca.
Fasten-Wandern		
Brugger, Regi: *Fastenwandern. Zu Fuß zu mehr Lebensfreude.* Praktischer, philos. und mediz. Rat. Bastei Verlag, 1999, 188 S. Mit einigen Illustrationen. TB	12,90	6,60
Michl, Christoph: *Fasten-Wanderungen. Wunderbare Reinigungs-, Gesundungs- u. Erneuerungserfahrung.* Mensch-Umwelt-Erde, 351 S., 135 Photos	29,80	14,80
Fasten		
Buchinger, O. u. A.: *Das heilende Fasten.* Oesch Verlag, Zürich	19,80	12,20
Buchinger, O. (senior): *Das Heilfasten und seine Hilfsmethoden.* Hippokrates	49,90	25,50
Höhn, W.: *Heilfasten mit Früchten.* Knaur Verlag. TB	14,90	7,60
Leibold, G.: *Besser leben durch Fasten.* Falken Verlag	12,90	6,60
Lützner, H.: *Wie neugeboren durch Fasten.* Gräfe und Unzer	19,90	10,20
Rauch, E.: *Die Darmreinigung nach F. X. Mayr.* TRIAS Verlag	24,80	12,70
Weitere Fastenbücher s. S. 347: Literatur, auf die... Bezug genommen wird		
Ernährung		
Bruker, M. O.: *Gesund durch richtiges Essen.* Goldmann Verlag. TB	12,90	6,60
Bruker, M. O.: *Unsere Nahrung, unser Schicksal.* EMU Verlag	32,00	16,40
Bruker, M. O.: *Lebensbedingte Krankheiten.* EMU Verlag	29,80	15,25
Diamond, H. u. M.: *Fit fürs Leben.* Band 1. Goldmann Verlag. TB	16,90	8,65
Ehret, A.: *Die schleimfreie Heilkost.* Waldthausen/NaturaViva	24,80	12,70
Günter, E.: *Lebendige Nahrung.* Günter Verlag (Schweiz) Ausl. in D: 06103-2011440	22,00	11,25
Günter, E.: *150 Rohkost-Rezepte.* Günter Verlag (Schweiz) Ausl. D: 06103-2011440	24,00	12,30
Hanssen, M.: *E=ßbar? Zusatzstoffe in der Nahrung.* Goldmann Verlag. TB	12,90	6,60
Heiß, E.: *Wildgemüse und Wildfrüchte.* Lebenskunde Verlag	32,00	16,35
Kollath, W.: *Die Ordnung unserer Nahrung.* Thieme Verlag	49,90	25,50
Konz, F.: *Der Große Gesundheits-Konz.* Universitas Verlag	128,00	65,50
Oberbeil / Lentz: *Obst und Gemüse als Medizin.* Süd West Verlag	39,90	20,40
Reinecke, I.: *Lügen, Lobbies, Lebensmittel.* Rowohlt Verlag. TB	16,90	8,65
Spiller, W./Hohler, H.: *Vegane Rohkost.* Natürlich und Gesund Verlag	38,00	19,45
Ulmer, G. A.: *Die besonderen Heilkräfte von Hafer und Hirse.* Ulmer Verlag	14,80	7,60
Ulmer, G. A.: *Der Apfel als Quelle Ihrer Gesundheit.* Ulmer Verlag	16,00	8,20
Walker, N.: *Frische Frucht- und Gemüsesäfte.* Goldmann Verlag. TB	14,90	7,65
Wandmaker, H.: *Willst Du gesund sein? Vergiß den Kochtopf!* Goldmann Verl. TB	16,90	8,65
Weise, O.: *Harmonische Ernährung.* Frederiksen und Weise Verlag.	36,00	18,40
Wilz, G.: *Die vegetarische Rohkost.* Hans Nietsch Verlag. TB	35,00	17,90
Gesundheit		
Allmann, I.: *Die Heilkraft der Eigenharn-Therapie.* Ariane Verlag	24,80	13,00
Batmanghelidj, F.: *Wasser- die gesunde Lösung.* VAK Verlag	29,80	15,25
Beck/Oetinger: *Durch Entsäuerung zu seel. u. körperl. Gesundheit.* Oetinger Verl.	30,00	15,35
Breuß, R.: *Krebs – Leukemie.* Großhändler: KNÖ u. KV	16,20	8,30
Bruker, M. O.: *Allergien müssen nicht sein.* EMU Verlag	29,80	15,25
Buchwald, G.: *Impfen – Das Geschäft mit der Angst.* Knaur Verlag. TB	19,90	10,20
Eco-World-Magazin. *Der ökol. Einkaufsratgeber* (Altern. Branchenbuch). Altop Verl.	19,80	10,15
Exel, W.: *Schmerzfrei ohne Gift* (Erkält., Rheuma, Magen, usw.). Seehamer Verl.	16,90	8,50
Friebel-Röhring, G.: *Ich habe Krebs – Na und!* Ariane Verlag	14,00	7,20
Husel, M.: *Natürlich heilen – Umweltmedizin heute.* Ehrenwirth Verlag	28,00	14,35
Mendelsohn, R.: *Trau keinem Doktor. Bekenntnisse...* Mahajiva Verlag	32,00	16,40
Spiller, W.: *Dein Darm - Wurzel der Lebenskraft.* Waldthausen/NaturaViva	32,80	16,80
Ulmer, G. A.: *Gesund und schön durch Heilerde.* Ulmer Verlag	16,00	8,20

TB = Taschenbuch

Register

B=Bilder

Bücher aus unserem Verlag

Michl, Christoph
Hier fühl ich mich geborgen –
Hier weiß ich mich zu Haus (Gedichtsammlung)
In 137 Gedichten wird der Leser mit einem Fühlen und Denken vertraut gemacht, das von der Liebe zur Erde, von der Freude am Dasein, von der Dankbarkeit zum Schicksal und von der Güte zu allem Lebendigen getragen wird. Die Texte wurden zu einem großen Teil auf den verschiedenen Weltreisen des Verfassers geschrieben. Inhalt: Die Schönheit der Natur und allen Daseins. Jahres- und Lebenszeiten. Unterwegs im Dasein. Sehnsucht, wie bist du so stark. Ein Leben für eine bessere Welt. Begegnungen mit fremden Kulturen und Religionen. Menschen und Völker finden zueinander, Freudigkeit, Dank und Güte.
Mit 10 Zeichnungen von Norbert Reichinger.
Kt., 112 Seiten, ISBN 3-923901-041-1 DM 12.80

David-Drews, Walter
Wundersame Reise in das Reich der kleinen Tiere
Hier erfährst du auf fröhliche Weise vom wirklichen Leben der kleinen Tiere. Du siehst die Vielfalt ihrer Umwelt und erkennst die Notwendigkeit, verantwortungsvoll damit umzugehen. Spielerisch begreifst du die Wichtigkeit von Tier- und Naturschutz und erkennst, daß es kein unnützes Leben gibt. – Kinderbuch 6 - 12 Jahre.
Gb., 115 Seiten, mit farbigen Bildern.
ISBN 3-923901-09-7 DM 18.80

Michl, Christoph
Theologie der Schöpfung
Gerade für eine materialistisch ausgerichtete Epoche ohne tragende ethische Werte hält der Verfasser folgende Frage für sehr wichtig: Wo begegnet uns die geistige Welt am unmittelbarsten, und worüber bekommen wir am besten einen Zugang zu ihr. – Der Theologe und Politologe Christoph Michl möchte in diesem Buch seinen Lesern bewußt machen, daß sie gerade auch in der Schöpfung die geistigen Kräfte und ihre ordnenden Sinne und große Güte erleben und spüren dürfen. Nicht ohne Grund wurden viele Naturwissenschaftler religiös, weil für sie die Schöpfung zu einem Rätsel, Geheimnis und Mysterium wurde.
Kt., 123 Seiten, ISBN 3-923901-04-6 DM 12.80

Michl, Christoph
Jesus und die Grünen
Die Politik dürfte uns kaum einen Schritt weiter bringen. Auch nicht die grüne. Was nach Meinung des Verfassers diese Welt noch retten kann, sind eine innige Dankbarkeit der Schöpfung und dem Schöpfer gegenüber und eine tiefe Liebe zum Leben. Christoph Michl will Jesus nicht zu einem "Grünen" machen, obwohl er viele und äußerst enge Berührungspunkte zwischen beiden sieht und aufzeigt. Als Mitbegründer der grünen Partei bemühte er sich jahrelang um eine religiöse Verwurzelung dieser Bewegung.
Kt., 151 Seiten, ISBN 3-923901-02-X DM 12.80

Michl, Christoph
Fastenaktionen-Hungermärsche
Christoph Michl sieht in Fasten-Märschen eine sehr einfache und wirksame Methode, auf gesellschaftliche Probleme aufmerksam zu machen. Demonstrationen sollten, so meint er, bereits das neue Bewußtsein verkörpern. Fasten-Aktionen sind dafür eine hervorragende Möglichkeit, da mit ihnen bereits folgende Werte praktiziert und ins Bewußtsein gerückt werden: Gesundheitsförderung, Steigerung der Aktivität, Aktivierung psychischer Kräfte, Bescheidenheit, Opferbereitschaft, Partnerbewußtsein mit Armen, Hungernden und Verfolgten, Schonung des Lebensraumes, u. v. m.
Kt., 212 Seiten, ISBN 3-923901-15-1 DM 16.80

Bestellungen an Verlag und Versandbuchhandel
Mensch – Umwelt – Erde
Im Hagelgrund 2, D-67659 Kaiserslautern
Tel. 0631 - 49163, Fax 0631 - 49166